RECUEIL GÉNÉRAL

DES

ANCIENNES LOIS FRANÇAISES.

ABRÉVIATIONS.

Le Recueil des historiens des Gaules, par D. Bouquet et les Bénédictins, 18 vol. in-fol., est indiqué après la date de la pièce par les initiales ***Hist.***; le chiffre romain indique le tome, et le chiffre arabe la page.

La collection in-fol. des ordonnances de la troisième race, par ***Laurière***, ***Secousse***, ***Vilevault***, ***Brequigny*** et *Pastoret*, est désignée sous les initiales C. L. (Collection du Louvre); le chiffre romain désigne le volume, et le chiffre arabe la page.

Baluze est cité en toutes lettres, avec le tome et la page des deux éditions, ainsi que les autres collections académiques ou savantes dans lesquelles on a puisé.

Les notes signées L. ou Laur., sont de *Laurière*, premier éditeur de la Collection dite du Louvre; Sec., de *Secousse*; Past., de M. de *Pastoret*.

Bien que ce Recueil soit originairement l'œuvre de la collaboration commune des trois personnes indiquées sur le titre, il a néanmoins paru convenable d'annoncer au public la part que chacun d'eux y avait prise plus spécialement, en indiquant par leurs initiales celles des notes qui leur appartiennent, et dont ils gardent la responsabilité.

Celles signées *Is.* sont de M. *Isambert*;

Celles non signées, ou signées *Dec.*, de M. *Decrusy*;

Celles signées *J.*, de M. *Jourdan*.

On a suppléé par des dissertations, (*V.* préface des 2e, 3e et subséquentes livraisons) aux monumens législatifs de toute espèce, qui appartiennent aux Nations qui ont habité la France, depuis l'an 600, avant l'ère vulgaire, jusqu'à l'avénement de Philippe de Valois en 1328, époque depuis laquelle les registres publics nous ont été conservés presque sans interrruption. *V.* préface de la première livraison.

IMPRIMERIE DE E. POCHARD,
RUE DU POT-DE-FER, N° 14, F. S.-G.

RECUEIL GÉNÉRAL

DES

ANCIENNES LOIS FRANÇAISES,

Depuis l'an 420 jusqu'à la révolution de 1789;

CONTENANT LA NOTICE OU LE TEXTE DES PRINCIPAUX MONUMENS DES MÉROVINGIENS, DES CARLOVINGIENS ET DES CAPÉTIENS,

Qui ne sont pas abrogés, ou qui peuvent servir, soit à l'interprétation, soit à l'histoire du Droit public et privé,

Avec notes de Concordance, Table des matières, et Dissertation sur la constitution de la monarchie à la mort de Clovis.

PAR MM.

ISAMBERT, Avocat aux Conseils du Roi et à la Cour de cassation;
DECRUSY, Avocat à la Cour royale de Paris;
JOURDAN, Docteur en Droit, Avocat à la même Cour.

« Voulons et Ordonnons qu'en chacune Chambre de nos Cours de « Parlement, et semblablement ez Auditoires de nos Baillis et « Senéchaux y ait un livre des Ordonnances, afin que si aucune « difficulté y survenait, on ait promptement recours à icelles. »
(*Art.* 79 *de l'Ordonn. de* LOUIS XII, *mars* 1498, 1re de *Blois.*)

TOME VI.

1380 — 1400.

PARIS,

Chez BELIN-LEPRIEUR, LIBRAIRE-ÉDITEUR, QUAI DES AUGUSTINS, N° 55;
VERDIÈRE, LIBRAIRE, QUAI DES AUGUSTINS, N° 25.

JANVIER 1824.

ORDONNANCES
DES
VALOIS.

CHARLES VI

Succède à son père, le 16 septembre 1380, âgé seulement de 12 ans 9 mois, sacré et couronné à la Toussaint (*V.* ci-après); mort à l'hôtel Saint-Paul, à Paris, le 20 octobre 1422.

Chanceliers de ce règne (1). — 1° d'Orgemont (par continuation); 2° Milon ou Miles de Dormans, *élu* au scrutin, lorsque, en parlement, le duc d'Anjou prit la régence, 1380; 3° Pierre d'Orgemont, rétabli en 1382; 4° Pierre de Gayac, 1381; 5° Ythier de Martreuil (incertain); 6° Arnaud de Corbie, 28 avril 1389; 7° Nicolas Dubois, 1401; 8° Arnaud de Corbie, rétabli en 1404; 9° Jean dè Montaigne, 1405; 10° Arnaud de Corbie, rétabli, 1409; 11° Charles de Savoisy, 1410; 12° Eustache Delaître (un mois), 1413; 13° Lecorgne de Marle, 8 août 1413; 14° Delaître, rétabli en 1418; 15° Jean Leclerc, 16 novembre 1420.

RÉGENCE DU DUC D'ANJOU,

L'AINÉ DES ONCLES DU ROI (2).

Du 16 septembre au 4 novembre 1380.

N° 1er. — Acte *du conseil des princes du sang, prélats, barons et notables, sur la forme du gouvernement, pendant la minorité du Roi, qui remet la décision à quatre arbitres* (3).

Au Palais, septembre 1380. (Chronique mss^te, traduite par le Laboureur, p. 4. — Juvénal des Ursins, p. 2. — *Secousse*, préface du tom. VI, p. 12.)

(1) On n'est pas sûr de l'ordre ni de la durée, à cause des troubles de ce règne. Les chanceliers étaient alors les seuls ministres en titre de nos Rois; ils étaient chargés de la rédaction et de la révision des lois.

Hénault a donné une liste fautive; la nôtre est prise sur l'histoire de la chancellerie, qui est accompagnée de preuves. (Isambert.)

(2) Aux termes de la première ordonnance, du mois d'octobre 1374, cette

N°. 2. — Sentence *arbitrale* (1) *sur le gouvernement du royaume, portant que le Roi serait sacré et couronné, et qu'il gouvernerait lui-même, malgré sa minorité.*

Septembre 1380.

N°. 3. — Acte *de l'assemblée des princes, prélats et barons, tenue en parlement, formant le conseil du royaume, dans lequel le Régent accorde des dispenses d'âge au Roi, mineur de 12 ans, consent qu'il soit sacré et couronné, et qu'il gouverne, de l'avis de ses oncles* (2).

Paris, 2 octobre 1380. (Registres du parlement, Mémoires des pairs, par Lancelot, p. 620.)

Le mardi 2e jour d'octobre 1380, au conseil furent assemblés en parlement monsieur Loys regent le royaume, duc d'Anjou et

---

régence lui appartenait, mais bientôt ses frères la lui disputèrent, et le testament de Charles V fut cassé en parlement, à peu près comme celui de Louis XIV. (Isambert.)

(3) On présume que l'avocat-général Desmaretz fut un de ces arbitres. (Secousse.)

(1) On dit qu'elle fut rédigée par écrit; mais son existence est douteuse, et les monumens se taisent à cet égard. L'autorité du Moine anonyme de Saint-Denis l'atteste seule, ce qui est insuffisant dans une matière si grave.

On prétend que le duc d'Anjou accourut à Paris, et s'empara du trésor. Ce grief ne paraît pas prouvé; il en avait au moins l'administration. Juvénal des Ursins dit que, sur la réclamation de ses frères, le duc d'Anjou fut obligé de mettre l'affaire en arbitrage, et que les arbitres prononcèrent contre lui. Nous croyons, avec Boulainvilliers, que les choses ne se passèrent pas ainsi, et que tout se passa en parlement, comme on le voit par l'acte du 2 octobre, ci-après. Les arbitres auraient-ils eu le temps de traiter une affaire si délicate en quinze jours? Qui est-ce qui en aurait accepté les fonctions? Qui est-ce qui aurait fait exécuter la décision? (Isambert.)

(2) A l'exception du duc de Bourbon, dont tous les historiens louent la modération, ces princes, avares et ambitieux, n'étaient retenus par aucun amour du bien. Leur incapacité était à peu près égale, et ils n'avaient que le talent de se nuire en voulant se détruire. Aucun d'eux ne pouvait prendre, par l'habileté de sa conduite, un certain ascendant sur les autres; leurs haines n'en devenaient que plus dangereuses, et leur caractère, autant que les mœurs de la nation, les portant à décider leurs querelles par la force, ils firent avancer leurs troupes dans les environs de Paris. Par ce trait seul, il serait aisé de juger combien la politique injuste de Charles V avait été peu propre à produire les effets qu'il en attendait. En ruinant le crédit des États, tandis qu'il aurait pu en faire l'appui du trône, il exposait la puissance royale à se détruire par ses

de Touraine et comte du Maine, messieurs les ducs de Berry et de Bourgogne freres germains dudit monsieur le regent, le duc de Bourbon, tous oncles du roy notre sire qui est à present, madame la Royne Blanche, madame la duchesse d'Orléans, le comte d'Eu, messire Charles d'Arthois, son frere, le comte de Sancarville, le comte de Harecourt, le comte de Sancerre, le comte de Vienne, messire Charles de Navarre aisné fils du Roy de Navarre, les archevesques de Rouen, de Rheims et de Sens, les évêques de Laon, de Beauvais, d'Agen, de Paris, de Langres, de Bayeux, de Theroüenne, de Rieux, de Meaux, de Chartres, et plusieurs autres prélats et barons, et en la presence desdits seigneurs, prelats et barons fut dit et exposé par la bouche de messire Jean des Mares, que combien que le Roy nostre sire qui est à present, fust mineur d'ans par la coustume de France, et ne fust que de l'aage de douze ans; néanmoins pour le bien de la chose publique et pour le bon gouvernement du royaume et pour nourrir bonne paix et union entre le roy nostre sire et ses oncles dessus nommés, ledit monsieur le régent a voulu et consenti que le roy, nostre sire, qui est à present, soit sacré et couronné à Rheims en la maniere accoustumée, et ce fait qu'il ait le le gouvernement et administration du royaume, et que ledit royaume soit gouverné en son nom par le conseil et advis de ses-

---

propres mains, et le sort de la France ne dépendait plus que des caprices et des passions des trois ou quatre princes qui trahissaient le Roi, sans que la nation, instrument et victime nécessaire du mal qu'ils voulaient se faire, pût pourvoir à la sûreté publique et les réprimer. Tout annonçait la guerre civile.... Heureusement les créatures des oncles du Roi étaient intéressées à ne leur pas laisser prendre des partis extrêmes, qu'ils étaient incapables de soutenir, et on s'empressa de les réconcilier malgré eux. Il se tint un conseil nombreux pour régler la forme du gouvernement; mais ce conseil, trop faible pour se faire respecter, y travailla sans succès, et après de longs débats, on convint seulement de nommer quatre arbitres, qui s'engageraient, par serment, de n'écouter que la justice, en prononçant sur les prétentions du régent et des tuteurs; et ces princes jurèrent à leur tour, sur les Evangiles, de se soumettre au jugement qui serait prononcé. — Mably, Obs. sur l'Hist. de Fr., liv. VI, ch. 11. — (Decrusy.)

Pour donner à ce jugement l'authenticité convenable, on l'homologua en lit de justice le 2 octobre, quinze jours après la mort du Roi. Cette émancipation avait été jugée devoir nécessairement précéder le couronnement du Roi. On était alors persuadé que la cérémonie du sacre constituait essentiellement la puissance de nos monarques, qui ne pouvaient exercer aucun acte de l'autorité souveraine jusqu'à cette inauguration. — Villaret, Hist. de Fr., XI, 218. — (*Idem.*)

dits oncles messeigneurs, en tant que chacun touche et pour ce, et a cette fin ledit monsieur le régent l'a aagé (1), et pour tel réputé.

N° 4. — Lettres *du régent, qui prorogent le délai accordé aux juifs de faire l'usure, et leur fait rémission des crimes et délits commis par eux depuis le décès du Roi* (2).

Paris, 14 octobre 1380. (C. L. VI, 520.)

Loys, fils de Roy de France, regent le royaume, duc d'Anjou et de Touraine, et comte du Maine.

Savoir faisons à tous presens et à venir, nous avons vue les lettres en las de soye, à leire vers de nostre très cher seigneur et frère, le Roy dernièrement trepassé, que Dieu absoille, etc.

Et pour que ce soit ferme chose et estable, nous avons fait mettre à ces presentes notre scel, dont nous usions avant ladite regence, sauf en autres choses le droit de mondit seigneur et le nostre, et l'autrui en toutes.

Donné à Paris, le xiv° jour du mois d'octobre, l'an de grace 1380. Par monsieur le regent.

N° 5. — Acte *du Régent, par lequel il promet aux habitans de Paris de demander au Roi l'abolition des impôts* (3).

Octobre 1380. (Moine de Saint-Denis, p. 7. — Secousse, préface, p. 18.)

N°. 6. — Récit *du sacre de Charles* VI (4).

Reims, 4 novembre 1380. (Mss. de la Bibl. du Roi, Cérémonial français, tom. 1er, pag. 158.)

Rex in civitatem Rhemensem introductus, cum ineffabili gaudio ab utriusque sexus populo, laudes regis acclamante, ex-

---

(1) Cela prouve que les volontés des princes les plus puissans ne sont guères respectées. Charles VI était vainement émancipé; il était incapable de gouverner par lui-même. Aussi la régence continua de fait; seulement le duc d'Anjou perdit le titre de régent, et il partagea ses pouvoirs avec ses frères, surtout avec l'ambitieux duc de Bourgogne. (Isambert.)

(2) Cet acte prouve que le duc d'Anjou conserva le titre de Régent jusqu'au couronnement. (Isambert.)

(3) *V.* la réalisation de cette promesse, le 16 novembre. (*Idem.*)

(4) Il passe pour authentique. (*Idem.*)

ceptus, et à viris ecclesiasticis cum solemni processione ad ecclesiam beatæ Mariæ perductus, cum debitas orationes, prout exposcebat persoluisset, in archiepiscopali palatio se recepit. Cum simili processione iterùm die sequenti ad ecclesiam perductus, ibi novæ militiæ prestito juramento ad tironum ordinem est assumptus, et à duce Andegavensi accinctus balteo militari, antequàm oleo inungeretur cœlesti, aut cultu insigniretur regio. Quarum rerum venerabiles abbates sancti Remigii, ac beati Dionysii custodes sunt, et qui jure habent illas in tanta solennitate ministrare. *Aderant et cum archiepiscopo Remensi omnes episcopi pares Regni.* Sed de temporalibus dominis circulo *parium* insignitis, *dominus dux Burgundiæ decanus omnium solus interfuit.* Nam comes Flandriæ Ludovicus absens erat, et Aquitaniæ, Normanniæ, Campanniæ, et Tolosæ dominio coronæ regali subjacebant. Inter missarum solemnia prænominati proceres ipsum regem de manu archiepiscopi inunctum et regalibus indumentis decoratum, in eminentiorem locum, in hoc aptum, ut à cunctis cerni posset, perduxerunt regali solio collocandum: et secundum morem à tempore Caroli magni introductum, scilicet de spatâ ejus tenendâ, quæ gaudiosa vocatur, die coronationis regum in memoriam tam victoriosissimi principis, eam domino Ludovico fratri Regis decem annorum puero tradiderunt deferendam. Peractoque servitio Rex his decoratus insignibus filios ducis Barensis, domini quoque montis Morenciaci et decem alios adolescentes nobiles titulo novo militiæ insigniens. Cum ad prandium accessisset, ut persæpè lætis quid displicens insurgit, assistentes inter duces Andegaviæ et Burgundiæ perturbat mota discordia, propter prioritatem discumbendi Dùm enim dux Andegaviæ sedem Regi proximiorem eam sibi titulo antiquitatis, alter verò jure *decanatus parium Franciæ* illam sibi ascriberet, ab hoc alternis disceptationibus turbatur curia, et dùm decuriones fovent partem verbis sibi prædilectam, causam tanto daturi discrimini, cum ex templò de verbis per arma de facili sopienda videbatur, ab utriusque fautoribus oriebatur, et jam concursus eorum fiebat in Regiam, apparebatque obtenturus qui vicisset: ad ultimum tamen ducis Burgundiæ audacia vincit verecundiam ætatis, locumque anticipando; dicens, frater, quod mihi competit hâc vice obtinebo, nec hanc indignitatem diutiùs quàm necesse est patiar. Quia ex conniventià Regis hoc processit, prandium reddidit gaudiosum: quod ut continuaretur magnificentius, Connestabularius novus et Franciæ marescallus Sacri-Cæsaris Ludovicus equestres, propter impressionem assistentium, fercula mensæ regiæ obtulerunt: antiquæ historiæ prandio perdurante effigiatæ fuerunt, quæ convivas redderent hilariores: et brevi eloquio utens, nihil ibi defuit, quod deceret solemnitatem celebriorem reddere. Cum feodalia jura et fidelitatis juramenta Regi pretioso diamante insignito principes et barones manualiter subsequente humili osculo persoluissent, ipsum biduo non exacto per Campaniam et Picardiam Parisius reducere maturaverunt.

GOUVERNEMENT DU ROI,

AVEC UN CONSEIL DE RÉGENCE (1).

N°. 7. — Décision *du conseil du Roi, portant que le duc de Bourgogne, comme doyen des princes de France, aura la préséance sur le duc d'Anjou, son frère aîné, président du conseil de régence.*

Novembre 1380. (Juvénal des Ursins, p. 5 et 6.)

N°. 8. — Lettres *portant révocation de toutes les aides et autres impositions levées depuis Philippe de Valois* (2).

Paris, 16 novembre 1380. (C. L. VI, 527.)

Charles, etc. Savoir faisons à touz presens et avenir, que comme pour le fait et occasion des guerres qui par longtemps

(1) Le duc d'Anjou étant devenu Roi de Naples et de Sicile en 1381, et étant parti au commencement de 1382, le duc de Bourgogne, son concurrent, devint le plus influent dans ce conseil. (Isambert.)

(2) La veille de sa mort, Charles V avait ordonné l'abolition de plusieurs impositions. La multitude demandait à grands cris l'exécution de cette loi; mais, n'étant pas secondée de la noblesse, que le règne précédent avait accoutumée à recevoir ou espérer des bienfaits de la cour, ni même des bourgeois qui avaient quelque fortune, et qui craignaient de la compromettre, les murmures n'excitèrent que des émeutes dont Charles V aurait eu l'art de profiter, pour

ont esté et encore sont en nostre royaume, et pour les grans fraiz, missions et despens qu'il convenoit faire à cause d'icelles, pour la deffense de nostredit royaume et des subgez d'icellui, et pour obvier à la mauvaise voulenté et emprise des ennemis de nous et de nostredit royaume; lesquelx fraiz, missions et despens ne povoient estre faiz du demainne de nostredit royaume, pluseurs aides et subsides comme foüages, imposicions, gabelles, XIII.e IIII.e et autres, eussent pieça esté imposez, et depuis cuilliz et levez en nostredit royaume et sus les subgez et peuple d'icellui, dont iceulx subgez ont esté et sont moult grevez, dommaigez et appetissiez de leur chevance pour cause des diz aides qui par lonc temps ont eu cours en nostredit royaume;

Nous consideranz la grant et parfaicte amour, la loyauté et vraye obeissance que noz diz subgez et peuple ont tousjours eu à noz predecesseurs roys de France et nous; consideranz aussi les grans griez, pertes, dommaiges, oppressions, tribulacions et meschiez esquelx noz diz subgez ont esté, et qu'il ont souffers, supportez et soustenuz par noz ennemis; et que ces choses nonobstans, ilz ont tousjours voulentiers païez lesdiz aides, comme noz vraiz subgez et obeissans; et pour ce voulanz et disiranz yceulx aucunement relever et alegier des pertes, dommaiges et oppressions dessus dictes, par avis et meure deliberacion de nostre grant conseil et pour le relevement et allegement de nostre-

augmenter encore et affermir son pouvoir, sous prétexte d'assurer la tranquillité publique. Ces séditions cependant inspirèrent le plus grand effroi au conseil de Charles VI, et ce prince, à son retour de Reims, où il avait été sacré, ne se crut pas en sûreté dans Paris. Pour calmer les esprits, il publia les lettres ci-dessus. Il y confesse tous les torts faits à son peuple par les Rois ses prédécesseurs. Il renouvelle cette clause si souvent répétée, et si souvent violée, que les contributions ne nuiraient point à la franchise de la nation, et ne serviraient jamais de titre à ses successeurs pour établir arbitrairement des impôts. Après une déclaration si formelle, le royaume ramené à des coutumes et à une forme de gouvernement que la politique de Charles V avait tâché inutilement de faire oublier, se retrouvait encore dans la même situation où il avait été à l'avénement de Philippe-de-Valois au trône. La tenue des États-généraux redevenait indispensable; car il était impossible qu'un prince, assez intimidé par les premières émeutes de Paris et de quelques autres villes, pour abolir les anciens impôts, osât en établir de nouveaux sans le consentement de la nation, et il était encore plus difficile que le conseil pût se passer des secours extraordinaires auxquels il s'était accoutumé. Charles, en effet, fut forcé de convoquer, à Paris, les Etats-généraux de la Languedoyl. *V.* ci-après. — Mably, Obs. sur l'Hist. de Fr., liv. VI, ch. II. — (Decrusy.)

dit peuple, de nostre auctorité royal, plainne puissance, certaine science et grace especial,

Avons quictié, remis et anullé, et par ces presentes quictons, remettons et anullons, et mettons du tout au neant touz aides et subsides quelxconques qui pour le fait desdictes guerres ont esté imposez, cuilliz et levez depuis nostre predecesseur le Roy Philippe que Dieux absoille, jusques au jour dui, soïent foüages, imposicions, gabelles, XIIIes IIIIes et autres quelxconques ilz soïent et comment qu'ilz soïent diz ou nommez;

Et voulons et ordonnons par ces mesmes lettres, que desdiz aides et subsides et de chascun d'iceulx, nosdiz subgez soïent et demeurent franz, quictes et exemps d'oresenavant à tousjours mais, comme ilz estoient paravant le temps de nostredit predecesseurs le Roy Philippe;

Et avecque ce, avons octroïé et octroïons par ces presentes à noz diz subgez, que chose qu'ilz aïent païé à cause des dessusdiz aides, ne leur tourne à aucun prejudice ne à leurs successeurs, ne que il puissent estre traict à aucune consequence, ores ne ou temps avenir.

Si donnons en mandement par ces presentes, à touz les justiciers et officiers de nous et de nostre royaume, ou à leurs lieuxtenans, presens et avenir, et à chascun d'eulx, si comme à lui appartendra, que de nostre presente grace lessent, seuffrent et facent joïr et user paisiblement noz diz subgez et peuple, en les tenant et faisant tenir frans, quittes, exemps et paisibles de touz les aides dessus nommez, et de chascun d'eulx, sanz les molester, contraindre ou travaillier en aucune maniere au contraire.

Et pour ce que ce soit ferme chose et estable à tousjours, nous avons fait mettre nostre seel ordonné en l'absence du grant, à ces presentes: sauf en autres choses nostre droit, et l'autrui en toutes.

Donné à Paris, le XVIe jour de novembre, l'an de grace mil CCC. IIII.^{XX} et le premier de nostre regne.

Par le Roy, en son conseil ouquel estoient mess. les ducs d'Anjou, de Berry, de Bourgoingne et de Bourbon.

N°. 9. — LETTRES *qui établissent le duc de Berry lieutenant dans le Languedoc, avec des pouvoirs très-amples, même celui de convoquer les États, contenant la définition des droits régaliens* (1).

Paris, 19 novembre 1380. (C. L. VI 529.)

KAROLUS, Dei gracia Francorum Rex, universis presentes litteras inspecturis : salutem.

Omne Regnum terrenum justicia decet et milicia premuniri, ne defficientibus eisdem corruat, tendat seu perveniat ad ruynam; et quia nos noviter cursu et permissione naturali, pervenimus ad Regni nostri regimen in etate juvenili divina gracia suffragante, totis nostri cordis visceribus nostrorum transquilitatem subditorum non immerito desideramus, quorum, maxime popularium, tribulationes imminent undequaque. De justicia divina que de celo prospicit, et celesti milicia firmiter confisi, proponimus et speramus pacem ab eo qui in altis habitat impetrare, et terrena pace, nostri Regni solum et partes universas, tam justicia quam milicia, quarum altera alterius auxilio indiget et corroboratur, devotis nostrorum fidelium suffragiis, et principaliter potencia supernorum invocata, entendimus propalare; malos et perversos, mediante justicia, corrigere et punire, et inimicos nostros in nostro Regno de presenti pupulantes, ab eodem solercia milicia propulsare.

Nos igitur qui nostra juventute, nostris eciam aliis arduis negociis obstantibus, de presenti nequimus ad partes occitanas personaliter declinare, de magnitudine, audacia, valitudine, potencia, magnanimitate, diligencia et fidelitate, ac precellenti Regimine precarissimi et fidelis patrui nostri Johannis ducis Bituricensis et Alvernie, comitisque Pictavencis, qui dictas partes noscitur aliàs gubernasse laudabiliter, omnimode confidentes, predictisque attentis, et cum matura deliberacione precarissimorum et fidelium patruorum nostrorum Ludovici et Philippi Andegavensis, Turonensis et Burgundie ducum, ac magni consilii

(1) *Secousse* remarque que les pouvoirs donnés au duc de Berry étaient exorbitans, c'était un véritable vice-Roi. On lui accorde jusqu'au droit d'absoudre des crimes capitaux, et d'employer, sans en rendre compte, tous les revenus de l'État. Dans le même temps, le duc de Bourgogne fut nommé gouverneur de la Picardie et de la Normandie. Le duc d'Anjou avait le trésor. La France étant ainsi au pillage, il y eut partout des soulèvemens. (Decrusy.)

nostri, pensatis, de bono regimine parcium predictarum totis viribus providere cupientes, ipsum prefatum patruum nostrum ad regendum et gubernandum vice et loco nostris ducatum Acquitanie; videlicet, in quantum se extendit ultra rippariam Dordonie, et non citra; comitatum Tholose cum suis pertinenciis, terras, provincias et partes universas occitanas, unà cum patriis Bitturicensi et Alvernie ac Pictavenci, ac juribus et ressortis universis earumdem, elegimus, ordinamus, ac eciam regali auctoritate deputamus, et ad dictum regimen et alia exinde dependencia, et terrarum suarum ac omnium patriarum predictarum, locumtenentem nostrum cum totali parte et juris plenitudine super facto justicie et milicie, ac aliis, facimus, constituimus et creamus; cui plenariam damus auctoritatem et partem, ac omnimodam disposicionem senescallos, baillivos, judices majores, advocatos, procuratores nostros, receptores particulares, universales et generales, vicarios, ordinarios judices, accessores, castellanos, capitaneos, constabularios, porterios, servientes garnisionum et armatorum, et alios quoscunque officiarios nostros, cujuscunque status vel condicionis existant, destituandi, deponendi et eciam revocandi, vel de altero officio ad alterum transmutandi; novos officiarios ordinarios et extraordinarios, ac reffformatores creandi vel ordinandi, prout sibi visum fuerit expedire; vadia officiariorum, servitorum et aliorum diminuendi vel augmentandi, vel nova vadia noviter ordinandi; litteras universas gracie et justicie, status, dilacionis, respectus debitorum; salve gardie, salvi conductus, inimicis nostris et aliis, et quascunque alias dandi, confirmandi, roborandi et statuendi; subjectos quoscunque, cujuscunque fuerint auctoritatis, status vel eminencie, corrigendi et puniendi pena pecuniaria vel corporali, prout justicia suadebit; penam corporis in aliam mutandi; crimina quecunque, eciam lese-majestatis, remittendi, quittandi et perdonandi, necnon cujuslibet criminis enormitatis indulgenciam auctoritate Regiâ concedendi; bannitos revocandi; progenitos ex illicito cohitu vel dampnato, vel aliter illegitimos legitimandi; notarios publicos auctoritate regali creandi et faciendi, et creatos revocandi et destituendi; terras et aliascunque possessiones temporales admortizandi, ac ignobilibus concedendi graciam seu licenciam feoda et res alias nobiles à nobilibus acquirendi, et acquisitas tenendi, et pro admortisatis seu admortisandis, ac de manu nobili ad ignobilem translat. et transferandi; recogniciones feodorum nostrorum rescipiendi; ac innobiles subjectos nostros nobilitandi, ac pro dictis nobilitacionibus et legitimacionibus financiam recipiendi et levandi; previlegia, franchisias et libertates quorumcumque consultatuum, universitatum, locorum et personarum sue predicte locumtenencie, confirmandi et approbandi, ipsa aliaque seu alias de novo eisdem auctoritate nostra, prout viderit expedire, concedendi et ampliandi.

Damus eciam dicto locumtenenti nostro et tribuimus potestatem et auctoritatem super statu militari; videlicet, principes, barones, milites, nobiles nostros, alios quoscunque subjectos convocandi, et ad actus militares compellendi, secum ducendi vel alibi mittendi ad Regni nostri et nostrorum regnicolarum tuitionem, protectionem et deffencionem; congregaciones prelatorum, principum et baronum, ceterorumque nobilium, popularium, universitatum et communitatum, civitatum et bonarum villarum nostrarum, notabilium locorum, et aliorum quorumcumque faciendi, congregandi simul vel particulatim, et cum eis conveniendi et concordandi vel consultandi; et dum sibi bonum et expediens videatur, super regimine dictarum parcium, in particulari vel universali, indictiones, superindictiones vel alia quecunque subsidia super omnes quoscunque subditos nostros dictarum parcium, secundum suas facultates indicendi et faciendi, ac indicta levandi et exigendi, tam pro statu suo quam pro deffencione dictarum parcium distribuendi, prout sibi visum fuerit opportunum;

Cum inimicis nostris ad nostram obedienciam venire volentibus tractandi, et ipsos ad dictam obedienciam reducendi, et cum ipsis componendi, et in dictis composicionibus certos reditus sive certas penciones super patrimonio dictarum parcium, ad vitam vel ad tempus dandi et concedendi, et omnia alia ad hoc necessaria vel opportuna faciendi; excepta alienacione patrimonii nostri, et dictam composicionem complendi et intregrari faciendi, et perdonandi, quodcumque per ipsos forefactum, quittandi et remittendi, sicut sibi videbitur faciendum;

Quecumque beneficia in dictis partibus ad patronatum, collacionem nostram seu racionem nostri jocundi adventus, et qualitercumque pertinencia, et quomodocumque vacancia vel vacatura, illis quibus sibi videbitur expediens, dandi et conferendi; monacos et alios viros ecclesiasticos in abbatiis, magistros, fratres et pauperes in cenodochiis et domibus Dei ac hospitalibus, more Regio et jure adventus nostri predicti ponendi et ordinandi; et generaliter omnia alia quecumque faciendi, que nos faceremus vel facere possemus cum toto consilio nostro, si illuc personaliter interessemus; ex nunc pro tunc confirmantes queçumque fecerit, egerit vel ordinaverit in predicto regimine; dum tamen de sua certa sciencia processerit, vel sui consilii deliberacione, per suas litteras suis sigillis sigillatas, fuerint approbata; et preterea dicto patruo nostro, nos ex nostra mera et libera voluntate, omnes fructus, redditus et proventus, ac omnia et singula emolumenta ex domanio seu patrimonio nostro vel aliter, in dicta locumtenencia nobis spectancia, et exinde qualitercumque proveniencia, necnon omnes financias que ex admortisacionibus, nobilitacionibus, legitimacionibus et aliis superius dictis, quomodolibet provenientes et proventuras, donamus et in ipsum transferimus per presentes, in suis usibus propriis convertandas; et absque eo quod de ipsis ipse vel aliquis pro eo, aliquid redere, computare seu aliquam restitucionem facere teneatur.

Concedentes per presentes et eciam declarantes, quod nobilitaciones, legitimaciones et admortisaciones, ac concessiones ignobilibus de acquirendo et tenendo feoda et res nobiles, quas idem patruus noster in partibus dicte sue locumtenencie fecerit, valeant et roboris habeant firmitatem, solvendo eidem patruo nostro financias antedictas, absque eo quod illi quibus dicte admortisaciones, nobilitaciones, legitimaciones et concessiones per dictum patruum nostrum facte fuerint, financiam nobis aut successoribus nostris ullo tempore solvere teneantur, nec eciam per gentes compotorum nostrorum Parisien. aut alias compelli possint quovismodo.

Insuper concedimus locumtenenti nostro memorato, ut presenti locumtenencie uti et gaudere possit de negociis tangentibus partes suprascriptas, ubicumque sit in Regno nostro et alibi; et que per ipsum facta fuerint seu eciam ordinata, valeant prout facerent si in dictis partibus presencialiter existeret et agerentur.

Mandamus autem dilectis et fidelibus gentibus nostri parlamenti, nostri Thesori, nostrorum compotorum, et omnibus justiciariis, officiariis et subditis quibuscumque, quatinus in premissis et ea tangentibus, sibi pareant, obediant effectualiter et intendant sicut nobis; quia sic fieri volumus, et de nostra certa sciencia et auctoritate Regia ordinamus.

In quorum omnium testimonium, sigillum nostrum in absencia mangni ordinatum, presentibus litteris duximus apponendum.

Datum Parisius, die decima nona novembris, anno domini millesimo trecentesimo octogesimo, et Regni nostri primo.

Per Regem, in suo magno consilio, in quo domini duces Andegavensis, Burgundie et Borbonii, comes Augi, et plures alii erant.

N° 10. — Lettres *portant commission pour faire payer les arrérages des aides révoquées par les lettres du* 16 *novembre* 1380 (1).

Paris, 26 novembre 1380. (C. L. VI, 534.)

N°. 11. — Lettres *portant nomination d'Ollivier de Clisson* (2), *à la charge de connétable de France.*

28 novembre 1380. (Preuves de l'Hist. de Bretag., tom. II, p. 296.)

N°, 12. — Réglement *des princes, oncles du Roi, sur le gouvernement du royaume, et la garde des fils de France.*

Paris, dernier novembre 1380. (C. L. VI, 529, à la note.)

Premierement. Que au conseil du Roy seront tousjours noss. les ducs d'Anjou, de Berry, de Bourgoingne et de Bourbon, ou les trois ou les deux d'eulz, s'il leur plaist, dont mons. d'Anjou sera tousjours l'un, quand il y vendra et pourra estre; et que ledit mons. d'Anjou aura la presidence, et prérogative, selon son gré, et quand ledit mons. d'Anjou ne y pourra ou voudra estre, ne se delivreront aucunes grosses et pesantes besoignes sens lui faire savoir, et avoir son consentement.

(2) *Item.* Que nosdis seigneurs comme dessus, esliront et nommeront ceulz que bon leur semblera, jusques à XII. personnes, pour estre continuelment et resider au conseil du Roy; lequel conseil se tendra tousjours à Paris, se par l'avis de noz diz seigneurs comme dessus et dudit conseil, ne convenoit necessairement ledit conseil faire ailleurs sa residence.

(3) *Item.* Que ce qui sera deliberé par noz diz seigneurs

---

(1) Le conseil de régence violait donc sa promesse. (Isambert.)

(2) L'annaliste dit, mais sans preuve, que cette nomination avait eu lieu par les princes, avant l'organisation du conseil de régence. (*Idem.*)

comme dessus, avecques ledit conseil ou la plus grant partie, se tendra; et ne sera fait autre conseil à part; mais sera tenus ce qui sera fait par la plus grant et saine partie dudit conseil, comme dessus.

(4) *Item.* Tous offices, capitaines, gardes de chasteaulz, seneschaus, baillis, receveurs, et tous autres officiers principaux, seront mis par noz diz seigneurs comme dessus, par l'avis dudit conseil ou de la plus grant partie.

(5) *Item.* La distribucion des finances du royaume sera faite par noz diz seigneurs comme dessus, avecques ledit conseil.

(6) *Item.* Que noss. ne le conseil du Roy n'auront aucune puissance de baillier ou alliener le demaine du Roy à heritage, ne aussi à vie, sens le consentement, quant à la vie, de noz diz quatre seigneurs ensamble, et dudit conseil.

(7) *Item.* Sera faite secretement par noz dis quatre seigneurs, inventoire de la finance et des joyaux du Roy; et seront gardez au prouffit du Roy, jusques il soit aagiez.

(8) *Item.* La garde de la personne du Roy et de mons. de Valois, demourra à mons. de Bourgongne et de mons. de Bourbon; et pour ce mettront environ eulz telz officiers comme bon leur semblera, par le gré de noss. d'Anjou et de Berry.

Nous Loys duc d'Anjou et de Touraine, et comte du Maine; nous Jehan duc de Berry et d'Auvergne, et comte de Poitou; nous Philippe duc de Bourgongne; fils de Roy de France; et nous Loys duc de Bourbon, avons veu, tenu et leu ceste cedule, et les articles contenus en ycelle, ainsi comme dessus sont escripts, avons aggreables, et les voulons tenir sens enfraindre. En tesmoing de ce, chascun de nous se y est soubscrips de sa main, et y a mis son seel. Donné à Paris le derrenier jour de novembre, l'an de grace mil ccc. quatre vins.

Nous Loys filz de Roy de France, duc d'Anjou et de Thouraine, et comte du Maine, entendons (1) le premier article contenu en la cedule parmi laquelle ceste presente est annexée, que se ceulz du linage de mons. le Roy qui seront presens au conseil, et le conseil estoient d'accort ès besoignes touchans le mariage de mons. Traictiez de paix ou alliances profitables pour luy et le

(1) On prétend que cet article n'est qu'une protestation secrète du duc d'Anjou. (Isambert.)

royaume, ou autres grosses et pesans besoingnes, et nous le voulions contredire sans cause reisonnable, à l'avis de ceulz dudit lignage et conseil, comme dessus, lesdites besoignes pour nostre contradicion ne seroient empeschiées.

En tesmoing de ce, nous avons fait mettre à ceste dicte cedule nostre seel.

Donné à Paris, le derrain jour de novembre, l'an de grace mil trois cens quatre vins, et signé de nostre main.

N°. 13. — LETTRES *portant révocation de tous nouveaux droits et péages octroyés par les Rois, ou usurpés, sur les rivières* (1), *depuis Philippe de Valois.*

Paris, 7 décembre 1380. (C. L. XII, 121.)

CHARLES, par la grace de Dieu, roy de France, à tous nos baillifs et autres justiciers, ou à leurs lieutenans, salut. Par la grieve complainte des marchands, tant de bleds, vins, sel, comme d'autres marchandises, frequentant les rivieres de Loire et autres fleuves descendans en icelle, avons entendu sous ombre de ce que depuis le couronnement du roy Philipes, ayeul de nostre très cher sieur et pere dont Dieu ait les ames, nos predecesseurs, par inadvertance ou importunité des supplians, ont donné et octroyé en oultre et par-dessus les anciens peages mis et ordonnez sur les dictes rivieres, à plusieurs seigneurs et autres gens ayans peages, travers, chasteaux, ports, ponts, passages et seigneuries sur les dictes rivieres et autres : et aussi aucuns, de leur authorité ont mis, pris et imposés plusieurs nouveaux treuz et aydes : c'est à sçavoir, aucuns, cinq sols sur quée de vin, et sur muid de bled ou de sel, aucuns plus, aucun moins, avec plusieurs autres livrages, salages de sel, et autres subventions dont les dicts marchands ont esté rançounez, sont tellement grevez et dommagez, que plus bonnement ne peuvent plus frequenter les dictes rivieres, mais leur conviendra delaisser leur marchandise, considéré les extorsions et oppressions qui sous ombre de ce leur sont faites de jour en jour, qui est au très grant prejudice de la

---

(1) Il subsiste encore beaucoup d'anciens péages, et on en concède encore aujourd'hui un grand nombre pour un terme excédent dix années. Loi du 29 floréal an X. *V.* la loi du 28 mars 1790, sur la révision des anciens péages. (Isambert.)

chose publique et dommage desdits marchands, s'il est ainsi. Pour ce est-il que nous voulons les marchands de nostre dict royaume, et autres frequentans icelui, estre gardez des indeuës oppressions et de telles nouvelletez, lesquelles nous voulons estre ostées et abbateues ; et mesmement que tous les aydes et nouvelletez que nos predecesseurs souloient prendre en nostre royaume depuis le temps du dict roy Philïpes. Nous avons generalement par meure deliberacion fait cesser et abbattre : vous mandons et commettons, et à chacun de vous, si comme à lui appartiendra, ès termez de sa jurisdiction ou ressort, qu'à tous seigneurs et autres ayans peages travers, chasteaux, ports, ponts, passages sur les dictes rivieres ou aucunes d'icelles, qui auront mis sus ou imposez depuis le temps dessus dict, aucuns peages, treus ou aydes sur les denrées et marchandises passant ou à passer par les dictes rivieres ou aucunes d'icelles, dont il vous aperra, vous faites commandement et deffenses sur grandes et grosses peines, de par nous, et nous leur deffendons que les dicts peages, travers, treus, salages quelconques ou aydes, lever, cueillir ou exiger par eulx ou leurs officiers ou autres, ils se deportent et desistent de tout doresnavant; car nous les avons rappelé et rapelons, et de tout les avons mis et mettons au neant par la teneur de ces presentes; et les dicts marchands et leurs denrées et marchandises souffrent et laissent aller, passer, faire repasser, conduire et mener par les dictes rivieres et chacunes d'icelles, paisiblement, sans destourbier ou empeschement aucun, en payant les devoirs, treuz et passages anciens et accoustumés, tant seulement. Et se aucuns des dessus dicts estoit de ce faire refuyant, si les y contraigniez par peines, mistes, et autres voyes de raison et de fait, ainsi comme il appartiendra. Et affin que nostre dict present rappel, iceulx seigneurs ou aucuns d'eulx, ou leurs officiers ou autres, ne puissent sur ce pretendre ignorance, faites chacun de vous, si comme il appartiendra, crier et proclamier les choses dessus dictes, de par nous, solemnellement, aux lieux où se cueillent les dicts nouveaux peages et treuz, et autres lieux accoustumés en vos jurisdictions, nonobstant quelques confirmacions et dons par nous ou nos predecesseurs faits et à faire à quelconques personnes et pour quelconques causes que ce soit.

Donné à Paris, sous le seel royal ordonné, en l'absence de nostre grant, le septieme jour de decembre, l'an de grace mil trois cent quatre-vingt, et le premier de notre regne.

N°. 14. — ORDONNANCE (1) *donnée en conséquence de l'assemblée des trois États de la Languedoyl* (2), *portant abolition de tous les impôts établis depuis Philippe-le-Bel, mention de leurs franchises, et rétablissemens de leurs priviléges.*

Paris, janvier 1380. (C. L. VI, 552.)

CHARLES, etc. Savoir faisons à tous presens et avenir, que comme à la convocacion et assemblée general que nous avons

(1) Le clergé, la noblesse et le peuple, sans confiance les uns pour les autres, malgré le grand intérêt qui les pressait de s'unir étroitement, ne sentirent que leur faiblesse, firent des représentations, eurent peur, murmurèrent, et crurent cependant avoir négocié avec beaucoup d'habileté, parce qu'à force de marchander, ils achetèrent la confirmation de leurs priviléges en accordant un subside, bien médiocre par rapport à l'avidité du gouvernement, et même aux besoins du royaume, mais bien considérable, si on ne fait attention qu'à la patente inutile qu'on leur accordait. Ne pas voir qu'on ne cherchait à inspirer de la sécurité à la nation que pour l'opprimer dans la suite avec moins de peine; après tant d'espérances trompées, espérer encore que le gouvernement respecterait les franchises des citoyens, si les états n'assuraient pas leur existence, c'était le comble de l'aveuglement. Si jamais circonstances ne furent plus favorables pour réparer les fautes qu'on avait faites sous le règne du Roi Jean, jamais les Français ne connurent moins leurs intérêts que dans cette occasion. Les oncles du Roi étaient convenus entre eux, qu'en l'absence du duc d'Anjou, on ne déciderait aucune affaire importante qu'après lui en avoir donné avis et obtenu son consentement; cependant, s'il s'opposait, sans de fortes raisons, à ce qui aurait été décidé, on devait n'avoir aucun égard à son opposition. Par cet arrangement vague, et qui n'était propre qu'à multiplier les difficultés et les querelles, le conseil s'était mis des entraves qui l'empêchaient d'agir, ou ses opérations sans suite, et même opposées nécessairement les unes aux autres, devaient le couvrir de mépris. Les Etats ne sentirent pas la supériorité qu'ils pouvaient prendre sur de pareils ministres. Faut-il l'attribuer à l'ascendant que Charles V lui-même avait pris sur la nation? Est-ce un reste du mouvement que son règne avait imprimé au corps politique, et auquel on ne pouvait résister, ou les Français n'avaient-ils une conduite si différente des Anglais que faute d'une loi également chère à tous les ordres du royaume, et qui leur apprît à chercher leur avantage particulier dans le bien général? — Mably, Obs. sur l'Hist. de Fr., liv. VI, ch. 11. — Et il ajoute aux remarques du même chapitre : Après avoir lu le préambule de cette ordonnance, on ne m'accusera pas, je crois, d'avoir reproché à Charles V des injustices, des rapines et des vexations qu'il n'a pas commises. Une nation qui a pu lui donner le surnom de *sage* est elle-même bien insensée...... On voit, par la teneur de cette ordonnance, que les lettres du 16 novembre 1380 n'avaient pas été mises à exécution. Si en effet les impositions extorquées et levées contre toutes

fait faire et tenir à Paris, des gens d'eglise, nobles, bourgois, et habitans des bonnes villes de nostre royaume de la Languedoyl, pour avoir advis sur la deffense et provision d'icellui, ilz se feussent complains des aides, subsides et subvencions que feu nostre très chier seigneur et pere que Dieux absoille, faisoit et avoit fait imposer et lever sur eulz, et aussi de plusieurs autres choses qu'il disoient avoir esté faiz en leur préjudice du temps de nostre dit seigneur et pere et ses predecesseurs, par leurs gens et officiers, contre leurs immunitez, nobleces, franchises, libertez, privileges, constitucions, usages et coustumes des pays, et contre les ordonnances royaux anciennes; requerans leur estre sur ce pourveu de remede convenable: nous voulans noz dictes gens et subgiez en leurs dictes immunitez, nobleces, franchises, libertez, privileges, constitucions, usaiges et coustumes anciennes remettre, ressaisir, restituer, maintenir et garder, et les relever à tout nostre povoir de tous griefs, charges et oppressions quelconques, par le conseil, avis et deliberacion de noz très-chiers et amez oncles et autres prouchains de nostre sanc, et de nostre grant conseil, voulons, ordonnons et octroyons de nostre plaine puissance, certaine science et auctorité royal,

Que les aides, subsides, imposicions et subvencions quelconques, de quelque nom ou condicion qui soïent, et par quelque maniere il aïent esté imposez sur noz dictes gens et pueple, qui aïent eu cours en nostre dit royaume du temps de nostre dit seigneur et pere et autres noz predecesseurs, depuis le temps du Roy Philippe-le-Bel nostre predecesseur, soïent cassées, ostées et abolies, et ycelles ostons, cassons et abolissons, et mettons au néant du tout par la teneur de ces presentes;

Et voulons et decernons que par le cours que ycelles imposi-

---

les règles, avaient été abolies, le conseil n'aurait pas fait cette ordonnance, ou du moins n'aurait pas manqué de faire valoir la fidélité avec laquelle il aurait rempli ses engagemens. Il n'est que trop vrai que le gouvernement n'avait aucun égard aux ordonnances, même les plus solennelles. Il ne les regardait que comme un piége tendu à la crédule simplicité du peuple. On donnait des lettres-patentes pour calmer l'inquiétude des esprits, on promettait de corriger les abus, et quand la tranquillité était rétablie, bien loin de penser à remplir ses promesses, on ne méditait que de nouvelles fraudes. (Decrusy.)

(2) Le duc de Berry avait reçu pouvoir d'assembler ceux de la Languedoc. *V.* ci-dessus. (Isambert.)

cions, subsides et subvencions ont eu en nostre dit royaume, nous, nos predecesseurs, successeurs, ou aucun de nous, ne en puissions avoir acquis aucun droit, ne aucun préjudice estre engendrez à noz dictes gens et pueple, ne à leurs immunitez, noblеces, franchises, libertez, privileges, constitucions, usaiges et coustumes dessus dictes, ne à aucunes d'icelles en quelque maniere que ce soit;

Et oultre voulons et decernons de nostre dicte plaine puissance, certaine science et auctorité royal, que toutes les immunitez, drois, franchises, libertez, privileges, constitucions, usaiges et coustumes anciennes, et toutes les ordonnances royaux dont et desquelles joïssoient et usoient lesdictes gens d'eglise, nobles, bonnes villes, et le peuple de nostre dit royaume en la Langue doyl, ou aucuns des estas dessus diz, ou temps du Roy Philippe-le-Bel, depuis jusques à ores, leur soient restituez et restabliz, et nous par ces meismes presentes leur restituons et restablissons, et de certaine science voulons et decernons qu'ilz demeurent en l'estat et fermeté qu'ilz estoient lors, sanz estre enfrains ou dommaigiez en aucune maniere, et yceulz leur avons confermez et confermons par la teneur de ces presentes; nonobstant faiz, usaiges ou ordonnances fais ou faictes depuis le temps dudit feu le Roy Philippe-le-Bel, à ce contraires;

Et en oultre, voulons et decernons que se à l'encontre de ce aucune chose a esté faicte depuis ycellui temps jusques à ores, nous ne noz successeurs ne nous en puissions aidier aucunement, mais les mettons du tout au néant par ces mesmes presentes; sanz y comprendre toutesvoïes noz rentes, yssuës, travers, et prouffiz des vivres et denrées menées hors de nostre royaume, qui nous demeurent, et seront levées par certaine fourme et maniere qui sera ordonnée par noz gens, au moins de grief de noz subgiez que faire se pourra; et aussi sanz y comprendre les redevances des Gennevois, Lombars et Tresmontains, et nez hors nostre royaume, et de leurs denrées; toutes lesquelles choses nous promettons à tenir fermement sanz enfraindre, voulons et decernons que le transcript ou *vidimus* de ces presentes soubz seel royal, vaille et ait fermeté en tout et par tout, aussi et par tele maniere comme ce present original:

Si donnons en mandement à touz noz officiers, et à chascun d'eulz, que les choses dessus dictes et chascunes d'icelles, tiengnent et facent tenir et garder sanz enfraindre. Et que ce soit ferme et estable à tousjours, nous avons fait mettre nostre seel à ces presentes : sauf en autres choses nostre droit, et l'autrui en toutes.

Donné à Paris, etc. Par le Roy en son grant conseil, ouquel estoient mess. les ducs d'Anjou, de Berry, de Bourgoigne et de Bourbon, et plusieurs autres.

N°. 15. — LETTRES *portant confirmation et, au besoin, cession aux archevêques de Rouen du droit de justice haute, moyenne et basse dans leur palais et dans les maisons qui y sont contiguës.*

Abbaye de Maubuisson-lez-Pontoise, 20 mars 1380. (C. L. VI, 561.)

N° 16. — LETTRES *qui portent que les juifs ne seront point obligés de restituer les gages qui leur avaient été donnés par ceux à qui ils avaient prêté de l'argent, et qui leur ont été enlevés dans l'émeute* (1) *qui a été excitée contre eux, à Paris et dans plusieurs autres villes, à moins que ces gages ne leur aient été restitués.*

Paris, 26 mars 1380. (C. L. VI, 563.)

CHARLES, etc. Savoir faisons à touz presens et avenir, à nous avoir esté exposé de la partie des Juifs et Juives demourans tant en nostre ville de Paris, comme ès autres lieux de nostre royaume ou païs de la langue doyl, les gaiges d'or, d'argent et de pierrerie, joyaulx, robes et autres choses à eulx baillées en gaige, pour prest ou autrement par les christiens, avoir esté perduës en et par la notoire et enorme commocion qui n'agueres a esté faicte à l'encontre d'eulx, tant en nostre dicte ville de Paris, comme en pluseurs autres lieux de nostredit royaume, avecques leurs biens qui ès lieux où ladicte commocion a esté faicte, peurent estre trouvez; disanz pour ceste cause non estre tenuz à en faire recompensacion ou restitucion aucune, en suppliant que pour les inconveniens et dommaiges qui leur en pourroient avenir, il nous plaise sur ce ordonner par la maniere qu'il appartient : pourquoy nous consideré ce que dessuz est dit, ausdiz Juifs et Juives et chascun d'eulx, tant comme lui touche et puet

---

(1) *V.* sur cette émeute le Moine de Saint-Denis, et Juvénal des Ursins. (Decrusy.)

touchier, avons octroïé et octroyons de grace especial par ces presentes, que ou cas que appelez ceulx qui feront à appeler, il appara deuëment par le solennel serement d'iceulx Juifs et Juives, ou autrement souffisamment, lesdiz gaiges, joyaux, robes et autres choses dessuz dictes avoir esté perduës par la maniere dessuz dicte, et non avoir recouvré aucune chose, eulx ne leurs successeurs ou aïans cause, ne soïent tenuz ou puissent estre contrains ores ne ou temps avenir, à en faire restitucion, satisfacion ou recompensacion aucune à quelconque personne; ainsoiz en soïent en demeurent quittes et deschargez à tousjours; toutevoïes se il avenoit que ilz en recouvrassent aucune chose, nous voulons eulx estre tenuz d'en faire restitucion à ceux à qui il appartendra, sanz aucun delay. Si donnons en mandement au prevost de Paris, et à tous noz autres justiciers ou à leurs lieuxtenans, presens et avenir, et à chascun d'eulz, si comme à lui appartendra, que lesdiz Juifs et Juives, et chascun d'eulx, et leurs successeurs ou aïans cause d'eulx, lessent et fassent joïr et user paisiblement de nostre presente grace et octroy, sanz faire ou souffrir qu'ilz soïent contrains, traveillez ou empeschez contre la teneur de ces lettres, comment qu'il soit; et d'abondant grace, attandu que de ces presentes il auront necessité et besoing en pluseurs et diverses parties esquelles elles ne pourroient estre portées pour les perilz des chemins et distance des païs, toutesfoiz qu'il leur seroit mestier, nous plaist et voulons que aus *vidimus* d'icelles faiz soubz seaulx royaulx, soit adjoustée plainne foy et autelle, comme seroit et devroit estre à l'original. Et enfin que ce soit ferme chose et estable à tousjours, nous avons fait mettre nostre seel à ces lettres, sauf en autres choses nostre droit, et l'autrui en toutes.

Donné, etc.

Par le Roy, à la relacion de monseigneur le duc d'Anjou, vous, et pluseurs autres conseilliers presens.

N°. 17. — LETTRES *portant que toutes les aides et tous les impôts établis depuis Philippe-le-Bel seront abolis, excepté ceux spécifiés dans ces lettres, lesquels seront levés suivant la forme qui y est prescrite.*

Abbaye de Maubuisson-les-Pontoise, mars 1380. (C. L. VI, 564.)

N°. 18. — Lettres *portant création d'un gouverneur des milices de Paris, sous le titre de capitaine* (1).

1380. (Villaret, Hist. de France, IX, 241.)

N°. 19. — Mandement *portant que l'on fabriquera deux mille cinq cents marcs d'argent à la monnaie de Paris, au profit du duc d'Anjou.*

Paris, 16 avril 1381. (C. L. VI, 577.)

N°. 20. — Assemblée *des notables* (2).

Paris, vers le mois d'avril 1381. (Moine de Saint-Denis, p. 35. — Juvénal des Ursins, p. 17.)

N°. 21. — Lettres *portant que toutes les terres appartenant au duc d'Anjou ressortiront au parlement de Paris.*

Hôtel Saint-Paul, 20 avril 1381. (C. L. VI, 578.)

N°. 22. — Lettres *portant confirmation des priviléges de la communauté des bouchers de Paris, et du réglement fait sur la jurisdiction et la police de cette communauté.*

Paris, juin 1381. (C. L. VI, 590.)

N°. 23. — Ordonnance *sur la nouvelle aide accordée par les trois États de l'Artois, du Boulonnais et du comté de Saint-Pol.*

Paris, juin 1381. (C. L. VI, 600.)

N°. 24. — Lettres *portant réduction du nombre des officiers de la chambre des comptes* (3), *des trésoriers de France* (4), *des généraux maîtres des eaux et forêts* (5), *des généraux maîtres des monnaies et des secrétaires du Roi, et nomination de ceux qui doivent exercer ces offices.*

Saint-Victor-lez-Paris, 13 juillet 1381. (C. L. VI, 604.)

---

(1) Delamarre, Traité de la police, tom. Ier, liv. IV, tit. 8, ch. 3, p. 123, croit que cette institution ne date que du règne de Louis XI. Villaret dit avoir vu le brevet. (Isambert.)

(2) Le duc d'Anjou la présida, et il y eut sept séances. On ne consentit à rien. (*Idem.*)

(3) Il y avait alors sept conseillers, y compris le président, et neuf maitres.

(4) Il y en avait quatre. — (5) Réduits à dix. (*Idem.*)

N°. 25. — LETTRES *confirmatives des priviléges accordés aux habitans du Briançonnais, par le dauphin Humbert* II, *et portant* (*art.* 59) *que tous lesdits habitans seront francs et bourgeois, et que lorsqu'ils prêteront hommage au dauphin, ils baiseront son anneau ou le dos de sa main, comme font les personnes franches, et non les pouces, comme font les populaires.*

Crecy en Brie, 25 juillet 1381. (C. L. VII, 721.)

N°. 26. — LETTRES *portant défenses de louer à des femmes publiques dans certaines rues.*

Paris, 3 août 1381. (C. L. VI, 611.)

KAROLUS, etc. Preposito Parisiensi aut ejus locumtenenti : salutem.

Cum in recordacionis inclite beati Ludovici domini et predecessoris nostri ordinacionibus inter cetera caveatur (1), ut publice meretrices tam de campis quam de villis per locorum justiciarum expellantur; et factis monicionibus sive prohibicionibus, bona earum per dictos justiciarios capiantur, vel eorum auctoritate à quolibet occupentur, eciam usque ad tunicam vel pellicium; et si qui publice meretrici scienter domum locarunt, quantum valet pensio domus uno anno baillivo loci vel judici solvere teneantur; sintque nonnulli in vicis dictis Beaubourc, Gieffroy l'Angevin, des Jongleurs, de Symon le Franc, circa Sanctum Dyonisium de carcere et de Fonte Maubué Par. domos habentes seu tenentes ad censum vel aliter, qui domos predictas locare aut ad annuum censum tradere talibus meretricibus, nedum in dictarum ordinacionum elusionem et contemptum, sed eciam in nostrarum suarum periculum et vicinorum bonorum scandalum, non verentur : mandamus vobis quatenus dictorum domorum dominos seu possessores aut detentores moneatis, et eisdem ex parte nostra inhibeatis, ne domos predictas talibus meretricibus locent seu accomodent, aut ipsas alio quovis titulo habitare faciant aut permittant : sciturі contrarium facientes, se dictarum ordinacionum penam, et aliter, prout inobedienci-casus exigerit, incursuros; quam penam ab ipsis contrarium fa-

---

(1) *V.* art. 5 de l'ordon. de 1269, p. 347. Aujourd'hui, la même défense existe en ce sens, que les lois de police soumettent à une surveillance spéciale toutes les maisons publiques. (Isambert.)

cientibus exigere et levare absque dilacione qualibet, et sublatis quibuscumque favoribus, non obmittatis, ut saltem metu pene dicti vici et boni vicini inibi habitantes, in securitate et transquillitate pacis, rejectis spurciciis valeant permanere.

Datum Parisius, die 3.ª augusti, anno domini M. CCC LXXXI.º; et Regni vero nostri primo.

N°. 27. — ACTE *par lequel le Roi reçoit en grâce le duc de Bretagne, et l'admet à faire son hommage à la couronne.*

Compiègne, 27 septembre 1381. (Preuves du mémoire des pairs, p. 625.)

N°. 28. — LETTRES *défendant de passer dans les comptes des receveurs aucuns dons faits par le Roi, ou sa cour, depuis le décès de Charles V, sans son mandement exprès.*

Senlis, 24 octobre 1381. (C. L. XII, 123.)

N°. 29. — ORDONNANCE *sur le rétablissement des impôts* (1).

Paris, février 1381. (Moine de Saint-Denis, p. 3. — Juv.-des-Ursins, p. 18.)

N°. 30. — ORDONNANCE *qui abolit les impôts, et accorde amnistie aux habitans de Paris* (2).

Mars 1381. (Moine de Saint-Denis. — Secousse, préface, p. 27.)

---

(1) C'était une violation de l'ordon. du 16 novembre 1380. La publication eut lieu au Châtelet, à *huis-clos;* mais comme il fallait une publication légale, il se présenta un particulier qui, moyennant une somme d'argent, vint aux halles, monté sur un cheval, publier qu'on avait fait un vol chez le Roi, pour assembler le peuple, et piquant son cheval, publia par la ville, que le lendemain on lèverait les impôts. Le lendemain, 1er mars, les receveurs s'étant assemblés à la Halle pour percevoir, il y eut un soulèvement. On arma 10,000 bourgeois qui élurent des dixainiers, cinquanteniers et centainiers. (Isambert.)

(2) On en excepta les chefs de l'insurrection, qui furent noyés par ordre du prévôt de Paris, secrètement, sans jugement; on n'osait faire l'exécution publique. C'est par suite de cette abolition qu'on assembla les Etats de 1382. (*Idem.*)

N°. 31. — SENTENCE *de l'officialité, qui condamne le prévôt de Paris, Hugues Aubriot, à finir sa vie dans la fosse, avec du pain et de l'eau, comme débauché, juif et hérétique* (1).

1381. (Villaret, Hist. de France, XI, 269.)

N° 32. — LETTRES *portant que la baronnie de Cappendu, qui était régie par la coutume de Paris, le sera dorénavant par le droit écrit, à condition néanmoins des mêmes services féodaux.*

Avignon, 1er mai 1382. (C. L. VI, 648.)

N°. 33. — LETTRES *portant abolition des priviléges octroyés à trois Lombards, pour faire le commerce et prêter à usure à Paris, et concession de nouveaux priviléges.*

Melun-sur-Seine, mai 1382. (C. L. VI, 652.)

CHARLES etc. Savoir faisons que comme Oste, Bertelemy et Pierres Garés, Lombars, ou aucuns d'eulx, aient demouré par aucuns temps en nostre bonne ville de Paris, et usé par eulx et leurs facteurs de pluseurs contraux, prests en deniers, pour proffiter, soubz umbre ou couleur de aucuns privileges à eulx en certaine fourme octroiez de nostre très-chier seigneur et pere que Dieux pardoint, et depuis confermez par nous; desquelx privileges noz genz disoient les dessus nommez avoir souvent effoiz et en pluseurs cas abusé et offendu, et eslargiz leurs diz contraux et prests, oultre l'entendement raisonnable d'iceulx privileges, et autrement en pluseurs manieres detestables, dont ledit Oste fu approchié par nostre procureur ordonné en nostre Tresor à Paris, pardevant noz amez et feaulx de nostre conseil ordonné, gens des comptes et tresoriers en nostre chambre des comptes à Paris; et ledit Oste oy, en grant partie ataint par ses meismes registres, lettres et confessions de lui faictes par plusieurs foiz et

---

(1) Ce fut l'Université qui le dénonça. L'inquisiteur lut les charges du procès. L'évêque de Paris le prêcha publiquement. Il fut mis en liberté l'année suivante, lors des troubles de Paris. On prétend que le nom donné aux protestans vient de lui. (Isambert.)

en diverses manieres; sur lesquelles et par procés sur ce faiz, ledit Oste entre les autres choses, ait esté par arrest condempné envers nous pour les amendes et offenses du temps passé, en la somme de deux mille livres tournois,

Nous eu regart à la simplesse, impertinacité, et au regret et desir que disoient avoir les diz Oste, Bertelemy et Pierre Garés en l'abitacion de nostre royaume, inclinanz à leur supplicacion; premierement osté et adnullez leurs precedens privileges, par l'advis de nostre conseil leur avons octroié, et par ces presentes de nouvel leur octroions de grace especial et auctorité royal, que ilz puissent estre, demourer et habiter en nostre dicte bonne ville de Paris, jusques au parfait et accomplissement de xv. ans commencans le xvii.e jour d'aoust, l'an de grace mil ccc et iiii. et y faire leur proffit de leurs deniers et chatieux, mesmement sanz exceder les termes qui ensuivent;

(1) C'est assavoir, que ilz puissent bonnement marchander, faire et exercer toutes manieres de contraux, tant de leurs deniers comme de leurs marchandises, et autres deniers quelxconques.

(2) *Item.* Et des contraux et accors que ilz feront par prest ou autrement mesmement en deniers pour autres deniers, à quelques termes que soient, par lettres ou sur gaiges, ilz ne puissent des personnes qui emprunteront ou vouldront d'eulx emprunter, avoir ne prendre pour leur acquest, oultre ne plus de deux deniers Parisis pour xvi. sols Parisis, et deux deniers obole pour xx. sols Parisis, pour chascune sepmainne, à compter et mettre le franc pour xvi. sols Parisis; nonobstant mutacions de monnoies.

(3) *Item.* Que pour ces causes, ne pour iceulx contraux et prests, qui n'excederont les diz acquests ou gaing, les dessus nommez ou aucuns d'eulx, ne soient et ne puissent aucunement estre repris, approchez ou trais en cause ne en amende corporelle, pecunielle ne autre quelconque, par noz genz et officiers, ne autres personnes noz subgez, soient juges ordinaires, commissaires ou deleguez, supposé que de nous ou de nostre court ilz aient especial mandement sur ce, en leur imposant silence perpetuelle quant à ce; mais yceulx Lombars ne pourront pranre en gaiges saintes reliques, calices et autres aournemens de sainte eglise sacrez, socs, coustres, fers de moulins et ferremens de charrüe, ne sur ycelles choses riens prester, ne sur autres choses de nous ne de nostre hostel et de ceulx de nostre sang des fleurs de liz, se ilz sont signées aus dictes fleurs de liz, ou par autre

voie si cognoissable que il souffisse; et se cognoissables ou signées n'estoient, ilz en seront excusez.

(4) *Item.* Que ilz puissent tenir, avoir et exercer pour eulx, leurs facteurs, gens et familiers, publiquement et notoirement changes, ouvroirs apparraument et ouvers en nostre dicte ville, se bon leur semble et il leur plaist; nonobstant que en ycelle ville, ait statuts et ordenances à ce contraires.

(5) *Item.* Que durant ledit temps, pour cause des faiz et articles contenuz en ce privilege, les dessus diz Lombars soient et demeurent exemps de touz juges et de toutes jurisdiccions de noz subgez, et soient et demeurent en ce cas et ès dependences noz subgez et justicables sanz moien, soubzmis à la jurisdiccion de nous et de noz juges, tant en demandant comme en defendant; toutevoies se ce n'estoit que de leur pure et franche voulenté, sauf nostre droit, ilz voulsissent sortir autre jurisdiccion que la nostre.

(6) *Item.* Se il advenoit que en nostre dicte ville, les maisons ou habitacions où les dessuz diz Lombars demouroient, feussent ou soient soubz autre jurisdiccion et justice que la nostre, pour ce ne seroit-ce pas que ilz ne soient en leur dit fait et ès choses contenues en ce previlege, noz subgez, et y pourront demourer et habiter paisiblement et franchement quant à ce, sanz ce qu'ilz soient tenuz de paier pour ces causes aux seigneurs ou justiciers soubz qui ilz demourront, ne à autre, aucune redevance ou services pour ledit fait, fors que à nous seulement.

(7) *Item.* Que se en leurs hostels et domiciles, estoient trouvez aucuns biens qu'ilz leur feussent bailliez en gaiges, lesquelx biens aucuns voulsissent poursuir pour emblez, ilz ne pourront estre poursuiz, approchez ne molestez aucunement du crime, se l'en ne leur imposoit qu'il l'eussent commis.

(8) *Item.* Et pour ce que aucune foiz est avenu que aucuns ont leurs varlez et serviteurs envoié emprunter argent sur gaiges, et après frauduleusement ont donné congié à leurs diz varlez et serviteurs, et puis ont poursui leurs diz gaiges comme leurs et comme emblez; se tel cas advient, les dessus diz Lombars ne seront tenuz de rendre et baillier les diz gaiges, se ilz ne sont avant paiez de ce qu'il auront presté, et ce pourquoy les diz gaiges tendront.

(9) *Item.* Et que pour l'usage des diz Lombars non excedens les termes dessus diz, ne pour occasion d'iceulx, ilz ne soient, puissent ou divent estre poursuiz, approchez, ne estre mis en

aucun procez par noz genz ou officiers de quelconques estat ou condicion qu'il soient, ne de quelconque povoir ou auctorité que il usent, ne estre contrains par voie directe ou oblique à en faire aucune amende corporelle, pecunielle, civile ou autres quelconques.

(10) *Item.* Que se à la requeste d'aucuns leurs malveillanz, nos genz et officiers faisoient ou faisoient aucunes informacions contre les diz Lombars ou aucuns d'eulx, que par respondre promptement du cas dont l'en les vouldra accuser, se il si offrent et le requierent, ilz y seront receuz, et les informacions fera l'en cesser.

(11) *Item.* Que après an et jour, ilz puissent faire vendre par justice ordenéement les gaiges qui leur seront lessez sanz raimbre ne acquitter par ledit temps d'un an, et sur lesquelx ils auront presté leurs deniers, sanz ce que depuis par les depteurs qui les diz gaiges auront baillié, ilz puissent de ce estre poursuiz ne approchez.

(12) *Item.* Que se les diz Lombars se vouloient departir de nostre dicte ville pour aler demourer en autres villes, que faire le puissent, pourveu et par condicion que par avant leur partement, ilz facent crier leur departement, et après ilz demeurent XL. jours, attendans à faire tout ce que appartendra, et rendre les gaiges et lettres, par eulx paiant; et que cependant les gaiges sur lesquelx ilz auront presté, que ilz puissent faire vendre publiquement et solennelment ès lieux et places à ce accoustumez, et au moins par trois criées et subhastacions de quinzaine en quinzaine, en prenant sur ce lettres de la justice du lieu : et se les diz gaiges estoient venduz et valoient oultre ce pour quoy ils seroient obligez et mis en gaiges, le remenant et le seurplus soit rendu et restitué à cellui à qui les diz gaiges seroient; et s'il n'estoit present, ledit seurplus soit mis et consigné en la main de la justice soubz qui les diz gaiges seroient venduz, criez et subhastez.

(13) *Item.* Et que tous ceulx qui seront à eulx ou aucuns d'eulx, tenuz et obligez comme dessus, soient contrains à acomplir leurs promesses et obligacions, par noz genz et officiers, et par touz autres justiciers de nostre royaume; et les lettres obligatoires que ilz en auront, non excedens les diz termes, ne soient en riens refusées ne debatues à mettre à execution selon leur teneur, et ne soient receuz les obligez à venir à l'encontre, especialement où les lettres seroient faictes soubz seaulx royaux, et que il aura

souffisamment obligacion, foy et serement. Et ne voulons que à l'encontre, lettres de nous ou de nostre court, soit de dilacion, estat, ou autres quelxconques respiz, soient octroiées ne données; et se elles estoient obtenues par quelxconques voie, ne voulons nous que il y soit obey, ne que elles sortissent aucun effet ou prejudice des dessus nommez, ne contre les diz foy et serement et obligacion, sur quelconques fourme de paroles que elles soient.

(14) *Item.* Que durant le temps dessuz dit, il ne paieront aucuns paages, truages, ne chaussées, à nous, ou aucuns de noz sugez, fors ceulx qui sont deuz d'ancienneté.

(15) *Item.* Que ycellui temps durant, nous ou noz successeurs ne octroierons à aucuns autres Ytaliens quelxconques, les libertez, franchises et autres choses dessus dictes, pour demourer en nostre dicte ville de Paris, pour y faire prest à proffit, comme dit est.

(16) *Item.* Que se aucuns d'eulx aloit de vie à trespassement, leurs hoirs legitimes puissent succeder à touz leurs biens, comme l'en fait à l'usage du lieu où ilz sont nez, nonobstant qu'il soient presteurs et estrangiers, coustumes et autres choses à ce contraire; et se ilz ordonnaient de leurs biens par testament, que l'ordenance vaille, sanz ce que nous ou noz successeurs y mettons ou facions mettre la main, ne empeschemens en leurs biens.

(17) *Item.* Que pour les meffaiz faiz ès païs ou ès seignories dont ilz sont nez, desquelx meffaiz ilz ne seront consentans, ne pour guerres qui se meuvent contre les seigneurs des diz païs, les diz lombars estanz ou demouranz en nostre dicte ville, ne leurs biens, ne seront pris ne empeschez pour marque ne autrement; et si ne seront tenuz de entrer en gaige de bataille, s'il ne leur plaist.

(18) *Item.* Ilz ne seront aucunement contrains de faire aucuns dons ou prest à nous ou à autre de par nous.

(19) *Item.* Que se aucuns d'eulx meffaisoient, que poursuite n'en soit faite que contre les coulpables.

(20) *Item.* Se aucunes femmes renommées de folle vie vouloient dire par cautele avoir été efforciées par aucuns des diz lombars, que à ce proposer elles ne soient creües, ne yceulx lombars pour ce empeschez en corps ou en biens.

(21) *Item.* Se de nostre saint père le pape ou d'autres, venoient aucuns mandemens ou requestes, pour faire partir les diz Lom-

bars de nostre royaume, nous ne souffrerons que pour ce leur soit fait aucun empeschemens en corps ne en biens, jusques ilz aient eu temps souffisant d'eulx en partir, et leurs biens emporter sauvement.

(22) *Item.* Que les maistres d'hostel ou des garnisons, chevaucheurs, fourriers, preneurs ou outres officiers quelxconques, de noùs, de noz enfanz et autres de nostre sang, ou autres que aient prises, ne prengnent ou facent prendre aucuns biens des dessuz diz Lombars, pour quelconques cause ou neccessitez que ce soit, par vertu de quelconquè commission ou povoir que ilz aient ou puissent avoir.

(23) *Item.* Que s'il leur plaisoit d'eulx partir hors de nostre dicte ville ou de nostre royaume avant les diz quinze ans accompliz, qu'ilz le puissent faire touteffoiz qu'il leur plaira, par faisant leurs criées, et rendant ce qu'ils auront des bonnes genz, en la forme et maniere que il a esté autreffoiz fait ès cas semblables, et que raison, ordonnance et coustume donnent.

(24) *Item.* Et que se en aucuns des articles dessuz diz avoit aucune obscurté, ou qu'il deust avoir declaration, que yceulx articles et ce qui en depent, soient par nous, noz successeurs, genz et officiers, entenduës et interpretées en la plus bonne et raisonnable partie et entencion meilleur au proffit des diz Lombars, selon ce que de raison sera.

(25) *Item.* Voulons et ordonnons les dessuz nommez Lombars estre tenuz en paix, transquillité et bonne justice; et defendons estre contre eulx procedé par voie de fait violent ne injurieux. Et pour ce à la conservacion de leurs personnes et biens, avons pris et prenons durant lesdictes quinze années les dessus diz Lombars et chascun d'eulx, en nostre sauve et especiale garde et seure protection, avecques leurs biens, compaignons, serviteurs et familiers alanz, venanz et sejournanz pour eulx par tout nostre royaume; et voulons que quiconques à eux mefferont ou à aucuns d'eulx, qu'ilz en soient punis comme de nostre sauvegarde enfrainte. Et pour ces choses les Lombars dessuz nommez seront tenuz de paier chascun an à nostre tresor à Paris, oultre ce que dit est, la somme de deux cens livres tournois au terme de Toussains pour tout l'an, durant les années dessuz dictes.

(26) *Item.* Que ou cas que les diz Berthelemy et Pierre Garés, ou l'un d'eulx, ne vouldroient demourer en nostre dicte ville avec ledit Oste, ycellui Oste puisse subroguer et accompaigner un ou deux autres Lombars en lieux d'eulx, ou de l'un d'iceulx, qui

ait ou aient semblables octrois, sauves-gardes et privileges en toutes les choses dessus dictes, leurs circonstances et dependences, durant les quinze années devant dictes, comme aroient les diz Pierre, Berthelemy, ou l'un d'eulx, se ilz y demouroient, comme dit est.

Si donnons en mandement, etc.

Ce fu fait à Meleun-sur-Seine, l'an de grace M. CCC. IIII.XX et deux, ou mois de may, et le IIe de nostre regne. Seellée soubz nostre seel ordonné en l'absence du grant.

Par le Roy, à la relacion du conseil, ouquel estoient pluseurs dudit conseil, et les tresoriers.

N°. 34. — ORDONNANCE *qui, moyennant* 100,000 *fr., tient la ville de Paris quitte des impôts du passé* (1).

Mai 1382. (Secousse, préface, p. 28, 29.)

N°. 35. — LETTRES *portant que les draps de la draperie foraine de Rouen, seront marqués par les jurés de ce métier.*

Paris, juin 1382. (C. L. VI, 660.)

N° 36. — DÉCLARATION *qui désigne ceux des clercs ou laïcs qui composeront la chambre des comptes, et porte que les autres seront honoraires, sans traitemens* (2).

Compiègne, 8 juillet 1382. (C. L. XII, 124.)

CHARLES, etc. Oy le rapport qui nous a esté n'a gaires fait sur l'estat des revenues de nostre domaine, et considéré la pluralité de nos conseillers en nostre chambre des comptes à Paris, qui desdites revenues ne poroient tous estre bonnement payez des

---

(1) Le duc d'Anjou avait pris Paris de force. Il partit quelque temps après pour gouverner son royaume de Naples, et le duc de Bourgogne devint chef du conseil de régence. — Moine de Saint-Denis, p. 50. — Juvénal des Ursins, p. 25. — (Decrusy.)

(2) Le principe de l'inamovibilité des charges de magistrature n'a été définitivement fixé que par l'ordon. d'octobre 1467. Ces lettres fixent d'ailleurs la composition de la chambre des comptes à cette époque. Elles sont une conséquence de celles du 13 juillet 1381. (Isambert.)

gaiges et droits que ils prengnent, avons DECLAIRIÉ et DÉCLAIRONS nostre entention et volenté sur ce, qui est tele : que l'esveque de Therouenne, president en nostredicte chambre, et Mᵉ Pastourel, ordené sur le fait de la justice illeuc, et autres huit, desquels sont quatre clercs et quatre lays nos conseillers en ladite chambre : qui continuelment entendent à oïr les comptes de nostre domaine, à la conservacion d'icelui, et aussi les douze clercs d'embas de nostredite chambre qui continuelment et diligemment nous servent en leurs offices illeuc, et nos deux notaires ordennez en ladite chambre, soient paiez de leursdits gaiges et droits entierement, si que par deffaut de ce n'aient cause de delaissier le service qu'ils nous y font, duquel la continuation nous est très-necessaire, et aussi Mᵉ Derian, nostre secretaire et maistre de nosdis comptes, qui longuement et loyaument a servi nos très-chiers seigneurs ayeul et pere, dont Dieux ait les ames, et nous, perçoyve avecques euls, les droits de nostredite chambre, comme maistre de nosdits comptes, et y soit paié de ses gaiges de secretaire, et manteaulx que il prent à sa vie sur nostre trésor.

Et pour seureté de leur payement, avons ordenné, etc.

Voulons toutevoyes et est nostre entencion, que Braque, le sire de Chevreuse, de Bournaseau, le Mercier et Galoys, maistres de nosdits comptes, soient et demeurent en notredite chambre en l'estat que il y estoient paravant nostre presente declaration, aux gaiges, rentes et pensions que il ont à leurs vies, ou autrement autre part, et en soient payéz comme il ont accoustumé, et perçoivent les droits de ladite chambre comme les dessus nommez, et comme fait l'ont ou temps passé ; ne ne pensons en riens deroguer à leur estat par nostre presente déclaration ;

Et aussy voulons que non obstant ycelle declaration, les autres maistres de nosdits comptes qui cy-dessus ne sont nommez, soient et demeurent en leursdits offices par honneur combien que il n'y prengnent gaiges ne droits. Si donnons en mandement, etc.

N°. 37. — LETTRES *portant que les amendes du parlement seront, aussitôt que le jugement aura été rendu, données par écrit en la chambre des comptes, pour y être enregistrées, et que les lettres de don de ces amendes y seront expédiées.*

Soissons, 11 août 1382. (C. L. VI, 705.)

N°. 38. — ORDONNANCE *portant convocation des milices pour la guerre contre les Flamands.*

28 octobre 1382. (Mss. de la Bibl. du Roi, Tit. concernant l'Hist. de France, Carton 99.)

N°. 39. — LETTRES *contenant instructions sur le fait des aides et de la gabelle, rétablies comme elles étaient sous Charles V.*

Paris, 21 janvier 1382. (C. L. VII, 746.)

N°. 40. — LETTRES *qui règlent le pouvoir, l'autorité et la juridiction des généraux conseillers, sur le fait des aides.*

Paris, 26 janvier 1382. (C. L. VI, 705.)

N°. 41. — ORDONNANCE (1) *qui abolit la prévôté des marchands de la ville de Paris, casse les communautés de métiers, et les chefs des milices, et défend les assemblées publiques.*

Paris, 27 janvier 1382. (C. L. VI, 685.)

CHARLES, etc. Sçavoir faisons à tous presens et avenir, que comme assez tost après le trespassement de nostre très-chier

---

(1) Elle fut faite à la suite d'une insurrection commencée le 1er mars 1381, et finie le 11 janvier 1382. (Decrusy.)

Paris ouvrit ses portes à l'armée royale. Le Roi ordonna qu'on fît la recherche des auteurs de la dernière sédition. Sous prétexte d'arrêter les coupables, le conseil, qui voulait s'enrichir, fit jeter dans les prisons 300 des plus riches bourgeois qui n'avaient d'autres crimes que de tenter par leurs richesses la cupidité du gouvernement. On procéda avec lenteur contre les prisonniers. Des juges, prostitués à la faveur, prêtèrent scandaleusement à l'injustice le ministère sacré et auguste des lois..... C'est au milieu des exécutions, dont Paris voyait tous les jours renouveler l'infâme spectacle, que Charles VI, supprimant les officiers municipaux de la capitale, défendit aux bourgeois, sous peine de la vie, toute espèce d'assemblée, les priva de leurs droits de commune, rétablit les impôts qui avaient été levés par son père sans le consentement des Etats, et donna à ses élus et à ses conseillers des aides un pouvoir arbitraire. On avait déjà sacrifié à l'avarice du conseil plus de cent riches bourgeois condamnés au dernier supplice, quand on assembla enfin le peuple dans la cour du Palais; et le Roi s'y étant rendu, accompagné de ses oncles, de ses

seigneur et pere que Dieu absoille, les aides qui en son tems avoient cours en nostre dit royaulme pour la deffence d'icellui, et mesmement en nostre ville de Paris, eussent esté abattuë de fait et mis au neant par certaine commocion de peuple, faicte à Paris par plusieurs gens de male voulonté et desordonnée, et les boistes de noz fermiers abbatuës et despeciées; et depuis ce, en l'année derrenierement passée, les bourgois, manans et habitans de nostre dicte ville, ou la plus grant et saine partie d'iceulx, eussent accordé avoir cours en nostre dicte ville de Paris, pour la deffense de nostre royaume, certaines aides communs; c'est assavoir, l'imposicion la gabelle, et autres aides, par la fourme et maniere plus à plain declerée en certaines instruc-

---

ministres et de ses courtisans, le chancelier reprocha au peuple, comme le plus énorme des attentats, d'avoir cru sur la parole les ordonnances et les chartes de tous les Rois précédens et de Charles VI lui-même; que les subsides payés par les Français étaient des dons purement gratuits, qui ne pouvaient tirer à conséquence, ni former des titres ou des droits nouveaux à la couronne, et qu'il n'était pas permis au prince d'exiger des contributions qui ne lui avaient pas été accordées par les Etats...... La religion des sermens ne serait-elle qu'un jeu pour les princes?.... C'est pour avoir opposé une résistance légitime à une violence évidemment contraire à toutes les coutumes et à toutes les lois, que le premier magistrat du royaume, qui aurait dû connaître au moins les droits de l'humanité, s'il ne connaissait pas le droit public de la nation, au lieu de plaindre les Parisiens, d'excuser leur emportement, eut la lâcheté de leur dire que les supplices les plus rigoureux n'étaient pas capables d'expier leurs forfaits. Chaque bourgeois croyait voir un glaive suspendu sur sa tête..... Un silence stupide n'était interrompu que par de longs gémissemens, que la terreur étouffait à moitié. On attendait en frémissant le dénoûment de cette horrible tragédie, lorsque le frère du Roi et ses oncles, feignant d'être attendris du spectacle qui était sous leurs yeux, se jetèrent aux pieds de Charles, implorèrent sa clémence, et demandèrent grâce pour les coupables...... Charles, ainsi qu'il en était convenu avec ceux qui l'avaient dressé à cette scène, commua la peine de mort que les Parisiens avaient encourue, en des amendes pécuniaires. Froissart fait monter la contribution à 400,000 livres, somme prodigieuse dans un temps où l'argent encore très rare, ne valait que cent sols le marc..... Les courtisans se partagèrent le butin..... Une petite partie des amendes fut destinée à la solde des troupes. Les officiers, au lieu de payer leurs soldats, préférèrent de leur abandonner les environs de Paris, qu'ils pillèrent..... La dévastation de Paris fut un exemple terrible pour toute ville qui, sûre de ses franchises, de ses immunités et de ses priviléges, établis par la coutume et scellés par l'autorité du prince, aurait osé désobéir; elle apprit que ses droits et ses titres étaient vains, et que tout était anéanti. — Mably, Obs. sur l'Hist. de Fr., liv. VI, ch. 11. (Decrusy.)

tions sur ce faictes, à commencer le premier jour de mars derrenierement passé; auquel jour plusieurs des manans et habitans de nostre dicte ville, et autres gens de male volenté, qui estoient ledit jour en icelle ville, en perseverant de mal en pis, et pour empescher le cours desdis aides à nous octroyez, comme dit est, se feussent assemblez èz halles de nostre dicte ville, et y tué et murtry aucuns qui estoient ordonnez et commis sur le fait des aides, rompu les boistes ordonnées pour mettre les deniers d'iceulx aides, et d'illecques alez en l'eglise Saint Jaques de l'ospital où ilz trouvérent ung des fermiers desdis aides, lequel ils boutérent et menerent par force hors d'icelle eglise, et le tuerent et murtrirent; et après se feussent transportez en la maison de la ville, et d'icelles rompu les portes, huis et coffres, et prins grant quantité de mailletz qui estoient, lesquelz Hugues Aubriot jadis prevost de Paris, avait fait faire du commandement de nostre très-chier seigneur et pere que Dieu absoille, et eussent aussi tué et murtry aucuns de noz officiers et autres qui avaient receu les imposicions et autres aides, ou pris à ferme; abatu plusieurs maisons à Paris, rompu coffres, effondré vins et autres buvrages, prins et emblé plusieurs biens en iceulx; et avecques ce, eussent et rompu les prisons de nostre chastellet de Paris et autres, et delivré les prisonniers estans en icelles, tant ceux qui estoient detenus pour cas criminelz comme autres; prins, cassé, emporté et dessiré plusieurs procés, pappiers, chartres, registres et autres lettres et escriptures, touchans nous et nostre peuple; et aussi tué et murtry plusieurs vifs et vifves qui estoient en nostre especial sauvegarde, et pillié, gasté, dissipé et robé leurs lettres et biens, et ceux de plusieurs crestiens qu'ilz avoient en gaiges pardevers eulx; et depuis en perseverant en leur mauvaise voulenté, aient fait par plusieurs fois assemblées et plusieurs commocions, tant armez comme desarmez, et fait chaiennes et barrieres en nostre dicte ville, de leur auctorité, sans nostre congié et licence, et gardées les portes à l'encontre de nous et de noz officiers, et refusé de nous y laisser entrer à nostre voulenté; et aussi empeschié par plusieurs fois que noz charioz et ceulx de nostre très-chier oncle le duc de Bourgogne, et plusieurs autres choses, tant de aucuns de nostre lignage, comme d'autres noz officiers, feussent amenez pardevers nous, et nos diz officiers où nous estions; et avecques ce, aient fait, commis et perpetré plusieurs autres rebellions, desobeissances, monopolles, crimes et malefices, tant de leze-majesté comme autres, en fais et en parolles, par plusieurs fois depuis ledit premier jours de mars, jusque au dymenche onziesme jour de ce present mois de janvier, que nous venismes en nostre dicte ville de Paris; et en oultre, aient par plusieurs fois mesprins dès le temps de nostredit seigneur et pere que Dieu absoille, et depuis sa mort, en plusieurs manieres, dont plusieurs autres bonnes villes de nostre royaulme y ont prins mauvais exemple, et pour ce s'en sont ensuiz plusieurs grans et ennormes inconveniens moult prejudiciables à nous et à nostre royaume, et encores s'en pourroient ensuir, se remede n'y estoit mis.

Pourquoy nous voulans pourveoir à ce, et tenir noz subgiez en bonne paix et tranquillité, et les garder de rencheoir en telles et semblables rebellions, malefices et desobeissances, par grant et meure deliberacion de nostre grant conseil ouquel estoient noz très-chiers et amez oncles les de Berry, de Bourgongne, de Bourbon, le sire de Lebret, le connestable, l'amiral, les mareschaulx de France, et plusieurs autres, tant de nostre sang et lignage, comme prelas et autres, avons ORDONNÉ et ordonnons par ces presentes les choses qui s'ensuivent.

Premierement. Nous avons prins et mis, prenons et mettons en nostre main la prevosté des marchans, eschevinage et clergie de nostre dicte ville de Paris, avecques toute la juridicion, cohercion et congnoissance, et tous autres droiz quelxconques que avoient et souloient avoir les prevost des marchans, eschevins et clergie d'icelle ville, en quelque maniere que ce soit; et aussi toutes les rentes et revenuës appartenans à iceulx prevost, eschevins et clerc, à la cause dessus dicte.

(2) *Item.* Voulons et ordonnons que nostre prevost de Paris qui à present est et pour le temps avenir sera, ou son lieutenant ou commis à ce, ait toute la juidicion, congnoissance et cohercion que les dessus prevost, eschevins et clerc avoient et povoient avoir en quelque maniere que ce soit ou feust, et face ou puisse faire, tant ou fait de la riviere et de la marchandise, comme en toutes autres choses, tout ce que iceulz prevost, eschevins et clerc faisoient ou pouvoient faire; excepté le fait de la recepte des rentes et revenuës de nostre dicte ville tant seulement, laquelle nous voulons estre faicte par nostre receveur ordinaire de Paris, qui ores est ou pour le temps avenir sera.

(3) *Item.* Que en nostre ditte ville de Paris, n'ait dores-en-avant aucuns maistres de mestiers ne communaulté quelxconques, comme le maistre et communaulté des bouchiers, les

maistres des mestiers de change, d'orfaverie, drapperie, de mercerie, de pelleterie, du mestier de foulon de draps, et de tixerans, ne autres quelconques mestier ou estat qu'ilz soient; mais voulons et ordonnons que en chascun mestier soient esleuz par nostre dit prevost, appellez ceuls que bon lui semblera, certains preudommes dudit mestier, pour visiter icelui, afin que aucunes fraudes n'y soient commises; lesquelz y seront ordonnez et instituez par nostre dit prevost de Paris, ou son lieutenant, ou autre commis à ce de par luy; lesquels seront tenus de visiter les denrées selon l'ordonnance de nostre dit prevost, et seront nommez et appellez visitateurs du mestier duquel ils seront; et de tous delinquans ou deffaillans en leur mestier, nostre dit prevost de Paris de par nous, ou son lieutenant, ou autres commis à ce de par lui, auront toute la congnoissance et juidicion, et leur feront et justice selon le cas, sans ce que nul autre en ait la congnoissance, juidicion et justice, fors que nostre dit prevost tant seulement; et leur deffendons que d'orennavant ils ne facent assemblée aucune par maniere de confrairie de mestier ne autrement en quelque maniere que ce soit, excepté pour aler en l'eglise et en revenir, se ce n'est par le consentement, congié et licence de nous, se nous en ladicte ville sommes, ou de nostre prevost de Paris, en nostre absence, et que lui ou autres de noz gens à ce commis par icellui prevost, y soient presens, et non autrement, sur peine d'estre reputez rebelles et desobeissans à nous et à la couronne de France, et de perdre corps et avoir.

(4) *Item.* Nous deffendons que d'orennavant il n'ait en nostre dicte ville aucuns quarteniers, cinquanteniers, ou dixeniers (1), establis pour la deffense de ladicte ville, ou autrement; car se aucun besoing ou necessité y esoit, par la puissance de noz ennemis, ou autrement, nous y pourverrons, et ferons garder nostre dicte ville et les bourgois, manans et habitans d'icelle de toute oppressions, par telle maniere que aucuns inconveniens ou dommages ne s'en pourront ensuir à nostre dicte ville, ou à aucuns des diz bourgois, manans ou habitans d'icelle.

(5) *Item.* Et aussy de quelque estat ou condicions qu'ilz soient,

---

(1) Il paraît que les *quarteniers* commandaient les milices bourgeoises de leur quartier. Les *cinquanteniers* commandaient apparemment sous leurs ordres, à cinquante hommes de ces milices, et ils avaient sous eux des *dixainiers*, qui commandaient à dix hommes. (Secousse.)

ne facent, ne puissent faire d'ores-enavant aucunes assemblées ou congregacions, pour quelconque cause que ce soit, fors en la maniere que dit est dessus, des mestiers, et sur la paine dessus dicte.

(6) *Item.* Toutesvoies nostre entencion n'est pas que en nosdictes ordonnances, nos officiers fiesvez (1) qui ont aucune juidicion ou cognoissance de cause en nostre dicte de Paris, comme le connestable, le chambrier, le pannetier et le bouteiller de France, et autres officiers fievez semblablement, ne aussi les seigneurs terriens, tant d'eglise comme seculiers, qui ont justice et juidicion en nostre dicte ville de Paris, y soient en aucune maniere comprins; mais voulons qu'ilz joyssent de leurs dictes justices et juidicions comme ilz ont fait ou deu faire, sans faire ne souffrir faire pour ce aucunes assemblées ou congregacions, fors par la maniere dessus dicte.

Si donnons en mandement par ces presentes etc.

Donné à Paris, le XXVIIe jour de janvier, l'an de grace mil trois cens quatrevins et deux, et le IIIe de nostre regne.

N°. 42. — SENTENCE *prononcée par commission, contre Jean Desmarets* (2), *avocat-général au parlement de Paris, comme étant l'un des principaux chefs de la sédition de Paris.*

Janvier 1382. (Secousse, préface, 33, 34.)

N°. 43. — ÉTATS-GÉNÉRAUX (3) *tenus sous la présidence du Roi.*

1382. (Villaret, Hist. de France, XI, 293.)

---

(1) Dans ce temps-là, quelques-unes des charges de la couronne étaient érigées en fiefs. (Secousse.)

(2) Il fut la victime du duc de Bourgogne et du duc de Berry. Ce magistrat était recommandable par son âge, son savoir et ses vertus. Il avait toujours été l'intermédiaire entre le Roi et son peuple. Sa condamnation est regardée comme injuste par tous les historiens. On dit qu'en mourant, on l'invita à demander pardon au Roi. Il répondit qu'il avait servi fidèlement sous Philippe-de-Valois, Jean et Charles V; que le Roi ne le ferait pas mourir, s'il était en état de gouverner, et qu'il ne demanderait pardon qu'à Dieu. — *V.* le dialogue des avocats, par Loisel. (Isambert.)

(3) Arnaud de Corbie, premier président du parlement, fit le discours d'ouverture. Il exagéra les besoins du royaume; et les députés, qui sentaient

N°. 44. — Lettres *portant pouvoir aux généraux des aides d'interpréter et diminuer les instructions sur le fait des aides, en s'adjoignant des personnes du conseil du Roi.*

Paris, 3 avril, après Pâques, 1383. (C. L. VII, 752.)

---

plus vivement leurs besoins domestiques, l'écoutèrent froidement. Il représenta que le Roi ne pouvait rien diminuer des dépenses nécessaires qui avaient été faites sous le règne de son père, et demanda les mêmes secours; mais chacun pensa qu'il serait insensé, puisque le royaume était en paix, d'accorder encore les mêmes subsides qui avaient suffi à Charles V, non-seulement pour faire la guerre avec avantage aux Anglais, mais pour enrichir ses ministres et ses favoris, et former un trésor considérable, qui était devenu la proie du duc d'Anjou. Quand on délibéra sur les demandes du Roi, les députés répondirent que leurs commettans ne leur avaient donné aucun pouvoir à cet égard, et se chargèrent seulement de leur faire le rapport de ce qu'ils avaient vu et entendu. Ils se séparèrent, et en partant pour leurs provinces, ils reçurent ordre de se rendre à Meaux à un jour marqué, et munis des pouvoirs nécessaires pour prendre une résolution définitive. — Quelques bailliages croyant s'affranchir d'une contribution à laquelle ils n'avaient pas consenti, refusèrent d'envoyer leurs représentans à ce rendez-vous. C'était ne pas connaître les devoirs solidaires de tous les membres de la société; c'était ou négliger le soin de la chose publique, ou ignorer que le pouvoir des Etats n'est pas borné à refuser et accorder des subsides; c'était, en un mot, affaiblir une assemblée dont ils avaient intérêt de faire respecter les forces. Les députés des autres bailliages, après avoir rendu compte de l'opposition qu'ils avaient trouvée dans tous les esprits au rétablissement des impôts, conclurent en disant qu'on était résolu de se porter aux dernières extrémités plutôt que d'y consentir. Si les provinces avaient encore été dans l'usage de former des associations et des ligues entre elles, comme sous les fils de Philippe-le-Bel; si elles avaient pris quelques mesures pour résister de concert, et eussent été liées par une confiance mutuelle; si le clergé, la noblesse et le peuple, plus instruits de ce qui fait le bonheur des citoyens, avaient montré un égal intérêt à la conservation de leurs immunités, et que l'amour de la liberté et de la patrie, et non pas l'avarice, eût été l'âme de leur résistance, peut-être ne trouverait-on pas téméraire la réponse des Etats, quoiqu'elle fût une espèce de déclaration de guerre. Elle aurait vraisemblablement réprimé la cupidité du conseil, et on l'aurait forcé de recourir à des moyens économiques. Mais il paraîtra toujours très-imprudent de menacer de la guerre sans être en état de la commencer; c'était exposer le royaume à être traité en pays vaincu; car, si la guerre ne produit pas la liberté, son dernier terme est l'esclavage. — Puisque les besoins du fisc s'étaient réellement multipliés et accrus depuis Saint-Louis, et que les revenus ordinaires du prince ne pouvaient plus y suffire, les Etats ne devaient-ils pas proportionner leur conduite à cette nouvelle situation? Parce qu'il y avait des abus énormes dans la régie des finances, fallait-il refuser ce que des besoins véritables exigeaient? Pourquoi ne pas entrer en négociation, et ne pas accorder des subsides nécessaires, à condition que le prince n'en demanderait jamais de superflus? C'est un grand malheur pour un peuple de vouloir changer trop brus-

N°. 45. — Lettres *qui commettent le prévôt de Paris pour l'exécution des ouvrages commencés dans la ville, et ordonne, pour les payer, la levée des droits sur les vins et les cervoises.*

Paris, 4 avril, après Pâques, 1383. (C. L. XII, 129.)

N°. 46. — Lettres *et* Instructions *sur la manière de procéder en l'exercice de l'office de maître des ports et passages. (Douanes.)*

Paris, 22 avril, après Pâques, 1383. (C. L. XII, 131.)

N°. 47. — Lettres (1) *qui permettent aux habitans de Périgueux de lever, pendant trois ans, une aide dont le produit sera employé aux fortifications de la ville, et qui leur donnent celui de l'aide qu'ils ont levée à ce sujet sans la permission du Roi.*

Orléans, 25 avril 1383. (C. L. VII, 2.)

N°. 48. — Ordonnance *sur la nouvelle aide accordée par les trois Etats de l'Artois, du Boulonnais et du comté de Saint-Pol.*

Melun-sur-Seine, 2 mai 1383. (C. L. VII, 4.)

quement de conduite; quand on a commis des fautes, il faut même souffrir d'en être punis. Puisque les Etats de 1382 succédaient à des Etats qui n'avaient pas eu l'art de mettre leurs immunités en sûreté, ils devaient se résoudre à payer des subsides, mais avoir en même temps la sagesse dont les Etats précédens avaient manqué. Ils devaient entrer dans le détail des abus, et moins se plaindre des maux que la nation avait soufferts, que prévenir ceux qu'elle craignait. Il fallait pardonner au gouvernement les fautes passées, mais l'empêcher d'en faire de nouvelles. Les Etats devaient se défier du conseil que leur donnait l'avarice, et, quelques subsides qu'ils eussent accordés, ils auraient beaucoup gagné, s'ils étaient parvenus à fixer irrévocablement les droits du prince et les devoirs de la nation. — Mably, Obs. sur l'Hist. de Fr., liv. VI, ch. 11. — (Decrusy.)

(1) Il résulte de ces lettres qu'un octroi accordé par un Roi ne pouvait être levé après sa mort, sans la permission de son successeur. (*Idem.*)

N°. 49. — Lettres *contenant les statuts pour la communauté des barbiers* (1) *de Paris.*

Paris, mai 1383. (C. L. VII, 15.)

Charles, etc. Savoir faisons à touz presens et avenir, que comme par aucuns de noz predecesseurs Rois de France, ayent esté anciennement donnez certains privileges aux barbiers de nostre bonne ville de Paris, des quelx il ont joy et usé paisiblement ou temps passé; maiz par cas d'aventure ilz furent perduz; et pour ce nostre très-chier seigneur et pere que Dieux absoille les leur conferma, renouvella et octroya de nouvel, par ses lettres sellées en las de soie et cire vert, faictes et données ou mois de decembre, l'an de grace MCCCLX et onze, et le VIIIe de son regne; lesquels nous avons veuës, et avons fait veoir et visiter à grant diligence et à meure deliberacion par nostre prevost de Paris et les gens de nostre conseil, les quelx ont advisié y estre faictes, mises et adjoustées aucunes declaracions, addicions, mutacions, modifficacions et correccions, contenues ès poins et articles des diz privilleges, en la forme et maniere qui s'ensuit.

(1) *Premierement.* Que nostre premier barbier et varlet de chambre est et doit estre garde dudit mestier, et qu'il puet instituer lieutenant auquel l'en doit obeir comme à luy en tout ce qui audit mestier appartient ou appartendra,

(2) *Item.* Aucun barbier de quelconque condicion ne doit faire office de barbier en la dicte ville et banlieuë de Paris, se il n'est essaiez et esprouvez par ledit maistre et les IIII jurez, en la maniere et selon ce qu'il a esté acoustumé ou temps passé, et est encor de present.

(3) *Item.* Que aucun barbier de quelque condicion et auctorité qu'il soit, ne face office dudit mestier, ou cas qu'il sera reputé et notoirement diffamé de tenir et avoir hostel de bourdellerie et maquellerie; ou quel cas il en soit à tousjours privé sans le ravoir; et oultre que touz ses ostilz soient aquis et confisquez, comme chaeres, bacins, rasouers, et autres choses appartenans

(1) Alors ils exerçaient en partie la chirurgie, et sous ce rapport, l'ordonnance n'est pas sans importance. Nous n'avons pas imprimé les lettres de décembre 1371; celles ci sont plus amples. (Decrusy.)

audit mestier, dont nous devcns avoir la moitié, et l'autre au maistre dudit mestier.

(4) *Item.* Qu'ilz ne doivent estre si hardiz de faire office de barbier sur ladicte peine, à mesel ou à meselle, en quelque maniere que ce soit.

(5) *Item.* Qu'ils ne doivent faire aux jours deffendus, aucune chose de leur dit mestier, fors de saignier et de pignier, en paine de v solz; c'est assavoir, II solz à nous, II solz audit maistre, et douze deniers à la garde du mestier; c'est assavoir, au lieutenant.

(6) *Item.* Que aucun barbier ne doit faire office ou euvre de barberie aux cinq festes nostre-dame, Saint Cosme, Saint Domien, la Tiphanie, aux IIII festes solempnelz; et ne doit pendre bacins aux foriez de Noel, de Pasques et de la Penthecouste, sur ladicte peine d'amende de v solz, à estre distribuez comme dit est.

(7) *Item.* Se aucun barbier vouloit faire le contraire, et ne vouloit obeir audit maistre, son lieutenant et jurez, que le prevost de Paris, luy enformé de ce, les face joir de chascun article des diz privileges, en contraignant à ce ceulx qui à ce feront à contraindre.

(8) *Item.* Que se aucun des diz barbiers vouloit sur ce proceder, que nostre procureur sur ce informé pour le bien publique et pour le nostre, soit adjoinct avec eulz pour soustenir le droit et privillege des diz suppliants, devant le prevost de Paris, se le cas y eschiet, et que de ce qui touche les points et articles dessus diz, la congnoissance en soit rendu audit maistre ou à son lieutenant et aux jurez.

(9) *Item.* Que aucun barbier ne doit oster ou soustraire à un autre barbier son apprentis ou varlet, sur ladicte amende de v solz, ainsi estre distribuez comme dit est.

(10) *Item.* Que se aucun barbier est adjourné à cause dudit mestier pardevant le maistre ou son lieutenant, qu'il soit tenuz de y comparoir sur l'amende de six deniers au prouffit dudit maistre ou de son lieutenant.

(11) *Item.* Que en cas d'appel ou d'amendement, le prevost de Paris aura la congnoissance des diz barbiers.

(12) *Item.* Que les diz barbiers ne pourront faire aucune assemblée sanz le congié dudit prevost de Paris.

(13) *Item.* Que aucun barbier de nostre dicte bonne ville de

Paris, nirra, ne ne pourra ou devra aler rere, ne faire autre chose à aucunne personne aux estuves ne autre part (1), sur peine de v solz, à appliquier comme les autres paines dessus dictes.

(14) *Item.* Que tous les barbiers de nostre ville de Paris qui saingneront gens avant disner, seront tenus de geter le sanc de ceus qui auront esté saigniez, dedens une heure après midy; et se aucuns par neccessité de maladie ou autrement, se font saignier après midy; ilz seront tenuz de getter ledit sanc dedens deux heures après ce qu'ilz seront saignez, sur peine de ladicte amende de v solz, à appliquier comme les autres peines dessus dictes.

Tous les quelx privileges, poins et articles, si comme il sont cy-dessus escripts, declariez et corrigiez, nonobstant ce que de nouvel nous pour certaines causes ayens revoquié, rappellé et mis au neant tous les privilleges, confraries et assemblées des mestiers de nostre ville de Paris, nous de nostre puissance et auctorité royal et de grace especial, à yceulz barbiers de nostre dicte bonne ville de Paris, pour eulz et leurs successeurs barbiers à tousiours-maiz, avons agreable et les confermons, et yceus donnons et octroyons de nouvel par la teneur de ces presentes, et voulons qu'ilz en usent à tousiours comme dessus est dit et declarié. Si donnons en mandement à nostre prevost de Paris, qui à present est et à ceulz qui seront ou temps avenir, et à touz noz justiciers, officiers et commissaires, presens et avenir, ou à leurs lieux-tenants, et à chascun d'eulz, si comme à lui appartendra, que les diz barbiers de nostre dicte bonne ville de Paris, et ceulx qui ou temps avenir seront, facent et laissent joir et user paisiblement des diz privilleges cy-dessus escripts et contenus. et de chascun d'eulz, sans leur faire ou souffrir estre fait sur ce destourbier ou empeschement aucun; maiz rappellent et facent rappeller et remettent au premier estat et deu, tout ce qu'il trouveroient estre fait ou attempté au contraire.

Par le Roy, à la relation de mons. le duc de Berry.

---

(1) Ces mots semblent signifier que les barbiers ne pourront aller raser dans les maisons des particuliers. Peut-être faut-il restreindre cette défense à tous les lieux où on peut aller se baigner. (Secousse.)

N°. 50. — LETTRES *portant abolition de tous crimes ou délits aux habitans de Tournay, moyennant 12,000 fr. d'or.*

Paris, 20 juin 1383 (1). (C. L. VII, 20, note *a*.)

N°. 51. — LETTRES *qui enjoignent au bailli de Tournay (pays frontière), de contraindre tout le monde, même les gens d'église, à faire le guet dans la ville.*

Paris, 3 juillet 1383. (C. L. XII, 136.)

N°. 52. — LETTRES *portant que les officiers de la chambre des comptes de Paris, qui possèdent des fiefs, seront dispensés, sans finances, de suivre le Roi à la guerre qu'il faisait alors.*

Paris, 19 juillet 1383. (C. L. VII, 26.)

N°. 53. — LETTRES *portant assignation et limitation de la dépense de l'hôtel du Roi, et qui défendent d'avoir égard aux dons précédemment faits.*

Paris, 25 juillet 1383. (C. L. XII, 137.)

N°. 54. — ORDONNANCE *qui fixe le prix et la durée des journées des ouvriers, et qui défend aux messiers (2) de manger, de disposer des fruits qu'ils sont chargés de garder.*

Paris, juillet 1383. (C. L. VII, 27.)

CHARLES, etc. Savoir faisons à touz presens et avenir, que oye la grief clameur et complainte de plusieurs gens d'eglise, nobles, bourgois et habitans de la ville de Sens et du paiz d'environ, disant que jasoit ce que raison touz ouvriez de bras et laboureurs de vignes soient tenus, puis que il sont pris, retenuz ou allouez pour ouvrer à journée, de eulx tenir en l'euvre où ilz sont mis,

---

(1) Le même jour le Roi donna des lettres qui sont au registre 123 du Trésor des chartes, pièce 2, par lesquelles voulant réhabiliter un coupable, nommé Jean Mauclerc, habitant de Senlis, à qui le poing avait été coupé pour avoir frappé un Flamand nommé Jean Lebrun, lui permit de remplacer ce poing par un autre fait de la manière qu'il voudrait. — Hen. Abr. chr.—(Decrusy.)

(2) Voilà une des plus anciennes lois rurales. Les abus auxquels cette ordonnance avait pour but de remédier, étaient l'effet nécessaire d'une législation qui, au lieu de laisser le prix de la journée de travail à la concurrence, le taxait de manière que les ouvriers n'y trouvaient pas leur compte, ou cherchaient à frauder. *V.* l'ord. du 14 février 1351. (Isambert.)

et de gaignier leurs journées bien et loyaument, sans en partir ne laissier leur ouvraige, jusques à heure ordenée et competent; c'est assavoir soleil couchant; et ainsi est-il acoustumé d'ancienneté et doit èstre fait; néantmoins depuis aucun temps ença, tous ou la plus grant partie des ouvriers et laboureurs estant et repairens environ ladicte ville de Senz, qui est paiz de vignoble, en abusant, fraudant et decevant les bonnes gens ausquels ilz euvrent, ont delaissié et delaissent leur ouvrage, et se partent entre midi et nonne (1) ou environ, et especialement grant espace de temps avant que le soleil soit couchié, et vont ouvrer en leurs vignes ou en leurs tâches, là où ils besoignent et exploitent autant d'ouvraige ou plus comme ilz ont fait tout le jour pour ceulz qui les paient de leurs journées; et qui plus est, en ouvrant à journées, ils se faingnent et espargnent, sanz faire leur devoir, afin qu'il soient plus fors et mains travailliez pour ouvrer ez lieux où ils vont après leur département; et ces chouses qui sont abuz desraisonnables contre Dieu et justice, et le bien et utilité publique, veulent yceulz laboureurs et ouvriers tenir à consequence, ne autrement ne le veulent faire, combien que plusieurs s'en soient doluz et complains; et si viennent tart en place, et prennent grant pris et salaires de leurs journées;

Et avec ce, les gardes, sergens ou messiers qui sont ordennez ou commis pour garder les vignes et le fruit estant en ycelles, dont il ont et prennent grant pris et salaire, de leur auctorité prennent, cueillent, menguent et donnent de roisins estans en leur garde, et en font moust, et plusieurs excès et oultraiges, ou prejudice, grief et dommages de ceulz à qui lesdictes vignes sont; et par tel faiz ont esté ceulz à qui la chose touchent, moult grevez ou temps passé, et seroient encore plus ou temps avenir, se sur ce n'estoit briefment pourveu de remede convenable.

Nous à leur supplication et requeste, volant telz abuz abattre et faire cesser du tout, et nostre peuple estre tenu et gouverné en bons usages, avons ORDENÉ et ordenons par ces presentes, que doresenavant tous ouvriers et laboureurs, hommes et femmes, touteffoiz qu'il voudront gaingnier, seront tenuz de venir ès lieux et ès places ordenées et acoustumées en ladicte ville de Sens, et ès lieux voisins, et y estre avant soleil levant, et après ce qu'il auront esté louez et retenuz, yront ouvrer et labourer là ou leurs maistres ou

(1) Trois heures après midi. Ducange, Glossaire.

maytreces les ordeneront et emploieront, et en leurs ouvraiges se tendront et ouvreront continuelment, en gaingnant bien et loyaument leur salaire, jusques à seleil couchant, sanz revenir à la ville, ne issir ou partir de leur besoingne, se ce n'est pour prendre leur recreacion de boire et de mengier, et pour eulx repouser raisonnablement; et aussi des ouvriers estranges qui vendront nouvellement pour ouvrer, il ne pourront prendre, lever ne exigier aucune hause oultre 5 solz tournois, sur peine de 60 solz tournois d'amende, en quoy sera encourru et encheu envers nous, chascun qui deffauldra ou fera le contraire de ceste presente ordenance;

Et oultre, que les gardes, sergens ou messiers desdictes vignes, ne autres pour eulz, ne pourront prendre ou cueillir dores en avant esdictes vignes, roisins pour faire moust nouvel ne autre despense, ne pour donner à leur voulenté, sur peine de six livres tournois d'amende à appliquier à nous.

Si donnons en mandement par la teneur de ces presentes au bailli et prevost de Senz, ou à leurs lieuxtenans, et à châcun d'eulz, si comme à lui appartendra, que en ladicte ville de Senz, et ailleurs où ils verront que mestier sera, il facent crier et publier nostre presente ordenance, et icelle tiengnent et gardent et facent tenir et garder de point en point, selon ce que dessus est dit; et sur ceux qui l'enfraindront et feront le contraire, lieuvent et facent lever lesdictes amendes par la maniere qu'il appartendra de raison.

Par le Roy, à la relacion du chancelier.

N°. 55. — Déclaration (1) *portant que l'aide sera payée par les gens de toutes conditions, nobles ou autres, même par les princes du sang.*

Paris, 24 octobre 1383. (C. L. VII, 28.)

Charles, etc. Sçavoir faisons, que après cequ'il est veneu à nostre connaissence par la grief complainte de pluseurs gens d'église,

(1) Cette pièce est curieuse, dit Mably, Obs. sur l'Hist. de Fr., ... Le tiers état asservi, la noblesse ne tarde pas à en ressentir le contrecoup : tant il est vrai que dans une monarchie, un ordre de citoyens ne perd point ses prérogatives sans que celles des autres ordres en soient ébranlées, et enfin détruites!... Que

nobles et bonnes villes de nostre pays de Languedoc, que la comtesse de Valentinois, le sire de Tournon, et aucuns autres barons et nobles de nostredit pays de Languedoc, à la suggession de aucuns leurs hommes et justiciables; soubs umbre de pluseurs allegations frivoles, et mesmement de ce qu'il se dient avoir privilege de nos predecesseurs Roys de France, que les hommes taillables d'iceulx pays, sont exempts et quittes de payer aucunes charges ou subventions quelconques, ont appellé à nous ou à nostre Court de Parlement, ou ailleurs, affin que lesdis aydes ne soient mis sus, et que ils n'aient cours en leurs terres, et d'eulx acquitter et exempter des dits aydes, ou au moins de delayer le payement d'iceulx :

Nous considerans que lesdits aydes n'ont pas tant seulement esté octroyées pour la garde et deffence de ceulx qui ne sont taillables, mais aussi qui sont taillables, et de tous autres de quelconques estat ou condition qu'ils soyent, demorans et habitans en nostre royaume: considerant aussy que les dittes aydes ne sont pas par maniere de fouage, mais par maniere de imposition et de gabelle; à quoy toute maniere de gens qui achattent ou vendent; sont tenus, sans ce que ceulx de nostre sanc et lignage ou autres (1), en soyent exceptés; et ainsi que du temps qu'ils se dient avoir les dis privileges, n'estoient mu les guerres ainsy comme elles sont, et que dure chose seroit que ceulx qui sont frans, feusseut de pire condition que les autres, avons par delibération de nostre conseil, ORDENNÉ et DÉCLAIRÉ, ordennons et declairons par ces presentes, que par vertu d'appellation quelconque, aucunne personne taillable ou ou non taillable, ou autres de quelconques estat ou condition qu'elle soit, ne soit quite ou exempte desdites aydes; mais que icelles aydes soyent mises sus, et ayent cours en et par toutes les cités, villes fermées ou non fermées, et terres de nostre dit pays, et soyent levées et exhigées des dis appellans, tout ainsy comme s'il n'eussent pas appellé; et néantmoins que ce subs umbre des dites appellations ou de privilege quelconques, aucunne des dittes personnes se parforce de empescher le cours d'icelles aydes, où est trouvé contredisant et retardant de payer ce à quoy elle aura esté imposée, ou que elle devra pour les dittes

---

peut la noblesse quand elle a perdu son crédit sur le peuple, ou qu'elle l'a laissé opprimer? — Mably. — (Decrusy.)

(1) Le principe de l'égalité des impôts est écrit dans la Charte de 1814. (Isambert.)

aydes, elle soit contrainte à faire à nous pour ce, amande convenable.

Si donnons en mandement par ces mesmes lettres, en commettant, se mestier est, à nos amés et feaulx les generaulx conseillers sur le fait des dittes aydes, et à tous les justiciers et officiers, ou à leurs lieutenans et à chacun d'eulx, si comme à luy appartiendra, que nostre presente ordennence et declaration, il tiengnent et gardent, facent tenir et garder, sans enfreindre, el la facent publier, se mestier est, affin que nul ne se puisse excuser de ignorance, par voye de cri ou autrement, par tout et où bon leur semblera; et contreignent et facent contreindre les depteurs à payer les dittes aydes et amandes, s'aucunes y en a, par prise, vendue et esplectation de leurs biens, et detention de leurs corps, et autrement, en la maniere qu'il est accoustumé de faire pour nos propres deptes; nonobstant quelconques privileges, oppositions, appellations ja faites ou à faire, et rescript impetré sur icelles, et inhibitions ou deffences faites ou à faire par vertu des dis rescripts, ou quelconques autres lettres empetrées ou à empetrer au contraire.

Et affin que toutte personne ait moins d'esperance de soy exempter d'icelles aydes, soubs umbre de ce que dit est, nous deffendons à nostre amé et feal chancelier de France, que il ne scelle aucune lettre ou lettres contraire ou contraires à ce que dessus est dit; et à nos amés et feaulx les gens qui tendront nostre parlement, et à tous autres justiciers et commissaires députtés ou à deputer, que des dittes appellations, il ne tiengnent court ou connoissance en aucune maniere; et neantmoins nous voulons que se aucune chose estoit faite au contraire, elle soit de nulle valeur ou efficace.

Donné à Paris, le 24ᵉ jour d'octobre, l'an de grace mil CCC IIII.ˣˣ et trois, et le IVᵉ de nostre regne.

N°. 56. — LETTRES (1) *portant confirmation de celles par lesquelles Guy de Clermont affranchit les habitans de Perrusses, sous certaines conditions.*

Paris, décembre 1383. (C. L. VII, 31.)

---

(1) On lit : Considérant et regardant être prétende chose et convenable de ramener en liberté et franchise les hommes et femmes qui, de leur première

N°. 57. — LETTRES *portant que les maîtres, écoliers et suppôts de l'Université de Paris, seront exempts d'impôts et d'aides, sur les denrées qu'ils recueilleront sur leurs héritages et dans leurs bénéfices, et sur les denrées qu'ils achèteront pour leur usage.*

Bois de Vincennes, 11 janvier 1383. (C. L. VII, 35.)

N°. 58. — LETTRES *portant confirmation d'un réglement de la chambre des comptes de Paris, pour la chambre des comptes de Dauphiné, sur le domaine de cette province, et sur les fonctions du receveur et du contrôleur-général, et des châtelains du Dauphiné* (1).

Paris, 11 janvier 1383. (C. L. VII, 36.)

KAROLUS Dei gracia Francorum Rex et Dalphinus Viennensis.

Gubernatori dicti Dalphinatus, auditoribus dalphinalium computorum, et receptori generali dicti dalphinatus : salutem.

Vobis et vestrum cuilibet, prout ad eum pertinuerit, præcipimus et mandamus, quatenus cartas, informationes seu provisiones nuper per consilium nostrum existens in camera computorum nostrorum Parisius, super reformationibus et regimine domanii nostri dicti Dalphinatus, cameræ computorum nostrorum dalphinalium, et scripturarum ejusdem, nec non officiariorum dictæ receptæ generalis, castellanorum, mistralium, et aliorum recuperatorum ipsius Dalphinatus, factas, quas vobis sub contra sigillo nostro transmittimus introclusas, observetis et observari firmiter faciatis.

Datum Parisius, die 11ª januarii, anno Domini M CCC LXXXIII°, regni vero nostri IV°.

(13) Quod dicti auditores, lapso termino sancti Joannis Baptistæ, in quo termino omnia compota dalphinalia finiuntur, tenebuntur de cætero, anno quolibet mandare castellanos, mistrales seu recuperatores dicti Dalphinatus; et hoc sub certâ pœnâ ab eis in deffectu eorum exigendâ, computaturos de receptis et

---

créacion, furent créez et formez frans par le créator dou monde : considerant aussi en ceste partie, le proffit évident de moi et de mes hoirs, etc. *V.* l'ordon. de juillet 1315. (Decrusy.)

(1) *V.* la loi du 16 septembre 1807, sur la cour des comptes. (Isambert.)

missis per eosdem factis; et hoc fiat per judicaturas et ordinem, ad finem quod sint immediate expediti; nec habeant causam conquerendi de expensa per eos facta in mora redditionis eorum compotorum; maximè quod non sit consuetum aliquid computare eisdem veniendo, morando vel redeundo.

(14) Quod dicta pœna sit ita moderata, quod nisi dicti Castellani vel recuperatores habeant justam et legitimam essoinam vel excusationem de qua constet, exigatur et levetur per receptorem generalem, vel deducatur de suis vadiis, ut cæteris transeat in exemplum.

(15) *Item.* Quod dicti auditores tenebuntur pro prima vice, injungere dictis castellanis et recuperatoribus, ab hinc in antea, afferre compota sua scripta, quam in expensis quam in recepta, et triplicata; quorum duo remanebunt in camera compotorum; alterum verò penes castellanum vel receptorem prædictum; quorum duo fiant expensis Domini, et de quibus, ipsis auditis, unus reponetur in turri, et alter remanebit in camera.

(21) *Item.* Quod dicti auditores de cætero teneant compotum præcedentem, cum quo fiat per eos collatio ad compotum anni de quo castellani computabunt; et quod dicti castellani respondeant cum effectu de omnibus arrestis scriptis et contentis in eorum compoto præcedenti.

(26) *Item.* Quod dicti auditores immediatè post clausuram cujuslibet compoti, tenebuntur tradere receptori generali Dalphinatus, restam et finem dicti compoti sub data auditionis dicti compoti, antequam castellanus vel recuperator recedat; et hoc registretur in camera dies traditionis; ad finem quod generalis receptor non possit se excusare per dictos auditores de resta non habita.

(28) *Item.* Quod si aliquis petat cedulam vel arrestum de eo quod sibi debetur pro fine compoti sui, non concedatur, ipso remanente castellano vel recuperatore, nec hujusmodi cedula admittatur eo casu, quia Dominus Dalphinus semper remaneret obligatus, et benè posset contingere quia Dominus solveret bis debitum prout pluries accidit. In eo casu verò quod non esset vel remaneret castellanus vel recuperator, detur ei cedula de præcepto dictorum auditorum, et non aliàs, et signo manuali alicujus alterius clericorum compotorum et sigilletur sigillo regiminis; proviso tamen quod in compoto vel in compotis de quibus dicta cedula emanebit, vel in libro debitorum, non sint

aliqua arresta impedientia traditionem dictæ cedulæ, quin sint omnino completa.

(30) *Item*. Quod dicti clerici faciant de mane et post prandium, continuam residenciam in dicta camera compotorum, nec ibidem faciant aliquas cartas vel litteras, nisi duntaxat tangentes Dominum Dalphinum; alias verò non tangentes Dominum, sed solum privatas personas, et de quibus reportabunt commodum, faciant et scribant in domibus eorum, horis competentibus quibus non tenebuntur esse in dicta camera, vel diebus festivis.

(31) *Item*. Quod si contingat dictos clericos, vel alterum eorumdem, aliquid facere pro castellanis vel aliquibus recuperatoribus ordinariis vel extraordinariis, de factis tangentibus dictam cameram, vel eorum dependenciis, quod nihil commodi in peccunia aut aliàs recipiant ab eisdem; quia hoc tenentur facere, mediantibus vadiis suis; et hoc eisdem injungatur sub pœna privationis eorum officiorum; et super hoc præstent juramentum.

(32) *Item*. Quod dicti clerici habeant in dicta camera certum locum (1) vel cameram separatim, ubi ipsi resideant continuè; ad finem quod si dominus gubernator vel consilium dalphinale accedant ad dictam cameram, locuturi de negociis, ut sæpissimè contingit, quod non opporteat eos recedere vel retrahere de principali camera compotorum.

(33) *Item*. Quod inhibeatur dictis clericis, et cuilibet eorum, ne de cætero tradant vel ostendant aliquibus personis privatis vel extraneis, aliqua scripta dictam cameram tangentia, vel in eadem existentia, absque speciali præcepto dictorum auditorum; et hoc sub pœna privationis, ut supra, et sub juramento.

(34) *Item*. Quod si dicti auditores habeant aliquod dubium in auditione aliquorum compotorum, vel aliàs, super aliquibus factis eorum officium tangentibus, quod non pigritentur accedere ad consilium dalphinale, petituri deliberationem eorum super hujusmodi dubio.

(37) *Item*. Quod dicti auditores vel alter ipsorum, nullo modo se intromittant audiendi aliquem compotum tangentem dominum gubernatorem, sive sit de viagiis per eum faciendis, sive pro facto guerrarum, aut aliàs quovis modo; sed illum reservent

(1) Cela existe encore aujourd'hui. (Isambert.)

et remittant cameræ Parisius computorum; prout de compotis gubernatorum prædecessorum suorum, hactenus est fieri consuetum, pluribus rationibus et causis hic omissis gracia brevitatis; nonobstantibus litteris super hoc ultimatè per eum impetratis (1).

N°. 59. — Mandement *portant que, pendant un an, le maître particulier de la monnaie de Paris pourra exercer le fait de change, si les changeurs y consentent.*

Paris, 24 janvier 1383. (C. L. VI, 47.)

N°. 60. — Lettres *portant permission aux généraux maîtres des monnaies d'ouvrir les boites en l'absence des maîtres particuliers des monnaies.*

Paris, 27 janvier 1383. (C. L. VII, 47.)

N°. 61. — Ordonnance *portant qu'on ne pourra appeler des exécutions pour le paiement de ce qui est dû au Roi, par rapport au domaine ou autrement, mais seulement par voie de requête et d'opposition à la chambre des comptes.*

Paris, 28 janvier 1383. (C. L. VII, 48.)

Charles, etc. A nos amez et feaux gens de nos comptes, et tresoriers à Paris : salut et dilection.

Nous avons entendu que communement, plusieurs qui nous sont tenus tant pour cause de rentes et devoir de notre domaine, comme pour autres bonnes et justes causes, lesquelles sont executoires, et mandez estre commis les debteurs, si comme il appartient; si tost comme les executeurs, sergens et commissaires, veulent proceder en icelles executions, aucunes fois avant le commencement de l'exploit, aucunes fois quand l'execution est commencée, et avant qu'on en puisse rien parfaire, les debteurs pour leurs malices et en fraude, frivolement, sans venir avant par voye d'opposition ne de pourchas à nous, ne à vous à qui il appartient, se sont efforcez et s'efforcent de jour en jour, d'appel-

---

(1) La cour des comptes n'a pas de jurisdiction sur les ordonnateurs. (Isambert.)

ler desdits executeurs, sergens ou commissaires, faisant et gardant les termes de leurs commissions; et combien qu'on ne doive de pure execution qui n'excede les termes du mandement, appeller; toutefois iceux executeurs deslors, pour doute d'estre repris et d'attenter contre nous en qui préjudicient telles frivolles appellations qui sont faites et ou retardement du payement de nos debtes, lesquelles par cette voye nouvellement par malice et grand cautelle trouvée, pourroient déperir, ou tant estre délayées, que il s'en ensuivroit ou pourroit ensuivre moult de inconveniens irreparables, dommages et préjudices à nous et à la chose publique, si remede n'y estoit mis.

Pourquoy nous desirant obvier ausdites malices et inconveniens, et pourveoir à l'expedition et brieves conclusions desdites exécutions qu'il convient souvent faire pour nous, et pour ce qui nous est souvent deu à cause de nostredit domaine et autrement, avons ORDONNÉ, voulons et ordonnons par déliberation de nostre conseil, qu'en telles appellations ne soit differé, ne pour ce les exploits et exécutions de nosdites debtes, estre retardés en aucunes manieres; mais puissent les debteurs, si eux veulent, et voyent estre à tort ou induëment grevés, contraints ou exécutez, venir par voye de requeste, opposition, supplication, pardevers vous en la chambre de nosdits comptes; auquel vous pouvez sur ce, sommairement et de plain, de bonne et brieve droiture, et expedition competente et deuë, si comme au cas appartiendra.

Si vous mandons que nostre presente ordonnance vous tenez et gardez, et faites tenir et garder sans enfraindre : car ainsi nous plaist-il estre fait; nonobstant lesdites telles appellations, lettres subrepticement impetrées ou à impetrer au contraire.

N°. 62. — ORDONNANCE *contenant instruction sur la levée des aides* (1).

Février 1383. (C. L. VII, 51. — Fontanon, IV, 1143.)

INSTRUCTIONS et ordonnances faites et advisées par le Roy nostre sire, et nos seigneurs les ducs de Berry et de Bourgongne, ses oncles, et le conseil, le (2) jour de fevrier, l'an mil trois cens

---

(1) *V.* Nouv. Rép., V°. Élections. (Decrusy).
(2) La date n'est ni dans Fontanon ni dans la Collec. du Louvre. (*Idem.*)

quatre-vingt-trois, sur la maniere de lever et gouverner le fait des aydes ordonné pour la guerre, et de distribuer les deniers qui en ystront.

(1) De toutes denrées et marchandises quelles qu'elles soient, et pour tant de fois comme elles seront venduës ou eschangées, seront payez et levez douze deniers pour livre.

(2) *Item.* Semblablement des vins, et autres menus breuvages, qui seront vendus en gros, seront payez et levez douze deniers pour livre.

(3) *Item.* Du vin, et de tous autres menus breuvages, qui seront vendus à détail, sera prins et levé du vendeur, la quatriesme partie de la vente.

(4) *Item.* Lesdictes aides seront baillées à ferme, et délivrées au plus offrant et dernier encherisseur, à tous perils, et à toutes fortunes, après la chandelle esteinte (1).

(5) *Item.* Et au cas qu'aucunes fermes demeureront à bailler par defaut de preneurs, ou autrement, qu'elles soient cueillies et levées par personnes bonnes et suffisantes, qui en sçachent et puissent respondre et rendre bon compte, au plus profitablement pour le Roy, et à moindres frais que faire se pourra.

(6) *Item.* Qu'aucunes desdites fermes ne soient delivrées ne baillées à aucuns officiers du Roy, gens d'eglise, ou nobles, ne aussi à aucuns qui pour aucune cause soient tenus et obligez au Roy nostredit seigneur, en aucune somme d'argent.

(7) *Item.* Semblablement qu'aucunes d'icelles fermes ne soient baillées ne délivrées à aucuns officiers de hault justicier; au cas toutesfois que ce seroit ès seigneuries, terres et puissances d'iceux haults de justices, et qu'ils ne soient de la condition dessus dite.

(8) *Item.* Et qu'aucun fermier ne puisse accompagner à sa ferme qu'un compagnon, jusques à la somme de trois cens livres, et deux compagnons, jusques à cinq cens livres, et trois compagn. jusques à mil livres; et de mil livres et au dessus, quatre compagnons sur peine de la moitié de la somme, à quoy le marché ou ferme montera, estre appliquez au Roy; si ce n'est par l'ordonnance des generaux conseillers.

---

(1) Ainsi, le mode d'adjudication à l'extinction des feux est fort ancien. (Decrusy.)

(9) *Item.* Seront tenus les fermiers de nommer leurs pleiges, le jour qu'ils prendront leurs fermes: et semblablement seront tenus lesdits fermiers d'amener lesdits pleiges huict jours après que la ferme leur sera demeurée; et au cas qu'ils ne les ameneront, ladite ferme ne leur sera pas delivrée, et payeront au Roy la folle-enchere par eux mise sur lesdites fermes: et sera icelle ferme delivrée au marché sur qui le fol-encherisseur l'aura encherie, et l'applegera par la maniere dessus declarée.

(10) *Item.* Seront baillées lesdites fermes ès citez et bonnes villes du royaume, à par-soy et distinctement, par villes ou par parroisses (2).

(11) *Item.* Et seront lesdictes fermes baillées pour un an, tant ès bonnes villes comme ès villes du plat païs.

(12) *Item.* Lesdites fermes seront délivrées et venduës à sols et à livres; et se payeront de mois en mois, en bonnes villes; et de deux mois en deux mois, ès villes du plat païs; ainsi qu'il a esté fait au temps passé; et se feront payer les receveurs, de ce que deu leur en sera, le terme passé et escheu, sans aucune récréance, faveur ou souffrance, donner.

(13) *Item.* Les esleus qui delivreront lesdites fermes, si tost comme elles seront demeurées, à la chandelle, bailler par devers les receveurs, les noms des fermiers et de leurs pleiges, et aussi de leurs fermes, avecques les sommes d'icelles fermes et leurs obligations, afin que lesdits receveurs les enregistrent pardevers eux, en leurs livres, pour eux faire payer aux termes: et les commissaires ou esleus delivreront aux fermiers leursdites fermes, par leur bailler leurs lettres; et ne pourront iceux esleus ou commissaires, prendre d'une commission, que douze deniers, de Parisis, Parisis, et de tournois, tournois, et non plus; sur peine de perdre leurs offices, et d'amende arbitraire; et les receveurs ne prendront ni ne pourront prendre de chacune quictance qu'ils bailleront aux fermiers, que quatre deniers Parisis: et par ce, seront iceux receveurs tenus de bailler ausdits fermiers, quictances totales en la fin de l'année, sans avoir ne prendre pour ce desdits fermiers, aucune chose, à cause desdictes quictances totales.

(14) *Item.* Toutes manieres de gens seront receus à tiercer les

(1) Cet article, qui n'est pas clair, est expliqué par le suivant. (Secousse.)

fermes sur le premier prix, dedans le tiers du temps à quoy elles seront baillées; supposé qu'au bail desdites fermes, les encheres excedent le tiercement du premier prix à quoy lesdictes fermes auront esté mises de premiere assiette; et aussi semblablement seront receus à doubler de deux, la moitié du temps de la ferme, et non autrement; et pour ce les fermiers seront tenus de mettre en escrit tout ce qu'ils en recevront; et aussi de rendre compte à celuy ou ceux qui tierceront ou doubleront lesdictes fermes; et seront toutes les encheres precedans lesdits tiercemens ou doublemens, de nulle valeur.

(15) *Item.* Que les fermiers sur qui l'on aura tiercerie ou double, pourront croistre d'une enchere de la premiere assiette, sur celuy qui aura tiercé ou doublé; et semblablement l'un sur l'autre, desdits huict jours après le tiercement ou doublement, tant comme bon leur semblera; et non autres; et seront tenus les esleus et receveurs de faire à sçavoir lesdits tiercemens et doublemens, dedans lesdits huict jours après, à celuy ou ceux sur qui l'on aura tiercé ou doublé.

(16) *Item.* Lesdits fermiers ne prendront aucun droit ou profit d'encheres, si lesdites encheres ne sont mises et ordonnées de deux sols pour livre, ainsi comme autrefois en a esté fait et usé en cas pareil.

(17) *Item.* Lesdites encheres ne seront payées aux encherisseurs, ne descomptées aux fermiers, que jusques en la fin de la ferme, et que le Roy soit entierement payé d'icelles fermes.

(18) *Item.* Les esleus auront la cognoissance sur lesdits fermiers, et feront droit sommairement et de plain, sans figure de jugement: et en cas d'appel, parties seront renvoyées devant les generaux conseillers sur le fait desdites aides, à Paris, pour en ordonner et determiner par eux.

(19) *Item.* Et seront tenus lesdits esleuz, de prendre des receveurs d'icelles aides, cautions de mil livres, dedans un mois après ce qu'ils auront esté instituez esdits offices de recepte, et les renvoyer incontinent devers lesdits generaux, pour les faire enregistrer en la chambre d'iceux aides; sur peine d'en demeurer chargez; et qu'icelles cautions soient par lesdits esleus approuvées estre solvables.

(20) *Item.* Jureront et promettront lesdits esleus et receveurs d'icelles aydes, qu'ils exerceront leursdits offices en leurs propres personnes.

(21) *Item.* Si aucun appelle lesdits esleus, l'appellation viendra pardevant lesdits generaux, comme dit est, pareillement comme autrefois a esté fait; et qui ne relevera sondit appel dedans deux mois, il sera decheu d'iceluy appel, et l'amendera de vingt livres Parisis : mais ils pourront renoncer dedans huit jours, par payant soixante sols Parisis d'amande : et s'il poursuit sondit appel, et il est dit bien jugé et mal appellé, par lesdits generaux, l'amende en quoy encourra l'appellant, sera de vingt livres Parisis; et non plus.

N°. 63. — DÉCLARATION *sur la nouvelle enceinte de Paris, portant exemption du droit de prise.*

Paris, février 1383. (C. L. VII, 55.)

CHARLES, etc. Comme d'ancienneté, et pour le temps de noz predecesseurs Roys de France, que Dieux absoille, et de nous, nostre bonne ville de Paris ait esté et soit; c'est assavoir, tout ce de nostre dicte ville qui est dedens et entre les portes et ancienne fermeté et murs d'icelle, franche et exemptée de faire aucunes prises ès maisons et hostelz des manans et habitans en icelle, feust ou soit pour la provision de noz diz predecesseurs, de leurs compaignes, enfans et successeurs, et ceuls de leur sanc, et autres quelconques; et pour ce que des exempcions et franchises dessus dictes, ceuls de ladicte ville qui lors estoient et sont demourans et habitans au dehors de ladicte ancienne fermeté, qui estoient et sont appellez fourbours de nostre dicte ville, n'avoient pas joy ne usé ou temps passé, ne ne joissoient dudit previllege de non prises; ainçois de lonc et ancien temps y avoient et estoient faictes icelles prises publiquement per les gens et officiers de noz diz predecesseurs, et autres de nostre sanc et lignage; nostre très-cher seigneur et pere, dont Dieux ait l'ame, considerant que à cause d'icelles prises, iceuls manans et habitans esdiz fourbours avoient esté et seroient plus grevez et dommagiez, se lesdictes prises s'i faisoient; eust voulu et ordonné par ces lettres patentes, qu'ilz usassent et joissent plainement et paisiblement d'auteles franchises et libertez, comme faisoient et avoient accoustumé de faire et user ceux du propre corps de nostre dicte bonne ville; et il soit ainsi que les diz manans et habitans des diz fourbours, depuis la grace à eulx faite par nostre dit seigneur et pere, aient d'icelle franchise joy et usé paisiblement jusques à ce que par vertu de l'abolicion, renonciacion et cassement de toutes les franchises et autres libertez de nostre dicte ville, par nous faiz derrenierement pour cause des commocions et rebellions faites contre nous et nostre majesté royal, par aucuns des habitans de nostre dicte ville, yceuls manans et habitans des diz fourbours, n'ayent depuis joy ne usé d'icelle franchise; mais ayent esté et soient de jour en jour faites prises en leurs hostelz et maisons, comme anciennement se faisoient; et pour ce, nous ayent iceuls manans et habitans fait humblement supplier, que attendu les griefs et donmages qu'ilz ont euz et soustiennent chascun jour, pour raisons desdictes prises et autrement, dont plusieurs d'iceuls se sont retraiz de y habiter et converser; par quoy plusieurs bonnes et grans maisons ont esté et sont moult empirées, et qui de jour en jour chéent en grans ruines, et pourroient de legier estre relevées et mises en estat, au proufit des diz manans et habitans; et que ou corps de nostre dicte bonne ville, n'estoient faites aucunes prises, et aussi que les diz fourbours par les bastides, murs et fossés, sont à icelle nostre ville adjoins et incorporelz, il nous plaise leur sur ce pourveoir de nostre grace, en les faisant tenir quittes et paisibles desdictes prises, ainsi que par nostre dit seigneur et pere leur avoit esté donné et octroyé, et que ceux du corps de nostre dicte ville en usent et joissent à present paisiblement :

Savoir faisons à tous presens et avenir, que nous, attendu et consideré ce que dessus est dit, voulans ensuir la bonne volenté et ordenance de nostre dit seigneur et pere, avons par bonne et meure déliberacion, ordenné et declairé, et par la teneur de ces presentes lettres, ordennons et declairons, que les diz lieux appellez fourbours, estans et situez au dehors des murs et fermeté anciens de nostre dicte bonne ville de Paris, qui au vivant de nostre dit seigneur et pere, de son commandement et ordennance, furent commanciez et ordennez estre cloz et fermez de gras murs, de portes et de fossez, sont et seront dorresenavant tenuz et reputez, et dès maintenant les tenons et reputons à tousjours, estre de nostre dicte bonne ville de Paris et une mesme ville, soubz le non de la cité et ville de Paris; et que tous les manans et habitans des diz lieux paravant et jadix appellez fourbours, usent et joissent de tous les previlleges, libertez et franchises, pareillement et par la forme et maniere, en tous cas que ont fait et font, feront et ont accoustumé de faire les autres habitans estans et demourans au dedens des diz anciens murs, sans ce que jamais doresenavant aucunes prises de garnison d'Ostel pour les provisions des hostelz de nouz, de noz très-chiers et très-amez oncles, de nostre très-chier et très-amé frere le comte de Valois, de nostre très-chiere et très-amée suer Katherine, de ceuls de nostre sanc et lignaige, ou de noz successeurs ou autres quelxconques, usans et qui pevent faire ou temps avenir user de prises, soient ou puissent estre faites ès lieux dessus declariez, ne en aucuns d'iceuls; mais les exemptons et affranchissons de nostre auctorité royal, plaine puissance et grace especial, d'icelles prises; lesquelles nous, de noz dictes autorité et grace, adnullons, cassons, rappellons et inrittons du tout dès maintenant et à touzjours perpetuelment, par ces mesmes presentes;

Par la teneur desquelles nous mandons et enjoignons estroictement, en commectant, se mestier est, à nostre prevost de Paris, present et avenir, ou à son lieutenant, que les manans et habitans qui ores sont et ou temps avenir seront demourans esdiz lieux et fourbours, ainsi affranchiz et exemptez des dictes prises, face et seuffre joir et user paisiblement, entierement et perpetuelment, de noz presentes grace, affranchissement, et exempcion, sanz les y empeschier, faire ou seuffrir estre empeschez; ne aucunes prises y estre faites par quelxconques personnes: mais tout ce qu'il trouvera estre fait ou attempté au contraire, si le face sanz delay ne autre mandement de nous actendre sur ce, remettre et ramener au premier estat et deu; en contraignant à cesser des dictes prises, tous ceulx qui les vouldroient ou soffreroient de faire, par toutes les meilleurs voies et manieres qui faire se pourra et devra bonnement; et deffende ou face deffendre à touz les gens et officiers des hostelz dessus diz, et à touz autres presens et avenir, et à chascun d'eulx, que contre la teneur de ces presentes, ne facent ou souffrent estre fait par autres, prises quelconques ès lieux dessus diz ainsi par nous affranchiz et exemptés de prises, comme dessus est dit, sur tout ce que ilz se doubtent de encourir l'indignacion de nous et de noz diz successeurs, et de estre pour ce privez de leurs offices, et de autrement estre puniz, se il faisoient le contraire, par tele maniere que il fust et soit exemple à tous autres.

Et pour ce que peril seroit de porter souvent ces presentes de lieu en autre, et à les monstrer où mestier seroit, et se pourroient perir, nous voulons et declairons que au *vidimus* ou transcript d'icelles, fait soubz le séel de nostre chastelet de Paris, plaine foy soit adjoustée comme à l'original : pourveu que en jugement, quant mestier sera, iceuls manans et habitans en feront apparoir.

Et à ce que noz presentes declaracion et ordennance soient notoires à tous, et que aucuns ne les puissent ignorer, nous voulons que nostre dit prevost face noz dictes presentes lettres publier et lire solempnement par tous les lieux et quarrefours de nostre bonne ville de Paris, où l'en a accoustumé de faire publications et criz de par nous, pour ycelles estre mieulx tenuës et gardées, selon et par la maniere que dessus est dit.

Et afin que ce soit ferme et estable chose à tousjours, nous avons fait mettre nostre seel à ces presentes lettres : sauf en autres choses nostre droit, et l'autruy en toutes.

Par le Roy, à la relacion de mons. le duc de Berry.

N°. 64. — Lettres (1) *portant que les procès pour biens meubles, entre les bourgeois d'Abbeville, seront jugés ou par le maire et les échevins, ou par le vicomte, au choix des parties.*

Paris, 11 mars 1383. (C. L. VII, 61.)

N°. 65. — Lettres *portant qu'il n'y aura d'exempt des droits de rêve sur les marchandises venues de l'étranger, que ce qui sera destiné à l'hôtel du pape et aux cardinaux, et au cas d'excommunication par les gens du pape, ou autres, qu'il en soit référé à la chambre des comptes* (2).

Paris, 21 avril 1384. (C. L. XII, 140.)

N°. 66. — Ordonnance *portant que les changeurs et orfèvres ne pourront vendre de la vaisselle qui ne soit de la loi, marquée par les lettres.*

Paris, 22 avril, après pâques, 1384. (C. L. VII, 74.)

---

(1) Ces lettres constatent qu'il était d'usage, à Abbeville, qu'une partie pût prouver ce qu'elle avançait par un seul témoin, que l'adversaire pouvait appeler en duel. (Decrusy.)

(2) On accorde aujourd'hui la même franchise aux ambassadeurs, parce qu'ils ne sont pas sujets de l'Etat, mais on prend des précautions pour éviter les abus. *V. Kluber*, Précis du droit des gens moderne. (Isambert.)

N°. 67. — Lettres *concernant la juridiction du maitre visiteur général des ports et passages, et les droits sur les marchandises, à leur sortie du royaume.* (*Douane.*)

Paris, 26 avril 1384. (C. L. XII, 142.)

N°. 68. — Ordonnance *sur la nouvelle aide accordée par les trois États de l'Artois, du Boulonnois et du comté de Saint-Pol.*

Bois de Vincennes, 22 mai 1384. (C. L. VII, 75.)

N°. 69. — Lettres *qui permettent au seigneur de Coucy de retirer, pour lui et pour ses successeurs, par forme de retrait féodal, jusques à trois fiefs relevant de Beaurière, qu'il avait achetés à vie, réservent au Roi et à ses successeurs d'exercer le retrait sur le seigneur de Coucy et sur ses successeurs.*

Paris, 23 mai 1384. (C. L. VII, 77.)

N°. 70. — Lettres *portant qu'il ne sera rien rabattu* (1) *sur les gages des auditeurs et des clercs de la chambre des comptes du Dauphiné, pour les jours de dimanches et de fêtes.*

Paris, 4 juillet 1384. (C. L. VII, 82.)

N°. 71. — Ordonnance *qui crée un souverain général* (2) *inquisiteur et réformateur des eaux et forêts.*

13 juillet 1384. (Saintion et Nouv. Rép., v°. Hoir, § 1er, p. 806.)

---

(1) « Pourveu toutes voyes, disent ces lettres, que ils fassent continuelle résidence sur le lieu, et entendent diligemment à nos besoignes; et que se aller leur convenoit hors pour leurs besoignes, que déduction leur soit faite; se ce n'étoit pour petit de temps, dont nous ne voulons pour six ne pour huit jours, que aucune chose leur soit rebatu; ou cas toutes voyes que ce serait par le congié et licence de nostre gouverneur dessusdit ou de notre conseil étant illec.

On leur rabattait par an 90 jours de gages pour autant de jour de fêtes et de dimanches. (Decrusy.)

(2) On prétend que la création de cette charge remonte à 1362. C'est là l'origine de la direction générale des forêts. *Beaudrillart* n'a pas donné cette pièce. (Isambert.)

N°. 72. — Lettres *portant que les officiers des monnaies seront changés d'une monnaie à l'autre.*

Paris, 15 juillet 1384. (C. L. VII, 86.)

N° 73. — Ordonnance *portant que l'appel d'une saisie faite en vertu d'un titre passé sous le scel royal n'arrêtera pas les poursuites, à moins que le débiteur ne consigne.*

Paris, 12 novembre 1384. (C. L. VII, 93.)

Charles, etc. A nostre prevost de Paris, et à tous nos seneschaulx, bailliz, prevosts, et autres nos justiciers de nostre royaume : salut.

Comme par le rapport d'aucuns de nostre conseil, et autres, nous ait esté plusieurs fois signifié et exposé, que plusieurs, jasoit ce qu'ilz soïent obligiez en lettres faictes soubz le séelle de nostre chastellet de Paris, ou soubz autre scel royal, portans exécucion, et où y chiet garnison de main, en caz d'opposition, par coustume et usage notoirement gardés en court laye, sitost que l'en veult proceder contre euls par voïe d'exécucion, pour fuir et delaïer, et afin qu'il ne soïent tenus de garnir nostre main de la somme pour laquelle on fait exécucion sur euls et leurs biens, appellent frivolement à nostre court de parlement, ou ailleurs, où bon leur semble; parquoy sursiet l'exécucion commanciée, ou requise contre eulz, et en est empeschié et retardé le droit de leurs créanciers : car souvent avient que un sergent ou autre exécuteur, qui sera commis à faire aucune exécucion en païs lointaing, pour une appellacion frivole que l'obligié fera à nostre court de parlement, ou ailleurs, s'en retournera, sans plus avant proceder; laquelle chose est ou grant prejudice d'iceux créanciers, et retardement de leur deu, et en grant derision et esclande de justice, et de la chose publique, dont il nous desplaist forment :

Savoir faisons, que nous qui telles choses ne voulons passer soubz dissimulacion, desirans de tout nostre pooir, obvier aus fraudes et delais de telz appellans; meesmement que plusieurs d'euls appellent frivolement, si comme on dit; eu sur ce grant et meure deliberacion avec plusieurs de nostre grand conseil, et autres, avons ordené et ordonnons par ces presentes, que d'oresenavant se aucun appelle de l'exécucion d'aucunes desdictes ettres où il chiet garnison de main, en caz d'opposition, par la coustume et usage devant diz, le sergent ou autre exécuteur qui sera commis à faire ladicte exécucion, ne surserra point de proceder en icelle; mais y procedera et pourra proceder, et ne deferera point audit appel, jusques à ce que l'obligié aura garni nostre main souffisamment, selon l'usage et coustume du païs, de la somme pour laquelle sera requise ou commanciée exécucion contre lui, pareillement comme se il se opposoit contre icelle exécucion; sans ce que le sergent ou autre exécuteur dont il sera appellé, soit reprins d'avoir attempté; et neantmoins, l'appellant sera tenu de poursuir son appel dedens le temps ordonné.

Si vous mandons et à chacun de vous, si comme à lui appartendra, que ceste presente ordenance vous faites publier en nostredit chastellet, en vos assises, et ailleurs, ès lieux accoustumez à tenir vos plaiz, et où vous verrez qu'il sera bon et convenable à faire; et icelle ordonnance faictes tenir et garder d'oresenavant, sans enfraindre en aucune maniere : car ainsi nous plaist-il estre fait, pour consideracion des choses dessus dictes.

Donné à Paris, le XIIe jour de novembre, l'an de grace mil CCC. IIII[XX] et quatre, et de nostre regne le V.

Par le Roy, à la relacion du conseil estant en parlement, ouquel mons. le cardinal de Laon, vous (le chancelier), plusieurs autres du grant conseil, et autres, estiez.

N°. 74. — ORDONNANCE *confirmative d'un réglement du prévôt de Paris, pour les tondeurs de draps de cette ville.*

Paris, décembre 1384. (C. L. VII, 98.)

N° 75. — LETTRES *qui fixent le prix des espèces d'or et d'argent, qui seules doivent avoir cours, et qui défendent* (1) *de faire des contrats ou marchés à sommes de marcs d'or ou d'argent, si ce n'est pour vrai prêt, dépôt, contrat de mariage, vente et retraits d'héritage* (2).

Paris, 11 mars 1384. (C. L. VII, 107.)

---

(1) Ces défenses ont été renouvelées par lettres du 11 septembre 1389, et 29 juillet 1394. *V.* C. L. VII, 294, 638. (Decrusy.)

(2) Par ces lettres, on éleva le prix du marc pour favoriser la refonte d'espèces d'un titre inférieur; c'est-à-dire, on sacrifia les fortunes particulières et le crédit public à l'appas d'un profit momentané, mais un mécontentement général força de restituer le cours de l'ancienne monnaye. (*Idem.*)

N°. 76. — ORDONNANCE *sur la nouvelle aide accordée par les trois États de l'Artois, du Boulonnais et du comté de Saint-Pol.*

Paris, dernier mars 1384. (C. L. VII, 111.)

N°. 77. — LETTRES *contenant instructions sur le fait des francs-fiefs et amortissemens.*

1384. (C. L. IX, 692.)

N°. 78. — LETTRES *de commission aux généraux maitres des monnaies, pour visiter les hôtels des monnaies du royaume, et y faire observer les ordonnances sur le fait des monnaies.*

Paris, 3 mai 1385. (C. L. VII, 119.)

N°. 79. — LETTRES *portant confirmation à la requête des pêcheurs de Melun, du reglement sur les eaux et forêts, de juillet 1367* (1).

Melun, 29 mai 1385. (C. L. VII, 121.)

N°. 80. — LETTRES *qui confirment les priviléges accordés aux Italiens et aux Génois qui faisaient le commerce en France.*

Paris, 25 juin 1385. (C. L. VII, 126.)

N°. 81. — MANDEMENT *rendu à la chambre des comptes, portant qu'il ne sera levé aucun droit d'amortissement jusqu'à ce que le Roi ait atteint l'âge compétent* (2).

Paris, 4 octobre 1385. (C. L. VII, 145.)

---

(1) *V.* ci-dessus, p. 281.

(2) Charles VI était alors dans la sixième année de son règne. Il avait accompli sa quatorzième année, et cependant il n'avait pas encore atteint l'âge compétent, c'est-à-dire la majorité. L'ord. de 1374 n'était donc pas regardée comme suffisante pour établir cette majorité. (Isambert.)

N°. 82. — LETTRES *portant que les ecclésiastiques ne seront plus poursuivis pour raison des droits réclamés par la cour de Rome.*

Paris, 3 octobre 1385. (C. L. VII, 131.)

CHARLES, etc. A tous ceuls, etc. Comme n'agueres les collecteurs et soubz-collecteurs de nostre Très-Saint Pere le Pape, se feussent complains à nous, sur ce qu'ilz disoient que plusieurs prelaz et autres personnes d'eglise de nostre royaume, devoient et estoient tenuz à nostredit Saint Pere et à sa chambre, en plusieurs et diverses sommes de deniers, tant pour cause de disiesmes et procuracions de leurs benefices, comme pour les services (1), premiers fruis d'iceuls benefices, appartenans à nostredit Saint Pere; lesquels sommes ilz n'avaient pas païées dedens les termes à eulz sur ce bailliez; combien que ilz eussent esté souffisamment admonnestez, et par deffaut de païement, fussent encourus en sentence d'excommeniement; et pour ce, eussent les diz collecteurs et soubz-collecteurs obtenu de nous certaines lettres, par lesquelles estoit mandé au premier nostre sergent, que tous les diz debteurs, lesquelz, ensemble les sommes qu'ilz devoient et les causes pourquoy, li seront bailliées par les diz collecteurs ou soubz-collecteurs ou aucuns d'eulz, par escrit et soubz leurs seauls, il contraignist vigoureusement et sans delay, par la prinse, arrest, levée, vendicion, et explectacion des fruis de leur temporel et de leurs biens, à païer iceulx collecteurs et soubz-collecteurs, pour et au prouffit de nostre dit Saint Pere; nonobstant quelconques debas, opposicions ou appellacions; et depuis, nous ait esté rapporté par plusieurs de nostre conseil, et autres dignes de foy, à la clameur de plusieurs, que soubz umbre desdictes lettres, plusieurs desdictes gens d'eglise ont esté contrains et durement traittiés sans cause, dont les aucuns par la fortune des guerres et pour autres causes, n'ont de quoy païer les sommes que on leur demande, et telement ont esté demenés, qu'il leur a convenu vendre les tuiles de dessus leurs maisons, les livres, les calices, aournemens et autres joyauls de leurs eglises, et n'ont les pluseurs d'euls dequoy vivre, et par ce les convient du tout cesser du divin service; qui est chose en grant esclande de nostre

(1) Redevances que les évêques nouvellement élus ou consacrés payaient au Pape. *V.* Ducange, aux mots *Servitium cameræ Papæ.*

mere sainte eglise, en diminucion du divin service, et ou prejudice desdictes gens d'eglise; dont il nous desplaist très-grandement, si comme il doit : savoir faisons, que nous qui voulons garder nos subgiès de tous griefs et oppressions, et pour eschever tous esclandes et inconveniens qui s'en pourroient ensuir, euë sur ce grant et meure deliberacion avec plusieurs de nostre grand conseil, et autres, avons rappellé et révoqué, et par ces présentes rappellons et révoquons lesdictes lectres; voulans que d'oresenavant icelles ne sortissent aucun effet. Si donnons en mandement à nostre prevost de Paris, à tous nos seneschaux et bailliz, et à tous noz autres juges, et à leurs lieutenans, que eulz et chacun d'euls, facent ces presentes lettres solennelment lire et publier en leurs assises, et ès autres lieux acoustumez à faire criz, par telle maniere que aucun ne puist sur ce pretendre ignorance; et se aucuns des biens desdictes gens d'eglise leur sont empeschiés ou mis en nostre main pour occasion des choses dessus dictes, lesdiz prevost, seneschaux et baillifs ou leurs lieuxtenans, en lievent nostre dicte main au prouffilt de cellui ou ceuls auquel ou quelz les diz biens appartiennent; laquelle nous en levons et ostons tout empeschement par ces presentes.

Par le Roy, à la relacion du conseil, ouquel vous, mons. d'Orgemont, plusieurs autres du grant conseil, et autres du conseil, estiez.

N°. 83. — ORDONNANCE (1) *qui enjoint au prévôt de Paris et aux baillis et sénéchaux de réformer les abus introduits par la cour de Rome par rapport aux bénéfices.*

Paris, hôtel Saint-Paul, 6 octobre 1385. (C. L. VII, 133.) Reg. en parlement le 8 août 1415 (2).

KAROLUS, etc. Cùm nostram regiam majestatem deceat omnes dies ac noctes cum omni lugubracione et cogitacione jugiter per-

---

(1) Cette ordonnance fut rendue sur les plaintes du procureur-général; mais les abus dont elle prescrivit la réforme étaient trop profitables à la cour de Rome, pour qu'elle ne mît pas des obstacles à son exécution. Le parlement, par arrêt du 16 février suivant, enjoignit aux baillis et sénéchaux de l'exécuter. Le procureur-général porta plainte de nouveau. Le Roi ordonna alors, par lettres du 20 septembre 1386 (*V.* ci-après), au procureur du Roi de la prévôté de Paris, et à ceux des bailliages et sénéchaussées, de faire ité-

ducere, ut semper aliquid utile et Deo placens à nobis subditis nostris prebeatur, et in hoc expendere consilia die noctuque velimus, ut nostri subjecti, presertim viri ecclesiastici, sub omni quiete consistant, illicita molestia et vexacione liberati; et inter cetera ad que ad causam nostre regie celsitudinis, dum infulas regias in nostra coronacione suscipimus, ex debito tenemur astricti, precipuè debeamus illud studio pervigili, ne ecclesie regni nostri quarum patronus esse dignoscimur, debitis et solitis fraudentur obsequiis, nec in ipsis divina servicia, ac redditus quibus sustentantur in eisdem ecclesiis Jesu Christo salvatori famulantes, minuantur; quinymo insudare labore sollicito, ut eadem obsequia propter que ipsa beneficia conferuntur, ac ipsorum beneficiorum et ecclesiarum redditus, nostris presertim temporibus augmententur : investigantes quoniam predecessores nostri, ac ceteri singuli qui sanctissimas ecclesias fundaverunt, non pro edificiis solùm cogitarunt, sed eciam ut expensas sufficientes dictarum ecclesiarum ministris concederent et determinarent :

Novissimè verò hiis diebus, ex relatibus fide dignis, non absque grandi oris rubore et cordis amaritudine, procuratori nostro generali, et per eundem procuratorem nostrum, nobis in presencia nonnullorum de genere nostro, ac nostri magni consilii, insinuatum extiterit, quòd licet beneficia ecclesiastica pro inibi divino servicio et officio celebrando constituta, per eos qui ecclesias edificari fecerunt, multis redditibus et proventibus opulentis et sufficientibus pro christi ministris educandis, pro dictisque ecclesiis, ipsarum eciam ecclesiarum edificiis sustinendis et reparandis, ac ceteris hereditagiis excolendis, pauperibusque Christi et indigentibus in dictorum beneficiorum domibus et habitacionibus recipiendis, et eisdem necessaria ministrando, ac callicibus, ornamentis reliquiis, et ceteris jocalibus preciosis ecclesie dotate et munite fuerint; intencionisque predecessorum nostrorum, et ceterorum qui in regno nostro ecclesias predictas

---

ratives injonctions au prévôt de Paris et aux baillis et sénéchaux. Ces mesures n'eurent pas plus de succès, et le Roi fut dans la nécessité de donner de nouvelles lettres le 7 septembre 1394 (*V*. C. L. VII, 673), contenant ordre à ces derniers officiers d'y obéir, sous des peines rigoureuses, et d'enjoindre au procureur-général de procéder contre eux s'ils n'obéissaient pas. (Decrusy.)

(2) Il est singulièrement remarquable que l'enregistrement au parlement n'a eu lieu qu'au bout de 30 ans. Cette formalité n'était donc pas nécessaire. (Isambert.)

fundaverunt, extiterit pauperibus clericis regni nostri in sacra pagina et in aliis scienciis studentibus, ut in studiis educari et erudiri, ac inde magnis sciencie donis decorari valeant, aliisque viris litteratis et ydoneis de beneficiis, per ipsos fundatores sic dotatis, provideri; nichilominus cardinales moderni (1) in numero tricenario sexto, vel eocirca, tanto quòd, prout fertur, omnia regni nostri beneficia pro ipsis et eorum statu non sufficerent; presertim cum in alienis partibus dicti cardinales nulla beneficia vel saltim pauca obtineant, ac plures alii extra regnum nostrum commorantes, nonnullas abbacias, prioratus conventuales, et alios orphanotrophia seu hospitalia vel domos Dei, in abbaciis eciam et prioratibus officia claustralia, et alia, ac dignitates majores in cathedralibus et collegiatis ecclesiis, acceptant et obtinent; et quidquid inde habere et exigere possunt dicti cardinales, et alii extra dictum regnum nostrum commorantes, recipiunt, ecclesiis sive monachis aut religiosis et Christi ministris, saltem in numero sufficienti, pro divino servicio faciendo derelictis; omnesque redditus, proventus et emolumenta dictorum beneficiorum, ad suos usus proprios convertunt, et extra regnum nostrum deferri faciunt (2), nichil aut saltem minus quàm deceat, in refecciones et reparaciones dictarum ecclesiarum ac edificiorum dictorum beneficiorum, et ceterorum hereditagiorum agricultionem convertendo; quinymo dictas ecclesias, predictarumque ecclesiarum edificia, ad terram prosterni, ac ipsarum ecclesiarum hereditagia inculta dimittunt; et jam nonnulla dictarum ecclesiarum edificia in tantam ruinam sunt deducta, quòd ibi non est locus quin ronceis et spinis repleatur; hospitalitatem et cetera operà caritatis totaliter omittendo : dicti eciam cardinales credentes ostendere quod beneficia in minori numero obtineant, cum aliquem prioratum vel aliud beneficium acceptarunt, illud ad pensionem annuam, que frequentiùs ad valorem reddituum dicti beneficii ascendit, alicui conferri seu dimitti procurant; ex quo sequitur, quòd ille qui tale beneficium cum pensione recipit, non habens unde vivere, divinum officium deserit; et si iste modus beneficia cum annua pensione committendi, permitteretur,

(1) Les cardinaux de l'obédience de Clément VII, à laquelle la France s'était soumise. (Secousse.)

(2) Aujourd'hui, d'après le concordat, les fonctions ecclésiastiques ne peuvent être conférées qu'à des regnicoles. Le concordat de l'an X ne reconnaît pas même la dignité de cardinal. (Isambert.)

statim uno cardinali mortuo, alius cardinalis pensionem predictam peteret sibi conferri; quod juri contrarium reputatur; per que mens et intencio predecessorum nostrorum, et ceterorum qui ecclesias regni nostri fundaverunt et dotarunt, frustrantur; mentes eciam et devocio fidelium minuuntur, regnumque nostrum recius et aliter multipliciter difformatur; jura eciam nostra depereunt et adnullantur; ac studia et universitates in nostro regno studencium, que fructus uberes et palmites preciosos pre ceteris studiis ubique diffundunt, et in quibus maximè regnum nostrum ceteris regnis precellit, deseruntur et destruuntur omninò; et quod importabile et irracionabile existit, licet de jure, usu et consuetudine ac communi observancia notoriè observatis, episcopis regni nostri testari liceat, et in suis testamentis executores ordinare; qui quidem executores, aut saltem ipsorum episcoporum heredes, ad faciendum reparaciones edificiorum dictorum episcopatuum, dum casus eveniunt, per judices et officiarios nostros compelluntur et compelli consueverunt; et cum ita fiebat, edificia et possessiones dictorum episcopatuum, in statu non difformi permanebant omni ruina carentes; attamen nunc, cum episcopos in regno nostro ab hac luce migrare contingit, collectores aut subcollectores summi pontificis, in provinciis quibus subsunt hujusmodi episcopi, ipsius summi pontificis auctoritate, bona mobilia ex decessu talium episcoporum relicta, eciam illa que per suam industriam quesierant, que ampliùs ipsorum episcoporum non sunt nec censentur, sed ad suos heredes aut eorum execucionem spectant, capiunt; nichil ex iis in reparaciones seu refecciones edificiorum et aliorum hereditagiorum dictorum episcopatuum eo casu convertentes; nulla eciam solucione aut satisfacione dictorum episcoporum creditoribus facta per collectores aut subcollectores predictos, predicta bona heredibus episcoporum sic decedencium, qui diciores inde fieri, ac nobis honestiùs in guerris nostris et alibi juxta status eorum servire possent et deberent, totaliter amovendo, ac ipsos contra jus et consuetudinem exheredando, in juris nostri regalie post obitum dictorum episcoporum, nobis in eisdem ecclesiis competentis, ac tocius reipublice prejudicium non modicum et gravamen; et non solùm bona dictorum episcoporum capiunt, sed eciam bona monasteriorum, postquam abbates viam universe carnis sunt ingressi; licet dicti abbates non habeant nec habere possint proprium; ex quo sequitur quòd abbates successores sic bonis denudati, et quos eciam servicium dicto summo pontifici solvere necesse est, non habent unde sibi et suis commonachis victualia et cetera neccessaria ministrare; unde divinum officium deseritur, edificiaque ruinosa, et cetera hereditagia remanent inculta; et quod dolentes referimus, dicti successores abbates, calices, ornamenta, sanctorum reliquias, et jocalia dictorum monasteriorum, quibus in honorem salvatoris, ejusque beatissime genitricis, et ceterorum Dei sanctorum ecclesie decorantur; et interdum dictorum monasteriorum redditus vel hereditagia, ne mendicent vel esuriant, viliter distrahere, in ipsorum monasteriorum et ecclesiarum exheredacionem, compelluntur; et quod deterius existit, abbate alicujus monasterii dicti regni nostri de medio sublato, quamdiu dictum monasterium vacare contingit, et donec ipsius monasterii prelatus possessionem administracionis ejusdem adeptus fuerit, collectores aut succollectores dicti summi pontificis, fructus temporalitatis ipsius abbacie predicto summo pontifici vendicare, dictamque temporalitatem ad manum ipsius summi pontificis apponere, et per eandem fructus et emolumenta dicte temporalitatis recipere nituntur, in nostre juridicionis temporalis et juris nostri superioritatis usurpacionem; dicti insuper collectores aut succollectores fructus, redditus et poventus primi anni omnium et singulorum beneficiorum ecclesiasticorum, in regno nostro per resignacionem vel permutacionem, aut aliter quovismodo vacancium, de facto capiunt; dato quod sint beneficia quorum collacio in regalia vel aliter, nobis aut alteri domino temporali nobis subjecto, pleno jure, vel quorum presentacio ad nos vel ad alium patronum laycum pertinet; et tamen nichil in reparaciones edificiorum aut locorum, ac hereditagiorum agriculturam dictorum beneficiorum, dicti collectores aut subcollectores impendere volunt; et interdum contingit, ut in ecclesiis in quibus prelati fructus, redditus et proventus unius anni, et fabrica fructus alterius anni, percipere consueverunt, quòd dicti collectores, primi; prelatus, secundi; et fabrica, tertii annorum fructus percipiunt; et hiis tribus annis suum cursum habentibus, beneficiati qui onera ecclesie bajulant incessanter, ac diei et estus pondera sustinent et labores, cum inde nichil percipiant, paupertate depressi, ferè mendicantes vivere coguntur; pluresque alias indicciones et subvenciones ac novitates super ecclesiis et viris ecclesiasticis dicti regni nostri, indicere, ac tot et tantas peccunias et financias exigere, et extra regnum nostrum transmittere satagunt dicti collectores et succollectores; et novissimè, nonnulli se dicentes dicti summi pontificis nuncios, aut ab eo delegatos vel commissos, cum tanto scandalo tam excessivas pecunias et financias ab ecclesiis et viris ecclesiasticis regni nostri exegerunt, majores et importabiles pro suis conatibus indicere satagentes; quòd nisi super hec nostra regalis majestas provideret, viri ecclesiastici regni nostri quasi vagabundi in penuria maxima constituti, circa divinum officium vacare nequirent, ecclesiarum edificia ruinosa, ac cetera hereditagia inculta remanerent; dictum eciam regnum nostrum quod viris scientificis retroactis temporibus copiosè floruit, sciencia per quam regni nostri justicia hucusque regi et gubernari consuevit, vacuum, et financiis exhaustum redderetur; ac tot et tanta alia scandala insurgerent, quòd vix narrari vel concipi possent:

Notum igitur facimus, quod nos premissa conniventibus occulis pertransire nequeuntes, sed tot et tantis periculis ac scandalis subvenire et totis conatibus, ut tenemur, providere cupientes; attento quòd dominus noster Jesus Christus ecclesiam tanta voluit libertate gaudere, ut nullius utilitatis obtentu, subici debeat servituti; affectantes ecclesias et viros ecclesiasticos regni nostri, quorum promptus deffensor et pugil existere gloriamur, in pacis et transquillitatis federe, ac in libertate et franchisia propagari; volentes eciam ecclesias et viros ecclesiasticos regni nostri, à talibus indiccionibus et novitatibus indebitis preservari; matura pluries super hiis et vicibus iteratis magni consilii nostri deliberacione prehabita, ex certa sciencia et auctoritate nostra regia ORDINAVIMUS, et per presentes ORDINAMUS,

Quòd prepositus noster par. necnon senescalli et baillivi nostri, vel eorum locatenentes; videlicet, eorum quilibet in provincia sibi commissa, fructus, redditus et proventus temporalitatis beneficiorum ecclesiasticorum, in quibus defectus supra tactos aut aliquos eorumdem repererint, que dicti cardinales ac alii viri ecclesiastici quicunque, maximè extra regnum nostrum suam moram trahentes, obtinent; ac eciam annuas pensiones quas dicti cardinales aut alii super beneficiis regni nostri percipiunt, ad manum nostram realiter ponent ac ponere tenebuntur; ipsas verò ecclesias ac ipsorum beneficiorum edificia in ruinam lapsa, et cetera hereditagia, ex fructibus, redditibus et proventibus eorumdem beneficiorum reparari, et dicta hereditagia excoli; minoribus tamen sumptibus, quibus racionabiliter utiliùs fieri poterit, facient; religiosis eciam ac ceteris Deo famulantibus in dictis beneficiis, juxta numerum antiquum, vel alium minorem, secundùm ipsorum beneficiorum facultates, per abbates, vel alios ad quos spectabit, ordinatis seu ordinandis, de victualibus ac ceteris sibi neccessariis, ut circa divinum officium intendere possint, provideri, ac hospitalitatem et cetera caritatis opera, in locis ubi consueverunt, fieri, necnon creditoribus quibus dicta beneficia obnoxia seu obligata reperient, satisfieri procurabunt; certos commissarios ecclesiis nullathenus onerosos, ydoneos et sufficientes, locorum ubi dicta beneficia ruinosa situantur, aut saltem aliorum locorum ipsis locis dictorum beneficiorum magis propinquorum, absque stipendiis et cum moderatis expensis, ad hec committendo; qui quidem commissarii de gestis, receptis et administratis per ipsos, raciones et compotum ac reliqua solvere tenebuntur; et residuum fructuum, reddituum et proventuum beneficiorum predictorum, dictus prepositus noster par. senescalli et baillivi nostri, vel eorum locatenentes, illi vel illis ad quem seu quos spectabunt, dimittent; quos quidem commissarios ordinari volumus cum consilio religiosorum aut fratrum dictorum monasteriorum et hospitalium, si qui sint in locis predictis; alioquin, cum consilio abbatum et aliorum de conventu, quibus dicti prioratus aut alia beneficia predicta subsunt, vel saltem cum consilio abbatum et eorum conventuum, priorum seu decanorum ordinis ejusdem, sua beneficia magis propè dicta beneficia ruinosa habentium.

Volumus eciam et ordinamus, quòd statim quòd aliquem episcopum regni nostri, vel abbatem seu priorem, aut orphanotrophum seu domus Dei vel hospitalis administratorem, aut alium virum ecclesiasticum, alicujus beneficii administracionem obtinentem, ab hac luce migrare continget, dictus prepositus par, aut senescallus vel baillivus, seu ejus locumtenens, in cujus prepositura, senescallia aut baillivia, bona ex decessu talis decedentis relicta reperta fuerint, illa realiter et de facto ad manum nostram apponat, si per executores aut heredes ipsius episcopi mortui, vel per religiosos conventuum monasteriorum, aut fratres hospitalium vel domorum Dei, requisitus fuerit, aut si dicti collectores aut subcollectores bona predicta capere, aut ad manum dicti summi pontificis jam apposuerint, aut apponere vellent; et dicta bona executoribus aut heredibus decedentis, cui licitum est testari, juxta ipsius testamentum vel ultimam voluntatem; et si sit abbas aut religiosus qui testari non potest, ecclesie cui presidebat, dimittat.

Et insuper ordinamus, quòd dicti prepositus, senescalli et baillivi, vel eorum locatenentes, fructus, redditus et proventus beneficiorum quorum collacio vel presentacio ad nos aut ad alium patronum laïcum pertinet, vel ad quos seu ad que nos vel alius patronus laïcus, aliquem vel aliquos presentaverimus, illi aut illis ad quem vel ad quos de antiqua consuetudine spectabant, dimittant, absque eo quod dictos collectores aut succollectores, ex dictis beneficiis inde quicquam, sub quarumcumque pretextu litterarum, habere permittant.

Quocirca preposito nostro par. senescallis et baillivis predictis, aut eorum locatenentibus, et eorum cuilibet, prout ad eum pertinuerit, comittimus et mandamus, quatenus presentes litteras, in locis publicis ad hoc consuetis, publicari et manifestari faciant et procurent, taliter quòd nullus sub ignorancie pretextu, de predictis se valeat excusare; ipsasque operi et effectui tradere festinent, ac eas viriliter et debitè exequantur, modo et forma supradictis; omnes et singulos impeditores, contradictores, inobedientes et rebelles, per capcionem, detencionem et explectacionem sue temporalitatis, ac omnibus aliis viis et remediis opportunis, ad parendum premissis compellendo.

Datum Parisius, in hospicio nostro Sancti Pauli, sexta die mensis octobris, anno Domini M° CCC° octogesimo quinto, et regni nostri VI°.

Per Regem in suo magno consilio.

Littere prescripte lecte fuerunt et publicate in curia, VIII° die Augusti, anno M.CCCC.XV.

N°. 84. — MANDEMENT *au sénéchal de Beaucaire de contraindre le procureur du Roi de venir, chaque année, en personne ou par son substitut, au parlement de Paris, lors de l'appel des causes de la sénéchaussée* (1).

Paris, 8 octobre 1385. (C. L. XII, 146.)

N°. 85. — LETTRES *portant réglement pour la jurisdiction que les maîtres des eaux et forêts exerceront sur les pêcheurs de Provins* (2).

Troyes, 4 novembre 1385. (C. L. VII, 139.)

---

(1) Il est motivé sur la nécessité d'instruire le procureur-général des motifs des jugemens. (Isambert.)

(2) Ils ne pourront être cités hors des lieux de la châtellenie ; ils ne paieront

N°. 86. — Lettres *par lesquelles le duc de Bourgogne et de Flandre, fils de France, accorde, pour le Roi de France et pour lui, rémission aux habitans de Gand, pour leur rébellion; confirme leurs coutumes et priviléges, promet d'en accorder de semblables à Courtray, Oudenarde, et autres villes de Flandre* (1).

Tournay, 18 décembre 1385. (Corps dipl. de Dumont, p. 198, tom. II, 1re part.)

N°. 87. — Lettres *portant défenses aux gens des comptes de faire exécuter les mandemens et les ordres que le Roi leur enverra, lorsqu'ils seront contraires à l'ordonnance sur le domaine, ou à celle sur les eaux et forêts, et s'ils craignent de lui déplaire par ce refus d'exécution, ils enverront des députés pour lui expliquer leurs motifs et recevoir ses ordres.*

Paris, 10 février 1385. (C. L. IX, 695.)

Se par aventure, vous etiez presséez de aucuns ou plusieurs mandemens, messages, lettres ouvertes ou clauses au contraire, ou de personnes, par quoy vous doubtissiez nous deplaire de le refuser, voulons nous et vous mandons et enjoignons comme dessus, que ainseois que y obeissiez, quatre, trois, ou au moins deux de vous de notre chambre, venez par devers nous, pour dire vos mouvemens et à part, sans présence des impétrans, et nous expliquer la manière et le cas, pourquoi nous en soyons aplain adcertenez, et lors vous commanderons et ordenerons ce qui nous en plaira estre fait.

---

d'autres amendes que celles auxquelles ils seront condamnés par jugement. Ces amendes seront ramenées au taux où elles étaient sous Saint-Louis. Les maîtres et sergens des forêts ne pourront faire aucuns exploits sans appeler la justice des lieux. (Isambert.)

(1) Le duc ne déclare point agir en vertu des pouvoirs du Roi, et ne réserve point sa ratification; il agit en vertu de son droit personnel, quoiqu'il stipule la suzeraineté du Roi. Les lettres sont acceptées par les officiers municipaux de Gand, qui déclarent les recevoir du Roi et du comte de Flandre, mais avec la garantie de la duchesse de Luxembourg et de Brabant, du duc Albert de Bavière, des barons de Flandres, et des villes de Bruges, Ypres, Malines et Anvers; en sorte que Dumont les considère comme un *traité*. (*Idem.*)

N°. 88. — ORDONNANCE *portant réglement sur le fait des amortissemens et francs-fiefs.*

Paris, 11 février 1385. (C. L. VII, 143.)

N°. 89. — ORDONNANCE *sur le guet et la garde des places de Normandie.*

28 février 1385. (Titres concernant la France, Biblioth. du Roi, Carton n° 100.)

N°. 90. — LETTRES *portant évocation à une commission du conseil des contestations relatives aux biens des aubains, épaves et bâtards, appartenans au Roi* (1).

Paris, 5 septembre 1386. (C. L. VII, 156.)

CHARLES etc. A noz amez et féaulx conseillers les gens par nous ordonnez sur la visitacion de nostre demaine : salut et dilleccion. Comme il soit notoire et apparu à nostre conseil, tant par chartres et ordonnances escriptes, comme par registres, arrests et jugiez, declaracions et usages anciens, que en nostre conté de Champaigne sont et doivent estre à nous de nostre droit, touz les biens meubles et immeubles des personnes, gens aubains et espaves qui y trespassent sanz convenables heritiers, en quelque haulte justice que yceulx espaves et aubains soïent demourans, et voisent de vie à trespassement, et ou que leurs biens soïent; et semblablement, de tous bastards et bastardes qui vont de vie à trespassement, sans hoir legitime descendant de leurs corps : se il n'est ainsi que ilz soïent nez de femmes de corps, de condicion serve d'autre seigneur en sa haulte justice, et demourans en ycelle; lesquelles choses de

---

(1) Il paraît (*V.* le Nouv. Rép., V° *Bâtard*, sect. 1), que dès lors il était établi comme un usage constant, qu'à l'égard des bâtards décédés sans hoirs légitimes, leur succession appartenait au Roi, et que les seigneurs hauts justiciers n'y pouvaient rien prétendre, qu'autant que les bâtards étaient nés, domiciliés et décédés dans leurs terres. Cet usage est attesté par l'auteur du Grand Coutumier, qui vivait sous ce règne. (Decrusy.)

V. sur le droit d'épaves, note, p. 405 ci-dessus, sur l'ordon. de mars 1373, et sur les évocations, note p. 253, ordon. 4 juillet 1366. (Isambert.)

nostre commandement, et par vertu de noz autres lettres (1) sur ce données à vous adreçans, pour conservacion, reparement et declaracion de noz droiz, vous avez fait solennelment savoir et publier tant en jugement comme par criz publiques ès lieux à ce acoustumez, ès bailliages, prevostés et sieges de nostredit païs et conté de Champaigne et de Brie; en defendant de par nous à touz, sur tant que l'en se povoit meffaire envers nous, que à l'encontre ne feust riens attempté, fait, exploittié ne entreprins; et se aucuns avoient mespris, ou à eulx appliqué aucuns des diz biens, ilz les reparassent et restituassent à noz receveurs ordinaires des lieux pour nous, dedens un moys après les diz criz et publicacions; en faisant d'abondant savoir que se aucuns vouloient pretendre avoir privilege ou titre à l'encontre, il se traisissent et feussent dedens la quinzaine ensuivant devers vous, ou voz commis que à ce vous ordonnastes notablement ès lieux des diz bailliages et prevostés, residens en yceulx lieux, souffisans personnes, noz officiers, pour ce dire et monstrer; en contempt et prejudice desquelles choses, depuis lesdictes publicacions et defenses, et en attemptant contre ycelles, sanz enseingner de privileges ne tiltres comment il y peussent avoir aucun droit, l'abbé et couvent de Saint Faron et aucuns autres, de leur auctorité, et temerairement contre nostre dicte defense, par expresse declaracion et edit, se sont efforciez de prandre et à eulx vouloir appliquer plusieurs des biens desdictes personnes, tant bastars comme aubains et espaves, et de jour en jour s'en efforcent, soubz umbre de haulte justice ou autrement, et de en user ou prejudice de noz diz droiz, et tout ainsi comme se vous n'en eussiez riens fait ne ordonné de par nous, et que ce feust un droit commun pour eulx, sans avoir regard auxdictes ordonnances et defenses, ne doubtent de paine, paour ne crainte de nostre indignacion encourir; et en perseverant en leur obstinacion, en ont fait et levé contre noz gens pour cause des exploiz que ilz en ont faiz pour nous, aucunes complaintes en cas de saisine et de nouvelleté, et yceulx par leur gardien ou autrement, fait adjourner et tenir en divers procès pour cause de noz diz droiz, tant devant noz amez et feaulx gens tenans les requestes en nostre palais à Paris, que il dient commissaires en ceste partie, comme devant le prevost de Paris et

(1) Elles ne sont pas dans le Recueil du Louvre. (Secousse.)

ailleurs, sans eulx en traire par supplicacion ne autrement en especial devers nous, ne aussi à vous par qui les diz exploiz et defenses de par nous ont esté faiz, et les voulons sortir plain effect, et que vous seulx et pour le tout en aïez l'execucion et plaine cognoissance, sans souffrir que riens soit fait à l'encontre, meismement par teles voïes obliques et exquises, en defraudacion de nostre droit et entencion;

Nous euë consideracion à ces choses, vous mandons et enjoingnons, en commettant, s'il est mestier, que lesdictes causes et autres, se aucunes en sont pendans esdictes requestes, en nostre Chastelet de Paris ou ailleurs, vous prenez et ADVOQUEZ pardevant vous en quelque estat que elles soïent, lesquelles nous y advoquons et mettons dès maintenant, defendans à nosdictes gens des requestes et touz autres, soïent noz juges ou commissaires, et interdisans toute cognoissance de ces choses;

Et les parties appellées et nostre procureur, s'il est mestier, faites oster et cesser touz telz empeschemens que vous trouverez avoir esté ou estre mis à l'encontre de noz dictes ordonnances, declaracions et publicacions; et les attemptaz et entreprises reparer et amender selon ce qu'il appartendra; et voulons et vous mandons que vous procedez et faites proceder sommierement et de plain sur le droit de la chose, par voïe de reformacion, sans avoir regart à alleguacion de saisine et nouvelleté, que nous ne voulons avoir lieu en ce cas, ou prejudice de noz dictes ordonnances et publicacions, se souffisamment ne vous appert de especial privilege ou tiltre souffisant au contraire:

Mandons à tous noz justiciers et subgès, et à chascun d'eulx en droit soy, pour tant come à lui appartendra, que à vous et à voz deputez en ce faisant, obeissent et entendent diligemment.

Donné à Paris, etc. Par le Roy, à la relacion du conseil.

N°. 91. — ARRÊT *du parlement, qui ordonne l'exécution d'une transaction passée entre le duc de Bourgogne et les habitans de Dijon, au sujet des droits et priviléges de cette ville.*

Paris, 14 juillet 1386. (Dumont, Corps diplom., p. 202.)

N°. 92. — Lettres *qui ordonnent aux procureurs du Roi de la prévôté de Paris, et des bailliages et des sénéchaussées, de faire observer l'ordonnance précédente* (1), *sur la réparation des bénéfices et sur la sûreté des biens délaissés par les ecclésiastiques décédés.*

Paris, 20 septembre 1386. (C. L. VII, 159.)

N°. 93. — Lettres *portant concession au frère du Roi d'un apanage réel* (2), *avec condition de retour à la couronne, en cas d'extinction de la ligne masculine et légitime.*

Lille, novembre 1386. (C. L. VII, 467, à la note.)

Charles etc. Savoir faisons à tous présens et avenir, que nous, à nostre très-chier et très-amé frere Loys de France, lequel s'est tousjours rendu prest à noz plaisirs, voulans pourveoir à ce que honorablement ait son estat, comme à personne de tel sanc, et qui nous est si prouchain, appartient, et de quoy puisse supporter les charges qui lui surviendront; et pour ce aussi que nous sommes tenuz, tant par raison comme par ordennance de nostre très-chier seigneur et pere le Roy Charles dont Dieux ait l'ame, faicte en son testament, comme autrement, à lui baillier appanage convenable selon son estat, à ycelui frere, pour lui et pour ses hoirs masles descendans de son corps en loyal mariage, et pour les hoirs masles d'iceulx hoirs, descendans, comme dit est,

Avons baillié, cedé et transporté, et par la teneur de ces présentes, baillons, cédons et transportons pour sondit appanage, la duchié de Touraine, avecques toutes et chascunes villes, chasteaulz, forteresses, hommes, hommages, fiefz, arrierefiefz, terres, prez, vignes, estangs, moulins, riviéres, drois,

---

(1) *V.* l'ordon. du 6 octobre 1385, p. 601. (Decrusy.)

(2) Il y a eu des apanages réels jusqu'à la révolution de 1789, et aujourd'hui, ceux du comte d'Artois et du duc d'Orléans subsistent encore. Cette source de droit n'est donc pas tarie. Par une ordonnance du 4 juin 1392, Charles VI donna à son frère, en accroissement d'apanage, le duché d'Orléans; et par autres lettres du même jour, que nous donnerons ci-après, il lui accorda en outre une rente apanagère. C'est aujourd'hui la seule dotation des princes du sang. *V.* note, tom. 1er, p. 353 et 354; note, tom. 3, p. 396, et l'ordon. de 1401, ci-après. (Isambert.)

rentes, yssues et revenues quelconques, ensemble toute justice et seigneurie haute, moyenne et basse, mere et mixte impere, collations et patronnages de bénéfices d'eglises, appartenans à ducs dudit duchié, avecques quelconques ses autres appartenances et appendances, en faisant et créant ycelui nostre frere, duc d'icelui duchié; excepté toutevoyes en ladite cession, le chastel de Lodun, et ses appartenances, lesquelz tient à présent de don et octroy royal fait par certaine forme et maniere, nostre très-chier et amé cousin le Roy de Jeherusalem et de Cecille;

Et oultre avons baillé, cedé et transporté, baillons, cédons et transportons à nostredit frere, pour lui et pour ses diz hoirs masles, et pour les hoirs masles, descendans de leurs corps en loyal mariage, comme dit est, les contez de Valois et de Beaumont-sur-Oise, ensemble leurs appartenances et appendances, et avecques ce, toutes les autres villes, chasteaulx, chastellenies et terres que tient à présent nostre très-chiere et amée tante la duchesse d'Orliens, tant de son patrimoine, comme à cause de douaire ou donation pour noces, de recompensation, ou par quelconque cause ou tiltre que ce soit, qui à nous ou à noz successeurs pourroyent venir par la mort et succession de nostredicte tante, les hommes, hommages, fiefz, arriere-fiefz, prés, terres, vignes, estangs, moulins, rivieres, drois, cens, rentes et revenues quelconques, en quelconques choses que elles soient, soit que nous les devions sur aucunes de noz receptes, nostre tresor, ou autrement, avec toute justice et seigneurie haulte, moyenne et basse, collations et drois de patronnages de bénéfices d'eglise des diz lieux appartenans à contes des diz contez, et seigneurs desdictes villes, chasteaux, chastellenies, terres et lieux, retenu et reservé à nostre dicte tante, les usfruis desdictes contez, villes, chasteaux, chastellenies, rentes, et revenues, durant sa vie: voulans que après la mort de nostredicte tante, nostredit frere ou ses diz hoirs, puissent entrer et prendre la possession des choses dessus dictes, tant en proprieté comme en usfruis, et en joïssent sanz autre mandement attendre sur ce; excepté toutevoyes le chastel, ville et chastellenie de Crecy en Brye, lesquelz demourront à nous et à noz successeurs, et aussi le chastel, ville et chastellenie de Gournay-sur-Marne, lesquelz avons donnez à nostre amé et féal chevalier et premier chambellan le sire de la Riviere, et à sa femme, pour certaines causes qui nous ont meu:

Voulons avecques ce, et à nostredit frere, pour lui et pour ses diz hoirs, avons octroyé et octroyons de grace espécial, plaine puissance et auctorité royal, que les duchié et contez, les villes, chasteaux, chastellenies, terres et autres choses, dessus dictes avecques leurs appartenances, ilz tiengnent en pairie, et ycelui nostre frere avons fait et constitué, pour lui et pour ses diz hoirs, pers de France, et leur avons octroyé et octroyons que ilz usent et joïssent de touz privileges et libertez desquelz usent et joïssent les autres pers de France;

Lesquelles choses nous avons ainsi voulu et octroyé de nostre grace et auctorité dessus dictes, nonobstant que les choses ainsi baillées ou aucunes d'icelles, aient esté ou soyent du demaine de nostre couronne, duquel les avons separez, à cause dudit appanage, bail et transport; et nonobstans quelconques privileges octroyez au duchié, contez, chasteaux, chastellenies et terres dessus dictes, ou aux habitans d'iceulx, qu'ilz ne puissent estre mis hors de nostre main et demaine, ne quelconques autres au contraire :

Voulans toutevoyes que ou cas que nostre dit frere yroit de vie à trespassement, sans hoirs masles de son corps, ou les diz hoirs masles, sanz autres hoirs masles descendans par la ligne masculine de nostredit frere, en loyal mariage, si que la ligne masculine de nostredit frere defaudroit en aucuns temps avenir, les choses dessus dictes ainsi baillées, reviengnent deslors, soient appliquées et demeurent perpétuelment à nostre demaine; retenuz et reservez à nouz et à noz successeurs roys, ès choses dessus dictes, les foys et hommages-liges, souveraineté et ressort, les gardes des églises cathedraux, et les autres de fondation royal, et qui sont en pariage, ou sont à ce privilegiez qu'ilz ne puissent estre separez de nostre couronne, et autres droitz royaulz; et avecque ce, que nous pourrons avoir et aurons oudit duchié, un bailli des terres et subgiez exems, qui sera dit le bailli des exemptions, et tendra son siége et sa jurisdiction, à Tours, ès lieux exemps, et aussi à Chinon; et est assavoir, que nostre entention est de avoir baillé, cedé et transporté à nostredit frere, les choses dessus dictes et chascune d'icelles, desquelles il nous a jà fait hommage-lige pour lui et pour ses hoirs dessus diz, pour son appanage, et pour tout le droit que lui et ses diz hoirs pourroient demander ores ne en aucun temps avenir, pour quelconques raison, droit ou tiltre que ce soit, fust pour appanage ou pour lays ou ordenance fais à nostredit frere ou à son proufit, par nostredit seigneur et pere en sondit testament ou codicille, ou pour quelconque autre cause que ce soit. Et que ce soit ferme chose et estable à tousjourz, nous avons fait mettre séel à ces lettres, sauf en autres choses nostre droit, et l'autri en toutes.

Donné à Lisle-en-Flandres, l'an de grace MCCCLXXXVI, et le VIIe de nostre regne, ou mois de novembre.

Par le Roy en son conseil, ouquel messeigneurs le duc de Berry et de Bourgoigne, le cardinal de Laon, vous le chancelier, et plusieurs autres, estiez.

N°. 94. — Lettres *portant suppression des conseillers d'État et maîtres des requêtes, et autres officiers honoraires* (1), *ainsi que des priviléges et exemptions attachés à leurs titres.*

Paris, 16 janvier 1386. (C. L. VII, 161.)

Charles etc. Nous avons entendu par la grant clameur et complainte de plusieurs prelatz, barons et autres personnes notables, que pour la grant inutilité de conseilliers, chambellans, maistres des requestes, maistres d'ostel, secrétaires, notaires, panetiers, eschançons, escuïers d'escuirie, varletz tranchans, huissiers et sergens d'armes, varletz de chambre, et autres officiers que nous avons retenuz oultre nombre et ordonnance, tant de nostre hostel comme dehors; lesquelz pour cause et soubz umbre de leurs offices, veulent et s'efforcent joïr d'autelz previleges, libertez et franchises, comme font et doivent faire ceulx qui sont du vray nombre et ordonnance; et avecques ce, ont obtenu et obtiennent lettres royauls par lesquelles leurs causes personnelles sont commises aux gens tenans les requestes en nostre palais, nostre peuple a esté et est excessivement grevé et donmagé; et aussi l'émolument de nostre audience et des seaulx royaulx, parce que tous noz chambellans et notaires s'en dient estre francs, en est moult diminué et appeticié; et semblablement les péages, coustumes et travers anciens de nous et des autres seigneurs, en sont de trop mendre valeur qu'ilz ne sou-

---

(1) Le même abus paraît exister aujourd'hui, à l'exception des priviléges. Il y a été remédié pour la maison du Roi, par une ordon. du 1er novembre 1820. A l'égard du Conseil d'État, chaque année, on fait désignation nouvelle de ceux qui sont en service; les autres deviennent honoraires, et restent sans traitement. Le nombre des honoraires s'est ainsi prodigieusement accru. (Isambert.)

loient; car tous nos diz officiers s'en veulent exempter et franchir, qui est ou très-grant prejudice et dommaige de nous, et de ceulx à qui sont et appartiennent les diz péaiges, coustumes et travers; et si est dure chose que tous aïent leurs dictes causes auxdictes requestes du palais, et que l'en oste la court et congnoissance à ceulx à qui elle doit appartenir; mesmement qu'il y a plusieurs de nos diz officiers qui par adjournemens, vexacions et travaulx, ont eu et prins de plusieurs pouvres gens, ce qu'ils ne doivent pas; et a convenu et convient aucunes fois, qu'ils ayent fait et facent des composicions pour estre déportez (1) et eschever le peril des chemins, et les mises et despens qu'il leur convendroit faire à venir de lointaines parties où ilz demeurent, pour plaider à Paris, et eulx deffendre contre ceulx qui adjourner les font sans cause et contre raison; lesquelles choses sont de mauvais exemple et s'en sont ensuis plusieurs inconveniens, et pourroient encores plus faire se par nous n'estoit sur ce pourveu de reméde convenable, si comme l'en dit :

Savoir faisons que nous eüe considéracion aux choses dessus dictes, et les grans charges que nostre peuple a souffert et seuffre tant pour occasion de noz guerres et pour les aydes qui ont cours en nostre royaume, comme autrement, voulans aussi ramener les choses où elles doivent demourer, avons pour certaines causes, justes et raisonnables, par délibéracion de nostre conseil, ORDONNÉ et ordonnons par ces présentes, que quelconque officier que nous ayons fait conseiller, chambellan, maistre des requestes, maistre d'ostel, secrétaire, notaire, panetier, eschançon, escuïer d'escuirie, varlet tranchant, huissier ou sergent d'armes, varlet de chambre, ou autre officier de quelque estat qu'il soit, s'il n'est du vrai nombre et ordonnance, et de ceulx retenuz à gaiges ordinaires et ordonnez pour nous servir, ne joyra doresenavant d'aucun previlege, liberté ou franchise qui apartiengne à son office, ne ne sera franc à nostre grant séel ne aux séaulx royaux, ne aussi aux péages, coustumes et travers de nostredit royaume; mais paiera chascun son devoir comme s'il n'estoit point nostre officier; et oultre, s'ils sont convenuz devant juge compétant, tenuz seront d'y respondre, et s'il veulent faire convenir ou approucher aucun auxdictes requestes de nostre palais, par vertu de quelzconques lettres obtenuës ou à obtenir de nous ou de

(1) Ce mot signifie *favoriser, protéger, défendre.* (Secousse.)

nostre court, faire ne le pourront, mais en demourra la congnoissance devant les juges ordinaires.

Sy donnons en mandement par ces présentes à nos amez et féaulx nostre chancelier, les gens de nostre parlement et de noz comptes, l'audiencier et controlleur de nostre audience, et à tous noz autres officiers et à chascun d'eulx, si comme à luy appartendra, que nostre ordonnance ilz facent enregistrer, publier et signifier partout où il verront que mestier sera, et la gardent et tiengnent et facent tenir et garder sans enfraindre de point en point, selon sa forme et teneur. En tesmoing de ce, nous avons fait mectre nostre séel à ces présentes lettres.

Donné à Paris, le XVIe jour de janvier, l'an de grace MCCCLXXXVI, et de notre regne le VIIe. Par le Roy, présens MM. les ducs de Berry et de Bourgogne, et le Conseil.

N°. 95. — LETTRES *sur la réformation et l'amendement des finances.*

Paris, 24 janvier 1386. (C. L. XII, 149.)

N° 96. — LETTRES *portant que les généraux des aides, chargés de recevoir les amendes et profits de justice, ne vérifieront les lettres de don qu'en présence du grand conseil du Roi.*

Paris, 24 janvier 1386. (C. L. VII, 761.)

N°. 97. — LETTRES *portant révocation des dons et autres aliénations du domaine, et réglement sur l'emploi et distribution des deniers du domaine.*

Paris, 24 janvier 1386. (C. L. XII, 149.)

N°. 98. — ARRÊT *du parlement de Paris, qui ordonne le duel judiciaire sur une accusation d'adultère* (1).

Paris, 1386. (Henrion de Pansey. Aut. jud., 46.)

---

(1) L'accusation était intentée contre Jacques Legris par Jean de Carouge, son voisin, tous deux habitans de Paris. Le combat eut lieu le jour de Saint-Thomas 1386, près l'abbaye Saint-Martin-des-Champs, Jacques Legris fut tué. *Joannes Gallus* (Jean Lecoq), qui rapporte cet arrêt dans son Recueil des

N°. 99. — PROCÈS-VERBAL *de la séance du parlement, où l'on procède au jugement de Charles* II, *Roi de Navarre* (1), *accusé du crime de lèse-majesté, en présence du Roi et des pairs.*

(Paris, 2 mars 1386. (Registres du parlement, preuves du Mémoire des pairs, p. 628.)

Le samedi 2e jour de mars 1386, fut le Roy nostre sire en son parlement, en sa majesté royalle, présent le roy d'Arménie (2), Mr. le duc de Bourgongne, monsieur le duc de Touraine, messieurs les evesques de Laon, de Beauvais et de Noyon, pairs de France, le comte de Nevers, Mre Charles de Bar, le seigneur d'Albret, les evesques de Meaux, de Thérouenne et du Mans, les abbez de Saint-Denis en France, de Saint-Martin de Troye, de Saint-Magloire de Paris, un abbé de Piedmond et plusieurs autres clercs, chevaliers et autres conseillers du Roy.

Et avant que le procureur du Roy ait fait aucune requeste, les pairs ont exposé au Roy, par la bouche de monsieur le *duc de Bourgongne, doyen des pairs,* que, au vivant du feu Roy Charles,

---

arrêts rendus pendant le 14e siècle, était conseil de l'un des accusés, et fut témoin du combat. Ses ouvrages annoncent un homme de beaucoup de sens, et cependant il croyait que Dieu intervenait dans ces combats pour la manifestation de la vérité. En effet, après avoir rendu compte de la manière dont Jacques Legris fut tué, il ajoute : *Habeo scrupulum quòd fuerit Dei vindictâ, et sic pluribus visum fuit qui duellum viderunt.* Jean Lecoq s'était trompé; Legris fut reconnu innocent, par le témoignage même de l'auteur du crime, qui le déclara en mourant. *V.* Hen. Abr. chr., et Henrion de Pansey, Aut. jud. Ce dernier auteur dit qu'il ne connaît pas d'arrêt postérieur qui ait ordonné le duel judiciaire. *V.* Blackstone, liv. 4, ch. 33, n° 4. (Decrusy.)

(1) Il était mort le 1er janvier 1386. La cour feignit de l'ignorer; le procès ne fut commencé que deux mois après; mais on n'en voulait qu'à ses terres, et obliger ses enfans à composition. On conclut contre lui à fin civile. L'avocat du Roi, en commençant son discours, dit qu'il était paoureux et peu suffisant; il s'écria, dès le début, *ah! ah! je ne sais parler.* Son discours fut d'une longueur démesurée; il soutint que, d'après les lois féodales, on pouvait procéder pour félonie même après le décès du vassal. Après l'avocat du Roi, l'avocat *criminel* fit un résumé, et donna ses conclusions par écrit. L'affaire n'eut pas de suite; on n'avait dessein que d'amener les enfans du Roi de Navarre à se contenter d'un équivalent pour les domaines qui étaient dans la main du Roi. (Isambert.)

(2) A quel titre le Roi d'Arménie était-il au nombre des juges? (Decrusy.)

nostre sire, dernierement trespassé, que l'en fist le procès contre le duc de Bretagne, auquel furent adjournés les pairs; iceux pairs maintiendrent devant le Roy que à eux appartenoit la decision, determination et jugement de la cause, requerans qu'ainsi fust declaré, ou qu'ils eussent lettres que si le Roy determinoit la cause et donnoit jugement et arrest qu'ils eussent lettres, que ce fust sans leur prejudice, et que par ce aucun nouvel droit ne fust acquis au Roy; laquelle lettre, si comme ils disoient, leur fust octroyée, mais elle ne fust oncques faite, et de ce, si comme ils affirmoient, se recordoient le cardinal de Laon, monsieur d'Orgemont, chancelier du Dauphiné, Mre Arnaud de Corbie, le sieur de la Riviere, Mr Estienne de la Grange, et pour ce requeroient avoir lettres semblables pour cette fois, autrement ils se departiroient.

Et pour ce qu'autrefois et nagueres depuis quinze jours en ça ledit monsieur le duc de Bourgongne avoit parlé d'avoir lesdites lettres, et pour cette cause entre les autres, Mre Amaury d'Orgemont avoit parlé à monsieur le chancelier, icelui M^r^ le chancelier avoit fait assembler grant conseil par deux journées, l'une en son hostel, l'autre en parlement. Et oye la relation de plusieurs grands, sages et vaillans seigneurs du grand conseil du Roy notre sire, fut déliberé que lettre seroit faite de la datte du jour que le Roy seroit en parlement faisant narration du fait de Bretagne, et de la lettre requise et commandée, comme lesdits sages et conseillers du Roy l'avoient relaté, et aussi faisant narration du faict du Roy de Navarre.

Après la requeste faite *par mondit sieur le duc de Bourgogne, doyen des pairs, pour tous les autres pairs,* le Roy m'en a commandée certaine lettre qui sera monstrée où il appartiendra, et baillée aux pairs, et aussi au procureur du Roy, se il lui semble qu'elle doye profiter ou valoir au Roy.

Pairs presens.

Laïcs. MM. le duc de Bourgongne, le duc de Touraine.

Clercs. L'évesque de Laon, duc; l'évesque de Beauvais, comte; l'évesque de Noyon, comte.

Pairs absens.

Laïcs. Le duc de Berry, la duchesse d'Orléans, le duc de Bourbon, le comte d'Alençon, le duc de Bretagne et le comte d'Estampes.

Clercs. L'archevesque de Rheims, duc; l'évesque de Langres, duc; l'évesque de Chaalons, comte.

Le procureur du Roy a dit que messire Charles, Roy de Navarre, a esté adjourné à comparoir en personne devant le Roy nostre sire, à la requeste de son procureur, pour certains crimes de leze majesté et autres, et requiert le procureur du Roy avoir defaut, ou *comparuit* contre le Roy de Navarre.

Et le Roy l'a fait appeller par Robert Chaures, premier huissier du parlement, presens Me Pierre de Chantepenne, maistre Jacques de Ruilly, conseillers du Roy, maistre Jean de Cessières, maistre Nicolas de Lespoisse et le lieutenant du prevost de Paris pour l'absence du prevost.

Et a été rapporté au Roy nostre dit seigneur par ledit Robert, qu'il avoit appellé ledit Mre Charles, roy de Navarre, à l'huys de la chambre du parlement, à la Table de marbre, au perron et à la grande porte du Palais, et qu'il ni estoit pas, ne autres pour lui, et le procureur du Roy a requis avoir defaut, ou *comparuit.*

Et le Roy a dit par la bouche de Mre Estienne de la Grange, qu'il avoit faict adjourner tous les pairs, dont les aucuns estoient presens, et les autres s'estoient suffisamment excusez, et *tennoit sa Cour suffisamment garnie* pour procéder en cette matiere, et fut enjoint au procureur du Roy, qu'il fist dire et proposer ce que bon lui sembleroit.

Ce fait le procureur du Roy dit que le Roy de Navarre fut né de ce royaume et fut comte d'Evreux, qu'il tenoit en pairie du Roy et de ses prédécesseurs, et a eu des honneurs en ce royaume, et luy donna le Roy Jean sa fille, et pareillement luy en a fait le Roy Charles, et si a commis crime de leze majesté. Et pour ce le Roy Charles procéda à faire abattre ses chasteaux, le procureur du Roy n'a pu plus endurer et dit que le Roy de Navarre est adjourné à la requeste du procureur du Roy pour les cas contenus ès lettres, auxquelles il se rapporte. Et dit qu'il ne convenoit la faire évoquer le Roy de Navarre, car les cas sont notoires; et neantmoins le Roy nostre sire, qui veut benignement proceder, l'a fait adjourner, et baillera le procureur du Roy par écrit les faicts et le profit qu'il en requiert, et dict que sans autre évocation, le Roy doit adjuger le profit, et ainsi fut faict contre le duc de Bretagne, et tout a fin civile, et allegua raison, usage, stile et coustume. Appointé est que le Roy verra l'adjournement du procureur du Roy et la relation des commis à exécuter ledit adjournement et profit que le procureur du Roy requiert, qu'il baillera par escrit le tout ce dont il se voudra aider en cette matiere, et aura le Roy son advis quel exploict il donnera à son procureur, et demande defaut le procureur du Roy, si le roy de Navarre est en vie, et s'il est mort, il demande *comparuit*, et de ce tel profit qu'il baillera par escrit, comme dit est.

N°. 100. — Mandement *portant defense d'évoquer aucune cause temporelle en cour de Rome.*

Paris, 13 mai 1387. (C. L. XII, 152.)

Karolus, etc. Consules et habitantes villæ Lugduni nobis graviter sunt conquesti, quòd licet secundùm instructiones et ordinationes regias super hoc editas, aliquis extra bailliviam aut senescalliam in qua degit trahi non debeat sive possit, nihilominùs nonnulli prælati et aliæ personæ ecclesiasticæ in Romana curia et alibi commorantes, dictos conquerentes aut eorum aliquos in curia Romana coram auditoribus et aliis judicibus et officiariis ipsius Romanæ curiæ extra regnum nostrum evocatis processibus involvi, et excommunicationum sententiis innodari, pro causis de quibus cognitio ad judices nostros sæculares dignoscitur pertinere, fecerunt et procurarunt et adhùc faciunt et procurant indebitè, injustè et in ipsorum habitantium gravamen, curiæque nostræ temporalis præjudicium non modicum, sicut dicunt, supplicantes per nos eis super hoc de opportuno remedio provideri.

Quapropter vobis præcipimus et mandamus quatenus dictis prælatis et aliis personis ecclesiasticis de quibus expediet et fueritis requisiti, ex parte nostra inhibeatis aut faciatis inhiberi, ne dictos consules et habitantes Lugduni, aut eorum alterum, in Romana curia aut alibi, coram auditoribus et aliis judicibus ecclesiasticis, pro causis de quibus cognitio ad judices nostros temporales et non ad alios debet pertinere, evocari, processibus involvi aut excommunicationum sententiis innodari faciant aut procurent, vosque id fieri non permittatis; sed ipsos prælatos et alias personas ecclesiasticas ad revocandum et annullandum seu revocari faciendum eorum sumptibus et expensis, si quid in contrarium factum fuerit, per juris remedia opportuna et in talibus assueta, vocatis evocandis, compellatis aut faciatis indilatè compelli, in casu oppositionis ministrantes inter partes, ipsis auditis, celeris justitiæ complementum; impetrationibus subrepticicis ad hoc contrariis non obstantibus quibuscumque.

N°. 101. — ORDONNANCE *portant que tous juifs régnicoles seront tenus des redevances stipulées au profit du Roi, et qu'ils contribueront aux dépenses relatives à l'intérêt commun* (1).

Paris, juillet 1387. (C. L. VII, 169.)

CHARLES, etc. Ysaac Christofle et Vivant de Montréal, juifs demourans à Paris, pour et ou nom et comme procureurs des autres juifs et juives demourans en nostre dicte ville de Paris, et ailleurs, en nostre royaume, en la Languedoil, nous ont très-humblement exposé, que comme puis nostre couronnement, ilz aient esté pillez et robez en nostre dicte ville de Paris, et en aucunes autres villes, de toutes leurs chevances, tant d'or, d'argent, de joyaulz, et autres meubles, comme de leurs lettres et obligacions en quoy leurs créanciers estoient tenuz à eulz; et aient esté leurs peres, meres, femmes, enfans, et autres leurs parens, tuez et mis à mort par la commocion du peuple, qui a esté en ladicte ville, et ailleurs, parquoy ilz sont moult diminuez en nombre de personnes, et du tout désers de leurs facultez et chevances; et néantmoins, comme ceulz qui de tout leur cuer et entencion, ont vray propos et volenté de demourer soubz nous et en nostre royaume, plus que soubz quelconque autre prince terrien, ont tousjours obéy à ce que commandé et ordené leur avons; et nous ont toûjours payé ce qu'ilz nous doivent de ordenance, pour leur demeure en nostre dit royaume; et avec ce, nous ont paié puis ladicte commocion, pluseurs grans sommes de deniers, tant pour noz armées de la mer, comme autrement; et encores convient qu'ilz facent finance d'une somme d'argent présentement, qui leur est moult grant et grosse, et qui du tout

---

(1) Ce principe existe encore, et il y a une disposition à ce sujet dans les lois de finances, et dans l'ordon. de septembre 1823, quant aux frais du culte; à l'égard de leurs anciennes dettes, une ordon. du 24 décembre 1817, non publiée au Bulletin des lois, mais insérée au Recueil complet, année 1822, p. 538, avait adopté, pour le recouvrement, un mode semblable à celui établi dans l'ordon. de 1387. C'est pourquoi nous en donnons le texte. (Isambert.)

les met ou mettra à povreté, ne ja plus ne pourront avoir ressourse ne vivre soubz nous et en nostre royaume, en ladicte Languedoil, se par nous ne leur est sur ce impartie et eslargie nostre grace et miséricorde; en nous suppliant très-humblement que d'icelle leur veuillons pourveoir :

Pourquoy nous, euë considéracion à ce que dit est, et que les autres juifs et juives demourans ès autres parties de nostre dit royaume, tant en nostre pais de Languedoc, comme ailleurs, sont d'une mesme secte, condicion et estat, et que les diz juifs de nostre dicte ville de Paris et de la Languedoil, sont ceulz qui procurent leurs priviléges et causes, et qui ont le nom et la charge pour touz les autres; considéré aussi la bonne obéissance que nous avons trouvée en eulz, et la grant povreté et petit nombre de feux où ilz sont : voulans sur ce pourveoir, par bon et certain avis, et par l'ordenance et du consentement et accort de nostre très-cher et très-amé oncle le duc de Berry et d'Auvergne (1), nostre lieutenant ès diz pais, et en nostre pais de Languedoc, avons voulu et ordené, et par ces présentes de nostre grace espécial, plaine puissance et auctorité royal, voulons et ORDENONS, que d'oresenavant et dès maintenant jusques à dix ans, à compter du jour de la date de ces présentes, tous les juifs et juives demourans en nostre dit pais de Languedoc, contribueront à toutes les tailles, sommes de deniers et charges quelconques que nous leur demanderons pour nous, ou ferons demander par noz très-chers et très-amez oncles et lieuxtenans, pour noz affaires; et aussi à toutes les despenses qu'ilz feront et soustendront, tant pour leurs privileges avoir, comme pour autres choses quelconques, qui toucheront la demourance ou autre fait commun entr'eulz, ores ou pour ledit temps de dix ans à venir, avec lesdits juifs et juives de la Languedoil, supposé que nous ou autres ne les demandassent, fors à ceulz de la Languedoil; et monstreront et manifesteront leurs facultez et chevances, les uns aux autres, et aussi contribueront ceulz de la Languedoil, avec ceulz de la Languedoc, par semblable maniere, et que ceulz qui contraindront ou seront commis à contraindre ceulz de la Languedoil, contraindront

---

(1) Ainsi ce prince, malgré sa vice-royauté, qui lui donnait l'exercice des droits régaliens, soumettait ses actes à l'homologation du gouvernement. (Isambert.)

et auront povoir de contraindre ceulz de la Languedoc, et tout par une mesme et semblable maniere, durant ledit temps; mesmement qu'ilz sont touz d'une loy et d'un corps et communauté, comme dit est. Si donnons en mandement, en commettant, se mestier est, à nostre prevost de Paris, et à touz noz autres justiciers et officiers, présens et avenir, ou à leurs lieuxtenans, et à chascun d'eulz, si comme à lui appartendra, que de nostre présente grace et octroy, ilz facent, laissent et sueffrent lesdiz juifs et juives, et chascun d'eulz, doresenavant, plainement et paisiblement joir et user durant les dix ans dessuz diz, sans les traveiller, molester ou empeschier, ores ou autresfoiz, en aucune maniere au contraire; et s'aucun d'eulz estoit de ce refusant, contredisant ou en demeure, ou qu'il voulsissent en aucune maniere enfraindre nostre présente ordenance, les y contraignent viguereusement et sanz déport, par prise de corps, venduë et explectacion de biens, et par toutes autres voyes et manieres acoustumées de faire pour noz propres debtes, en tel cas. Et en oultre, voulons et nous plaist d'abondant grace, que au *vidimus* de ces lettres, fait soubz le séel de nostre Chastellet de Paris, foy soit adjoustée comme à l'original. Et que ce soit ferme chose et estable à tousjours, durant les dix ans dessuz diz, nous avons fait mettre nostre séel à ces lettres : sauf en autres choses nostre droit, et l'autrui en toutes. Donné à Paris, etc.

Par le Roy, à la relacion de mons. le duc de Berry, mess. l'evesque de Poitiers, le conte de Sancerre, et autres du conseil, présens.

N°. 102. — LETTRES *qui permettent aux juifs de poursuivre leurs débiteurs, nonobstant toutes lettres de répit, à l'exception de ceux qui servent dans les troupes du Roi, et tant qu'ils y seront* (1).

Paris, juillet 1387. (C. L. VII, 170.)

---

(1) C'est le privilège des défenseurs de la patrie. Loi du 6 brumaire an 5, art. 2. (Isambert.)

N°. 103. — LETTRES *portant que, pendant dix ans, les juifs ne pourront être condamnés à l'amende pour avoir exigé l'intérêt des intérêts* (1).

Paris, juillet 1387. (C. L. VII, 171.)

N° 104. — LETTRES *portant que les aumônes et les fiefs seront payés sur le trésor royal, de préférence aux assignations.*

Beauvais, 25 septembre 1387. (C. L. VII. 172.)

N°. 105. — ORDONNANCE *portant réduction des officiers royaux, et désignation de ceux qui resteront en charge, non compris ceux de la chambre des comptes* (2).

Château du Louvre, 9 février 1387. (C. L. VII, 174.)

N°. 106. — LETTRES *portant défenses aux concierges, maîtres des œuvres, et autres, de s'approprier les matériaux des démolitions des maisons royales, nonobstant ordonnances et coutumes contraires.*

Paris, penultième février 1387. (C. L. XII, 1561.)

N°. 107. — ORDONNANCE *portant abolition de divers impôts, établissement d'une aide en forme de taille, pour la guerre avec l'Angleterre, et réglement pour les gens de guerre et pour la garde des forteresses* (3).

Paris, 25 mai 1388. (C. L. VII, 186.)

CHARLES, etc. Pour relever aucunement nos subgiez des griefs et oppressions qu'ils ont euz et soustenuz au tems passé pour le fait de noz guerres en plusieurs manieres, nous par l'advis et

---

(1) *V.* la loi Cod. 28, *De usuris*; l'ord. de juillet 1311, art. 4; celle de 1673, tit. 6, art. 1 et 2, et l'art. 1154 du Code civil. C'est l'anatocisme. (Isambert.)

(2) Le parlement n'est pas compris dans cette épuration; les charges n'étaient point encore inamovibles. *V.* ci-après, l'ord. de 1467. (*Idem.*)

(3) Il est fait, en cette ordonnance, mention de l'établissement de commissaires des guerres. (Decrusy.)

délibéracion de noz très-chiers et très-amez oncles les ducs de Berry, de Bourgoigne et de Bourbonnois, et plusieurs autres de nostre sanc et de nostre grant Conseil,

Avons ORDENNÉ que les vint frans d'or que ou mois de janvier derrenierement passé, avons ordenné estre mis de creuë sur chascun muy de sel, oultre autres vint frans que nous y prenions paravant, soïent dès maintenant ostez et les ostons, et voulons que nous ne prenions que vint frans pour muy de sel, comme nous faisions paravant; et semblablement voulons que les six deniers pour livre que nous avions ordennez estre mis sus, oultre les douze deniers pour livre que nous prenions d'imposicion sur toutes denrées venduës en nostre royaume, cessent à la Chandeleur prouchainement venant; et dès maintenant pour lors les ostons; et plus tost les feissions cesser; mais bonnement ne pouvons pour ce que les fermes en sont ja bailléез à durer jusques alors;

Aussi nous avons ordenné pour relever noz diz subgiez, que pour que les gens d'armes que nous avons mandez par plusieurs foiz venir à noz mandemens, lesquelz ont prinz à leur venuë et retour touz vivres sur le plat-païs de nostredit royaume, pillé et robé, et faiz plusieurs autres crimes et malefices, et se sont mis ensemble par plusieurs foiz par maniere de *compaignies* (1), entant que les aides qui estoient et sont ordennez pour la deffense de nostredit royaume, nos diz subgiez n'on peu, ne pevent païer sanz grant contrainte, qui grandement leur a grevé et greve, que les capitaines, gens d'armes, archiers et arbalestriers que nous avons mandez et manderons pour nous venir servir en noz guerres, ne prengnent aucune chose sur noz diz subgiez, senz païer prestement tout ce qu'il prendront, soïent vivres ou autres choses; et aussi ne se mettent ensemble par maniere de compaignie ne autrement, s'ilz n'ont adveu et retenuë de nous, de noz oncles, ou d'autres capitaines à ce commis et députez de par nous; et ou cas qu'il feroient le contraire, nous avons ordenné et ordonnons que par voïe de fait de force d'armes, l'en y résiste, et qu'il soïent pugnis en corps et en biens comme de raison sera; et pour ces choses mettre à exécucion, avons mandé et commis

(1) Je crois que cet endroit, qui peut-être est corrompu, signifie que le peuple, chargé d'aides, ne peut encore fournir gratuitement des vivres aux gens d'armes. (Secousse.)

par noz autres lettres à chascun bailli de nostre royaume, et à autres commissaires que nous y avons ordennez avec eulx, que ces choses acomplissent par force d'armes et autrement, comme au cas appartendra;

Et d'autre part considerans les grans griefs et oppressions que noz diz subgiez ont souffers et soustenuz ou temps passé par le fait des guez des chasteaulx et forteresses de nostre royaume, dont plusieurs sont loing de frontieres; desquelz guez les capitaines des diz chasteaulx et forteresses ont contrains à composer à eulx et contraingnent de jour en jour les habitans des villes et villages de leurs chastellenies et destroiz, à leurs singuliers prouffiz, combien qu'il n'en ait esté, ne soit aucune neccessité, par especial de ceulx qui sont loing de frontières, dont nos diz subgiez ont esté moult grevez ou temps passé; desirans les relever des diz griefs, avons ordenné et ordennons par le conseil et déliberacion dessus diz, que considéré et regardé soit quel guet fauldroit, et combien de personnes en chascun des diz chasteaulx et forteresses, une fois plus, l'autre moins, selon ce que les perilz seroient plus grans ou moindres; et que yceulx soïent ordennez et prins par les justices des lieux ès chastellenies et destroiz des diz chasteaulx et forteresses, se ilz y pevent estre trouvez bons et souffisans; et se non, qu'ils soïent prins autre part, et y facent le guet chascune nuyt senz faillir; et pour païer leurs gaiges ou salaires, que touz ceulx de la chastellerie et aussi les autres des destroiz des dictes forteresses, aïans plus promptement refuge pour leurs corps et leurs biens en yceulx chasteaulx que en autres, en cas de peril émynent, y contribuēnt égalment chascun selon sa faculté; et que tout ce qui en sera levé, soit baillé ès mains de personnes souffisans autres que aus diz capitaines et chastellains des diz chasteaulx et forteresses, qui en païeront les diz gaiges et salaires aus diz gaiteurs; et que les chastellains, capitaines et gardes dessus diz, soïent contens de leurs gaiges qu'il prennent à cause de leurs offices; lesquelz gaiges sont et doivent estre plus grans ès chasteaulx qui sont en païs de frontieres, que ès autres; et pour ce mettre à effect, avons mandé et commis par noz lettres ouvertes aus baillifs de nostre royaume, et à certains autres commis avec eulx en chascun bailliage, desquelz avons pleine confience, que ilz se transportent sur les lieux, et se enforment des choses dessus dictes, et y pourvoïent selon nostre présente ordennance;

Et comme nous aïons à supporter grans frais et charges pour la deffense de nostre dit peuple, et pour obvier aus malices de noz ennemis qui détiennent plusieurs chasteaulx et forteresses en plusieurs parties de nostre royaume, comme en Picardie, Normandie, Bretaigne, Xantonge, Pierregort, Quersin, Lymosin, Auvergne, en Languedoc et duchié de Guienne; et avecques ce, ayons de nouvel entendu et de ce sommes adcertenez, que noz diz ennemis font une grant armée en Angleterre, et aussi le duc de Lancastre en Guienne, pour entrer en certaines parties de nostre royaume à grant effort et puissance, ausquelz nous convient résister par mer et par terre, à grans frais et missions, pour la deffense et seurté de nostre peuple; et le demourant de noz dictes aides ne pourroit à ce souffire, ne ne les pourrions supporter du nostre senz l'aide de noz diz subgiez;

Nous, pour eschever greigneurs griefs et dommaiges de noz diz subgiez et de nostre royaume, et pour plus efforcéement résister à noz diz ennemis, avons ordenné et ordennons par le conseil et délibéracion dessus diz, une aide par maniere de taille, pour une foiz estre levée sur noz diz subgiez, laquelle pour eschever greigneur grief de noz diz subgiez, avons ordenné estre levée à trois termes; c'est assavoir, en la fin du prouchain mois de juing, le tiers; dedans la fin du mois de septembre, le second tiers; et dedenz Noël ensuivant, le demourant; à laquelle taille voulons et ordennons que touz contribuënt, soïent noz officiers ou de noz diz oncles, et autres quelzconques; excepté nobles extrais de noble lignée, non marchandans et fréquantans les armes, et ceulx de celle condicion qui ou temps passé ont frequanté les armes, et de présent sont en tel estat par bleceures, maladies ou grant aage, que plus ne les pevent fréquanter; et aussi excepté gens d'eglise, bénéficiez et povres mandiens; et voulons que tout le prouffit et émolument de ladicte aide, soit converti en la garde et defense de noz diz subgiez, et ou fait de la guerre, et non ailleurs, par l'ordennance de certains prodommes que sur ce avons ordennez, senz ce que aucun don ou grace en soïent faiz par nous ou autres de quelconque estat ou auctorité qu'il soïent, soit par importunité de requerans ou autrement, se ce n'est tant seulement pour le fait de la guerre, et non ailleurs, comme dit est; et ou cas que par importunité de requérans ou autrement, aucuns noz officiers ou autres auroient sur ce obtenües de nous aucunes lettres de graces ou dons, nous voulons qu'il n'y soit obéy en aucune maniere; laquelle aide sera mise sus, cuillie et levée par certains commissaires par nous sur ce ordennez par nos autres lettres, ès mettes de chascune recepte desdictes aides, le plus également que faire se pourra selon les facultez d'un chascun; lesquelz feront aus parties sur les débas, s'aucuns naissent pour ce, accomplissement de justice; et en cas d'appel, voulons que la congnoissance en appartiengne à nos amez et féaulx les generaulx-conseillers sur le fait des aides de nos guerres, et non à autres quelconques.

Sy donnons en mandement à noz diz conseillers, que ès causes qui vendront pardevant eulx ès diz cas d'appel, facent sommierement et de plain par voye de refformacion et autrement, bon et brief accomplissement de justice; et à nos amez et féaulx gens de noz Comptes à Paris, que s'aucuns des deniers d'icelle aide estoient tournez ou convertiz autre part que ou fait de la guerre, comme dit est, ilz rayent ès comptes ou compte des receveurs general ou particuliers qui païez les auront, à recouvrez sur ceulx sur qui ilz devront estre recouvrez pour raison : Mandons aussi à noz amez et féaulx conseilliers les gens de nostre parlement, que desdictes causes d'appel aucunes ne reçoivent et ne s'en entremettent : à noz dictes gens des comptes et generaulx-conseilliers, et à touz noz seneschaulx, baillifs et autres justiciers de nostre royaume, et autres à qui il appartendra, que nostre présente ordonnance facent crier et publier partout où ilz verront que expédient sera, si que nul ne s'en puisse excuser d'ignorance, et les choses dessus dictes mettent à exécution, si comme à chacun d'eux appartendra.

Donné à Paris, etc.

N°. 108. — Lettres *faisant défenses aux officiers du Roi d'acheter des rentes ou héritages de son domaine.*

Paris, 21 juin 1388. (C. L. XII, 158.)

N°. 109. — Lettres *portant défenses de faire rébellion aux officiers de justice dans l'exercice de leurs fonctions, et ordre à toutes personnes de prêter main-forte.*

Paris, 2 juillet 1388. (C. L. VII, 197.) Publié par trois fois.

Charles etc. Au prevost de Paris et à touz nos seneschaux, baillis, gouverneurs de bailliages, et autres prevosts et justiciers, ou à leurs lieuxtenans : Salut.

Comme il soit venu à nostre congnoissance par la dénonciacion et grief complainte de nostre procureur general, et autres de noz gens et officiers, que en nostre bonne ville de Paris, et ailleurs en pluseurs parties, villes et lieux de nostre royaume, ont esté ou temps passé et sont encore de jour en jour commis et perpétrez plusieurs crimes, excez, maléfices et deliz; et que moult de foiz et souvent est advenu et advient quant aucuns de nos officiers ou commissaires, procureurs, leurs substituts, huissiers de nostre parlement, sergens et autres, ont fait ou voulu faire aucunes prises ou emprisonnemens de personnes, et les admener à justice, pour ester à droit et recevoir punicion de leurs meffaiz; et aussi prendre, arrêter et saisir par vertu des arrests de nostredit parlement, sentences, jugemens, condempnacions, obligations ou autrement, aucunes terres, heritages et biens, et aucunefoiz les personnes, quand les cas le requeroient, ou faire adjournemens, exécutions ou autres exploiz de justice, plusieurs rebellions, contradicions, empeschemens et désobéissances leur ont esté faites; et qui pis est, plusieurs de noz diz officiers, procureurs et sergens, en faisant et exerçant leurs diz offices et exploiz, et autrement, en hayne et ou contempt d'iceulx, ont esté grandement injuriez et villenez, et très-énormement batus, mutilez et navrez, et les aucuns mors et occis; et pour ce que punicion n'en a esté faite si comme il appartenoit, plusieurs se sont abandonnez et encores abandonnent et efforcent chascun jour de perseverer en telles et greigneurs rebellions et desobéissance contre noz diz officiers, par quoy le bien de justice en a été souvent empeschiez et retardez; lesquelles choses sont de mauvais exemple, et ont esté faites en grant esclande et lésion de justice, et en mesprenant et offendant en moult de manieres contre nostre souveraineté et royal majesté, et ou dommage et préjudice de noz subgez, dont il nous desplait forment, et non sanz cause;

Nous considéré ce que dit est, desirans de tout notre cuer provision estre mise sur ces choses, et obvier aux périlz, dommages et inconvéniens qui pour occasion de ce se sont ensuis et pourroient encores plus faire ou temps avenir, se remede n'y estoit mis, eue sur ce grant et meure déliberation avecques noz très-chiers et très-amez oncles les ducs de Berry, de Bourgoigne et de Bourbon, et plusieurs de nostre sanc et autres de notre conseil, voulons et ordennons, et par ces présentes vous MANDONS, commandons et estroictement enjoingnons, et à chacun de vous, si comme à lui appartendra, et se mestier est commettons, que vous commandez ès termes et mettes de vos juridicions, et faites commander, crier et publier solennelment de par nous, chascun en sa seneschaucie, bailliage, prevosté, juridicion et ressors, par les cités et villes notables de nostre royaume, ès lieux accoustumez à faire criz, et en voz plaiz, par chascun an, et en chascune de vos assises,

Que toutes manieres de gens de quelque estat et auctorité qu'ilz soïent, tant nobles comme autres, sur quanques ilz se pevent meffaire envers nous en corps et en biens, et sur paine d'encourre nostre indignacion, prestent et facent d'oresenavant bonne obéissance à touz noz justiciers, commissaires, procureurs, substituz, huissiers, sergens et autres officiers de justice, en exerçant leurs offices et en faisant lesdictes prises, emprisonnemens, arrests, exécucions et autres exploiz, sanz leur desobeir ou meffaire, ne attempter contre eulx de parole ne de fait en aucune maniere; et s'il ont mestier d'aide en faisant leurs diz offices, ou que aucunes rebellions, desobéissances ou injures leur soïent faites ou dictes, et il appellent à nostre aide ou requierent le secours et confort d'aucun de noz subgez, soïent nobles ou autres personnes, ou qu'il leur appere voirsemblalement qu'il en aïent mestier, supposé que pas ne les en requeissent, pour doubte et péril de leurs corps ou pour autres causes, qu'il secourent noz diz officiers, commissaires, procureurs, sustitus, huissiers et sergens, et leur prestent aide, conseil et confort par toutes les voïes et manieres qu'il pourront, soit à armes ou autrement, sur les paines dessus dictes, et facent tant que la force en soit nostre et à noz diz officiers, et qu'il puissent leurs prises, emprisonnemenz, exécucions et autres exploiz faire et parfaire, et les malfaiteurs admener à justice pour ester à droit sur ce, et estre puniz si comme au cas appartendra;

Et afin qu'il aïent moins cause de doubter et se y exposer plus voulentiers, nous créons et establissons quant à ce dès maintenant pour lors, noz commissaires et officiers, ceulx qui en ces choses presteront aide et confort à noz diz officiers, procureurs, substitus, huissiers et sergens, en ycelles faisans, et les prenons et mettons en nostre proteccion et sauvegarde espécial au regard de ceulx contre qui il feront ledit aide, et contre eulx, leurs amis, aliez et complices, et generalement contre touz autres, en tant qu'il pourra touchier et avoir regard aus cas et exploiz dessus diz, en deffendant par ces présentes sur les paines dessus dictes à tous, que pour cause de ce ne leur meffacent ne portent dommage en corps ne en biens en aucune maniere; et neantmoins tous ceulx que par informacion vous trouverez coulpables d'avoir ou temps passé depuis que nous venismes au gouvernement de nostre royaume, commis et perpetré teles et semblables rebellions, injures et desobéissances, et qui d'oresenavant y encherront;

Et aussi ceulx qui seront en demeure, reffusans ou délaïans à obéir et prester aide et confort à noz dix officiers, procureurs, substitus, huissiers et sergens, en faisans leurs diz offices et exploiz, comme dit est dessus, et qui présumeront d'entreprendre ou attempter aucune chose contre nostre présente ordennance et voulenté, et de obtemperer et obéir à ycelle, punissiez tellement, corporelment ou autrement, que autres y prengnent exemple;

Et se les personnes qui auroient commis ou commettroient lesdictes desobéissances, excez ou injures contre noz diz officiers, sont ou estoient de tel estat, auctorité ou puissance, que vous ne peussiez ou osissiez pour cause de ce proceder contre eulx, ne en faire justice ne punicion selon l'exigence des cas; ou que l'en voulsist maintenir que à vous pour aucuns privilleges ou prérogatives qu'ilz eussent, n'en appartenist la congnoissance, sy envoyez chascun en droit soy les informacions que faites aurez sur ce, féablement closes et séellées pardevers nos amez et féaulx conseillers les gens de nostredit parlement, ausquelz nous mandons et commandons que ycelles veuës, ilz y pourvoïent de tel remede de justice comme ilz verront que les cas le requerront et qu'il appartendra à faire par raison; sachans que se vous ou aucun de vous estes deffaillans, remis ou negligens d'enteriner, garder et accomplir les choses dessus dictes ou aucunnes d'icelles, en tant que à chascun de vous en appartendra, nous vous en ferons punir griefment, tant par privacions de vos offices comme autrement; et voulons et commandons à nostre procureur general qu'il en face contre vous poursuite et partie sanz faveur ne deport aucun.

En tesmoing de ce, nous avons fait mettre nostre séel à ces lettres données à Paris, le second jour de juillet, l'an de grace M. CCC. III.XX et huit, et le VIIIe de nostre regne.

Ainsi signées en la marge. Par le Roy, en son grant conseil; MM. les ducs de Berry, de Bourgogne et de Bourbon, vous (1),

(1) Le chancelier de France.

MM. Arnault de Corbie, le chancelier de Bourgogne, messire Amaury, d'Orgemont, et plusieurs autres, présens.

Publié souffisamment ès lieux acoustumez à faire criz à Paris, et aussi en plusieurs autres lieux, par Jehan le Maire, crieur du Roy nostre S. le jeudi 23ᵉ jour de juillet. Publié souffisamment pour la seconde foiz, le samedi 25ᵉ jour dudit mois de juillet ensuivant, comme dessus. Publié souffisanment pour la tierce foiz; c'est assavoir, au Palaiz Royal à Paris, en deux lieux, le mercredi 29ᵉ jour dudit mois de juillet, comme dessus.

N°. 110. — Ordonnance *contenant instructions sur le fait des aides, et portant (art. 1) que ceux qui auront maltraité les officiers ou qui refuseront de payer les droits, ne pourront être arrêtés en lieu saint.*

Paris, 6 juillet 1388. (C. L. VII, 764. — Fontanon, IV, 1144.)

N°. 111. — Ordonnance *sur le mode de réception en parlement des appels des juridictions des pays de droit écrit* (1).

Paris, 29 juillet 1388. (C. L. XII, 159.)

Carolus, etc. Notum facimus quòd ex gravi quærimonia multorum officiariorum nostrorum, ex partibus et patriis regni nostri secundùm jura scripta gubernari consuetis, nonnullorumque relatione fide digna, nec non ex insinuatione clamosa procuratoris nostri generalis, ad nostrum pervenit intellectum, quòd licet appellationum et provocationum remedia in oppressorum subsidium, opprimique et aggravari verisimiliter timentium, fuerint antiquitùs, pro bono justiciæ, et reipublicæ regimine salubriter introducta, et hucusque observata, ut sententiæ sive judicata, et gravamina injustè et iniquè ac juris ordine minimè observato lata sive facta, reparentur et in meliùs reformentur, et ad finem quòd partes lesæ et gravatæ à pressuris et molestationibus releventur, non autem ut fatuis et improbis temerè litigandi audacia præbeatur et vertatur ad noxam appellationum,

---

(1) V. les ordon. de Charles V, du 14 août 1374, p. 413 et la note, et de Charles VI, du 18 juin 1399. (Secousse.)

quo pretextu jura partium lædantur seu plus debito protelentur, et quod judices et officarii nostri à quibus appellatur, in processibus, sive sui culpa, occasione attemptatorum, aut aliàs, minùs justè involvantur et fatigentur, dum tamen non reperiatur eos excessisse sive deliquisse, et notabiliter attemptasse, nihilominùs frequenter et sæpissimè contingit in partibus et patriis prædictis, hiis temporibus modernis, quòd nonnullæ personæ cauthelas et dilationes et subterfugia perquirentes, ad nostram parlamenti curiam quamplures appellationes emittunt frivolè, et absque causa rationabili, nullis gravaminibus sive injustitiis aut molestiis sibi factis vel illatis, et dictas appellationes sustinere et prosequi non formidant, ex eo, prout est verisimiliter præsumendum, quòd ad causam ipsarum, dum cadunt et sucumbunt in eisdem, aliquam pœnam vel emendam erga nos propter hoc non incurrunt; et insuper multi appellantes à senescallis, baillivisque et bajulis et vicariis, castellanis et judicibus, commissariis et aliis officiariis nostris patriarum et locorum prædictorum, plerumque et indifferenter litteras et adjornamenta in casu attemptatorum, à nobis et dicta curia obtinent et exequi faciunt contra judices, commissarios et officiarios à quibus dictæ appellationes fuerint interjectæ, et eorum partes adversas, et ipsos, dictarum litterarum virtute, adjornari facere super dictis attemptatis in dicto nostro parlamento, interdum et sæpè personaliter comparituros et ad dies extraordinarias, non verentur, ut ipsos ampliùs afficere valeant immensis laboribus et expensis, procuratori nostro generali, dictis partibus appellantibus, responsuros super attemptatis sibi per eos impositis, præsertim dum in causis coram ipsis introductis procedunt, et post appellationes ab eis ad dictam curiam interjectas, non exprimendo sive declarando in eorum adjornamentis an appellaverint à diffinitivis vel interlocutoriis sententiis, ut deceret; ex quibus, et aliis dictorum appellantium maliciis et dolis, dicti nostri judices, officiarii et commissarii patriarum et locorum prædictorum, longè distantium à nostra superiori curia dicti parlamenti, et alii ibidem ex parte nostra explecta facientes vigore commissionum sibi directarum, aut aliàs, diversimodè opprimuntur, et quod deterius esse censetur, absque sui culpa increpantur, et sui fama denigrantur, et jam pluriès accidit quòd propter vexationes, molestias et gravamina, nonnullis eorumdem, in præmissis facta et illata, iidem officiarii, commissarii et judices, vel saltem multi ex ipsis, dum ab eis appellatum extitit ad nostram curiam antedictam, ab aliquibus sententiis, judicatis vel appunctamentis inteloquutoriis ulteriùs procedere non sunt ausi, in causis coram ipsis, ut præfertur, pendentibus et introductis, post dictas appellationes interjectas, ne sibi opponatur quòd nihil agendis attemptaverint, licet ex dictis appellationibus quamplures remaneant desertæ, et non prosequutæ per appellantes, qui ad causam ipsarum, nullas nobis emendas exsolvunt, undè causæ principales et jura partium quæ dictas obtinuerunt sententias vel appunctamenta, quampluri-mùm læduntur, et plus debito differuntur, in eorum grave dispendium et jacturam, potissimè cùm oporteat partes appellatas, post lapsum trium mensium, à nobis seu curia nostra litteras impetrare contra tales appellantes, super desertione appellationum prædictarum minimè prosequutarum, ad finem quòd ipsis nonobstantibus et rejectis, procedatur in suis causis de mandando executioni sententias vel appunctamenta de quibus appellaverunt, nisi tamen in contrarium se opponant, quo casu mandatur ex abundanti ipsos in dicto parlamento adjornari, ubi oportet causam hujusmodi oppositionis et desertionis ventilari, antequàm ad ulteriora procedatur : verùm cùm præmissa in justitiæ lesionem, scandalum et offensam, reique perniciosæ exemplum, nec non in dictorum officiariorum et subditorum nostrorum præjudicium non modicum redundare, et causarum prolixitatem generare videantur, præfatus procurator generalis à nobis super hoc remedium imploravit.

Nos igitur, hiis attentis, talium appellantium fraudibus obviare, et super præmissis remedium apponere, nostrisque subditis celeris justitiæ solatium ministrare, prout nostræ incumbit regiæ majestati, et dictis nostris officiariis, ut à tantis molestiis releventur et pressuris, in hac parte suffragari cupientes, matura consilii deliberatione vicibus iteratis præhabita, volumus et ORDINAMUS.

Quòd de cætero partes quæcumque appellantes, et quas amodò appellare sive provocare contigerit à dictis senescalliis, vicariis, castellanis, commissariis et aliis judicibus et officiariis nostris dictarum patriarum et locorum regni nostri, quæ secundùm jura scripta, ut præfertur, reguntur, ad nostram parlamenti curiam antedictam, quæ est totius justitiæ regni nostri speculum, teneantur ostendere ante omnia, sua instrumenta appellatoria, dum et quotiens adjornamenta, in casu appellationis à nobis seu dicta curia, sibi dari postulabunt, quæ etiam eisdem minimè concedentur, nisi ex inspectione dictorum instrumentorum prima facie appareat quòd fuerint injustè gravatæ, et habuerint causam et materiam provocandi seu appellandi, vel quòd dicti appellantes in eorum adjornamentis obtinendis dicant et asserant se appellasse à sententiis seu judicatis diffinitivis, prout etiam fuit aliàs ordinatum, et diutiùs observatum.

Volumus insuper et statuimus, ac serie præsentium ordinamus quòd deinceps appellantes in partibus et patriis prædictis, in eorum adjornamentis in casu appellationis obtinendis exprimant, et formaliter declarent si appellaverint aut provocaverint ab interlocutoriis, sive à judicatis et sententiis diffinitivis; et si contingat ipsos appellasse ab interlocutoriis sive præceptis executionibusque vel explectis non diffinitivis, vel quæ vim diffinitive in se non importent, aut quæ per judicium sive sententias diffinitivas bono modo reparari possent, inhibemus, ne adjornamenta super attemptatis de cætero, contra aliquos ex dictis judicibus, commissariis et officiariis nostris concedantur, nisi appellantes attemptata declarent in dictis adjornamentis, et unà cum hoc, formaliter exprimant in eisdem quod fuerit contra eos processum et attemptatum, et post adjornamentum in casu appellationis obtentum, ac dictis judicibus sive commissariis notificatum, et post inhibitiones ipsius virtute factas, in quibus casibus ulteriùs procedere non licet, vel saltem quòd attemptata de quibus fiet querela, talia et tam gravia ex ipsorum oppressione esse videantur, quòd appareat in his perpetrandis et agendis intervenisse excessus, esto quòd nulla appellatio super hoc processisset; super quibus si quidem attemptatis mandabitur informationem fieri, antequam procedatur ad executionem adjornamentorum contra officiarios nostros culpabiles reperiendos de ipsis, quos in eisdem casibus, et pro majoribus sumptibus et vexationibus evitandis, volumus adjornari ad dies ordinarios senescalliarum et balliviarum locorum suorum, ad quos dictæ appellationes agitari debebunt, dum tamen adjornamenta in causis dictarum appellationum, ad dies extraordinarios vel alios quàm de senescalliis sive bailliviis et locis suis ordinariis, minimè concedentur et exequi mandabuntur; quo casu, et ut partes simul et semel litigent super appellationibus et attemptatis, causarumque continentiæ non dividantur, dicta adjornamenta ad eosdem dies fierent et exequerentur, absque alia dierum ordinarium expectatione.

Quæ omnia volumus roboris firmitatem perpetuò obtinere; dantes tenore præsentium in mandatis dilectis et fidelibus consiliariis nostris gentibus parlamenti, magitrisque requestarum hospitii et palatii nostrorum, nec non universis et singulis senescallis, baillivisque, vicariis et cæteris nostris judicibus in dictis partibus et patriis, et aliis, si opus sit, constitutis, ac eorum locatenentibus, et cuilibet ipsorum, prout ad unumquemque pertinuerit, quatenus præsentem nostram ordinationem in præmissis deinceps teneant et observent, ac teneri faciant ac inviolabiliter observari, et per regnum nostrum in dictis partibus et patriis, et alibi in locis ubi eis expediens videbitur, publicari, ne aliquis super hæc valeat prætextu ignoranciæ excusari.

In quorum testimonium, sigillum nostrum præsentibus litteris duximus apponendum.

Datum Parisius, die 29ª julii, anno domini MCCCLXXXIX°, et regni nostri VIII°.

N°. 112. — MANDEMENT *de la chambre des comptes, portant que la rivière du Rhône appartient au Roi dans tout son cours.*

Paris, 28 août 1388. (C. L. VII, 208.)

GOUVERNEMENT DU ROI,

APRÈS SA MAJORITÉ,

SANS CONSEIL DE RÉGENCE,

Du 1er novembre 1388, au 5 août 1392.

N° 113. — Acte *du conseil, par lequel les pouvoirs conférés aux oncles du Roi sont révoqués, et le Roi prend les rênes du gouvernement* (1).

Reims, 1er novembre 1388. (Mémoires des pairs, p. 633.)

Le Roi arriva à Rheims à la Toussaincts, et y ouït le service et se logea en l'hostel de l'archevesque. Et quand la feste fut passée et le service des morts, il assembla ceulx de son sang et conseil en la salle dudit hostel, où il y avoit grant assemblée. Et y estoient les oncles, cousins et parens du Roy, des prélats et gens d'eglise, et y estoit le cardinal de Laon, l'archevesque de Rheims, et plusieurs autres. Et fut mis en déliberation que doresnavant il avoit à faire; veu l'aage qu'il avoit, et considéré les affaires du royaulme; car combien qu'il fust assez jeune d'aage, toutesvoyes il avoit grant sens et entendement, et estoit très-belle personne et doulce, et veoit faire à ses oncles et autres, par leur moyen, choses qui estoient plus au prouffit de eulx et d'aucuns particuliers, que du

---

(1) Dans une assemblée des princes du sang, prélats, barons, et gens du conseil, il fut dit que le sens et l'entendement du prince avaient devancé les années, qu'au surplus, il voyait ses oncles et autres agir dans leur intérêt plus que dans l'intérêt public. Les ducs étant présens, personne n'osait parler; enfin, le cardinal de Laon, sur l'ordre du Roi, dit que le Roi avait l'âge suffisant, puisqu'il entraît dans sa 21e année. Quelques jours après, on dit qu'il mourut empoisonné. (Isambert.)

(2) Villaret met mal à propos cet acte à la date du 1er novembre 1387. Le conseil fut renouvelé, et composé du connétable, de deux maréchaux, et de neuf conseillers. C'est alors que de Corbie paraît avoir été nommé à la place de Giac. Jusques-là, c'étaient les princes qui avaient gouverné, quoique le Roi eût été émancipé dès l'âge de douze ans, et qu'il signât les actes. (*Idem.*)

bien publique. Le chancelier, qui presidoit au conseil, demanda au cardinal de Laon, qu'il lui sembloit que le Roy avoit à faire. Lequel moult se excusa de délibérer ou parler le premier; toutesvoyes après ce que le Roy lui eut commandé, il monstra que le Roy avoit aage compétent pour congnoistre et savoir l'estat de son royaulme. Et pour oster de tous poincts plusieurs envies des seigneurs que ils avoient les ungs envers les autres, dont inconvéniens venoient et pouvoient advenir plus grans. Et fut d'oppinion que le Roy seul eust le gouvernement de son royaulme, et qu'il ne fust plus au gouvernement d'aultry, c'est assavoir de ses oncles, especiallement du duc de Bourgongne, combien que expressément il ne les nomma pas, mais on le pouvoit assez entendre. Après, l'archevesque de Rheims et les chiefs de guerre furent d'oppinion semblable. Adonc le Roy bien et gracieusement remercia ses oncles des peines et travaulx qu'ils avoient euz de sa personne et des affaires du royaulme, en leur priant qu'ils les eussent tousjours pour recommandez. Et adonc prindrent congé du Roy de France, lequel leur donna du sien le mieulx qu'il peut, et s'en alla le duc de Berry en Languedoc, dont il avoit le gouvernement, et le duc de Bourgongne en ses terres et seigneuries, et leurs gens, très-mal contens et deplaisans, pour ce qu'ils n'avoient l'administration et auctorité qu'ils avoient eue paravant. Et advint que le cardinal, qui premier avoit dit son oppinion, assez tost alla de vie à trépassement bien piteusement, car il fut sceu bien veritablement qu'il avoit esté empoisonné, et le congneu et le sentit bien, et pria et requist très-instantement, que enqueste et pugnition en fust faite, mais il fut ouvert et trouva len les poisons. Le Roy, quant il sçeut la chose, en fust très desplaisant et bien courroucé, et de son mouvement advisa quelles gens il vouloit avoir près de lui. Et le Roy choisit principalement le seigneur de la Guernois pour estre en sa compagnie, et près de sa personne, le seigneur de Noviant, lequel il fist son grant maistre-d'hostel, lequel avoit nom messire Jehan le Mercier. Gentilhomme et notable estoit de père et de mere, lesquels ne estoient pas si bien heritez que l'on pourroit bien dire, mais ils en vivoient, et dès sa jeunesse le Roy avoit esté nourry avecques eulx. Celluy seigneur de Noviant, saige et prudent estoit et de grant discrétion, et en effect avoit presque tout le gouvernement des finances, lui et le fils du secrétaire nommé Montagu. Et s'en vint le Roy à Paris, fist veoir et visiter ses ordonnances anciennes, lesquelles ses prédecesseurs avoient faictes, et les confirma et approuva en adjoutant où mestier estoit et les fist publier, et ordonna qu'elles fussent gardées et observées sans enfraindre. Et gouvernoit tellement ledit seigneur de Noviant, qu'il fist un trésor bien grant et bien gardé pour s'en ayder le Roy quant besoing seroit. Et toujours estoit fort desplaisant le duc de Bourgongne.

N°. 114. — Mandement *portant que les abbés et prieurs, à l'exception de ceux qui sont du conseil du Roi, seront exclus du parlement* (1).

Paris, château du Louvre, 21 janvier 1388. (C. L. VII, 218.) Publié au parlement le 29.

De par le Roy. Presidens en nostre parlement. Pour certaines causes qui à ce nous meuvent, nous vous mandons et commandons que les prieurs de Saint Martin des Champs lez Paris, et de Saint Pere-le-Moustier, et généraument tous abbez et autres prieurs quelconques; excepté tant seulement ceulz qui seront de nostre grant conseil, dont il vous apparra par noz lettres, vous ne recevez d'oresenavant à noz consaulz en nostredit parlement avecques vous; mais yceulz en faictes départir tantost et sans délay, ces lettres veuës, sans autre mandement attendre; et faictes que en ce n'ait deffaut : car autrement il nous en desplairoit.

Donné à Paris, en nostre chastel du Louvre, le xxie. jour de Janvier.

N°. 115. — Ordonnance *sur la justice souveraine et la composition du parlement.*

Château du Louvre, 5 février 1388. (C. L. VII, 224.)

Charles, etc. Savoir faisons à tous présens et avenir, que pour l'onneur et proffit de nous et de nostre peuple, et pour pluseurs justes causes et raisonnables sur l'estat et reformacion de la justice capital de nostre parlement, par bonne et meure délibéracion de nostre grant conseil, et autres, lesquelz pour ceste cause nous avons mandé et fait assembler plusieurs fois pardevant nous, en ensuïant les trasses de noz prédécesseurs.

---

(1) L'abbé de Saint-Denis fut excepté, ayant représenté que ses prédécesseurs avaient de tout temps été conseillers du Roi en tous ses conseils, avec le droit de seoir au parlement. (Decrusy.)

Voir l'ordon. de Philippe-le-Long, du 1 décembre 1319, motivée sur ce que le Roi se faisait scrupule de eux empêcher au gouvernement de leurs *spiritualités.* (Isambert.)

Avons ordonné et ordonnons par ces présentes,

(1) Que d'oresenavant seront tant seulement en la chambre de nostredit parlement, quinze clers et quinze lays, prenans gages et manteaulz acoustumez, oultre et pardessus les présidens

(2) *Item.* En la chambre des enquestes dudit parlement, seront quarante; c'est assavoir, vint et quatre clers et seize lays; et ès requestes du palays, six; c'est assavoir, deux clers et quatre lays.

(3) *Item.* Et commandons et estroittement enjoingnons à tous ceulz qui demeurent et demourront ou nombre dessus dit, qu'ilz facent continuelle résidence, et exercent diligemment leurs offices, sans eulz partir durant le parlement, se n'est par licence de nous ou de nostredicte court; ou autrement, nous pourverrons d'autres en leurs offices (1).

(4) *Item.* Et avecques ce, ordonnons que d'oresenavant aucuns desdictes chambres ne pranront aucuns gages à vie; mais voulons qu'ilz cessent et les rappellons et mettons du tout au néant; et s'il advenoit que aucuns de noz conseillers en aucune desdictes chambres, voise hors en légation ou commission, pour nous ou pour aucunes parties qui auront procès en ladicte court, nous voulons et ordonnons que telz commissaires n'aïent et ne preignent aucuns gages, fors ceulx qui leur seront ordonnez et qu'ilz devront avoir pour leur commission ou légation tant seulement.

(5) *Item.* Voulons et ordonnons que nul ne soit mis ou lieu et nombre ordinaire dessus dit, quant le lieu vaquera, se premierement il n'est tesmoingnié à nous par nostre amé et féal chancellier et par les gens de nostredit parlement, estre souffisant à exercer ledit office, et pour estre mis oudit lieu et nombre dessus dit; et se pluseurs le requéroient ou estoient à ce nommez, que on preigne et élise le plus souffisant (2).

(6) *Item.* Et pour ce que par importunité ou autrement, pluseurs oultre le nombre dessus dit, ont obtenu lettres de noz prédécesseurs et de nous, soubz umbre desquelles ilz sont venuz

---

(1) Ce principe existe encore. *V.* la loi du 20 avril 1810. (Isambert.)

(2) *V.* le président Henrion de Pansey, Autorité jud. On donnait dans ce temps des brevets de conseiller. C'étaient des espèces d'auditeurs. Les charges de judicature étaient alors électives; ce n'est qu'au commencement du siècle suivant (mai 1403) qu'on vit le premier exemple de l'érection en office de la charge de premier président. (*Idem.*)

en nostredit parlement seoir et occuper les lieux de noz conseillers du nombre dessus dit, sans y faire continuelle résidence, dont il est aucune fois advenu que noz conseillers du nombre dessus dit, ne povoient eulz seoir ès lieux qui leur appartiennent, ne les présidens avoir leur conseil en la maniere qu'il appartient quant ilz veulent faire leurs appoinctemens; nous avons ordonné et ordonnons que d'oresenavant aucuns, se ilz ne sont du nombre dessus dit, ne sierront ès hauls sieges de nostredit parlement, se ne sont ceulz de nostre grant conseil ordonné (1), ou noz autres conseillers à gages ordinaires, et les prélas qui seront retenuz par noz lettres depuis ceste présente ordonnance.

Et voulons et ordonnons que ceste présente ordonnance soit tenuë et gardée à tousjours, sans enfraindre pour quelconque cause que ce soit; et dès maintenant déclarons et décernons estre nul et de nulle valeur, tout ce que de cy en avant seroit fait au contraire.

Si donnons en mandement à noz amez et féaulz gens de nostredit parlement, que ceste présente ordonnance ilz facent lire et publier en nostredit parlement, et icelle enregistrer, afin de perpétuel memoire, et ycelle gardent et facent garder et observer ou temps avenir, sans enfraindre, et sans autre mandement attendre. Et que ce soit ferme chose et estable à tousjours, nous avons fait mettre à ces présentes, nostre séel ordonné en l'absence du grant.

Donné à Paris, en nostre chastel du Louvre, l'an de grace mil ccc. IIII^xx. et huit, et de nostre regne, le IXe. le Ve. jour du mois de février.

N°. 116. — ORDONNANCES *ou* STATUTS *sur le choix des baillis et autres officiers, leur résidence et responsabilité : sur l'incompatibilité de ces fonctions avec celles de conseiller d'État ou d'agent de ville, seigneurs ou communautés; sur leur droit de remontrance quant à l'exécution des ordres du Roi, etc.*

Paris, 5 février 1388. (C. L. XII, 162.) Registrés au parlement le 9.

CHARLES etc. Pour la reformation de nostre royaume, lequel ou temps passé, tant pour le fait de nos guerres comme pour

---

(1) Il est fait mention, dans plusieurs ordonnances précédentes, de ce grand conseil ordonné. Il paraît, par cet article, qu'il y avait alors deux conseils du

les mortalités et autres adversités, à esté moult grevé et opprimé, nous voulans et desirans le bien de justice et l'utilité de la chose publique, et nos subgès estre gardez et nouris en paix et transquilité, sans estre doresenavant molestez ou traveilliez mesmement par nos seneschaux, baillis et autres juges quelconques, voulans ensuyr les traces de nos predecesseurs, lesquels ont sur ce fait pluseurs ordenances et status, qui pour les causes dessusdites et pour le deffaut et negligence des senechaulx, baillis et autres juges de nostre royaume, n'ont pas esté duement gardées ne observées comme il appartenoit, lesquels choses nous desplaisent grandement, et dont pluseurs et grands inconveniens sont ensuis et sont encores chascun jour, et porroient plus grands esclandes et inconveniens ensuir, se par nous n'y estoit pourveu de remede convenable; desirans aussi nostre royaume mettre et tenir en bon estat, savoir faisons que par la deliberation et advis de nostre grand conseil, lequel pour ceste cause nous avons plusieurs fois mandé et fait assembler par-devant nous, sur l'estat et reformation de nos seneschaux, baillis et autres juges, avons fait certaines ordenances, statuts et instructions, en la maniere qui s'ensuit :

(1) *Et premierement.* Pour ce qu'il est expedient et necessaire que par loyaulz et sages personnes, seneschaux, baillis, et nos autres juges, justice soit gouvernée en nostre royaume, nous voulons et ordenons que nos seneschaux, baillis, prevostz et autres juges doresenavant soient esleus et instituez par la deliberation de nostre grant conseil.

(2) *Item.* Que nuls quelconques ayans gouvernement de seneschaussée, bailliage ou autre judicature, ne soit ou temps à venir appellé gouverneur, ne par autre nom, fors seulement seneschal, bailly ou prevost, et par la maniere qu'il estoit accoustumé d'ancienneté; voulons aussi et ordenons que tous nos seneschaulx, baillis et autres juges demourront ou lieu plus principal et plus notable de leurs seneschaucées, bailliages et judicatures, et y tendront leurs domiciles; et auront lesdits seneschaulz, baillis et autres juges, lieuxtenans bons et souffisans, au mendre nombre qu'ilz se porront passer, qui ne seront maire, eschevin, consulz du conseil des villes où se extendra leur office de lieutenanderie; ne seront aussy advocats, ne chargiez de

Roi; l'un composé de conseillers ordinaires, et l'autre d'extraordinaires, et ce conseil ordonné l'était apparemment pour de certaines affaires particulières. (Secousse.)

grosses besoignes et ardues, ne de grand multitude d'amis; et bien se gardent les baillis et lieuxtenans que si eulz ou aucun d'eulz mesprennent ou aucunement delinquent en l'administration qui leur sera commise, ils seront tenus d'en respondre comme il appartendra de raison; et jureront iceulx lieuxtenans bien et loyalment exercer leurs offices à eulz commis.

(3) *Item.* Que nos seneschaulx, baillis et autres juges ne seront de nostre conseil durant l'administration de leur offices, et se par avant ils en avoient esté retenus, il est nostre entention que durant iceulz offices il ne s'en entremettent en aucune maniere. Voulons encores et ordenons que nos seneschaulz, baillis et autres juges doresenavant ne seront du conseil, ou serviront à autres seigneurs, eglises, villes ou communaultez; ne seront de leur pension, robbe ou autres bienfaits quelconques, fors à nous tant seulement, se n'est de nostre licence et congié; et se par avant ces présentes ordenances ils estoient du conseil, ou servoient à autres seigneurs, ou estoient de leur pension, robbe ou autre bienfait, ils y renonceront et renoncent dès maintenant; et afin que, se d'aucun de nos prevost, vicaire ou autre juge il estoit appellé à l'un de nos seneschaulz, baillis ou autres juges ayans soubz soy prevost, vicaire ou juge subjet, iceulx seneschauls, baillis ou autres nos juges, loyaument proceddent au jugement des causes d'appel entroduittes et ventillées par-devant eulx, nous voulons et ordenons que nos seneschauls, baillis et autres juges n'ayent doresenavant soubz eulx prevosts, vicaires ou juges de leur lignages ou affinité, et se aucuns en y a qu'ils soient ostez de leurs offices.

(4) *Item.* Nous voulons et ordenons que tous nos seneschaux, baillis et autres juges quelconques, à grant reverence reçoivent nos lettres et mandemens, et icelles exécutent dûement et diligemment, se ils n'avoient causes vrayes et legitimes pour lesquelles il ne peussent ou eussent exécuter nosdites lettres et mandemens, ouquel cas ils nous rescriroient lesdites causes, et par leurs lettres patentes scellées de leurs seauls, nous certiffieroient par ceuls qui de nous auront empetré lesdittes lettres et mandemens; et se de ce faire sont negligens ou en demeure, en commettent aucun deffaut, fraude ou malice, nous les punirons si griément que ce sera exemple à tous.

(5) *Item.* Que tous nos seneschaulz, baillis et nos autres juges quelconques, exercent en leur personnes les offices à eulx commis, et par leurs lieuxtenans ne facent exercer lesdits offices, fors en cas de necessité, comme de maladie ou autre legitime,

et durant le temps de leur empêchement tant seulement; et pour ce qu'il est venu à nostre cognoissance que nos seneschaulx, baillis et autres juges pour leurs propres et privez seaulx, ont prins, reçu et exigé grands finances, et soubz umbre de ce, ont fait pluseurs griez et extorcions dont nos subgès ont esté ou temps passé moult grevez et opprimez, nous deffendons estroitement à nosdits seneschaulz, baillis et autres juges, sur peines de perdre les offices à eulz commis, et d'autrement estre punis griement, qu'ils ne procurent ou seuffrent que pour leursdits seaulx aucune finance, service ou autre proffit quelconques, soit levé, reçu ou exigié en aucune maniere; et se aucune chose pour ce leur estoit offert, il le refusent du tout; et avec ce leur deffendons qu'ils ne grievent les abbayes, priorez et autres eglises des pays ou provinces à eulx commisses à gouverner, et en icelles eglises, ne logent eulx, leurs chevaulx, chiens et oyseaulz, fauconniers ou braconniers, et ny voisent pour boire ou pour mengier comme on dist qu'ils souloient faire : et comme nous soyons duement adcertenez que plusieurs de nos seneschaulz, baillis et autres juges durant nos guerres, soubz umbre de garder que gensdarmes ne se logassent ès abbayes, priorez et autres eglises et en leurs villes ou manoirs de leurs senechaucées ou bailliages ou ailleurs, ont exigé grand finances ou autres dons des gens desdites eglises, de leurs subgiez et d'autres; nous qui sommes et voulons estre protecteur et deffendeur de sainte eglize et de nos subgiez, deffendons très estroittement et sur la peine dessusdite, à iceulz senechaulx, baillis et autres juges, que dores-en-avant il ne exigent ou facent exigier par autre desdits gens d'eglize et de leurs subgiez et autres, aucunes finances ou autres dons ou profits quelconques, mais icelles eglises, nos subgiez et autres, gardent et deffendent d'estre par lesdits gens d'armes opprimés et molestés, et enjoignons très-estroittement et à certe auxdits seneschaulx, baillys et autres juges, que se gens d'armes, arbellestiers ou archiers non ayans retenue de nous, se veullent loger en leur seneschaucées, bailliages ou judicatures, qu'ils ne les y souffrent demourer ou sejourner oultre un jour et une nuit; et supposé qu'ils aient retenue de nous, qu'ils ne souffrent qu'ils pillent ne robent en aucune maniere; et se d'eulx n'y pevent mettre remede, qu'ilz nous certiffient sur ce tantost et sans delay, et nous y pourverrons comme il appartendra.

(6) *Item.* Nous voulons et ordenons que nos seneschaulz, baillis et autres juges tiengnent chascun an en leurs personnes,

leurs assizes quatre fois l'an, en chascun siege accoustumé de tenir assise en leursdittes seneschaucées, bailliages et autres judicatures; et que aucun ne soit dores-en-avant seneschal, bailly ou juge ou lieu de seneschaucée, ou bailliage où il aura esté naiz; et deffendons à tous nosdits seneschaulz, baillis et autres juges, que quant ils seront de nouvel institué ez offices à eulx commis, ils le facent ne instituent nouveaux sergens comme on dist qu'ils souloient faire; et avec ce deffendons auxdits seneschaulx, baillis et autres juges, que quand ils tendront leurs assises, ils ne prennent, ne reçoivent leurs despens des prevosts et autres juges ou officiers à eux subgiez; et aussi deffendons à iceulx prevots, juges et officiers, que ausdits seneschaulx, baillis et autres juges, ils ne payent leurs despens par eulx ne par interposite personne.

(7) *Item*. Voulons et ordenons que tous nosdits seneschaulx, baillis et autres officiers quelconques exerceans jurisdition, jurent dores-en-avant aux Saintes Euvangilles de Dieu, que durant le temps qu'ils exerceront les offices à eulx commis, ils feront juste et bon jugement à toutes personnes petits et grans, estranges et privés, de quelque condition ou estat qu'ils soient, et à tous leurs subgez, et sans acception ou différence des personnes et des nations, en gardant diligeanment les usages des lieux, et les coustumes approuvées d'ancienneté,

(8) *Item*. Que iceulz seneschaulx, baillys et autres juges, chascun en droy soy, enquerront et feront toute dilligence de sçavoir nos droits royaulx en leur senechaucées, bailliages et autres judicatures et ez ressorts d'iceulz, tant en souveraineté comme autrement, et iceux garderont de bonne foy sans diminution et sans empeschement quelconques, sans prejudice du droit d'autruy : et affin que nous ayons plus plaine cognoissance de nos droits, nous voulons et ordenons que nosdits seneschaux, baillifs et autres juges, contraindront tous nos vassaulx de leurs seneschaussées, bailliages et autres judicatures et des ressorts d'icelles, à eux bailler les adveus de leursdits fiefs; et de ce chascun seneschal, baillif ou autre juge, fera faire par le receveur de sa seneschaucée, bailliage et autre judicature, un livre ou registre, lequel sera envoyé par devers nous.

(9) *Item*. Que iceulx seneschaulz, baillis et autres juges, ne seuffrent aucunes entreprinses estre faites sur nous, tant en nos droits de souveraineté comme autrement, mais y porvoyent hastivement; et se faire ne le peuvent, que incontinent le nous signiffient et à nostre conseil pour y mettre remede convena-

ble; et avec ce jureront que par soy ne par autre ils ne recevront ne feront recevoir or, argent ou autre chose, meuble ou heritages, pour service ou pour don, ne aucun bienfajt perpetuel ou à certain temps, excepté tant seulement vivres necessaires ordenez pour boire et pour maingier, sans oultrage, selon la condition d'un chascun, et en tele quantité qu'ilz le puissent honnestement gaster dedans un jour, consumer et despendre, et ne recevront vivres ordenez pour boire et pour mangier, ce n'est de ceulx qui sont riches et souffisans, et qu'ils en soient très-instanment requis; c'est assavoir de gens d'eglize, chevaliers, escuyers, bourgois riches, ou d'autres personnes notables; qu'ilz ne procureront que aucuns dons, service ou bienfaits soient donnez à leurs femmes, enfans, freres, sereurs, neveux, nieces, cousins, cousines, affins ou affines, ou domestiques, ne que benefices d'eglise soient donnés ou conferés aux personnes dessusdites, par les subgez de leurs senechaucées et bailliages, mais obvieront de tout leur pooir que leurs femmes et autres personnes devant dittes ne reçoivent les dons ci-dessus nommés et declairiez; et se ils sçavent le contraire, lesdits seneschaulx, baillis et autres juges contraindront celles personnes à rendre et restituer ce qu'ils auront prins, sitost qu'il sera venu à leur cognoissance; et ne porront lesdits seneschaulx, baillys et autres juges, prendre ou recevoir vin, fors en petits barils et boetaux ou pos, sans fraude et corruption, et ne devront point rendre ce qu'il leur demourera.

(10) *Item.* Nous deffendons ausdits seneschaulx, baillis et autres juges, que par soy ne par personnes interposites ils n'empruntent argent ou autre chose des subgez de leur seneschaucée et bailliage, et autres administrations ou d'autres qui seroient en procès pardevant eulx, ou qu'ilz sauroient que prochainement y devroient estre.

(11) *Item.* Qu'ilz ne donront ou envoyeront dons à nos conseillers ne à leurs femmes, enfans ou autres de leur especial cognoissance, ne aussi au commissaires que nous envoyrons pour enquerir et savoir de l'estat d'iceulx seneschaulx, baillis et autres juges, exceptez vivres ordenez pour boire et pour mengier, en tel quantité comme il est declairié ci-dessus.

(12) *Item.* Que ils ne participeront ne auront part, ne portions en la vendition de nos prevostés, monnoyes et autres fermes et marchiés.

(13) *Item.* Qu'ils ne soustendront en leurs erreurs les pre-

vosts ou autres juges leur subgiez qui seront rioteux, exacteurs, suspects, usuriers ou publiquement diffamez de mauvaise et deshonneste vie, mais les puniront et corrigeront comme il appartendra par raison.

(14) *Item.* Les prevosts et autres juges subgiez, jureront qu'ilz ne feront aucuns dons, ou serviront à leur juges souverains ou à leurs femmes, familliers, enfans ou prochains; et pareillement nosdits seneschaux, baillis et autres juges, qu'ilz ne recevront des juges à eulx subgiez aucun giste, past, procuration ou autres don quelconques, et que de personnes de religion de leur seneschaucée et bailliage, ils ne recevront aucuns dons, fors par la maniere qu'il est ci-dessus exprimé et declairié.

(15) *Item.* Qu'ils ne feront aucuns acquets de heritages ou biens immeubles en leur seneschaucée, baillage ou administration, ne des subgets d'icelles quelque part que ce soit; et se ils font le contraire, le contract sera reputé nul, et telles possessions ainsy acquises, nous appartendront et seront appliquez à nostre demaine, et le pris d'icelles rendu et restitué à ceulx qui auront vendu tels possessions, par ceulx qui les auront acheptez ou acquestés; ou se mieulx plaist ausdits vendeurs, lesdittes possessions leur seront rendues et deslivrés en restituant le pris qu'ils auront receu pour ceste cause, ouquel cas le pris nous appartendra et sera acquis; et que durant leur administration, ils ne se marieront, ne souffreront leurs enfans, soient fils ou filles, contraire mariage avecques aucuns ou aucunes de leur seneschaucée, bailliage ou administration, et ne mettront aucu des personnes dessus nommez, en religion en aucun des monasteres et abbayes ou priorés à eux subgiès, et ne leur acquereront aucuns benefices d'eglize esdits monasteres, eglizes ou priorés ou possessions, se ils n'avoient de nous sur ce licence et grace especial.

(16) *Item.* Que chascun an, le premier jour de leurs seneschaucées, bailliages et autres judicatures, ils compareront en leurs personnes en nostre court de parlement à Paris, et y demoureront sans en partir, se ils n'ont sur ce congié et licence de nostreditte cour, par la maniere que plus expressement est contenu ez anciennes ordenances sur ce faites.

(17) *Item.* Jureront que par eulx ne par autres, il ne venront, feront ou soufferront venir contre les status et ordenances dessusdites, ou aucunes d'icelles, mais icelles tendront et garderont, feront tenir et garder de tout leur povoir, selon leur fourme et teneur.

(18) *Item*. Nous voulons et ordenons que tous nos seneschaulx, baillis et autres juges, après ce qu'ils seront destitués ou deschargiés de leurs offices, et que en iceulx seront ordenez et institués nouveaulx seneschaux et baillys, demoureront en leursdittes seneschaucées, bailliages et autres judicatures, sans transporter aucuns de leurs biens hors de leurs domicilles, par l'espace de quarante jours, pour ester à droit et respondre à tous ceulx qui se voudront plaindre d'eulx, et contre iceulx faire aucune demande ou requeste; et seront lesdittes requestes baillées au seneschaulx, baillis et autres juges successeurs, ausquelz nous enjoignons et commandons très-estroittement que lesdits seneschaux, baillis et autres juges anciens, ils facent respondre peremptoirement de leur bouche et par serement; et aux parties, icelles oyes, facent droit sommairement et de plain, sans figure de jugement et par voye de reformation; et avec ce commandons aux procureurs des senechaucées, bailliages et autres judicatures, que sur ce ils informent très-diligemment iceulz seneschaux, baillis et autres juges, et qu'il se adjoignent avec les parties quant les cas le requerreront; et ces choses commandons et enjoignons auxsdits seneschaux, baillys et autres juges et procureurs, sur paine de perdre leurs offices, et d'estre autrement griement punis.

(19) *Item*. Que en chascun siege d'une chascune seneschaucée, bailliage et autres judicatures, seront leues publiquement devant tous clercs et lays, et publiés à jour d'assise ces presentes instructions et ordenances, et enregistrés ou plus principal et notable siege d'une chascune seneschaucée, bailliage et autres judicatures, et mis et affichées en un tableau, ou lieu où l'en a accoustumé de tenir les assises, en signe de perpetuel memoire, et affin qu'il soit nottoire à tous, et que aucun ne puist sur ce pretendre ignorance.

Si donnons en mandement à nos amés et feaulx gens de nostre parlement, etc.

Donné en nostre chastel du Louvre lez Paris, etc.

Par le Roy en son grand conseil.

Publicate fuerunt presentes instructiones et ordinationes in curia parlamenti Parisius, die nona februarii, anno domini MCCCLXXXIX°.

N°. 117. — Lettres *qui défendent d'avoir égard aux dons faits par le Roi, d'amendes et forfaitures, avant la condamnation.*

Paris, 7 février 1388. (C. L. XII, 167.)

N°. 118. — Lettres *portant rémission générale aux juifs, moyennant finances, de toutes les contraventions qu'ils ont pu commettre contre les réglemens contenus en leurs lettres de priviléges.*

Paris, 10 février 1388. (C. L. VII, 225.)

N°. 119. — Lettres *portant que toutes les affaires des juifs seront jugées au Châtelet de Paris par le prévôt, et leurs actes scellés du scel de la prevôté.*

Au château du Louvre, 16 février 1388. (C. L. VII, 226.)

N°. 120. — Lettres *portant institution de six géneraux des aides de finance, et réglement sur leurs fonctions, pouvoirs et autorité* (1).

Vernon, dernier février 1388. (C. L. VII, 228.)

Charles, etc. Savoir faisons que pour ce que nos amez et feaulx conseillers, l'evesque de Noyon, Nicolas de Fontenay, chevalier, M. Nicolas de Plancy, et Jean de Vaudetar, nous ont instamment requis que nous les vousissions descharger du gouvernement de nos aydes et finances ordonnées pour le fait de nos guerres; nous inclinants à leur requeste, et pour certaines causes qui à ce nous ont meu, nous les en avons deschargiez et deschargeons par ces présentes; et en lieu desquels, pour ce qu'il est nécessaire d'avoir audit gouvernement personnes notables, confians à plain des sens, prudences, loyautez et grande diligence de nos amez et féaulx conseillers l'evesque de Meaux, François Chanteprime, Guillaume Brunel, maistre Guy Chrestien, Jean le Flament, et Pierre Desmer, iceux avons commis, ordonné et estably, et par ces présentes lettres ordonnons, commettons et establissons nos généraux conseillers pour le faict desdictes aydes gouverner

(1) Il n'y avait pas encore de ministre des finances; le conseil faisait les ordonnances, la chambre des comptes et celle des aides les faisaient exécuter, et elles avaient sous leur autorité les généraux des finances, des monnaies, des eaux et forêts, etc. (Isambert.)

et maintenir; et quant à iceluy faict, nous confiants du tout en eux, leur avons donné et donnons par ces mesmes lettres, plain pouvoir, auctorité et mandement espécial, de ordonner, mettre et establir toutesfois que mestier sera et le cas le requerra, esleus, receveurs, greffiers, controolleurs, commissaires, sergens, et autres officiers exprès et souffisants à ce, de les destituer, oster et remettre, ou renouveller, si besoin est, en toutes les citez, villes, dioceses et païs de nostre royaume, où lesdictes aydes ont et auront cours, pour icelles aydes gouverner par leur ordonnance; de ordonner et commettre visiteurs généraux ou particuliers sur tout ledict faict, là où bon leur semblera; de faire venir ens, cueuillir, lever et recevoir les deniers qui en isteront, et les apporter à Paris, pardevers le receveur general desdictes aydes, pour les tourner, convertir et emploier au faict de ladicte recepte générale, ou autrement, par nostre commandement et ordonnance; de taxer gaiges raisonnables ausdits officiers; iceux oster, et mettre autres en leurs lieux, toutesfois que bon leur semblera; de faire bailler à ferme lesdites aydes, ou les faire lever en nostre main; donner respis et délais à ceux qui auront prins et prendront lesdites fermes; taxer et ordonner telles gaiges, sallaires ou despens à ceux qui les deniers desdites aydes auront apportez, ou qui les conduiront, comme bon leur semblera; faire payer par ledit receveur général ou par autres receveurs particuliers d'icelles aydes, tous frais, mises, despens et autres choses necessaires et proffitables pour ledit fait, qui par eulx six, cinq, quatre, trois et deux d'iceux, seront ordonnez à faire; et généralement de gouverner tout le fait desdites aydes, et sçavoir entierement l'ordonnance de tout le fait dessus dict et des appendances et circonstances d'iceluy, et qu'ils puissent commander à faire, signer et passer par chacun de nos notaires à ce députez, lettres soubz nostre grand séel, sur les choses dessusdites; et deffendons que nos lettres quelconques touchant ledit faict, ne soient aucunement accomplies ne exécutées, si elles ne sont paravant séellées ou signées des séaux ou signes de nosdits généraux conseillers, ou par les cinq, quatre, trois ou deux d'iceux : voulons aussi et ordonnons, que eulx et chacun d'eux aient la correction, connoissance et punition des esleus, receveurs, greneticrs, controolleurs, commissaires, officiers et autres, quant au cas touchant iceluy faict, et les circonstances et dépendances, sans ce que autre juge quelconque s'en entremette; mais leur deffendons par ces présentes, que par voyes directes ou obliques, ils n'en connoissent aucunement;

Et aussi voulons et ordonnons desmaintenant, par délibération et advis de nostredict conseil, et de nostre auctorité et certaine science, que tous gaiges et sallaires de nosdits notaires, esleus, receveurs généraux, controolleurs, clercs, visiteurs et commissaires quelconques, taxés ou à taxer pour les choses touchant iceluy faict, et les dépendances et circonstances d'iceluy; et tous respits, dilations et compositions faictes ou à faire, ordonnées ou à ordonner, par eux cinq, quatre, trois ou deux d'iceux, et aussi toutes mises et despens raisonnables qui de leur commandement seront payez pour le faict desdictes aydes, et toutes autres choses par eux faictes ou à faire, touchant ledict faict, vaillent et tiennent, et aient leur plain effect, et soient passez en nostre chambre des comptes, comme si en nostre personne propre nous les avions faictes et ordonnées, sans ce que par les gens de nostre parlement, de nostre dicte chambre des comptes, réformateurs et commissaires, ou autres nos juges ou officiers quelconques, présens et avenir, puisse estre dicte, ordonnée ou faite au contraire; laquelle chose se faicte estoit, dès maintenant pour lors mettons au néant, et voulons et ordonnons icelle du tout non vallable;

Et aussi que tout ce qui par nosdits conseillers, cinq, quatre, trois, ou deux d'iceux, quant au faict de justice, sera durant le cours desdites aydes ordonné, sententié ou signé, tienne et vaille entierement, ainsi comme ce qui est fait ou jugé par arrest de nostredict parlement, sans ce que aucunement en puisse estre réclamé ou appellé devant quelconque juge que ce soit.

Et supposé que par inadvertance, erreur ou autrement, aucune chose fust mal à poinct faicte ès choses dessus dites, nous voulons premiérement estre faicte sur ce foy que ce qui mal à poinct auroit ainsi esté faict, soit par eux, les cinq, quatre, trois ou deux d'iceux, et non par autres, appelez avec eux aucuns de nostre conseil, jusques au nombre de six, cinq, quatre, trois ou deux au moings, réparé, si comme il leur semblera, à faire de raison :

Toutesfois nostre entencion n'est mie, que nosdits conseillers; c'est assavoir l'evesque de Meaux, Chanteprime et Brunel, dessus nommez, s'entremettent aucunement de la distribution des finances de nosdites aydes; si ce n'est ès cas touchant le faict de justice, circonstances et dépendances d'icelle, tant seulement; ne qu'ils puissent donner aucuns délais ou respits d'icelles finances; ainçois en avons chargié et chargeons par ces présentes, lesdits maistres Guy Chrestien, Jean le Flament et Pierre

Desmer, seuls et pour le tout; ne que lesdits evesque, François Chanteprime et Guillaume Brunel, puissent instituer aucun officier en icelles aydes, sans la présence, accort et consentement d'iceux Guy, Flament et Desmer, ou de deux d'eux; et aussi que aucunes cedulles ou descharges, ne soient employées en aucuns comptes, se elles ne sont séellées ou signées par lesdits maistres Guy, Le Flament et Desmer, ou de deux d'iceux;

Et en outre, pour ce que plusieurs poincts et articles touchans en nos institutions faictes sur le gouvernement desdites aydes, et aucuns esleus, receveurs, grennetiers, controolleurs, commis, fermiers et autres, pourroient faire doubte, pour les avis, entendemens, fraudes et malices qui y peuvent cheoir, et que l'en y pourroit de jour en jour commettre, nous avons ordonné et voulons que nosdits généraux conseillers, par l'advis et délibération, et en présence de trois ou deux des gens de nostre grand et estroict conseil, voient, regardent et visitent diligemment lesdictes instructions, et tous les poincts contenus en icelle, avec toutes les autres choses qui sont à ce nécessaires, pour le faict desdictes aides; et selon ce que leur advis et délibération, trouveront estre à faire, corrigent, augmentent, accroissent, diminuent ou esclaircissent icelle instruction, et tous les poincts dedans contenus, comme bon leur semblera; et ceux qu'ils y adjouteront, interpretent, et leur donnent si bon, si cler et si vray entendement, comme ils verront qu'il sera à faire pour le prouffict et advancement des aydes dessus dictes; et voulons que ce vaille et soit tenu fermement et entierement, sans enfraindre, tout ainsi comme si ce fust faict par nous en propre personne.

Si donnons en mandement à nosdites gens de nostre parlement, et de nostre dite chambre des comptes, à tous réformateurs, commissaires, et à tous nos justiciers, officiers et subgiez quelconques, et à chacun d'eux, que tout ce que par nosdits généraux conseillers, ou les cinq, quatre, trois ou deux, en la maniere que dict est, sera faict et ordonné, signé et sententié, ils tiennent et facent tenir ferme et stable, sans enfraindre, ou venir ou attempter aucune chose au contraire, en toutes les choses touchant lesdites aydes; et les circonstances et dépendances d'iceux; et à eux et à chacun d'eux, et à leurs commis et députez sur ce, obéissent et entendent diligemment; et aussi à nosdites gens de nos comptes, que tous gaiges, salaires, despense des notaires, esleus, receveurs, clercs, officiers, commis ou autres, qui par nosdits généraux conseillers seront taxez et ordonnez, et deniers payez et à payer par leur commandement et ordonance, ils allouent ez comptes de tous ceux à qui il appartiendra, sans contredict ou difficulté aucune; et aussi est nostre entencion, voulons et ordonnons, que toutes les choses dessus dites, et chacune d'icelles, soient tenuës, gardées et accomplies, sans enfraindre, ores ne au temps avenir; nonobstant quelconques uz, stile et ordonnances faictes ou à faire, et lettres quelconques par nous données et à donner. En tesmoing de ce, etc. Donné à Vernon, etc. Par le Roy en son conseil; auquel estoient messieurs les ducs de Touraine et de Bourbon, le connestable, et plusieurs autres.

N°. 121. — LETTRES *portant établissement de réformateurs pour faire le procès en dernier ressort aux coupables des différentes malversations énoncées dans ces lettres.*

Vernon-sur-Seine, dernier février 1388. (C. L. VII, 768.)

N°. 122. — ORDONNANCE *portant réglement sur le domaine, les fonctions des gens des comptes, des trésoriers, des généraux sur le fait des aides, des généraux maîtres des monnaies, des maîtres des eaux et forêts.*

Au château de Vernon, 1er mars 1388. (C. L. VII, 236.)

CHARLES etc. Sçavoir faisons à tous présens et avenir, que comme nous, qui de nouvellement sommes venus en nostre gouvernement (1), considérant les très-grandes et excessives charges estant à présent sur nostre domaine, et la petite provision qui de moult long-temps pour le faict de nos guerres et autrement, y a esté mise, voulant y pourvoir, au bien, honneur et profit de nous et de nostre royaume, par grand avis et meure déliberacion de nostre grand conseil, avons fait et faisons de notre certaine science, pleine puissance et autorité royale, par la teneur de ces présentes, et ordonnances qui s'ensuit.

(1) *Premierement.* Nous voulons et ordonnons qu'en la chambre de nos comptes, avec nous, nos amez et féaux chevaliers et conseillers, Pierre de Size de Chevreuse, Jean Lemercier, seigneur de Novyant, lesquels y seront, outre le nombre, ainsi qu'ils

---

(1) Le 1er novembre 1388. (Isambert.)

estoient auparavant notre présente ordennance, ait seulement un président, quatre maistres clercs, quatre maistres laïs, douze clercs en bas, et deux notaires greffiers de ladite chambre.

(2) *Item.* Voulons que notre amé et féal de Vaudetar, lequel nous avons retenu de notre grand conseil, voise en ladite chambre de nos comptes, et y besoigne en lieu de notre amé et féal conseiller et maistre de nosdits comptes, Chanteprime, lequel nous avons commis et ordonné notre général conseiller sur le fait des aydes pour la guerre, pour le fait de justice, toutes fois qu'il lui plaira; le lieu d'icelle chambre demourant toujours sauf audit François.

(3) *Item.* Pour le fait de notre domaine, trois trésoriers; desquels deux, ou un du moins, demeurera continuellement au bureau en notre trésor à Paris, et les autres chevaucheront et visiteront notredit domaine, pour le remettre sus, faire valoir la recette, et achever la dépence, au plus que faire se pourra bonnement; et pourront nosdits trésoriers aller en visitation l'un après l'autre.

(4) *Item.* Tous les deniers qui ce recevront du fait de notre domaine, que nos vicomtes et receveurs ordinaires et autres, tant des revenus de nos eaux et forests, de nos monnoies, et des amendes de notre parlement, des reliefs, rachats et quints deniers, comme des régalles et des gardes, en spécial de celles qui écheront en notre pays de Normandie, du fait des Juifs, des compositions des Lombards et usures, demeureront en notre royaume et en notre Dauphiné de Vienne, des restes dûs à cause de notredit domaine, et généralement de toute autre chose regardant icelui domaine, soient apportez et reçus en notredit trésor, par le changeur d'icelui; et que d'iceux deniers, aucune chose ne se distribuë en quelque maniere que ce soit, si ce n'est par mandement exprès de nous, partant passé en la présence de nostredit grand conseil, signé par l'un de nos quatre sécretaires ordonnez; et aussi expédié par nosdits trésoriers; et que le clerc de notredit trésor ne puisse faire ne tourner (1) aucune cédulle ou décharge, par quelque cause que ce soit, par *capiat* (2), ne autrement, si ce n'est par

---

(1) Ce mot désigne une opération de finance.
On tournait une cédule ou décharge, lorsqu'on envoyait à un trésorier qui avait des fonds destinés à un certain emploi, un mandement pour payer des dépenses qui ne regardaient point les fonctions de sa charge. Ainsi, par l'art. 20, il est défendu de tourner des cédules ou décharges sur le trésorier des guerres, parce que ses fonds ne doivent être employés que pour la dépense de la guerre. (Secousse.)

(2) Lisez *capiatis*.

cédulle dudit changeur de notredit trésor, en laquelle soient deux des signes de nosdits trésoriers, ou un du moins; et spécialement de celui qui demourera au bureau; et que ledit changeur en fasse recette et dépense en ses comptes; et avec ce, que la cédulle ou décharge dudit clerc de notredit trésor, ne soit allouée en compte de receveur, si elle n'a esté veuë par nosdits trésoriers, et y soient mis deux signes, ou l'un du moins, et fait en advis par deux des gens de nos comptes, l'un clerc, l'autre laï, et par nosdits trésoriers; sur les choses qui au temps passé ont esté tournées en nostredit trésor.

(5) *Item.* Qu'aucun n'ait puissance ou connoissance sur la distribution des deniers de notre domaine, si ce n'est par ordonnance et mandement exprès de nosdits trésoriers, et décharges de notredit trésor, expédiez par la maniere dessus dite.

(6) *Item.* Qu'assignations d'arrérages, dons, transports, aliénations, changement, ventes et compositions de rentes à héritages, à temps ou à volenté, ne se peyent, ou soient tournées en notredit trésor, sans mandement patent de nous, addressant à nos dits trésoriers, et par ordonnance d'iceux passée et expédiée comme dessus.

(7) *Item.* Que les dons, pensions, assignations, gages et autres quelconques charges estant sur notredit trésor, soient renouvellées chacun an par mandement patent de nous, addressant à nosdits trésoriers, et expédié par la maniere que dit est : toutesfois, pour ce qu'il y aura des gens de notre conseil, tant de la chambre de nos comptes, comme autres, qui serviront continuellement et comme ordinaires, et qui d'ancienneté ont compté en notredit trésor ordinairement, iceux seront payez de leurs gages droits, par l'ordonnance de nosdits trésoriers, et cédulle dudit trésor, passez comme dessus, sans renouveller leur mandement chacun an; mesmement que les gens de nos comptes, nos trésoriers et les généraux-maistres de nos monnoyes, ont accoutumé avoir et prendre en notredit trésor, et par spécial ceux qui sont nommez en notre présente ordonnance.

(8) *Item.* Que sur nos receveurs et vicomtes, ordinaires, ne soient faites aucunes assignations d'arrerages touchant fiefs aumosnes, et gages d'officiers anciens, si ce n'est par mandement de nosdits trésoriers.

(9) *Item.* Que toutes les charges de chacune desdites recettes ordinaires, tant de fiefs, d'aumosnes, et de gages d'officiers, comme des assignations et autres choses, soient mises et baillées

par écrit et déclaration pardevers nous et notre conseil particulierement, afin d'y aviser, pour restraindre la dépense au plus que l'on pourra bonnement; et que ce qui en ordonnance sera baillé et ordonné à payer, soit payé par ordonnance et mandement de nosdits trésoriers, lesquels, en tant qu'il toucheroit dons, debtes, assignations et autres choses qui surviendroient, n'ayent puissance de les faire payer sans exprès mandement patent de nous, passé et expédié par la maniere déclarée ci-dessus; excepté seulement l'ordinaire qui leur sera ordonné à payer, et les gages de nos officiers ordinaires servans continuellement.

(10) *Item*. Que nos trésoriers devant dits voisent en la chambre de nos comptes, sans délay, prendre tous les restes et arrérages qui nous sont dûs à cause de notredit domaine, et les fassent bien et diligemment exécuter.

(11) *Item*. Qu'à tous, ou moins à la plus grande partie de nos receveurs et vicomtes, ainsi qu'il sera avisé, seront leurs offices suspendus, jusqu'à temps qu'ils aient compté et affiné leurs comptes de tout point, et que l'on ait enquis de leurs estats, et comment ils ont gouverné sur le pays : car l'on tient que les aucuns d'eux ont fortement exigé sur les subjets, tant à cause des commissions ordinaires qu'ils ont eu, comme des extraordinaires; et que jusqu'à temps que l'on soit bien informé de leurs estats, gouvernemens et suffisances, l'on commettra sur le fait de leurs recettes, bonnes et suffisantes personnes des villes, bourgeois ou autres, bien solvables; ou autrement y sera par nous en notre conseil pourvû, appellé à ce nosdits gens des comptes et trésoriers.

(12) *Item*. Si l'on trouvoit à vendre aucunes rentes à héritages, en déchargeant notre trésor, que nos trésoriers devant dits y avisent, en traitant le marché, et rapportent à notre conseil, afin qu'en toutes manieres que l'en pourra, l'en décharger notredit trésor; et que ce qui par cette voye s'en fera, soit fait par mandement patent de nous, passé et vérifié par la forme et maniere que dessus.

(13) *Item*. Que nous ne ferons aucune aliénation de notre domaine (1).

(14) *Item*. Que les vicomtes et receveurs de notredit domaine, soient mis par elecs ou du conseil des gens de nos comptes et trésoriers, présent notre conseil, et par nos lettres.

---

(1) Principe toujours subsistant et toujours violé. (Isambert.)

(15) *Item*. Que nul ne soit ordonné vicomte ou receveur, s'il n'a compté du temps passé, et soit du tout affiné; et aussi qu'il soit tenu de compter par chacun an.

(16) *Item*. Que le fait encommencié par les gens que nous avons ordonné et sur le fait de notre domaine, soit parfait et exécuté par nosdits trésoriers.

(17) *Item*. Que lesdits gens de nos comptes ne closent aucuns comptes touchant le fait de notre domaine, si l'un de nos trésoriers n'est présent, ou qu'il ait oui lire tout au long la dépense; et semblablement du fait des aydes ordonné pour la guerre, si l'un de nos généraux-conseillers sur ledit fait n'est à ce présent, ou qu'il ait oui lire tout au long la dépense comme dessus; et pourront nosdits trésoriers voir les estats de nos grenetiers et receveurs, et vicomtes (1) des aydes, avant la rendüe de leurs comptes, toutesfois que bon leur semblera.

(18) *Item*. Que nosdits gens des comptes fassent chacun mois savoir à nosdits trésoriers, les restes des comptes de nos vicomtes et receveurs qui compteront du fait de nostredit domaine; afin que par iceux trésoriers, lesdits restes soient exécutez, et non par autres; ou que lesdits trésoriers les voisent en ladite chambre de nos comptes.

(19) *Item*. Nous deffendons au clerc de notredit trésor, qu'il ne soit si hardi de tourner en icelui trésor, aucune cédulle ou décharge du fait de nosdites aydes, si ce n'est par mandement de nosdits généraux-conseillers sur le fait d'icelles aydes, passé et expédié semblablement qu'il est ci-dessus dit de nosdits trésoriers sur le fait de notre domaine; et que en la cédulle ou décharge, ait deux des signes desdits généraux, et que autrement la cédulle ou décharge ne tienne lieu au compte de celui sur qui elle sera levée; et aussi le changeur de notredit trésor en fasse recette et dépense.

(20) *Item*. Que sur les trésoriers de nos guerres, ne soient par notredit trésor tournées aucunes cédulles ou décharges; attendu que le fait d'iceux trésoriers est ordenné pour la guerre, et ne doit estre converti ailleurs, et peut estre que par tels tourmens, que le fait de la guerre est souvent demeuré, et le payement des

(1) Je croirais qu'il faudrait corriger *grenetiers et receveurs des aides*, et *vicomtes*; car les vicomtes qui recevaient les revenus ordinaires du Roi, ne se mêlaient point de la levée des aides. (Secousse.)

gens-d'armes qui nous servoient en nosdites guerres, converti ailleurs qu'il ne doit : toutesfois s'il advenoit qu'aucune cédulle ou décharge se tournasse sur les trésoriers, que ce soit par exprès mandement patent de nous, passé et vérifié par nosdits généraux-conseillers, et expédié en la maniere que dessus est dit; et que en la cédulle ou décharge qui en seroit levée, soit le signet de l'un d'iceux généraux du moins; et semblablement en fasse ledit changeur recette et dépense.

(21) *Item.* Que doresnavant aucunes décharges se fassent sur aucun de nos receveurs, tant du domaine comme des aydes, supposé qu'elles contiennent que ce soit pour mettre en nos coffres, ou pour quelconques autres causes, si ce n'est du consentement de nosdits trésoriers, en tant qu'il touche notre domaine, et des généraux, en tant qu'il touche des aydes; et que si fautes sont, qu'elles ne soient reçuës, ny passées en notre compte.

(22) *Item.* Que nul compte ne soit oüi, qu'il n'y ait un clerc et un lai de la chambre de nosdits comptes, et que quand venra au clorre, qu'il soit rapporté au bureau; et se les clercs d'aval ont fait aucunes doubtes ou difficultez sur icelui compte, on ait à faire la collation (1), ou semblablement lesdits gens de nos comptes qui icelui compte auront oüi, que lesdits doubtes et difficultez soient rapportez au burel, et là soient par cette maniere déclairez; et qu'aucunes radiations ou écritures ne se puissent faire à part, mais en plein bureau, par le conseil de tous, ou de la plus grande partie.

(23) *Item.* Que nuls baillifs, sénéchaux ou gouverneurs ne soient assignez d'aucuns dons ou debtes, sur les amendes et exploits de leursdits bailliages et sénéchaussées et gouvernement, fors seulement de leurs gages ordinaires.

(24) *Item.* Que leurs sceaux et les offices de clergies de leurs bailliages, sénéchaussées et gouvernement, soient baillés en forme et à notre profit, à bonnes et suffisantes personnes, qui ne soient de rien à eux.

(25) *Item.* Voulons et ordennons que pour notredit royaume, en Languedoil ait seulement six généraux-maistres de nos mon-

(1) Cela peut signifier que l'on examinera dans le bureau les pièces qui ont donné lieu aux difficultés faites par les clercs. Ce qui suit paraît corrompu. (Secousse.)

noyes, et deux en la Languedoc; et garderont bien à très-grande diligence que rien ne soit entrepris sur nous par nos voisins ou subjets, sur le fait de nos monnoyes; étant l'un des principaux droits royaux.

(26) *Item.* Sur les fauçonneries qui se font dans lesdites monnoyes, prennent bien garde lesdits généraux-maistres à ce que aucuns de nos voisins ou subjets n'entreprennent à faire autres monnoyes qu'ils doivent.

(27) *Item.* Que les choses qui surviendron. au fait desdites monnoyes, et semblablement des remedes que lesdits généraux-maistres y adviseront, certifient souvent notre conseil, afin d'y pourvoir.

(28) *Item.* Que nuls gardes de nosdites monnoyes ne fassent lieutenans : car par iceux lieutenans, y pourroient entretenir moult de fraude; et s'il advenoit que aucuns fissent lieutenans, qu'ils le fassent par le congé et advis desdits généraux-maistres qui en preunent serment, comme en tel cas appartient.

(29) *Item.* Voulons et ordonnons que pour notre royaume, en la Languedoil ait seulement cinq maistres de nos eaux et forests; lesquels gardent et tiennent de point en point, sans enfraindre comment que ce soit, nos ordonnances nouvellement faites sur le fait d'icelles eaux et forests, lesquelles leur seront baillées sous notre scel; et soit foi adjoustée au *vidimus* ou transcrit d'icelles, collationnées en la chambre de nos comptes, comme à l'original.

(30) *Item.* Lesdits maistres de nos eaux et forests sachent et enquerent à grande diligence, quel nombre et quels offices il y a sur le fait d'icelles eaux et forests, leur expérience, suffisance et gouvernement, de ce fassent bonnes informations, et icelles rapportent pardevers les gens de notre grand conseil, et spécialement à notre amé et féal chevalier conseiller et chambellan, le vicomte de Melun, afin qu'il soit sur ce pourvû ainsi qu'il appartiendra.

(31) *Item.* Que tous les deniers des pescheries de nos estangs, soient entierement reservez, sans employer deniers en quelque usage que ce soit, mais que tant seulement en peuple, pour iceux empoissonner, et ès réparations et œuvres de nos estangs, qui se feront par l'ordonnance desdits maistres de nos eaux et ferests, chacun en pays dont il est chargé, jusques à ce que nosdits estangs soient mis en valeur et estat convenable, et si surplus y a, qu'il soit rapporté en notredit trésor.

Lesquelles ordonnances dessus écrites et devisiées, nous voulons et mandons très-étroitement estre tenuës et gardées et accomplies de point en point, selon leur forme et teneur, par tous ceux à qui il appartiendra, sans les enfraindre, ou faire chose au contraire par quelconque maniére que ce soit : et afin qu'elles soient fermes et stables perpétuellement et à toujours, etc.

Donné en nostre chastel de Vernon, etc.

N°. 123. — ORDONNANCE *pour la propreté des rues, l'entretien du pavé de Paris, et des ponts, passages et chemins de la prévôté et vicomté de Paris.*

Vernon, 1er mars 1388. (C. L. VII, 243.)

CHARLES etc. Comme à nostre prevost de Paris seul et pour le tout, appartiengne pour nous et doye appartenir à cause de son office principalement et non à autre, la cure et le gouvernement de nostre bonne ville de Paris, pour ycelle tenir et garder en telle et si bonne justice, ordenance et policie de toutes choses, que ce soit à la loüenge de Dieu, à notre honneur, au bien et décoracion de ladicte ville, et à l'utilité de la chose publique, et nous soïens acertenez souffisamment que en nostre dicte ville, a eu ou temps passé et encores a plusieurs faultes notables ou gouvernement et estat d'icelle; mesmement ès pavemens des chauciées qui y sont, lesquelz sont moult empiriez et telement décheuz en ruine et dommagiez, que en plusieurs lieux l'en ne peut bonnement aler à cheval ne à charroy sanz très-grans perilz et inconveniens; et sont les chemins des entrées des portes de notredicte ville si mauvaiz et telement dommagez, empiriez et affondrez en plusieurs lieux, que à très-grans périlz et paines l'en y peut admener les vivres et denrées pour le gouvernement de notre peuple ; et avecques ce, ycelle ville a esté tenuë longtemps et encores est si ordre et si plaine de boës, fiens, gravoiz et ordures que chacun a lessié et mis communément devant son huis, contre raison et contre les ordenances de noz prédécesseurs, que c'est grant horreur et très-grant desplaisir à toutes personnes de bien et d'onneur; et sont ces choses ou très-grant esclande, vitupere et deshonneur d'icelle ville, et ou grant grief et préjudice des créatures humaines demourans et fréquentans en nostredicte ville, qui par l'infeccion et punaisie desdites boës, fiens et autres ordures, sont encouruës ou temps passé en griefs maladies, mortalitez et enfermetez de corps, dont il nous desplaist forment, et non sans cause;

Savoir faisons que nous considérans que en toutes les choses dessus dictes, si come exposé nous a esté par plusieurs gens de nostre conseil et autres personnes notables, est très-grant besoing et neccessité de mettre briefment provision et remede convenable pour le bon gouvernement de nostre dicte ville, à laquelle avons affection singuliere, comme à celle qui est la principale et la plus notable de nostre royaume, confians à plain du sens, loyauté et bonne diligence de nostre amé et féal chevalier et conseillier Jehan seigneur de Folleville, à present nostre prevost de Paris, ycelui avons commiz, député et establi, et par ces présentes, commettons, députons et establissons

Pour et à pourveoir diligemment par toutes les meilleures voïes et manieres que fait pourra estre bonnement, en toutes ces choses que nostredit prevost verra ou trouvera estre expédiens, necessaires et prouffitables, pour le bien, honneur et décoracion de nostre dicte ville et des personnes qui y habitent et affluënt, et pour la faire tenir et maintenir d'oresenavant en bon estat et ordenance, nette et bien pavée, en contraingnant ou faisant contraindre vigueureusement et sans aucune faveur ou déport, tous les demourans ou aïans maisons, jardins ou autres ediffices et habitacions en ycelle, de quelque estat ou condicion qu'il soient, et de quelque auctorité, noblesce ou previlege qu'il usent ou soïent fondez, à tenir un chascun en droit soy et comme tenu y sera, nette, et faire oster les boës, gravois, fiens et autres ordures qui sont ou seront trouvées d'oresenavant devant leurs maisons et autres ediffices, et à faire admender et refaire semblablement chascun en droit soy, les pavemens des chauciées de ladicte ville (1); exceptez toutesvoïes ceulx de la croisiée d'icelle ville, et d'aucunes ruës et places qui y appendent, et lesquelz doivent estre faiz et soustenuz par celui qui est establi de par nous au gouvernement de la prevosté des marchans;

Et voulons et ordenons par ces présentes, que toutes manieres de gens soient contrains à enteriner et acomplir les choses dessus dictes, et toutes autres qui par nostredit Prevost seront advisées et ordennées pour le bon gouvernement et estat de la policie d'icelle ville; et mesmement les gens d'eglise et toutes autres

(1) Cette servitude existe encore aujourd'hui. (Isambert.)

personnes previlegiées aïans maisons ou autres edifflces en ladicte ville, par prinse et explectation de leurs temporelz qu'ilz y ont, et par toutes les meilleures voies et manieres que fait pourra estre et devra bonnement, sanz aucuns en espargner; toutes opposicions et empeschemens cessans et arrieres mises pour les délays, dommages et inconvéniens qui s'en pourroient ensuir;

Et nientmoins pour ce que nous avons entendu semblablement que dehors ladicte ville de Paris, en plusieurs lieux de la banlieuë, prevosté et vicomté d'icelle, a plusieurs chauciées, pons, passages et chemins notables et anciens, lesquelz sont moult empiriez, dommagiez ou affrondrez, et autrement empeschiez par ravines d'eaues, par grosses pierres, par haïes, ronces et autres plusieurs arbres qui y sont creuz, et par plusieurs autres empeschemens qui y sont advenuz, parce qu'il n'ont point esté soustenuz, et que l'en n'y a point pourveu ou temps passé, et sont en si mauvais estat que l'en n'y peut aler ne passer seurement à pié, à cheval ne à charroy, sans grans periiz ou inconveniens; et les aucuns d'iceulx sont délessiez de tous poins, parce que l'en n'y peut converser; lesquelles choses sont en très-grant lésion, dommage et préjudice de la chose publique;

Nous voulons, mandons et estroitement enjoingnons à nostredit prevost, en commettant se mestier est, que tantost et sanz délay il face refaire et amender diligemment toutes les chauciées et tous les pons, passages et chemins anciens estans en la banlieuë, prevosté et viconté de Paris et ou ressort, en contraingnant ou faisant contraindre vigucreusement et sans déport à ce faire, tous ceulx à qui ycelles chauciées, les diz pons, passages et chemins compétent et appartiennent à faire, et tous autres qui pour ce feront à contraindre; et mesmement aux coux des deniers des barrages et chauciées qui pour ce sont cueilliz et levez en plusieurs lieux de la banlieuë, prevosté et vicomté de Paris, se à ce pevent souffire; et sinon, par toutes les meilleurs voïes et manieres que faire se pourra bonnement, telement que lesdictes chauciées puissent estre refaites et amendées, et les pons, passages et chemins en bon estat, en contraingnant ou faisant contraindre se mestier est, à ce faire, tous les habitans des villes voisines des diz pons, passages, chauciées et chemins, et des autres villes qui y ont ou pourroient avoir prouffit ou avantage, à contribuer à la refeccion des diz chemins, chaussiées, pons et passages, chascun en droit soy, se à ce ilz sont tenuz, supposé que aucunes desdictes villes ne soient pas de la prevosté ou vicomté de Paris, ne du ressort d'icelle; et pour diligemment vacquier et entendre aux choses dessus dictes, voulons que nostredit prevost puist commettre et establir de par nous, se mestier est, teles personnes comme bon lui semblera, pour faire et adcomplir les choses dessus dictes; et que se il voit que bon soit, il face crier et publier solennelment de par nous par tous les lieux à faire criz ès mettes desdites prevosté et viconté de Paris, et ailleurs où bon lui semblera, que tous les haulx justiciers des lieux où lesdictes mauvaises chauciées et les diz mauvaiz chemins, pons et passages seront trouvez, les facent refaire et admender diligemment tantost et sanz délay, toutes excusations cessans, en les contraingnant à ce avec leurs subgiez, qui à ce faire seront tenuz, par toutes les meilleurs manieres qu'il pourront; et s'ilz en sont reffusans, délaïans ou en demeure, que nostredit prevost le face faire en leur deffaut si diligemment et telement que les diz chemins, chauciées, pons et passages, soient remiz en bon et suffisant estat, et que il n'en soit reprins de négligence.

De toutes ces choses faire donnons et octroyons plain povoir, auctorité et mandement espécial à nostredit prevost, et de faire généralment toutes autres choses qu'il verra et trouvera estre bonnes, expédiens ou nécessaires pour le bon estat et gouvernement de nostre dicte bonne ville, et de la banlieuë, prevosté et viconté d'icelle : mandans et commandans à tous noz subgiez que à lui et à ses commiz en ce fait, obéissent et entendent diligemment. En tesmoing de ce, etc.

Donné à Vernon, etc.

N°. 124. — Ordonnance (1) *contenant réglement général sur les eaux et forêts.*

Paris, 7 mars, 1388. (C. L. VII, 770.)

(1) *Premierement.* Que ainsy que fait avons des maistres des eaues et forests, le nombre des vardes, forestiers, gruiers, sergens, et autres officiers d'icelles eaues et forests, tant à gaiges comme

(1) La plus grande partie des articles de ce réglement est tirée de celui de Charles V, de juillet 1376. Il y a quelques articles du réglement de Charles V qui ne sont pas dans celui de Charles VI, et il y en a dans celui-ci qui ne sont pas dans l'autre. Nous ne donnons que ces derniers. Il y a aussi dans le

sans gaiges, soit restraint et remis à nombre certain, et à l'ordonnance moyenne ; et que de chascun d'eulx soit sceue par les diz maistres des eaues et forests, et à nous, à nostre conseilg rapportée l'expérience, suffisance de gouvernement, et aussy le nombre d'iceulx officiers, afin d'y pourveoir comme il semblera estre à faire.

(47) *Item.* Que comme les fleuves et les rivieres, grandes et petites, de nostre royaume, par malice et par engins pourpensés dez pescheurs, soient aujourdui commis sans fruit, et par eulx soient empeschiés les poissons à croistre en leur droit estat, et soient de nul valeur quant ils sont prinz par eulx, et ne prouffitent pas à en user en leurs mains, ainçoix monstrent que ilz sont plus chiers que il n'est acoustumé ; laquelle chose tourne à grant dommage tant des riches comme des povres de nostre royaulme ; et à nous appartient de nostre droit royal, curer et penser du bon estat et prouffit commun de nostredit royaulme ; il nous plaist et voullons que lez diz maistres de nosdittes forests et eaues, pregnent ou facent par leurs depputés prendre sagement sur tous ceulx où ilz les trouveront, tous les engins cydessoubz nommés et desclairez, et yceulx facent bruller et ardre, les pescheurs et autres appellés, pour veoir la vengence, par maniere que les pescheurs ne facent ou facent faire doresenavant telz engins ; et se autres engins sont trouvés sur les pescheurs ou avecquez eulx, qui soient plus dommagables pourpensés ou à pourpenser par leur malice, qu'ilz soient puguis et ars comme les autres devant diz ; et ceux qui en ouvreront ou qui les feront, à estre contrains à paier à nous, soixante solz, ou autre telle amende comme lez diz maistres regarderont et verront appartenir selon les meffaiz ; et les poissons qui seront prins forfaiz, soient regettés en l'eaue, se ilz sont vifz, et se ilz sont mors, que ilz soient donnés aux povres. Et pour ce que dez diz engins lez quelx nous voulons estre quis et enchersés de jour et de nuit, les noms sont mescongneux, et plusieurs, et en beaucop de lieux, nous les avons cy fait escrire et dénommer, c'est assavoir, le bas, rebouer, le siffre, garnis, valais, amondes, le poinsoner, la truble à boiz, la bouereschc, la chasse, le marche-pié, le cli-

---

réglement de Charles VI des additions à quelques articles de l'ordon. de Charles V, mais trop peu importans pour que nous ayons cru devoir les signaler. (Decrusy.)

V. Nouv. Rep., V°. *Marteau*, *Usage*, *Affouage* et *Chauffage*, arrêt de cassation, du 15 octobre 1809. Sirey, X, 1, 306.

quet, le rouable, ramées, faissines, fagos, nasses pellées, jonssiéez, lignes du long à mettre amecchons; et que l'en ne abate aux arches ne aux gors aux ables, et que braie à chausse arbre ne quevre, et que on n'y adjoingne boussel, espeux, desquelx engins nous deffendons perpetuelment à peschier; et aussy que l'en ne pesche de nuit, de quelconques engins, en deux mois; c'est assavoir, demy mars, jusques à my may : car les poissons frient en icelluy temps, et laissent leur froiz ès herbes, et les pescheurs de nuit les chassent, et détruisent toute la froye; et que nul ne soit sy hardy d'aler à froye de dars, ne que il prengne gardons ne dars durant ledit temps; et par-tout l'en pourra peschier de tous bons engins, excepté ou temps dessusdit; et tous autres engins qui seront faiz de fil, desquelx ilz pouront peschier, nous voulons estre faiz à notre mole; c'est assavoir, à la largeur d'un gros tournois, chacune maille, et pouront estre faiz plus larges à prendre le gros poissons; et de la Saint Remy jusques à Pasques, à la largeur d'un parisis, et que nassent ne queurent par rivieres, se elles ne sont telles que l'en y puisse bouter sez doiz jusquez au gros de la main; et ne porront prendre barbel, carpe, tanche ne bresme, se chacune ne vault quatre deniers; le lusel, sy ne vault huit deniers, ne anguille, se chacune ne vaut sept deniers, ne autre poisson de Loire ne d'autre riviere royal, se il n'a plain doire, et que avec ce y paire chief et queux du moins (1).

(48 *Item* (2). Une autre maniere d'atrempance par le conseil du Roy notre S. laquelle il volt estre gardée comme les ordonnances dessus dittes, quant aux quidiaux, les chausses seront du mode d'un parisy de plat, et y pourront adjoindre boussel d'osier, du mole que entre deux verges l'en puisse par-tout bouter son petit doit du plat, tant comme l'ongle se porte; et les faissines dont l'en peschera de la Saint Remy jusques à Pasques, seront faittes au mole d'un parisy de plat aiséement; et depuis Pâques jusques à la Saint Remy, au mole d'un gros tournois de plat; et detous autres fillés dont l'en puet peschier selon lez ordonnances dessus dittes, semblablement; sauf la truble de fil, autre que celle à boiz, de quoi en tous temps l'en pourra peschier, maiz que elle soit du moulle d'un parisy de plat, excepté le temps de froyées.

(1) C.-à-d., qu'il n'ait la longueur d'une main fermée, le pouce étendu. (Sainctyon.)

(2) *V.* Sainctyon, p. 226, art. 7; p. 228, art. 13, et p. 232, art. 29. (Sec.)

(49) *Item*. De jonchées l'on pourra peschier en tous temps, excepté le temps des frayées; et quant aux nasses chausses de quoy l'en puet peschier par les ordonnances, elles seront faittez telles que l'en y puisse bouter ses trois ou quatre doiz en passent lez premières jointes, sans force.

N°. 125. — ORDONNANCE *portant que les rentes sur le domaine, achetées à vil prix par les officiers royaux, seront réunies au domaine, pour le prix du rachat.*

Vernon, 1er mars 1388. (C. L. XII, 167.)

CHARLES, etc. Nous avons entendu que aucuns de nos officiers, par leur convoitise désordenée, et en venant contre les ordennances royaulx faites par nos predecesseurs Roys, ont acheté de diverses personnes, plusieurs rentes à heritage sur nostre demaine, avec les arrerages qui en estoient deubz, dont ils ont eu très-grant marchié, et par le port de nostre service et soubz umbre de leurs offices, se sont fait paier desdiz arrerages, qui aucunes fois ont monté autretant que le prix de l'achapt ou assez près :

Pour quoi, nous, voulans la convoitise de telz officiers refrener, et afin que les autres se gardent mieulx de enfraindre lesdites ordennances royaulx, avons ORDENNÉ et ORDENONS par deliberation de nostre conseil, que les titres desdiz acheteurs soyent apportés et mis pardevers vous en la chambre de nosdis comptes, et que lesdites rentes ainsi achetées, soient mises et appliquées à nostre demaine, en rendant audiz acheteurs le prix de l'achat, deduit touttevoyes ce qu'ils auront reçeu desdiz arrerages.

Si vous mandons et commandons, etc. que vous mettez à execution, et icelle tenez et gardez, et faitte tenir et garder senz enfraindre, ne faire ou souffrir estre fait aucune chose à l'encontre, et à ce contraingnez ou faites contraindre, se mestier est, vigueureusement et sanz deport, et par toutes voyes et manieres deues et en tel cas accoustumées, tous ceux qui pour ce feront à contraindre.

Donné à Vernon, etc. soubz nostre séel ordené en l'absence du grant.

Par le Roy en son conseil, ouquel estoient messieurs les ducs de Touraine et de Bourbon, le connestable et plusieurs autres

---

N°. 126. — ACTE *de l'Assemblée des trois États, pour la levée de gens de guerre contre les Anglais.*

5 mars 1388. (Bibl. du Roi, mss., cart. n° 101.)

N°. 127. — ORDONNANCE *contenant instructions sur la levée des aides.*

Vernon, 11 mars 1388. (C. L. VII, 245.)

N°. 128. — ORDONNANCE *concernant la chambre des comptes.*

Gisors, 3 avril, avant Pâques, 1388. (C. L. VII, 256.)

CHARLES, etc. A nos amés et feaux gens de nos comptes à Paris : salut et dilection.

Nous vous envoyons enclos sous nostre scel secret, certaine ordonnance faite par délibération de notre conseil, sur le fait et gouvernement des ecrits des douze clercs d'embas, receveurs ordinaires et extraordinaires, notaires et huissiers de ladite chambre. Si vous mandons et enjoignons étroitement, que icelle ordonnance, et toutes les choses contenuës en icelle, vous voyez et visitez diligemment, et icelle faites enregistrer pardevers vous en ladite chambre, et faites jurer, tenir et garder de point en point, selon sa forme et teneur, et gardez que en ce n'ait aucun deffaut.

Donné à Gizors, le 3e jour d'avril, l'an de grace MCCCLXXXVIII, et de notre regne, le IXe, avant Pasques.

Par le Roy, présens messieurs le vicomte de Melun, le Begue de Vilaine, et Jean d'Etouteville.

(1) *Premierement.* Que lesdits gens des comptes; c'est à sçavoir, le président, les quatre clercs maistres, et les quatre laiz, continuënt diligemment les ordonnances aucunes, et bonnes coutumes; c'est à sçavoir, de muer les douze clercs d'embas de l'une chambre en l'autre, doresnavant, toutes et quantes fois que bon leur semblera, afin que chacun desdits douze clercs, puissent et sçachent de legier avoir connoissance de tous les ecrits, comptes et lettres, estant en chacune des six chambres (1), où sont mis les ecrits ordinaires et extraordinaires du royaume de France.

---

(1) Ces six chambres étaient six départemens différens, dans chacun des-

(2) *Item.* Que les douze clercs en chacun d'eux, seront tenuz de faire continuelle résidence en ladite chambre, chacun jour; aux jours accoutumez, et aler en icelle chambre tant en hyver comme en l'esté, à heure deuë; et se ils y vont trop tard, ils en seront reprins par les messieurs ou aucuns d'eux; et y demeureront jusqu'à ce que les maistres clercs ou lais, ou la meilleure partie d'iceux, s'en soient départis, afin que si en la grande-chambre, on avoit affaire d'aucun secours, que sur l'heure, sans délay, on les pust avoir; si lesdits clercs d'embas ou aucuns d'eux, n'y avoient loyale essoine, ou excusation suffisante; et se leur soit enjoint par le président ou maistre desdits comptes, sur peine de privation de leurs gages de huit jours.

(3) *Item.* Se il advenoit que aucun des douze clercs fussent malades, ou eussent loyale essoine pour quoy ils ne peussent bonnement aler en la dite chambre, icelui ou ceux seront tenus de eux envoyer excuser pardevers lesdits maistres, ou aucuns d'iceux; sur la peine dessus dite.

(4) *Item.* Que lesdits douze clercs ne aucun d'eux, ne se pourront partir de Paris, pour leur propre besogne ne pour autrui, sans prendre et avoir congé et licence desdits maistres, ou aucun d'eux; sur la peine dessusdite.

(5) *Item.* Sitost comme lesdits douze clercs auront esté muez de l'une chambre en l'autre, pour avoir la connoissance de tous les comptes et ecrits de ladite chambre, ils doivent estre mis deux et deux, afin que si l'un estoit malade ou absent, son compaignon sceust répondre des comptes, lettres et ecrits qu'on lui demanderoit; si comme a esté accoutumé d'ancienneté, comme dessus. Que avant toute œuvre, chacune compagnie, en droit soi, fassent bien et diligemment inventaire de tous les comptes et ecrits, tant ordinaires comme extraordinaires, estant ès six chambres qui leur seront ordonnées; et ledit inventaire fait et parfait, soit doublé, et en soit apporté le double en la grand'chambre, pardevers les maistres, afin qu'un livre soit fait de tous lesdits inventaires desdites six chambres, qui sera mis au coffre commun en la chambre de haut, avec les registres des chartres, et des livres des mémoriaux.

---

quels on examinait six sortes de comptes différens. Les noms de ces six chambres se trouvent à la fin de cette ordonnance. (Sec.)

(6) *Item.* Qu'en faisant ledit inventaire, les douze clercs et un chacun d'eux, extrahient bien et diligemment tous les receveurs et vicomtes, ordinaires et extraordinaires, de quelque estat et condition qu'ils soient, qui auront à compter et eux affiner du temps passé, pour quelque cause que ce soit; déclarent les causes et le temps dont ils les trouveront chargez, et en fassent en chacune des six chambres dessusdites, un registre; et que par eux soit avisé et ordonné, que ceux qui auront à compter, leurs hoirs ou ayant cause, soient mandez à compter; et que sur ledit registre qui demeurera en la grand'chambre, comme ledit inventaire, soit arresté sur chacune partie, le jour et le temps que chacun sera mandé à compter, à tout ce qui sera approuvé sur chacune partie.

(7) *Item.* Que toutes et quantes fois qu'il conviendra extraire des comptes ordinaires ou extraordinaires, tant des aydes ou autrement, aucunes dettes descendant desdits comptes, tant du temps passé que pour le temps avenir, icelles deties passées, bailler aux trésoriers de France, aux généraux ou autres, afin de faire icelles vérifier ou exécuter : que après ce que lesdites dettes auront esté extraites par lesdits clercs d'embas, et bien collationnées, jettées et corrigées, icelles soient apportées au burel, afin que par les maistres desdits comptes, elles soient baillées à ceux à qui il appartiendra; et que de ce soit faite mention à la fin des comptes dont les dettes descendront; et aussi au livre des mémoriauz : que lesdits clercs en chargent ceux à qui lesdites dettes auront esté baillées, pour en répondre en temps et lieu.

(8) *Item.* Que lesdits douze clercs, ne aucuns d'eux, ne rendent à quelque personne que ce soit, excepté ausdits maistres des comptes, les domaines et revenus du royaume, les estats de fins des comptes, ne aucunes dettes anciennes et nouvelles; mais icelles dettes extrayent bien et diligemment, et apportent au burel, pour bailler aux trésoriers, comme dessus.

(9) *Item.* Pour ce que les écrits ont esté trop communs au temps passé; que nuls des clercs ou serviteurs d'iceux douze clercs d'embas, ne entrent en ladite chambre; mais convoyent son maistre jusqu'à l'huis devant, et les attendent dehors, jusqu'à l'issuë; si ce n'estoit pour faire aucune chose hastive, qui fust à faire de nécessité, et que leurs maistres ne peuvent bonnement faire de soi; auquel cas, ledit clerc d'embas le pourra faire faire par son clerc, du congé et licence de l'un

des quatre maistres clercs; pourveu qu'il écrive au dehors de l'une des six chambres, aux lieux à ce propices, et ordonnez d'ancienneté.

(10) *Item.* Que nul desdits douze clercs, ne fasse, ne ne souffre faire par ses clercs et gens, en hostel, à aucuns receveurs ordinaires et extraordinaires, greneticrs ou autres, leurs comptes, afin que l'on ne puisse noter aucune chose par faveur ou autrement : car ce ne seroit pas l'honneur de la chambre.

(11) *Item.* Que aucun desdits douze clercs, ne reçoivent, logent ou hébergent en son hostel, aucuns desdits receveurs ou greneticrs, ou autres personnes quelconques, qui ayant à compter en ladite chambre, pour lignage, affinité ou comstie qu'ils ayent à eux, plus d'un jour ou de deux; à peine de privation de leurs charges.

(12) *Item.* Que aucuns desdits douze clercs, ne fassent, ne ne procurent aucunes assemblées ou disner, aux dépens des receveurs ordinaires et extraordinaires; esqueux disner ou assemblées, lesdits receveurs puissent dépendre plus de deux quartes de vin; à la peine dessusdite.

(13) *Item.* Que toutes et quantes fois qu'il plaira aux maistres desdits comptes, et auxdits douze clercs, ou aucuns d'iceux, à aller à la voute de ladite chambre, soit au matin ou après disner, si comme il a esté à ce accoutumé d'ancienneté, que aucuns de leurs clercs, ne leurs receveurs, ne leurs clercs, ne aucuns autres, ne entrent en ladite voute, mais l'huis clos sur eux, afin que autres n'y entrent en ladite voute; excepté ceux du corps de la chambre; tant pour honnesteté, que pour les écrits qui sont en ladite voute.

(14) *Item.* Que lesdits douze clercs d'embas, et chacun d'eux, vacquent et entendent diligemment, tant devant disner comme après, à la correction des comptes dont ils auront charge : car c'est l'un des principaux membres de leurs offices; à la peine dessusdite.

(15) *Item.* Que en faisant lesdites corrections, les douze clercs, et chacun d'eux, en droit soi, continuent les livres desdits ordinaires et extraordinaires, qui ont esté accoutumez et refaits d'ancienneté en ladite chambre, tant des offices principaux comme des particuliers; et y écrivent les dettes et charges desdits comptes, si comme il appartient à faire en

tel cas; et s'il advient qu'ils ayent à faire d'aucuns comptes ou ecrits estant en une autre chambre que la leur, après ce qu'ils en auront fait, que ils soient soigneux et diligens à les repporter et remettre en leurs places.

(16) *Item.* Que aucuns desdits douze clercs, ne reçoivent aucuns comptes des receveurs, vicomtes, greneticrs ou autres, tant ordinaires qu'extraordinaires, pour quelque cause que ce soit; supposé qu'ils doient ordinairement estre des ecrits dont ils ont la charge; si premierement et avant toutes œuvres, lesdits receveurs, vicomtes et grenetiers, et chacun d'eux, ne se sont présentez en la grand'chambre, pardevant lesdits maistres des comptes, ou aucun d'eux, et que par l'un d'iceux maistres, sont écrits et mis sur le compte qui sera à ouir, *traditus tali die, etc.* afin qu'on puisse sçavoir le jour de la présentation dudit compte.

(17) *Item.* Que supposé que en l'une desdites six chambres, ou en plusieurs, voisent pour compter divers receveurs, vicomtes ou grenetiers, ordinaires ou extraordinaires, et en un même temps, jour ou semaine, et qu'ils ayent esté mandez; que celui ou ceux desdits receveurs, vicomtes ou grenetiers, qui aura esté en l'examen pour compter, soit le premier et avant toute œuvre expédié ou délivré; et que les autres qui feront expédier, attendent au dehors de la chambre des comptes, qu'ils soient appellez; jaçoit ce que le *traditus* soit écrit sur leur compte, comme dessus; au cas toutes fois que lesdits maistres des comptes ne les voudroient ou pourroit expédier à mont au burel, ou les commettre à examiner à autre chambre, que celle où ils doivent estre d'ordinaire; auquel cas ils pourront aller et venir en ladite chambre, devant l'examen de leurs comptes.

(18) (1) *Item.* Que lesdits douze clercs, et chacun d'eux, ait singulière diligence, que toutes et quantes fois que les receveurs dudit royaume, iront compter en ladite chambre, que en l'exa-

---

(1) Je n'entends point cet article.

Il paraît, par la fin de l'article, que par les receveurs du royaume, il faut entendre ceux qui rendent les comptes du domaine. Comme ces comptes sont fort importans, ils doivent être examinés par deux chambres ou départemens réunis; ce qui retardera l'examen des autres comptes, qui devait être fait dans l'une de ces chambres.

On a laissé en blanc les noms des deux chambres qui devaient se réunir. (Sec.)

men de leursdits comptes, soient tenus les deux comptes par eux des deux compagnies, tant de .... comme de ...... si bonnement peut estre fait; consideré que les comptes du domaine, doivent estre préferez devant tous autres comptes extraordinaires.

(19) *Item.* Que aucuns desdits douze clercs ne présume de soy entremettre, en l'examen desdits comptes ordinaires ou extraordinaires, de faire quelque radiation en iceux; combien que la cause ou la matiere soit claire; si ce n'estoit par deffaut de quittance; mais fasse les *locatur* et arrestez appartenans à la matiere, lesqueux seront déliberez au burel, par les maistres desdits comptes, en l'audition et cloison d'iceux; appellez les trésoriers et généraux; comme contenu est en nos autres ordonnances faites sur ce.

(20) *Item.* Que en l'examen desdits comptes ordinaires ou extraordinaires, lesdits douze clercs, ne aucuns d'eux, ne passent aucunes parties auxdits receveurs, soit à héritage, à vie, à volenté, ne autrement, sans lettres de reconnoissance; s'il n'y avoit cause raisonnable, laquelle soit discutée au burel.

(21) *Item.* Qu'après l'examen des comptes, lesdits douze clercs et chacun d'eux, fassent toutes les corrections qui écherront à faire en iceux, tant en recette comme en dépense, le plus diligemment qu'ils pourront, sans attendre après la cloison et audition dudit compte : car il survient chacun jour tant de besoignes nouvelles, que toutes fois les vieilles en sont oubliées.

(22) *Item.* Que lesdits douze clercs et chacun d'eux, fassent et tiennent les ecrits de ladite chambre, secrets, sans les montrer à quelque personne que ce soit, s'il n'est du corps de ladite chambre; et qu'ils ne soient si hazardez de les porter hors de ladite chambre; sur la peine dessusdite.

(23) *Item.* Que lesdits douze clercs et chacun d'eux, fassent bonne diligence de faire mander lesdits receveurs et vicomtes, ordinaires, dont leurs chambres sont chargées, pour venir compter, et eux affinner dedans trois mois au plus tard après l'année ou les termes échûs; sur peine d'être suspendus de leurs offices.

(24) *Item.* Que aucuns desdits douze clercs, ne fassent aucune collation ne *vidimus* de lettres quelconques, sans avoir sur ce licence et congié de quatre maistres clercs, ou d'aucuns d'iceux.

(25) *Item.* Que aucuns desdits douze clercs, ne fassent aucun évaluement des monnoyes, soit pour le Roy ou contre le Roy, à requeste de partie, ne autrement; excepté ceux qui à ce seront commis et ordonnez, et qui auront la charge des écrits de la chambre des monnoyes.

(26) *Item.* Que les douze clercs et chacun d'eux, pour l'honneur du Roy et de la chambre, soient soigneux et diligens de aller en ladite chambre et par tout, vetus bien et diligemment des habits honnestes, et que chacun porte mantel ou housse fourez, et laissent les barettes, et prennent chapeaux honnestes, sur peine de privation de leurs offices.

(27) *Item.* Pour ce que ou temps passé, plusieurs personnes ont esté commises au gouvernement des recettes dudit royaume, par faveur ou autrement, lesqueux avoient petite faculté de biens temporels; et pour ce, en sont demourez plusieurs en grans restes, par la fin de leurs comptes; il est ordonné que tous les receveurs et vicomtes, ordinaires, qui doresnavant seront instituez en offices de recette, et chacun d'eux, seront tenus avant qu'ils ayent possession de leurs offices, de bailler caution et plege; c'est à sçavoir, ès grandes recettes, si comme Paris, Senlis, Vermandois, Amiens, Ponthieu, les quatre recettes de Champagne, Sens, Chartres, Orleans, Roüen, et semblables, chacun receveur, de cinq cens livres.

(28) *Item.* Es anciennes recettes, si comme les vicomtez de Normandie, Saint Pierre le Moustier, les exemptions de Touraine, et les semblables, chacun receveur, de trois cens livres.

(29) *Item.* Que tous les receveurs et vicomtes ordinaires, et ainsi tous les receveurs, greneliers, extraordinaires, toutes et quantes fois qu'ils seront mandez pour aller compter, s'ils ne vont au jour qu'il leur sera assigné, soient contraints à faire amende convenable, pour cause de la desobeissance, selon l'arbitrage desdits gens.

(30) *Item.* Pour ce que aucuns desdits receveurs et vicomtes, ordinaires, ont accoutumé volontairement de aller à Paris, en aucunes saisons plus que en autres, tant ou Lendi (1), comme autres fois, pour leurs propres besoignes et fait, plusieurs fois au temps passé defferé de venir compter jusqu'audit temps,

(1) La foire du Lendit. (Sec.)

afin qu'ils fassent leurs besoignes aux dépens du Roy; et souvent fois il est avenu, que en un même temps il en vient compter en une chambre, tant d'ordinaires que d'extraordinaires, tel nombre, que les aucuns demeurent aux dépens du Roy, avant qu'ils peussent entrer en compte, long espace de temps; et aucunes fois les a t'on renvoyez pour la multitude; auquel cas, l'en leur a compté venuë et retour, à tout le moins; il est ordonné que doresnavant, se les receveurs vont compter sans estre mandez, on ne leur comptera pour aller, demourer et retourner, aucuns dépens.

(31) *Item.* S'il advient que plusieurs des receveurs ou vicomtes, ordinaires ou extraordinaires, soient concurrens et mandez pour compter en un même temps, que après ce qui aura esté écrit en son compte *traditus*, comme dessus, iceux receveurs qui ne seront en l'examen, attendront au dehors de ladite chambre, jusqu'à ce qu'on les appelle pour entrer en compte, comme dessus.

(32) *Item.* S'il advenoit que aucunes parties eussent esté rayées en aucun des comptes desdits receveurs, pour certaines causes écrites sur les parties rayées, que le receveur ne mette, ne écrive, ne ne fasse mettre ou écrire deslors en avant, ladite partie rayée en aucun desdits comptes, sans congé de la chambre; si toutes fois il n'en avoit lettres qui le relevassent de la radiation; sur peine de l'amende.

(33) *Item.* Que aucuns des comptes des receveurs ordinaires ou extraordinaires, généraux ou particuliers, ne soient clos en ladite chambre, sans que iceux receveurs généraux ou particuliers, soient présens, se ils sont à *Paris;* ou que ceux qui rendront comptes, ayent procuration à ce suffisant.

(34) *Item.* Quant aux deux notaires de ladite chambre, il a esté ordonné que doresnavant eux, ne leurs clercs, ne seront ne ne besogneront en la grand'chambre; mais seront et besogneront en la chambre ordonnée anciennement pour les notaires, joignant à la chambre du conseil; excepté seulement aux jours et heures que l'on tiendra requestes ou plaidoiries en ladite chambre; lesquelles requestes et plaidoiries durant, ils pourront seoir et besoigner au siege pour eux ordonné en ladite chambre.

(35) *Item.* Lesdits notaires et chacun d'eux, seront diligens de extraire l'estat de tous les procès des causes pendans en ladite chambre; et les procez qui seront appointez à oüir droit,

ramenteront bien et soigueusement au président et maistres des comptes, afin qu'ils soient baillez à visiter et rapporter, pour juger au plus brief que l'on pourra, pour l'expédition des parties.

(36) *Item.* Que lesdits deux notaires et chacun d'eux, expédient les requestes et lettres qui leur sont commandées, sans ce que eux ou aucun de leurs clercs, exigent des bonnes gens, aucune chose; et s'ils font le contraire, ils en seront pugnis.

(37) *Item.* Que lesdits deux notaires et chacun d'eux, voisent en ladite chambre, chacun jour, bien et diligemment, pour l'expédition des besoignes touchant leurs offices, sans partir jusqu'à l'heure dûë.

(38) *Item.* Que toutes et quantes fois que l'on commandera auxdits notaires, ou à aucuns d'eux, aucune chose à écrire ou enregistrer ès livres des chartres, des mémoriaux, ou outres, que lesdits livres ils ne les portent point hors de la chambre, ny en leur hostel, ne autre part; et que ils ne souffrent aucune personnes étranges en leur chambre, qui puisse voir ne regarder les secrets de ladite chambre.

(39) *Item.* Que les notaires et chacun d'eux, seront tenus de tenir secrets tous les écrits et choses estant ès livres de ladite chambre, et tout ce qui sera fait et pourparlé en icelle, sans le reveler à quelconque personne que ce soit.

(40) *Item.* Quant à l'huissier de ladite chambre, il a esté ordonné que ledit huissier, ou son substitud, ne laissera entrer doresnavant aucuns des clercs ou gens des douze clercs d'en bas de ladite chambre, et des deux notaires dessusdits, pour demeurer en icelle chambre, jusqu'au partement d'icelle, sans congé et licence des maistres des comptes, ou d'aucuns d'eux; sur peine de l'amande.

(41) *Item.* Que toutes et quantes fois que plusieurs desdits receveurs ordinaires ou extraordinaires, iront compter, si tost qu'ils auront présenté en ladite chambre leursdits comptes, et qu'on ne pourra entendre à l'examen d'iceux, que ledit huissier fasse attendre lesdits receveurs et leurs clercs, au dehors de la grand-chambre, jusqu'à ce qu'on les fasse appeller, sans les laisser entrer en icelle; sur peine de l'amande.

(42) *Item.* Que ledit huissier sera doresnavant continuellement pour la garde de l'huis de ladite chambre, entre deux huis; et par guichet qui est au premier huis, il pourra parler

à ceux qui y voudront entrer, ou qui auront affaire en ladite chambre, pour sçavoir ce qu'ils demanderont, et rapporter à ceux à qui il appartiendra; et ne laissera aucunes personnes demeurer entre les deux huis de ladite chambre.

(43) *Item.* Qu'aux jours de lundy, mardy, jeudy, et vendredy, auxquels l'en a accoutumé de vaquer et entendre à l'audition des comptes, ledit huissier ne souffre ou laisse entrer en ladite chambre, aucune personne, si ce ne sont ceux qui auront à besogner en leursdits comptes, ou autres gens du conseil du Roy, sans la licence des maistres de la chambre,

(44) *Item.* Aux jours de mercredy et samedy, qu'on a accoustumé de tenir en plaidoiries ou requestes, ledit huissier pourra laisser entrer en ladite chambre, toutes manieres de gens qui y auront affaire, à l'heure desdites plaidoiries.

(45) *Item.* Que toutes et quantes fois que ledit huissier fera aucuns adjournemens en la ville de Paris, à la requeste des parties, ou commandement, qu'il ne prenne pas salaires excessifs, et soit content pour chacun adjournement ou commandement, de deux sols Parisis; et non plus.

(46) *Item.* Toutes et quantes fois qu'il fera aucuns appeaux et requestes de parties, à l'huis de la chambre, qu'il soit content de prendre pour appel, huit deniers Parisis; et s'il fait faire rélation par écrit, la partie payera l'ecriture.

(47) *Item.* Qu'il sera tenu de tenir secret tous les écrits de la chambre, et les choses traitées et pourparlées en icelles, sans reveler aucune chose; sur peine de privation d'office.

(48) *Item.* Que le président et maistres des comptes, fassent tenir, jurer et garder toutes les choses dessus dites, et chacune d'icelles, auxdits douze clercs d'embas, receveurs, notaires, huissiers, et à chacun d'eux, sans icelles enfraindre en aucune maniere, sur les peines dessus dites.

Et estoient lesdites ordonnances signées de la main du Roy Charles.

N°. 129. — Lettres (1) *portant confirmation d'un réglement fait par les secrétaires du Roi, sur leurs droits pour les lettres qu'ils signent.*

Paris, 24 mai 1389. (C. L. VII, 272.)

---

(1) On voit par cette pièce (art. 1er), que les lettres royaux s'expédiaient

N°. 130. — LETTRES *qui abolissent l'usage d'obtenir jusqu'aux sentences par défaut au Châtelet.*

Paris, 3 juin 1392. (C. L. VII, 282.) (1)

N°. 131. — LETTRES (2) *portant que les habitans de Clermont en Auvergne ne paieront pas l'imposition que le duc de Berry veut lever sur eux.*

Saint ..... lez-Paris, 12 juin 1389. (C. L. VII, 284.)

N°. 132. — ORDONNANCE *qui défend au parlement d'avoir égard aux ordres royaux* (3) *tendant à empêcher l'expédition de la justice.*

Château du Louvre, 15 août 1389. (C. L. VII, 290.) Publiée au parlement le 27.

KAROLUS etc. Dilectis et fidelibus nostris gentibus, presens nostrum et que proximò futura tenebunt Parisius parlamenta : salutem et dileccionem.

Quia nobis innotuit ex multorum querimonia et relacione fide digna, quòd licet in antiquis ordinacionibus Regiis, juri et racioni consonis, per predecessores nostros Franciæ Reges inclitos editis, et tam in nostra dicti parlamenti curia, quàm alibi, diù est, pro bono rei publice et tocius justicie regni nostri salubri regimine, quàm alibi, propalatis, inter cetera caveatur, et vobis inhibea-

---

par le Roi en personne, par le Roi dans son conseil, par le chancelier de France, par le grand conseil, par le parlement, par les maîtres des requêtes de l'hôtel, par la chambre des comptes, par les trésoriers de France, dans l'audience de la chancellerie etc., et (art. 11), que les requêtes du Roi se tenaient le vendredi, en sa présence, ou de son commandement, ou par le chancelier de France. Il y a, dans la Collection du Louvre, une foule de lettres qui font mention qu'elles ont été données ès requêtes du Roi, tenues de son commandement par le chancelier. *V.* tom. VII, p. 203, 288, 402, 584, 589, 686, 687, 759, 794; tom. VIII, 74, 77, 310, etc. (Decrusy.)

(1) *V.* ci-après, l'ordon. du 3 juin 1392. (Isambert.)

(2) On lit dans ces lettres : Et ou cas que les gens et officiers de nostre dit oncle, lequel, comme pair de France, n'est tenu, s'il luy plaist, à plaider autre part qu'en nostre parlement à Paris, etc. (*Idem.*)

(3) On présentait souvent des lettres contrefaites. Les faussaires étaient bannis, mis à l'échelle, et marqués d'une fleur de lis au visage. La confiscation des biens appartenait au chancelier, comme ayant *la connaissance et correction des faussetés commises aux titres royaux.* — Arrêt du parlement, 13 juin 1392. — (Decrusy.)

V. ci-après, en 1392, des lettres de Jussion, données au parlement, à cause de l'exercice du droit qui lui est conféré ici. (Isambert.)

tur expressè, ne litteris injustis, et in lesionem parcium impetratis et obtentis, pareatis vel obtemperetis; quinymò, ipsis nonobstantibus, partibus ad vos affluentibus, justiciam ministrare nullathenùs omittatis, et super hoc plures litteras regias inhibitorias habueritis, vobisque per nos et nonnullos ex predecessoribus nostris, verbothenùs et sigillatim, nedùm semel sed pluries, hoc idem preceptum fuerit et injunctum : insuper in aliis ordinacionibus, procuratores generales dicti nostri parlamenti tangentibus, et quas ipsi anno quolibet in principio parlamenti, jurare consueverunt et tenentur, inter plura alia contineatur, quòd ipsi litteras injustas et iniquas, contra racionem et stillum dicte curie, non impetrabunt nec facient impetrari; nichilominùs, hiis temporibus modernis, et à quibusdam malis jam transactis diebus citrà, sepissimè contingit, quòd nonnulle partes in eadem curia nostra litigantes et causas habentes, cavillaciones et subterfugia, ac causarum prolixitatem perquirentes, suosque adversarios fatigare, ac immensis laboribus et expensis afficere cupientes, plures à nobis litteras clausas et appertas, per importunitatem, et quandoque per inadvertanciam, obtinuerunt, et de die in diem obtineere et habere satagunt, per quas, vià justicie pretermissâ, vobis mandari et inhiberi procurant, ne de eorum causis in prefata curia que est totius justicie dicti regni nostri speculum et origo (1), pendentibus et introductis, cognoscatis; sed eas, ubicunque nos esse contingat, remittatis; et pari forma, plures ex ipsis, alias plerumque litteras impetrare conantur et de facto obtinent, ad finem quod dicte eorum cause in suspenso sive statu, usque ad longum tempus remaneant et teneantur, nulla causa, saltem legitima, per quod fieri debeat, in eisdem expressa; nec non ut prisionarii in nostris carceribus, ex dicte curie ordinacione et precepto, suis exigentibus demeritis, et propter excessus, maleficia et crimina per eos perpetratis et commissa, mancipati et detenti, deliberentur seu relaxentur, nulla justicie et parti lese satisfaccione facta, et quòd deteriùs esse censetur, nonnulli ex dictis litigantibus, in judicio vel arresto appunctati, de jure suo desidentes, et judicium vel arrestum contrà ipsos propter causas injustas, quas usque ad diffinitivam pertinaciter sustinerunt et sustineri facere presumpserunt, in

(1) Dans un grand nombre de lettres de ce règne, le parlement est nommé la *Cour capitale et souveraine du royaume*; dans des lettres de 1340, il est nommé *Cour de France*. (*V.* C. L. VII, 541.). (Decrusy.)

eisdem ferri et pronunciari verissimiliter formidantes, litteras impetrare satagunt, et jam quidam ex eis impetraverunt, ut dictorum arrestorum et judicatorum, cum matura deliberacione consilii digestorum et consultorum, pronunciacio differatur; et multociens per alias litteras, veritate suppressa, obtentas, vobis mandari et inhiberi fraudulenter et dolosè, aut aliter fictitiè et minùs justè faciunt, quod ad consultacionem judicatorum et arrestorum in quibus se senciunt appunctatos, minimè procedatis, nisi omnes consiliarii nostri camerarum dicti parlamenti et inquestarum ejusdem, ac requestarum palatii nostri regalis, nec non et aliquociens magistri requestarum hospitii nostri, cum aliquibus de nostro magno consilio, ad hoc fuerint convocati et insimul congregati, vel saltem maxima pars eorumdem, quod vix seu nunquam fieri posset, attentis eorum occupacionibus ac officiis et negociis multimodis quibus onerati existunt, et ubi eos insistere et vacare necessariè opportet. Insuper, accidit frequenter, quod arrestorum et judicatorum in eadem curia prolatorum execucio postponitur et differtur, pretextu talium vel consimilium impetracionum; unde jura parcium que dictis arrestis et eorum effectibus potiri nequeunt, quamplurimùm leduntur et indebitè protelantur; et unà cum hoc intelleximus, quod multi et diversi servitores et officiarii nostri, utpotè hostiarii et servientes armorum, et quidam alii, ad pejora et graviora prorumpentes, ad vos sepiùs accedunt, asserentes se à nobis mandatum sive preceptum expressum et precisum orethenùs sibi factum habere, et vobis ad suggestionem parcium vel eorum amicorum et affinium, ausu temerario et presumptuoso, absque commissione seu precepto vel mandato ex parte nostra, referunt et exponunt, quòd nobis placet et volumus, ac per ipsos vobis mandamus, ut in pluribus actibus et negociis, casibusque et causis in dicta curia ventilatis et emergentibus, tam in facto remissionis seu advocationis causarum ad nostram presenciam, ipsarum continuationis, consultacionisque et pronunciacionis arrestorum, quàm in expedicione seu relaxacione aut elargacione prisionariorum, et ceteris consimilibus, procedatis et vos reguletis modo et forma superius expressis, vel aliis viis premeditatis et adinventis; ex quibus pretactis et eorum deppendenciis, nonnulla dampna, scandala et inconveniencia, in lesionem justicie et rei perniciose exemplum, oriuntur ac eciam generantur in nostri et dicte curie opprobrium, et nostrorum subditorum ac aliorum extraneorum in dicta curia jura sua prosequencium, prejudicium, ac tocius rei publice dicti regni intolerabile detrimentum, quod Deo odibile et nobis displicibile non immeritò reputamus.

Nos igitur tam gravibus dispendiis et inconvenientibus occurrere, et super premissis, prout nostre majestati Regie incumbit, salubriter providere, nostrisque subditis et aliis ad dictam curiam affluentibus, celeris justicie solatium ministrare totis viribus cupientes, matura consilii deliberacione prehabita, volumus, ac vobis districtè precipiendo mandamus, et serie presencium inhibemus, quatinùs deinceps talibus nec consimilibus litteris apertis seu clausis, in lesionem juris partium, justicieque scandalum et retardacionem, ac contrà usum, stilum et ordinaciones dicte nostre curie, concessis et obtentis, ad eciam concedendis et obtinendis, nullathenùs pareatis seu obtemperetis; nisi forsan hec littere fuerint tales que contineant effectum racionis; super quo conscientias vestras penitùs oneramus; dictisque armorum hostiariis et servientibus, et aliis officiariis et nunciis, ad vos, ut prefertur, pro predictis accedentibus, ac eorum dictis et assercionibus, minimè credatis seu obediatis, nec propter hoc bonum justicie et rei publice impediri quomodolibet permittatis, ymo potiùs, dictas litteras, si ex qualitate et natura facti casus exigant, nullas et iniquas vel saltem subrecticias pronuncietis; aut si vobis magis expediens videatur, secundùm naturam causarum et qualitatem personarum, nobis super hoc rescribatis, et nostram advisetis conscientiam, quid inde vobis videbitur, et agere debeamus: taliter quod ob deffectum justicie, prefati nostri subditi et alii in dicta curia litigantes et justiciam postulantes, nullum incommodum in eisdem et ipsorum juribus, de cetero patiantur; partes ac consiliarios et procuratorem hujusmodi litteris uti, et eas sustinere contra presencium et dictarum ordinacionum tenorem satagentes, ac etiam dictos hostiarios, servientes, officiarios et nuncios, si casus exposcant, propter hec, de tali pena vel emenda puniendo, quod ceteris transeat in exemplum. In cujus rei testimonium, presentibus sigillum nostrum duximus apponendum.

N°. 133. — Lettres *portant confirmation d'un accord* (1) *fait pour le gouvernement du collége de Beauvais, à Paris, et confirmé par un arrêt du parlement, entre l'évêque de Meaux et l'abbé de Saint-Jean-des-Vignes.*

Melun, 13 septembre 1389. (C. L. VII, 298.)

---

(1) Il résulte de ces lettres que les parties qui avaient des procès pouvaient

N°. 134. — Lettres *portant confirmation des privilèges accordés aux bourgeois de Eyrieu.*

Avignon, novembre 1389. (C. L. VII, 306.)

(5) Si creditor citare fecerit suum debitorem, vel res ejus saisiri, creditor debet priùs debitum suum habere et recupperare, quàm nos vel castellanus noster clamorem (1) nostrum recuperet.

(7) Aliquis burgensis seu habitator ville nostre predicte Ayriaci et franchesie nostre, non tenetur facere aliquam mutilationem nec ultimum supplicium latronum vel malefactorum, precepto nostri castellani, nec alterius, nisi de sua processerit voluntate.

(29) Si dives causam habeat cum paupere aut cum vidua, aut cum minore vel eq° (2) et tales non habeant unde possint expensas facere; curia nostra debet eisdem dare consilium, si petant; vel facere inquiri de plano et sine juris solempnitate, de jure personarum predictarum.

(37) Si alicui crimen imponatur per aliquem in curia nostra, et is cui crimen imponitur, non se deffendat, pro cognito habeatur; et si is qui opponit crimen, prosequi nolit nec probare possit, ad penam tallionis teneatur.

(39) Si quis necessitate famis, panem, carnes aut aliud ad usum edendi, furatus fuerit usque ad sufficientiam unius refectionis, tantùm comminandus est et increpandus (3) : si autem inveniatur pecunia penes se vel pignus sufficiens, sine vestibus fustigandus est, et ejiciendus de villa ; non tamen propter hoc supponatur questionibus, nec signetur pravo signo.

(41) Si pistores, habito respectu ad forum bladi, panem legi-

---

demander au parlement la permission de faire un accord ; l'accord fait, le parlement rendait un arrêt pour condamner à l'exécuter. Ces lettres font mention qu'elles ont été corrigées et récrites de l'ordre du chancelier, ce qui arrivait souvent, ainsi que l'atteste la Collection du Louvre. *V.* tom. 7, p. 129, etc. Des lettres, p. 404, sont terminées par ces mots : *Autrefois ainsi signées....., et renouvellées de votre commandement.* (Decrusy.)

(1) Droit qu'on payait lorsqu'on présentait une requête à un juge.

(2) Il y a dans Valbon *et è converso*, et je crois que c'est ainsi qu'il faut lire ; du moins ces mots font-ils un bon sens. (Secousse.)

(3) Peut-être est-il à regretter que, pour ce cas, la même indulgence n'ait pas été adoptée par nos Codes modernes. (Decrusy.)

timè non fecerint, et generali monitione priùs in ecclesia vel villa facta, quòd panem ad modum legitimum reducant; si non correxerint, panis capiatur per castellanum, et frangatur, et pauperibus erogetur.

(61) Qui in adulterio deprehensus fuerit per castellanum, aut familiares nostros, in loco suspecto secreto, et diffamatus fuerit de dicto adulterio, et adulterium et diffamatio et locus secretus, rationabiliter probetur in curia nostra; videlicet, conjugatus cum conjugata vel soluta, vel è converso, solvat quilibet vir et mulier, pro banno, sexagenta solidos Viennenses; et quòd vir et mulier sint pro tanto quieti; et si vir sexaginta solidos solvere voluerit ex dicto adulterio, pro tanto sit quictus et liberatus; et quòd vir aut mulier non possint nec debeant compelli aut detineri, per nos aut familiares nostros, ad solvendum predictos sexaginta solidos, unus pro alio; nisi de eorum viri et mulieris in dicto adulterio captorum, fuerit voluntate; sed liberetur quilibet pro sexagenta solidis, et unus sine alio liberetur; et si dictos sexaginta solidos, ut predictum est, solvere non possent aut nollent, per villam currere (1) teneantur cursum, si malierint, ab una porta, per villam, usque ad aliam portam; et unus sine alio, trotari non debet; tamen ut predictum est, omnia predicta coram judice in curia nostra probentur, antequam trotentur; et si nollent trotari, solvent bannum, videlicet, dictos sexaginta solidos, ut superiùs est expressum.

(70) In omnibus causibus antedictis, emendari volumus dampnum, passis dampna et injurias, personis consideratis. Emendam non minorem esse volumus, quàm sit medietas banni, quòd dederit injuriosus aut commiserit.

(71) Quicunque offenderit aut deliquerit, ne cavere nec emendare possit, puniatur prout jus et ejus delictum requiret.

N°. 135. — Lettres *portant que les filles de joie (de Toulouse) porteront une marque sur leurs habits* (2).

Toulouse, décembre 1389. (C. L. VII, 327.)

Charles, etc. Savoir faisons à touz présens et avenir, que oye la supplication qui faicte nous a esté de la partie des filles de joye du

---

(1) Il faut apparemment ajouter *nudi*, qui est dans *Valbonnois*; et cela se pratiquait ainsi dans plusieurs endroits du royaume. (Sec.)

(2) *V.* les ordon. de Saint-Louis. (Isambert.)

bordel de nostre ville de Thoulouse, dit la grant Abbaye (1), contenant que pour cause de pluseurs ordennances et deffenses à elles faictes par les capitoux et autres officiers de nostre dicte ville, sur leurs robes et autres vestures, il ont souffert et soustenu pluseurs injures, vituperes et dommages, seuffrent et soustiennent de jour en jour, et ne se pevent pour ce vestir ni asseynier à leur plaisir, pour cause de certains chaperons et cordons blans, à quoy elles sont estraintes porter par icelle ordenances, sanz nostre grace et licence; requerans que nous leur veuillons à nostre joyeux advenement que fait avons présentement en nostre dicte ville, leur faire grace et les mettre hors d'icelle servitute.

Pourquoy nous, attendues les choses dessus dictes, desirans à chacun faire graces, et tenir en franchise et liberté les habitans conversans et demourans en nostre royaume, avons à nostredit advenement fait en nostre dicte ville, ordonné et ordonnons, et par ces présentes de grace especial et de nostre auctorité royal, avons octroyé et octroyons auxdites suppliantes,

Que doresénavant elles ne leurs successeurs en ladicte abbaye, portent et puissent porter et vestir telles robes et chapperons et de telles couleur comme elles vouldront vestir et porter, parmi ce qu'elles seront tenues de porter entour l'un de leurs bras, une ensaingne ou difference d'un jaretier ou lisiére de drap d'autre couleur que la robe qu'il auront vestue ou vestiront, sanz ce que elles en soient ou puissent estre traittés ne approuchiés pour ce en aucune amende; nonobstant les ordenances ou deffenses dessus dictes, ne autres quelconques au contraire.

Si donnons en mandement par ces présentes, au séneschal et viguier de Thoulouse, et à touz noz autres justiciers et officiers présens et avenir, ou à leurs lieuxtenans, et à chascun d'eux, si comme à lui appartendra, que de nostre présente grace et octroy, facent lesdictes suppliantes, et celles qui ou temps à venir seront et demouront en l'abbaye dessus dicte, joïr et user paisiblement et perpetuelement, sanz les molester ne souffrir estre molestées ores ne pour le temps avenir, en aucune maniere; mais se il

---

(1) Cette communauté se maintint long-temps dans la possession de ses priviléges, quoiqu'elle eût changé de nom. Pasquier assure avoir vu les filles du Château Vert de Toulouse n'ayant d'autre enseigne qu'une aiguillette sur l'épaule, de là cette expression courir l'aiguillette, pour désigner une conduite déréglée. (Decrusy.)

L'ord. d'Orléans, sous Charles IX, abolit leurs priviléges. (Isambert.)

trouvoient le contraire estre fait, si le remettent ou facent mettre en estat deu, ces lettres veues, sanz délay.

Et que ce soit ferme chose et estable à tousjours, etc. Sauf en autres choses nostre droit, et l'autrui en toutes. Donné à Thoulouse, etc.

Par le Roy en ses requestes, esquelles estoient mons. l'evesque de Noyon, le vicomte de Meleun, mess. Enguerran Deudin, et Jehan d'Estouteville.

N°. 136. — LETTRES *portant que les sergens ne pourront être reçus sans donner caution, et qui ordonnent une révision de leurs commissions.*

Paris, 20 janvier 1389. (C. L. XII, 169.)

N° 137. — LETTRES *qui exemptent les habitans de la campagne de faire le guet dans les châteaux et forteresses entre la Somme et la Loire, à l'exception de ceux situés sur le bord de la mer et aux environs.*

Paris, 28 mars 1389. (C. L. VII, 334.)

N°. 138. — LETTRES *qui règlent les fonctions, le pouvoir et l'autorité des généraux des finances* (1).

Saint-Germain-en-Laye, 11 avril, après Pâques, 1390. (C. L. VII, 336.)

N°. 139. — LETTRES *qui ordonnent aux gouverneurs du Dauphiné de faire signifier au comte de Savoye, et de faire exécuter l'arrêt du parlement de Paris, qui avait jugé que le marquisat de Palmer était un fief relevant du Dauphiné.*

Paris, 18 mai 1390. (C. L. VII, 340.)

---

(1) *V.* ci-dessus, dernier février 1388. (Isambert.)

N°. 140. — Lettres *portant défenses à tous autres qu'aux gradués, d'exercer la médecine et la chirurgie* (1).

Saint-Germain, 5 août 1390. (C. L. VII, 354.) Publiées au Châtelet de Paris le 17 et le 20.

Charles, etc. Au prevost de Paris, et à tous noz autres justiciers ou à leurs lieuxtenans : salut.

Il est venu à nostre congnoissance, que plusieurs praticiens tant en médecine comme en cirurgie, se exposent indeuement à visiter malades, et abusent desdictes sciences, en eulx promettant et acertenant les garir et curer de leurs maladies, et de eulx faire chose laquelle il ne sauroient ne pourroient, et contre les termes de la vérité desdictes sciences, dont plusieurs périlz et inconvéniens se sont et pourroient plus grans ensuir, se pourveu n'y estoit :

Pourquoy nous qui ne vouldrions telz choses dissimuler ne souffrir, vous mandons en commectant se mestier est, et à chascun de vous, si comme à lui appartendra, que sur ce vous informez diligemment, et à ceulx que vous trouverez non expers et insouffisans à pratiquier esdictes sciences, défendez sur telles paines qu'il vous semblera à faire de raison, que en aucune maniere ilz ne exercent la pratique desdictes sciences; et ou cas que aucun non maistrisié ès sciences dessus dictes, vouldroit dire et maintenir soy estre souffisant pour ladicte science exercer, nous ne voulons que aucunement il y soit receu, jusques ad ce qu'il vous appere qu'il soit examiné et trouvé souffisant par ceuls à qui il appartient.

Donné à Saint-Germain, etc.

N°. 141. — Lettres *portant que les bourgeois de Paris pourront posséder fiefs et arrière-fiefs, comme s'ils étaient de noble race et origine.*

5 août 1390. (Archiv. du royaume, carton n° 1.)

N°. 142. — Lettres *portant que les décharges pour les finances devront être signées par deux au moins des généraux conseillers, sur le fait des finances.*

Saint-Germain-en-Laye, 18 août 1390. (C. L. VII, 355.)

---

(1) *V.* notes sur l'ordon. du mois d'août 1351, tom. 5, p. 592. (Isambert.)

N°. 143. — LETTRES *portant (art. 9) qu'à Neufchâteau en Lorraine, on ne pourra saisir, pour dettes, ni les chevaux de bataille ni les armes des bourgeois.*

Paris, août 1390. (C. L. VII, 360.)

N°. 144. — LETTRES (1) *relatives au droit de vingtain* (20e *partie des fruits de la terre.*)

Paris, 28 septembre 1390. (C. L. VII, 372.)

N°. 145. — BULLE DU PAPE (Clément VII), *confirmative en faveur du Dauphin, des lettres de Charles* V, *du mois de janvier* 1378, *par lesquelles il le nomme son lieutenant, et vicaire-général en Dauphiné et pour le royaume d'Arles* (2).

6 novembre 1390. (Bibl. du Roi, Mss. carton n° 102.)

N°. 146. — LETTRES *portant confirmation des lettres d'affranchissement données par le chapitre de l'abbaye de Saint-Germain d'Auxerre aux habitans d'Ecan.*

Paris, décembre 1390. (C. L. VII, 389.)

Ou nom du Pere et du Filz et du Saint Esperit. Amen. A tous ceulx qui ces présentes lettres verront et orront. Estienne par la *permission divine*, humbles abbés de l'eglise Saint-Germain d'Aucerre, et tous li couvens de ce mesme lieu : salut en nostre S. comme nostre Seigneur Jeshu-Crist nostre Créateur et Redempteur, vost prendre char humaine pour rompre les liens où nous estions liez de servitute, et nous restituer à liberté et franchise où nous avions esté paravant, afin que toute personne doye joïr de liberté et franchise; et entre touz, les ministres de la foy chrestienne, l'eglise comme mere de tous féaulx crestiens, nonne tant seulement soit tenue de oc-

---

(1) On trouve dans ces lettres, au nombre des personnes qui les ont sollicitées, *Andreas de Monte-Florum*, et *Petrus Garemi*, *juris civilis professores.* (Decrusy.)

(2) La suzeraineté appartenait donc à un prince étranger. (Isambert.)

troyer, concéder et donner ladicte liberté et franchise, maiz en outre, icelle qni est acquise, garder et sauver : saichent tuit que nous abbés et couvens dessus diz, en ensuigant la voie de Jeshu-Crist, et l'enseignement des Sains Peres et des escriptures, et attendens que entre les autres besongnes et sollicitudes temporelz que nous avons et devons avoir, celles doivent estre principaux et devant aller, par lesquelles nous pourrons pourveoir au proufit et utilité de nostre eglise, et procurer la paix et repos de nouz et de noz subgez. Pour ce est-il que nous assemblez ensemble, en pluseurs nos chapitres généraulx, et par pluseurs foiz, et mesmement en nostre chapitre général qui fu tenuz et célébrez en l'an M. CCC. LXXI. le huitiesme jour de novembre, sur ce bonne délibération et enterine eue en nostredit général chapitre, et avecques les saiges et conseil de nostredicte eglise, consideré et attendu le proufit et la grant utilité de nostre dicte eglise de Saint-Germain, etc.

N°. 147. — LETTRES (1) *portant réglement pour les arbalétriers de Paris.*

Paris, janvier 1390. (C. L. VII, 395.)

N°. 148. — LETTRES *qui instituent trois généraux sur le recouvrement des aides, et trois généraux sur la justice des aides, et règlent leurs fonctions* (2).

Corbeille, 11 mars 1390. (C. L. VII, 404.)

---

(1) Ces lettres défendent aux arbalètriers de jouer de l'argent au jeu de l'arbalète ; mais ils peuvent jouer du vin, pourvu que le perdant en soit quitte pour une pinte le matin et une l'après dîner. Le jeu de dé est qualifié déshonnête et damné. (Decrusy.)

(2) *V.* ci-dessus, l'ordon du dernier février 1388, p. 652.

On trouve dans ces lettres l'érection de la jurisdiction des aides de Paris en titre de Cour. Elle fut abolie par les ordonnances d'Orléans, 1560, et de Moulins, 1566, et rétablie par Charles IX, en 1569. On se rappelle que les États-généraux de 1356, comme ceux de 1355, nommèrent les officiers qui devaient faire la levée des subsides, et que c'est à ces officiers, qui ne devaient subsister qu'autant que l'aide devait avoir cours, qu'on peut rapporter l'origine de la Cour des aides. (Decrusy.)

N°. 149. — ORDONNANCE *sur le gouvernement de l'hôtel du Roi, rappelant que dans les chevauchées du Roi, après son nouvel avénement, ou autrement, on est dans l'usage de lui faire des présens en vivres, et portant qu'on comptera de toutes les dépenses, sauf celles secrètes, pour lesquelles il y aura cédule.*

Paris, 17 mars 1390. (C. L. XII, 172.)

Droit de prise.

(8) *Item.* Pour ce que les preneurs qui prennent sur une ville, ou sur personne singuliere, blez, avoines, foins, poulailles, chars et autres vivres, n'en baillent aucun enseignement, cedulle, argent ne autre chose, mais dient aux bonnes gens, venés en la chambre aux deniers et on les vous comptera; et quand les bonnes gens sont venus en laditte chambre, il trouvent aucune fois moins compter que on n'a levé sur eux, et aucune fois rien, par quoi les bonnes gens y ont eu grand dommages ou temps passé : il nous plaist que les officiers qui ont accoustumé de prendre garnisons, comme porte-chappes, chevaucheurs et autres quelconques, n'ayent doresenavant aucune commission de prendre aucuns vivres se ladite commission n'est enregistrée et veue par chacun mois en la chambre aux deniers, et que ceulx qui seront commis à ce faire, soient personnes sufisans et solvables, et qui donnent pleiges de tele somme comme il sera regardé, afin que s'il prennent aucune chose qui ne soit par eulx compté, qu'ils soient puissans de rendre le dommage, et que l'en puisse avoir recours sur eulx, et ne prendront aucune chose sans appeller la justice des lieux; et pour l'accomplissement de cest article, voulons que les maistres de notredit hostel pourvoient de six des plus notables chevaucheurs qui serviront de trois mois en trois mois, et seront commis à faire lesdittes garnisons; et se l'en puet trouver personnes qui veuillent marchander et delivrer lesdits vivres, que les maistres de notredit hostel y pourvoient; et aussi lesdits preneurs ou chevaucheurs ou autres quiesconques qui prendront vivres pour la despense de nôtre hostel, seront tenus de les paier ou d'en bailler cedules soubs leur séel, signées de leur main, avant qu'ils lievent aucunes choses; desquelles cedules la teneur sera telle : *Le Roy nostre Sire est tenu à tel, demourant en tel lieu, pour tele chose prinze de lui par moi*

tel chevaucheur ou commis à faire les garnizons de l'hostel dudit seigneur, et la lui promet à faire compter en la chambre aux deniers, etc. et voulons que lesdits vivres soient prisiés en notre prix, au lieu où il seront prins et arrestés, et que touttesfois que lesdits preneurs ou chevaucheurs auront prins blez, avoines ou autres choses, ils soient comptés ou nom de ceulx de qui ils les auront prins, et non mis ou nom desdits preneurs ou chevaucheurs, pour obvier aux faultes qui ont esté ou temps passé.

N°. 150. — Lettres *portant que les notaires du Châtelet de Paris seront tenus de donner au receveur des droits royaux, à Paris, l'état des ventes et transports donnant ouverture aux droits.*

Paris, 7 avril 1391. (C. L. VII, 409.)

N°. 151. — Lettres (1) *portant que la chambre des comptes ne passera dans la dépense des receveurs, et autres comptables, aucunes sommes en vertu de mandemens, du Roi ou distribuées par ses ordres, si elles n'ont été ordonnancées par deux généraux au moins.*

Paris, 10 avril 1391. (C. L. VII, 411.)

N° 152. — Lettres *portant confirmation des priviléges de la ville de Vienne* (2).

Paris, mai 1391. (C. L. VII, 424.)

(4) *Item.* Quicunque emerit *Vienne*, in mercato, carreria, vel mensa operatorii sui, rem alienam, vel in pignore rece-

---

(1) On lit à la fin de ces lettres : *Et ces présentes nos lettres faites enregistrer ès registres de la chambre de noz diz comptes, afin que aucun n'en puisse prétendre ignorance, et icelles publiez, se mestier est.* (Decrusy.)

(2) Dans ces temps on se disait pape, évêque, abbé, comte, etc, par la grâce de Dieu. Ainsi, dans ces lettres, on lit Urbain, pape *divinâ providentiâ;* de Villars, évêque et comte, *Dei gratiâ;* dans d'autres, rapportées, C. L. VII, 735, on trouve *Johanne, Dei gratiâ Episcopo Gratianopolitano*; et dans des lettres de mai 1390 (*V.* C. L. VII, 342), Étienne de Chitry se dit humble abbé de l'église de Saint-Germain d'Auxerre, par la permission divine.

perit, non teneatur domino rem suam restituere, eciamsi suam probaverit, nisi precium pro ea datum seu conventum, restituerit; nisi probaret legitimè ipsum emptorem vel creditorem scivisse tempore empcionis, rem esse alienam.

(7) *Item.* Si aliqui deprehensi in adulterio, sit in electione viri, divites tantùm viginti quinque florenos, et pauperes solvere decem florenos tantùm; vel fustigari per villam nudus cum muliere inducta camisia usque ad mamillas, ne appareant naturalia; et illi qui adulterantes deprehendent, non habeant lectum, nec aliqua de bonis ipsorum; nisi tantùm quinque solidos pro lecto.

(14) *Item.* Curie seu earum familiares, non claudunt hostia domorum vel operatoriorum habitatorum *Vienne*, nec apponunt manum in bonis eorum, quandiu parati fuerint stare juri et de se conquerentibus ad justiciam respondere, et nisi de mandato judicis; aliter quod possit sibi impugnè resistere pignoranti (1).

(30) *Item.* Qui intrabit vineam vel viridarium alterius, occasione dandi dampnum, solvat pro banno, tres solidos et sex denarios, vel dentem amittat; quod erit in electione ipsius; et dampno passo emendam faciat competentem.

(37) *Item.* Puelle maritande non teneantur coram officiariis personaliter respondere, nisi probabiliter dubitetur aut sint viri potentes, et nisi in casibus à jure expressis.

(38) *Item.* Habitatores *Vienne*, habentes domos locatas, preferantur (2) aliis creditoribus inquilinorum suorum, in ypotheca bonorum ipsorum inquilinorum, que fuerint infrà domum; et hoc quantùm ad mercedem, ne ob culpam inquilini, amittant mercedem.

(39) *Item.* Possint claudere hostia inquilinorum propriâ auctoritate, et bona infrà existencia retinere, quantùm ad mercedem persolvendam.

Plus tard, on prétendit que cette formule n'appartenait qu'aux souverains indépendans; elle donna lieu à des démêlés entre Charles VII et le duc de Bourgogne, entre Louis XI et le duc de Bretagne. Les deux ducs consentirent à ne plus l'employer. (Decrusy.)

(1) Nous avons déjà fait remarquer plusieurs fois, dans de précédentes ordonnances, le principe de la résistance à l'autorité agissant illégalement. (*Idem.*)

(2) *V.* l'art. 2102 du Cod. civ. (*Idem.*)

(53) *Item.* Ptereteà, cum cives et habitatores *Vienne*, dominus archiepiscopus qui pro tempore fuerit, et capitulum *Vienn.* pluries conquerendo exposuerint, quòd quedam consuetudines, ymò pociùs abusiones, ut dicunt, hactenùs usitate fuerint per cives *Vienne*; videlicet, quòd quelibet vidua solvebat mistrali ecclesie *Vienne*, duos denarios pro singulis libris dotis vidue contrahentis assignare; et viri quicumque matrimonium contrahentes, eciam solvebant cancellario, pro singulis libris dotis sibi assignate, unum denarium; ex et pro quibus exaccionibus, aliquociens jurgia inter solventes et exigentes insurgebant, ac lites et controversie hactenùs quàm plures mote fuerunt; et potissimè, quòd contrà jus exigebantur. *Item.* Quòd non omnes dotes in pecunia consistunt; ymò aliquociens in rebus aliis immolibus, quas oportebat extimare, quòd fieri non poterat sine magna dificultate, laboribus et expensis, ac préjudicio contrahencium; supplicantes ea propter dicti *Franciscus Hugo*, et nominibus predictis, sibi provideri; offerentes se paratos super hiis, officio mistralie et cancellarie debitum valorem premissorum, et eorum compensacionem sufficientem, alibi utiliter assignare; idcircò, ipsi cives nominibus predictis, pro se, et dictus dominus abbas et vicarius, ut dicit, ad quem nomine archiepiscopatûs *Vienne*, officium dicte mistrale, virtute unionis appostolice, de dicto officio mistralie, ad sedem archiepiscopalem *Vienne*, facte, pervenit, et venerabilis vir dominus *Andreas* De Opere, licenciatus in legibus, canonicus et cancellarius *Vienne*, pro se et suis in dicto officio successoribus; quilibet ipsorum, prout et in quantum ad ipsum nomine predicto, tangunt et pertinent, habito super hiis, ut asserunt, per plures dies et competentia intervalla, tractatu multiplici et deliberatione diligenti, attentis insuper per ipsos dominos abbatem et cancellarium, quòd omnes exitus, fructus, redditus et proventus officii dicte cancellarie, valorem annum decem librarum *Vienn.* secundùm taxacionem antique decime, non exedunt; visis insuper per ipsos dominos abbatem et cancellarium, ut asserunt, litteris superiùs nominatorum dominorum quondam archiepiscoporum *Vienn.* et per ipsos super hiis concessis, et suis sigillis sigillatis, confirmatisque noviter per dominum *Laurencium Guilleudi*, decretorum doctorem, canonicum *Vienn.* vicarium generalem in spiritualibus et temporalibus archiepiscopatûs *Vienn.* et per dominos decanum et capitulum *Vienn.* in quibus cavetur, quòd à viduis ultrà duos

denarios, et à viris nubentibus, ultra unum denarium, pro libra dotis contrahentium, non recipiatur; attentis causis et rationibus superiùs tactis et declaratis, quòd pro exaccione predicta, quoquomodò à jure devia, multa matrimonia temporibus elapsis imperfecta remanserint; et multis aliis, pro utilitate dicte ecclesie et officiorum predictorum; conveniunt transigunt, paciscuntur et componunt, pro se, archiepiscopis et cancellariis, futuris et successoribus in officiis predictis et sufficientem ab iisdem civibus, nominibus predictis, de supradictis exactionibus, compensacionem recipiunt; voluntque et concedunt per modum et per formam statum sequentium; asserentes et in veritate recognoscentes dicti domini abbas et cancellarius, sibi et dictis officiis, et successoribus suis, benè et integrè sufficere de dicta exactione hactenùs debita pro predictis, percipi consueta, de sexaginta florenis auri, singulis annis, pro dicta exactione dictis officiis inferiùs in compensacionem ejusdem assignatis; componunt, unquam, ut sequitur; videlicet, ut de cetero matrimonia liberiùs et uberiùs contrahantur, nichil prorsùs exigatur per dominum archiepiscopum *Vienn.* ad quem officium dicte mistralie, virtute unionis suprà dicte, pervenit, et ejus successores, seu racione mistralie predicte, à viduis volentibus ad secunda vota convolare, nec eciam per cancellarium *Vienne*, à volentibus contrahere matrimonium, racione quarte similiter, vel aliter, aliquid exigatur in civitate *Vienne*, à quocunque volente uxorem ducere, et benedictionem recipere nuptialem, nisi solùm tresdecim denarios monete librabilis (1) in ecclesia *Vienne*, qui dumtaxat exigi valeant et haberi per curatum, in solemnizacione matrimonii, à viris contrahentibus civitatis *Vienne*, et non ultrà; et ne habentes officia mistralie et cancellarie in ecclesia prefata; videlicet, domini archiepiscopus et cancellarius, conqueri imposterùm valeant; de et super emolumento quòd circa hec antea percipiebant, ordinant, volunt et concedunt ipsi domini abbas et vicarius, et cancellarius, quòd super parvo communi vini *Vienne*, ad dictos cives, habitatores et incolas, in solidum pertinente, ut asserunt, precipiat quilibet obtinens dictum officium mistralie; videlicet dominus archiepiscopus, et cancellarius, et sui successores, annuatim triginta florenos aureos; quos triginta florenos aureos,

(1) Ce mot est peut-être synonyme de *usualis*.

levator seu accusator dicti communis, solvere debeat cuilibet eorumdem, annis singulis, perpetuò; medietatem, in vigilia festi natalis Domini; et aliam medietatem, in vigilia nativitatis beati Johannis Baptiste; et ita in sui nova creacione, promittere omnimodè, teneatur levator seu accusator predictus; et residuum valoris dicti communis, in et circa instructionem et refectionem clausurarum, crucium et viarum civitatis *Vienne*, ac suorum negociorum prosecutionem, fideliter expendatur per cives civitatis ejusdem, quo commune sit et ad opus predictum levandum, deinceps perpetuò concessit supradictus dominus abbas et vicarius, nomine archiepiscopatûs predicti, pro se et suis in archiepiscopatu successoribus, dictis civibus *Vienne*, ad finem predictam, donec aliter dicte pensionis annue solvende officii mistralie et cancellarie, ut est dictum, fuerint alibi ydonee et effectu aliter acquisite, in presencia eorum seu alterius pro ipsis.

N°. 153. — CONSTITUTION *ou* ORDONNANCE *sur les défauts dans les procédures au Châtelet* (1).

Paris, 3 juin 1391. (C. L. VII, 281 et 438.)

CHARLES, etc. Comme nous aions esté et soions informez souffisanment par la rélacion de nostre amé et féal chevalier et conseiller Jehan de Foleville garde de nostre prevosté de Paris, et de plusieurs noz conseilliers et officiers, que en nostre court du Chastellet de Paris, et ès autres cours laïes de ladicte ville et de la prevosté, viconté et ressort d'icelles, a aucuns mauvais et erroneux stilles, usages et coustumes ou communes observances, qui sont contre droit et bonne justice, et ou grant dommage, préjudice et lézion du commun peuple, lesquelz ont esté tenuz et gardez dès long-temps a, et plus par corruptelle ou simplece, erreur, abuz ou ingnorance que par bonne justice, et dont les parties plaidans esdictes cours ont esté traveilliés mainteffois et dommagées induëment, et sont encores, et leur bon droit péry par telles dilacions et multiplicacions de procès, et pourroient plus estre ou temps avenir, tant par la prolixité et confusion des procès qui y sont demoniez,

(1) Le droit de faire défaut tient au droit de la défense, et par conséquent à l'administration de toute bonne justice. (Isambert.)

comme par grant multiplicacion, et par les longs délaiz qui par la malice du peuple et senz juste cause, sont donnez souvent par importunité ou autrement, auxdites parties ou à leurs procureurs; et il soit ainsi que entre les autres choses soions souffisamment informez qu'il y a un stille ou commune observance esdictes cours, que se deux parties plaidans en icelles sont appointées à oïr droit, soit en interlocutoire ou en diffinitive, et au jour de oïr droit ou à ung autre qui en deppend, le procès est apporté en jugement, tout veu et conseillé, prest pour prononcier, et l'une desdictes parties deffault à comparoir, ou procureur pour elle, le procès n'est point prononcié, et en est retardée et délaïée la prononciacion, ou grant grief, préjudice et dommage de partie comparant; et se la partie deffaillant veult fouir et délaïer malicieusement, il convient impétrer contre elle quatre deffaulx avant que icelui procès puist estre prononcié; lequel stille est erroneux, mauvaiz, à dampner et à abolir en termes de raison de bonne justice, et n'est pas à tolerer; mais est plus une erreur ou abuz que autrement, comment qu'il n'en soit nulle necessité, et si est contre le stille de la court de nostre parlement, laquelle est souveraine de tout nostre royaume, et doit estre exemple et mirouir de toutes les autres cours de nostredit royaume;

Pour lesquelles causes, nostre procureur oudit Chastellet nous a requis que pour le bien de justice, nous voulions pourveoir en ce fait de remede convenable: pour ce est-il que nous qui avons grant desir et affection au bon gouvernement de la chose publique, et à ce que nostre peuple puist avoir bon droit et brief, senz grans despens et involucions de procès; attendu la relacion faicte par nostredit procureur sur ce que dit est, à nostre amé et féal chancelier et aux gens de nostre grant conseil, que tous les advocas, procureurs et autres noz officiers oudit Chastellet, ont esté et sont d'accort que ledit mauvaiz stille et tous autres qui seront trouvez mauvais et ou préjudice et lézion du commun peuple, soient ostez et aboliz du tout, si comme nostredit prevost l'a relaté à nostredit chancelier et aux gens de nostredit conseil, eu sur ce meure délibéracion de conseil, ledit usage, stille ou commune observance, avons osté du tout et aboly de nostre dicte court et de toutes lesdictes cours, et par ces présentes l'ostons et abolissons, en déclarant par nostre nouvelle constitucion et ordenance,

Que d'oresenavant sitost que aucun appointé à oïr droit en

diffinitive, sera apporté en jugement en nostre dicte court du Chastellet, ou en aucune des cours sujettes, ou autres cours estans és fins et mettes de la prevosté, viconté et ressort d'icelle, tout jugié et prêt pour prononcer, que icelui procès soit prononcié en l'éstat qu'il sera lors, senz aucune retardacion, supposé ores que l'une des parties ne soit paz présente ou se veulle laissier mettre en deffault; se ainsi n'est que partie deffaillant soit morte, et que le juge en soit avisié; ouquel cas ledit procés surserra à estre prononcié jusques à ce que l'autre partie ait fait adjourner les héritiers ou aians cause du trespassé, pour reprendre ou délessier ledit procès, à certain jour, auquel se ilz se comparent, ledit procès sera prononcié en leur présence ou de leur procureur, et s'ilz se laissent mettre en deffaut, il sera prononcié en leur absence et par vertu du deffault qui sera contre eulz impétré, senz plus délaïer ne attendre ladicte prononciacion estre faicte;

Et pareillement voulons et ordenons estre fait des procès en cas d'appel qui seront apportez des cours subgettes de nostre Chastellet, estans ès fins et mettes de ladicte ville, prevosté et viconté de Paris, après ce que ces diz procès auront esté receuz, et que lesdictes parties auront eu assignacion ou appointement à confirmer ou infirmer lesdis procès ; et encores voulons et ordenons que se un appellant est adjourné souffisamment à la requeste de partie averse, pour monstrer la poursuite de son appel, et se il se laisse mettre en deffault lui souffisamment appellé, que par vertu dudit deffault il soit décheu de sa cause d'Appel ; et pour avoir le prouffit dudit deffault, icelui défaillant sera adjourné de rechief o intimacion en tel cas acoustumée; et s'il deffault secondement lui adjourné et appellé suffisaument, sa partie adverse comparant ou procureur pour elle, aura tel prouffit des deux deffaulx dessusdiz, comme s'il avoit empétré quatre deffaulx; et tel prouffit lui en sera adjugié en l'absence de partie deffaillant, et en tant comme touche les procès appointés à oïr droit interlocutoire, soit sur principal ou sur contrediz, avons ordonné que se l'une des parties se laisse mettre en deffault, que icelui procès sera apporté en jugement prest pour prononcier, la partie comparant aura deffault, et ne sera pas lors prononcié; mais icelle partie comparant fera adjourner de rechief par intervalle compettant la partie deffaillant, pour veoir jugier le prouffit d'icelui deffault; et se au jour du second adjournement ou à ung autre dépendant et continué d'icelui, la partie adjournée sur ledit deffault se laisse mettre en ung autre deffault, lesdis deux deffaulx seront d'autelle force, valeur et vertu, comme s'il en y avoit quatre, et seront baillez devers la court avec la requeste que partie comparant vouldra baillier, pour avoir le prouffit d'iceulx deffaulx tel (1), comme de raison et par usage, stille ou coustume de la court, se elle avoit ou devoit avoir deffaulx; et se lesdis deffaulx sont bons, souffisans et deuëment empétrez, l'en adjugera à partie comparant tout autel prouffit contre la partie deffaillant, par vertu d'iceulx deux deffaulx, comme s'il y avoit quatre deffaulx; nonobstans quelzconques stilles, usages, coustumes ou communes observances autrefoiz gardez en la court dudit Chastellet et desdictes autres cours; lesquelx nous abolissons en ce cas par ces présentes.

Sy donnons en mandement etc.

Et néanmoins quant aux autres ordenances, usages, stille, coutumes ou communes observances dudit Châtelet et desdites autres cours.

Lesquelz (2) seront trouvez estre mauvaiz, erroneux, desraisonnables, et à dampner ou à corriger, sur la policie et gouvernement de nostredit chastellet, et généralement qui seront trouvez ou grief, dommage, préjudice et lézion du peuple, nous voulons que nostredit prevost et ses successeurs qui aprez lui seront, aient bon adviz et délibéracion entre eulx, et les rapportent par escript avec leur délibéracion, et des avocas et autres officiers de nostre dicte court, pardevers nostredit chancelier, pour y estre pourveu de bon et brief remede comme au caz appartendra.

Car ainsi le voulons nous estre fais, nonobstans quelzconques ordonnance, usages, coustumes ou communes observances autrefoiz tenuz et gardez esdictes cours, ne quelconques lettres subreptices empétrées ou à empétrer au contraire.

En tesmoing de ce, nous avons fait, etc.

Par le Roy, en son grant conseil estant en parlement (3).

---

(1) Cet endroit signifie que ces deux défauts feront le même effet que les quatre qu'on avait coutume d'obtenir auparavant. (Sec.)

(2) Je crois que cet endroit est corrompu, qu'il faut placer ici ces mots, *et généralement*, qui sont un peu plus bas dans un endroit où ils ne font aucun sens, et ajouter quelques mots. On pourrait ainsi restituer ce passage : *et généralement sur tous les usages et observances, lesquelz seront trouvez être mauvais, etc.* (*Idem.*)

(3) Il résulte d'un grand nombre de pièces de ce Recueil, que le conseil du

N°. 154. — LETTRES *qui donnent pouvoir à trois individus de connaître de tous les délits et malversations qui ont été commis dans le Dauphiné, et d'infliger les peines qu'ils jugeront convenables* (1).

Paris, 9 juillet 1391. (C. L. VII, 441.)

N°. 155. — ORDONNANCE *portant que, dans le pays de droit écrit, on ne pourra appeler des sentences interlocutoires relatives au paiement de ce qui est dû au Roi, que dans le cas où elles ne pourraient être réparées en définitif, et qu'on ne pourra appeler des exécutions et saisies sans avoir préalablement payé.*

Paris, 24 février 1391. (C. L. VII, 451.)

KAROLUS etc. Notum facimus quòd intellecto nuper quòd in partibus occitanis, et aliis partibus regni nostri, que jure scripto reguntur, nonnulli subdoli et astuti qui ad causam nostrorum reddituum et jurium fiscalium et aliter nobis teneri noscuntur, ad protelandas soluciones debitorum nostrorum et jurium fiscalium, à quibuslibet interlocutoriis et gravaminibus, nullà inde habità differentià, sed quod deteriùs est, ab executionibus dictorum debitorum et jurium, frivolas appellaciones emittunt, et ex inadvertancia judicum, obtinent super hiis inhibitorias litteras; asserentes, licet falsò, hoc sibi licere de jure scripto predicto; quarum inhibitoriarum litterarum pretextu, hujusmodi debitorum nostrorum et jurium fiscalium differtur plus debitè solucio; et per incuriam vel tedium, diuturne prosecuciones possent deperiri, nisi super hoc provideretur celeriter remedio condecenti.

Nos predictorum maliciis cupientes occurrere provisione condigna, et ad nostri domanii juriumque nostrorum fiscalium conservacionem, ac debitorum nostrorum solucionem celerem, et ad utilitatem rei publice deducentes nostre consideracionis intui-

---

Roi, suivant la nature des affaires, se transportait souvent à la cour du parlement, à la chambre des comptes, à la cour des aides, etc., lorsqu'il voulait y faire quelque rapport ou assister au jugement d'une affaire. Souvent aussi le Roi appelait au conseil des gens du parlement, des gens des comptes, des trésoriers et généraux maîtres des monnaies, etc. (Decrusy.)

(1) Les commissions judiciaires étaient alors très-fréquentes. Il y en a beaucoup d'autres. (Isambert.)

tum, habitâ super hoc nostri magni consilii deliberacione maturâ, jure insuper et ratione suadentibus, ORDINAVIMUS, et auctoritate nostra Regia tenore presencium ordinamus,

Quòd de cetero nullus in predictis partibus ab interlocutoriis aut gravaminibus, pro differenda solucione debitorum nostrorum predictorum et jurium fiscalium nisi tales sint interlocutorie vel talia gravamina, quòd in diffinitiva reparari nequeant, nec eciam à debitorum ipsorum execucionibus, nisi primitùs manus nostra munita sufficienter extiterit, audiatur, appellans; quòd si alique tales appellaciones jam emisse fuerint vel emitti contingat in contrarium, ipsas volumus et decernimus omninò carere viribus et effectu, ipsisque deferri nolumus ullo modo; sed ipsis nonobstantibus, et inhibitoriis, si que inde fuerint secute, in executionibus dictorum debitorum et jurium prosequi ad diffinitivam, et appellantes ac appellaciones hujusmodi prosequentes, si qui fuerint post publicationem presencium, condigna volumus pena plecti.

Quocirca dilectis et fidelibus gentibus nostrum presens parlamentum tenentibus, et qui futurum tenebunt, ceterisque justiciariis et officiariis nostris, et eorum locatenentibus, et cuilibet eorumdem, damus tenore presencium in mandatis, quatinùs presentem nostram ordinacionem teneant et observent, tenerique et observari inviolabiliter faciant; et ne quis ab hinc ignorantiam pretendat, ipsam volumus et mandamus in locis insignibus, et prout expedierit, solempniter proclamari.

In cujus rei testimonium, presentibus litteris nostrum jussimus apponi sigillum.

Datum Parisius, XXIIII.ta die februarii, anno Domini millesimo trecen.mo nonagesimo primo; regnique nostri XIImo sub sigillo in absencia magni ordinato.

Per Regem, ad relationem sui magni consilii in camera compotorum existentis

---

N°. 156. — LETTRES *portant que la possession de 40 ans suppléera aux titres perdus par une abbaye.*

Paris, mars 1391. (C. L. VII, 459.)

N°. 157. — LETTRES (1) *portant que les mesureurs de sel seront établis par le Roi.*

Paris, 15 mars 1391. (C. L. VII, 457.)

---

(1) On lit dans ces lettres que le Roi, *à cause de sa souveraineté*, établit des

N°. 158. — LETTRES *portant concession à Louis, frère du Roi, en accroissement d'apanage, du duché d'Orléans, réversible à la couronne, à défaut de descendans mâles en légitime mariage.*

Paris, 4 juin 1392. (C. L. VII, 467.)

N°. 159. — LETTRES *portant concession au duc d'Orléans, frère du Roi, d'une rente apanagère transmissible à ses héritiers, successeurs et ayans cause* (1).

Paris, 4 juin 1392. (C. L. VII, 471.)

CHARLES etc. Savoir faisons à tous présens et avenir, que nous ayans en consideration et mémoire, les notables, agréables et proufitables services et plaisirs que nous a faiz, fait chascun jour, et esperons que fasse ou temps avenir, nostre très-cher et très-amé frère Loys de France duc d'Orliens, conte de Valoiz et de Beaumont-sur-Oise; et attenduz les très-grans fraiz, despens et charges qui lui convient supporter et faire pour son estat maintenir, et autrement en maintes manieres, et pour le aidier et relever aucunement de et sur ce, et pour certaines autres causes et considérations nous mouvans en ceste partie, à ycelui nostre frere, pour lui, ses hoirs, successeurs et ayans cause,

AVONS ORDENÉ, voulons et ordenons de grace espécial par la teneur de ces présentes,

Que en accroissement de son appanage, il ait et prengne quatre mile livres tournois de rente, à ycelles tenir, possider et exploitier par lui et ses diz hoirs, successeurs et ayans cause, perpetuelment et à tousjours, ou en faire leur plaisir, de et sur les confiscations et forfaitures qui nous escherront, avenront et ap-

---

aides sur le fait de la guerre et pour la défense du royaume. Ainsi, il ne pense plus au pouvoir des états. (Decrusy.)

(1) *V.* ci-dessus, note sur l'ordon. du mois de novembre 1386, et ci-après, l'ordon. de juillet 1401. Aujourd'hui, les rentes apanagères sont viagères, mais alors elles étaient perpétuelles et immuables. *V.* l'art. 1er de l'ordon. de Moulins, les lettres patentes du 7 septembre 1766, sur l'apanage du dernier duc d'Orléans, qui existe encore, et les lois des 22 novembre 1790 et avril 1791; art. 15, sénatus-consulte du 28 floréal an XII; art. 23, loi 8 novembre 1814, qui réprouvent les apanages réels, et dissertation de M. Dupin aîné, en tête des lois forestières, 1822, p. 17. (Isambert.)

parlenront en nostre royaume, pour quelconques faiz, cas, occasions ou causes que ce soit ou puisse être ;

Et voulons, et à nostredit frere avons accordé et octroyé, accordons et octroyons, que desdictes confiscations et forfaitures, ycelui notre frere soit premierement et avant tous autres, payez et contentez jusques à la somme desdictes quatre mile livres tournois de rente; et que jusques à plain acomplissement d'icelles IIII.m livres tournois de rente, à ycelles prendre et avoir par la maniere que dit est, nous ou noz gens et officiers ne puissions ordonner desdictes forfaitures et confiscations, ou d'aucunes d'icelles, ne les bailler ou assigner ailleurs, senon que ycellui nostre frere ne les voulsist accepter, prendre et retenir.

Si donnons en mandement, etc.

Par le Roy, en son conseil, ouquel estoyent mess. les ducs de Berry et de Bourbonnois, vous (le chancelier), le connestable, le viconte de Meleun, et plusieurs autres.

N°. 160. — LETTRES (1) *de jussion au parlement, pour l'enregistrement d'une ordonnance portant attribution de jurisdiction privilégiée à l'église de Notre-Dame de Paris.*

Paris, 16 juin 1392. (C. L. VII, 472.) Enregistré, avec modification, le 25 janvier.

CHARLES etc. A nos amez et féaulx gens de nostre parlement : salut et dilection.

Comme par noz autres lettres en laz de soye cire et verd, données ou moys de juin l'an quatre-vingt et dix, dernierement passé, et tant à la priere et contemplation de nostre très-chere et amée compaigne la royne, et de son joyeulx advenement en nostre bonne ville de Paris, comme pour les autres causes plus à plain déclairées en nosdictes lettres, et qui à ce nous meurent et meuvent, et par grand et meure délibération de nostredit conseil, nous eussions octroyé à l'église de Paris, et à nos bien amez doyen et chappitre d'icelle, que eulx et leur terres, seigneuries et justices, quelles et de quelconque valeur elles soient, et à

---

(1) Voilà le premier exemple du droit de remontrances exercé par le parlement. C'est pourquoi nous donnons cette pièce. (Isambert.)

Malgré ces lettres, le procureur-général fit de nouvelles remontrances, en les déclarant subreptices, et l'affaire se termina par transaction. (Decrusy.)

quelque tiltre qu'ilz les ayent acquises, supposé qu'elles ne soient exprimées en nosdites lettres, fussent et demeurassent, soient et demeurent à tousjours soubz le ressort de nostre court dudit parlement, sans moyen, tout ainsi comme leurs terres, seigneuries et justices de leur ancienne fondation, y sont et ont accoustumé d'estre et demourer ou temps passé; et que eulx et leurs officiers à cause d'icelles, ne soient tenuz de plaider en demandant ou en défendant, ailleurs que pardevant nous, ou en nostredite court, ou pardevant nos amez et féaulx gens des requestes du Palais, se il ne leur plaist, en les exemptant et leurs ditz officiers, quant à ce, du ressort et jurisdiction de tous nos baillyz, seneschaulx, prevostz et autres officiers, pareillement que de leurdite fondation ancienne ont accoustumé d'estre; et avec ce, eussions par noz dites lettres voulu que tous procès, s'aucuns estoient pour ce encommancez pardevant nosdiz officiers, pour cause d'icelles nouvelles acquisitions, fust en principal ou par appel, fussent par eulx renvoyez, sitost que requis en seroient, en nostredite court de Parlement; et en oultre, que certain procès encommancé entre nostre procureur et lesdiz doyen et chappitre, pour cause du ressort de leur terre de Verno, et autres, s'aucuns y en a, cessassent et cessent du tout; et sur toutes les choses dessus dites, eussions imposé silence perpétuel à nostre procureur; si comme cestes choses en nosdites lettres sont plus à plain contenues;

Et il soit ainsi que après ce que lesdiz doyen et chappitre vous ont présenté nosdites lettres, et requis l'entérinement d'icelles, nostre procureur général se soit opposé au contraire, et se soit efforcé de impugner et débattre lesdites lettres; disant entre les autres choses, qu'elles sont octroyées contre droit commun, et au préjudice de nous et de la chose publique, et des ressortz de nous et de noz subjectz, et contre les ordonnances royaulx, par lesquelles nul ne doit estre traict hors de son ordinaire, et que ce seroit travailler nos subjectz de loingtain pays, et oster la jurisdiction des juges subjectz de nous, et autres qui y ont interestz pour les prouffitz et amendes et forfaictures qui peuvent escheoir en leurs jurisdictions, et oultre seroit donner cause ausditz doyen et chappitre et leurs juges, de faire abus ou entreprises, parce que nostre procureur général n'en sçauroit riens, et noz procureurs et officiers du pays ne s'en pourroient entremectre, et fauldroit de chacun pays envoyer instructions pardevers nostredit procureur, qui seroit travail et despense à nous et à noz officiers;

et aussi seroient nos subjectz travaillez de loingtain pays, et si ne pourroient avoir leurs audiences fors quand il plairoit ausditz doyen et chappitre, et si leur seroient advocaz, procureurs, commissaires ez escriptures, de plus grand coustument en nostre dite court de parlement, que autre part, et si leur fauldroit payer en nostre dite court, amendes en caz d'appeaulx, de soixante livres, et toutes voyes en prevostez et bailliages, ilz ne payeroient que soixante solz, en cas d'appel; qui leur seroit grief importable, et oster la faculté d'appeller quand ilz seroient grevez, tant pour doubte de ladite amende de soixante livres, comme pour le travail de venir à Paris; et avec ce que nous leur avons octroyé l'exemption dessusdite, en la maniere qu'ilz sont exemptz de leur ancienne fondation; ainsi ne leur vault, ne ne font à recevoir, s'ilz ne montrent promptement leur privilege de leur ancienne fondation, dont n'en ont-ilz point montré; et par ce ne se peuvent estre sans titre sur ce ensaisinez, par quelconque lapz de temps, et si ne les avons point relevez par nosdites autres lettres, de montrer leurs privileges; et ainsi ne font à recevoir à eulx ayder desdites exemptions ancienne et nouvelle; et mesmement que à octroyer telle exemption nouvelle qui est contre droict commun, il faut qu'il y ayt ou nécessité ou évidente utilité, dont il n'y a riens en ce cas; avecques autres débatz et allégations qui sur ce ont esté proposez par nostredit procureur :

Sur quoy les parties aient plaidié d'une partie et d'autre, et tant ayt esté procédé, que par vous ayent esté appointées à mectre leurs lettres pardevers vous, et ce dont elles se vouldroient ayder, et que se mestier est, vous vous informez du prouffit ou dommaige de ladite exemption, et au seurplus leur ferez raison, sans ce que autrement y ayt esté procedé.

Et jaçoit que lesditz doyen et chappitre de tel et si longtemps qu'il n'est memoire du contraire, ayent usé de ladite exemption, quant à leur fondation ancienne, et ayt esté tenu pour si notoire en nostredite court de parlement, et par noz procureurs et conseillers qui ont esté ès temps passé, qui ont gardé nos droictz au mieulx qu'ilz ont peu, qu'il n'estoit point rappellé en doubte; et aussi leur ayent esté sur ce octroyez leurs gardes et lettres d'adjournement, par les chanceliers et ceux qui ont gardé la chancellerie de noz prédécesseurs et de nous, sans aucune difficulté ou débat, comme tenans ladite exemption pour toute notoire; et avecques ce, que plusieurs autres églises et bonnes villes de nostre royaume, ayent exemptions telles qu'ilz ne plaident que en nostredite court, et que ladite église de Paris qui est mere église de la cité capital de nostre royaume, et fondée en l'honneur Nostre-Dame, et par noz predecesseurs, soit bien prenable de telle liberté et exemption; et si est communément ledit chappitre gouverné par gens clercs, saiges et de grand auctorité, et dont les plusieurs ont accoustumé d'estre et sont de nostre conseil, qui jamais ne vouldroient faire griefz ne molestations à autruy : toutesfoys lesditz doyen et chappitre doublent que soubz l'umbre desditz debatz et allégations de nostredit procureur, et que présentement ilz ne peuvent pas faire prompte foy de l'exemption devant dite, fors par très-long usaige notoire devant dict, et par aucunes de leurs gardes anciennes qui sur ce leur ont esté octroyées, et autres aminicules, vous feissiez aucune difficulté de obtemperer et procéder à l'entérinement de nosdictes autres lettres, se par nous n'estoit sur ce pourveu de remede :

Pourquoy nous ces choses considerées, voulans de tout nostre cueur exaulcer et favorablement traicter ladicte eglise, et les droictz d'icelle, entre les autres églises de nostre royaume, et nosdites autres lettres octroyées pour contemplation d'icelle église, et à la priere de nostredite compaigne à nous sur ce faicte en sondit joyeulx advenement, et premier pellerinage et entrée par elle faicte en icelle église, avoir et sortir leur plain effect, et mesmement que icelles lettres nous avons octroyées et passées de nostre certaine science et par grant délibération de nostre conseil, et l'avons commandé de bouche à nostre procureur,

Vous MANDONS et estroictement enjoignons, que nonobstans les débatz et allégations dessusditz de nostredit procureur, ne autres quelzconques faictes et à faire, et ledit appoinctement de la cause, vous obeïssez à noz dites autres lettres, et icelles enterinez ou faictes entériner de poinct en poinct sans difficulté aucune, selon leur forme et teneur, et d'icelles faictes et souffrez lesditz doyen et chappitre joyr et user paisiblement, sans les souffrir, inquietter ne molester au contraire; en mectant ledit procès au néant, et imposant sur ce à nostre dit procureur, silence, auquel nous le imposons par ces présentes : car ainsi nous plaist-il estre faict de nostre grace espécial, certaine science et auctorité royal; nonobstant ce que dit est, et que lesditz doyen et chappitre n'ayent faict ou puissent faire foy de l'exemption ancienne, dont nous les avons relevez, et par ces présentes de plus ample grace, attendu le long usaige qu'ilz ont eu sur ce, relevons, et quelxconques autres lettres à ce contraires.

Donné à Paris, le xvie jour de juin, l'an de grace M. CCC IIIIxx XII, et le XIIe de nostre regne.

Remontrances et transactions.

Et après ce que lesdites lettres furent présentées à la cour de parlement, lesdites parties; c'est assavoir, lesditz doyen et chappitre d'une part, les procureurs et advocatz, et plusieurs autres conseillers du Roy, se sont assemblez, et ont ensemble debatu et discuté les matieres par grand et meure déliberacion; par espécial, sur ce que ledit procureur disoit que les privileges et exemptions contenuz esdites lettres desditz de chappitre, estoient subreptices, et n'estoient à enteriner ainsi absolument, par plusieurs faictz et raisons qu'il disoit; finablement accordé est entre lesdites parties, par la délibération dessusdite de l'autorité de ladite court, s'il luy plaist, que lesdites lettres royaux dessus transcriptes, auront et sortiront leur effect, et seront enterinées au prouffit desditz doyen et chappitre de ladite eglise, par les modifications, forme et maniere qui s'ensuyvent; c'est assavoir, que les baillyz et autres officiers royaulx esquelz bailliages et jurisdictions lesdites terres sont assises, auront les congnoissances des droictz royaulx, et des cas dont la congnoissance appartient au Roy seul et pour le tout; comme de crime de lese-majesté, de port d'armes, de sauvegarde enfrainctc, de sa main brisée, de forger faulse monnoye, et autres semblables, sur et entre les hostes et subjectz desditz doyen et chappitre, et aussi des cas de nouvelleté, par prévention, et de tous autres cas dont la congnoissance par prévention et autrement, devroit et doit appartenir au Roy, par raison, coustume et usaige : mais s'il advenoit que lesditz doyen et chappitre, ou leurs officiers à cause de leurs offices, fussent partie, ilz ne seroient, ne seront tenuz de plaider pardevant lesditz baillyz, ou autres officiers royaulx des pays, mais seront et demoureront subjectz de la court de parlement, sanz moyen, seulz et pour le tout; et s'il advenoit que aucuns des bailliz ou autres officiers royaulx, voulzissent entreprendre aucune congnoissance de aucunes causes, fust des dessus declairées ou autres, à l'encontre desditz doyen et chappitre, ou de leurs officiers à cause de leurs offices, ou s'il advenoit que lesditz doyen et chappitre prinssent l'adveu d'aucunes causes, ou cause, qui par adjournement ou autrement fussent introduictes devant les baillyz ou officiers royaulx, iceulx doyen et chapitre ne seront tenuz de plaider pardevant eulx, s'il ne leur plaist; mais seront tenuz iceulx baillyz et officiers royaulx, de renvoyer lesdites causes à la requeste desditz doyen et chappitre, ou de leur procureur, à ladite court de parlement, pour illec estre déterminé et ordonné comme il appartiendra par raison; et est à entendre, que lesdites lettres ne s'estendent ne estendront point aux subjectz desdits doyen et chappitre, que les causes d'iceulx subjectz doient venir, ne estre demenées en parlement, ne aux requestes du palais, autrement que par avant faisoient; se ce n'est en cas d'appel fait des juges desditz de chappitre : et en oultre, feront et pourront faire les baillyz, prevostz, sergens, et autres officiers royaulx quelzconques, chacun ès metes de sa jurisdiction, tous exploictz de exécutions, arrestz et adjournemens, et autres, par commission, ès causes dont la congnoissance leur appartient seul, et pour le tout, ou par prévention, aussi comme paravant l'impétration desdites lettres, ilz faisoient et avoient accoustumé de faire sur les subjectz, et terres desditz de chappitre, tant en celle de leur premiere fondation, comme de toutes les autres acquisitions anciennes ou nouvelles, et en congnoistront les juges royaulx, se debat ou plaict se y assiet, et détermineront, se toutes voyes lesditz de chappitre ou leurs procureurs par advèu, adjonction, ou autrement, ne se boutent ou plaict, et requierent la cause ou causes estre renvoyées en parlement; ouquel cas, les juges seront tenuz de tout renvoyer en parlement, excepté pour lesditz de chappitre; que les baillyz, prevostz ou autres officiers royaulx, ne se entremectront en riens de donner commission pour adjournemens en cas d'appel faictz des subjectz, ne ès terres desditz de chappitre, ne de exécuter iceulx adjournemens, mais fauldra les adjournemens estre pris en la chancellerie de France, et non ailleurs, en cas d'appel.

Quibus quidem litteris preinsertis per dictam curiam nostram visis, memorata curia nostra eisdem litteris, modificationibus tamen et conditionibus supradictis mediantibus, obtemperavit et obtemperat per presentes. Quod ut firmum et stabile permaneat in futurum, presentes litteras sigilli nostri munimine jussimus roborari.

Datum et actum Parisius in parlamento nostro, die vigesima tertia januarii, anno Domini 1392; et regni nostri XIII°.

Concordatum in camera. *Registrata;* et scellé en laz de soye rouge et verd, et cire verd, avec deux contresceaulx, l'ung sans cire.

N°. 161. — LETTRES *portant que les sergens à cheval du Châtelet de Paris seront obligés de résider dans cette ville, sous peine de perdre leurs offices.*

Paris, 26 juillet 1392. (C. L. VII, 469.) Publiées dans Paris et au Châtelet le 17 août.

DÉMENCE DU ROI (1),

CONSEIL DE RÉGENCE,

COMPOSÉ (2) DES PRINCES ONCLES, ET DU FRÈRE DU ROI, SOUS LA PRÉSIDENCE DU DUC DE BOURGOGNE (3),

Du 5 août au mois de janvier 1392.

N°. 162. — LETTRES *portant établissement d'un hôtel des monnaies à Sainte-Menehould* (4).

Paris, 16 août 1392. (C. L. VII, 490.)

N°. 163. — SENTENCE *du Châtelet* (5), *qui condamne le sire de Craon et ses complices, par contumace, au bannissement et à la confiscation* (6), *pour tentative d'assassinat sur la personne du connétable.*

26 août 1392. (Mss. de la Bibl. du Roi, Titres concernant l'Hist. de France, cart. 103.)

(1) C'était une frénésie qui lui laissait des momens lucides. Il eût fallu interdire ce Roi comme on l'a fait en Angleterre, à l'égard de George III; mais les princes divisés aimaient mieux se disputer le pouvoir et l'exercer sous le nom du Roi. (Isambert.)

(2) On croit qu'il y eut une assemblée de notables à ce sujet. *Villaret*, Hist. de France, p. 128, tom. XII. (*Idem.*)

(3) *V.* Notes sur l'ordon. de janvier 1392, qui a conféré la régence au duc d'Orléans, frère du Roi, régence qu'il n'exerça guère, à cause de la puissance du duc de Bourgogne, et les lettres du 7 septembre 1393.

(4) Elle est motivée sur le bon profit que le Roi en espère, et pour empêcher qu'elles ne soient portées à l'étranger. (*Idem.*)

(5) *Fournel* (Hist. des Avocats, tom. 1er, p. 370) dit que ce fut par arrêt du parlement : et que le sire de Craon rentra par la suite en faveur près du Roi, par suite de lèttres d'abolition, et qu'il obtint que les condamnés fussent, à l'avenir, admis à se confesser et à demander l'absolution. *V.* l'ordon. du 11 février 1396. Le connétable était alors en disgrâce, ainsi que le duc d'Orléans, son protecteur. (*Idem.*)

(6) Ses châteaux furent presque tous rasés, et ses biens donnés en grande partie au duc d'Orléans. (*Idem.*)

N°. 164. — Lettres *portant que les parties officiers royaux ajourneront sur le simple appel du procureur du Roi, sans attendre les lettres d'ajournemens obtenues en la cour* (1).

Beauvais, 10 septembre 1392. (C. L. XII, 180.)

N°. 165. — Lettres *qui blâment le sénéchal d'Angoulême, pour s'être refusé à envoyer à Paris un faux monnayeur arrêté dans les limites de sa jurisdiction, avec les pièces de conviction.*

Paris, 11 septembre 1392. (C. L. VII, 492.)

N° 166. — Lettres *touchant la distribution des eaux dans Paris, portant suppression des tuyaux particuliers autres que ceux des hôtels du Roi et des princes* (2).

Saint-Denis en France, 9 octobre 1392. (C. L. VII, 510.)

Charles etc. Savoir faisons à tous présens et avenir, que comme entre les autres cures et solicitudes que nous avons pour bien gouverner noz subgiez et la chose publique de nostre royaume, nous aïons singuliere affeccion, entente et volonté, que nostre bonne ville de Paris en laquelle est nostre principal siege de nostredit royaume, soit bien gouvernée, et que nostre bon et loyal peuple d'icelle se acroisse tousjours, et soit aisié de ce qui lui est neccessaire à la sustentacion de leurs vies; car de tant comme elle sera mieulx pueplée et habitée de plus de gens, et que à nostredit pueple sera mieulx pourveu de ce qui est nécessaire pour leur sustentacion, la renommée d'elle sera plus grant, laquelle renommée redonde à l'augmentacion de nostre gloire et exultacion de nostre hautesse et seigneurie; et comme par la voix publique de nostredit pueple de nostredicte bonne ville, nous aït esté insinué à grant clameur, que combien que par la grant amour et faveur que nos prédécesseurs Roys ont eu tousjours à nostre dicte ville et au pueple d'icelle, certains conduiz ou tuiaux

---

(1) *V.* ci-après, au 10 décembre 1392. (Isambert.)

(2) *V.* le Mémoire sur les eaux de Paris, par M. *Girard*, Paris, 1812, in-4°, imp. impér. (*Idem.*)

aient esté ordenez par l'auctorité de nos diz prédécesseurs, de tel et si long temps qu'il n'est mémoire du contraire, pour faire venir et descendre les eaues de certaines fontaines en aucuns lieux publicques de nostre dicte ville, pour subvenir à la neccessité de nostredit pueple, espécialement aux lieux nommez la fontaine Saint-Innocent, la fontaine Maubué et la fontaine des halles de nostredicte ville, esquelz lieux les eaues souloient venir à tele et si grant habondance, que nostredit pueple, espécialment celli qui habite environ les diz lieux qui sont loing de la riviere de Saine, et d'autrez eaues convenables à boire et à user pour vivre, en estoit nourry et soustenu; néantmoins aucunes personnes qui ont eu auctorité devers nos diz prédécesseurs et nous, lesqueles ont fait édifier grans et notables hostels et edifices en nostre dicte ville, ont obtenu de noz diz prédécesseurs et nous par leurs puissances et importunitez, ou soubz umbre d'aucuns estas ou offices qu'ilz ont euz envers noz diz prédécesseurs et nous, ou autrement licence de prendre et appliquer aux singuliers usages d'eulx et de leursdiz hostelz plusieurs parties des eaues venans aux lieux dessus declerez; et sur ce ont obtenu, comme l'en dit, lettres de noz diz prédécesseurs et de nous, faites en laz de soye et cire vert, soubz umbre desqueles licence et lettres, ilz ont fait en plusieurs lieux parcier les conduiz et tuiaux par lesquels lesdictes eaues ont acoustumé venir aux lieux dessus diz, et ont fait faire conduiz et tuiaux pour aler en leurs diz hostelz, dont par ce les eaues qui avoient acoustumé venir auxdiz lieux publiques, ont esté sy apéticiées, que en aucuns des diz lieux sont devenues du tout à nient, et en autres en tele diminucion, que à peines en y vient-il point; pour quoy plusieurs personnes qui souloient habiter environ yceulx lieux, pour la neccessité d'eaues qu'ilz avoient, ont lessié nostre dicte ville, et sont alez habiter ailleurs; et ceulx qui y sont demourez, ont pour ce souffert par long temps et encore sueffrent très-grant misere, et convient que à très-grant travail et coust aient de l'eaue de ladicte riviere de Saine pour leur sustentacion; laquelle chose a esté et est faicte en grant lésion et détriment de la chose publique de nostredicte ville, et en grant diminucion de nostre pueple d'icelle, et laquelle quant elle est venue à nostre congnoissance, nous a moult despleu et non sans cause :

Pour quoy nous voulans tousjours pourvoir à l'accroissement de nostredit pueple de nostre dicte ville, et semblablement aux nécessitez d'icelli, espécialement à ceste qui touche la sustentacion de leurs vies, eu sur ce advis et déliberacion avecques nos très-chiers et très-amez oncles et frere les ducs de Berry, de Bourgogne, d'Orléans, et de Bourbon, et autres de nostre sanc, avons ORDENÉ et voulons et ordenons de nostre certaine science par ces présentes,

Que les conduys et tuyaux desdictes eaues soïent restituez et remis en l'estat en quoy ilz souloient estre d'ancienneté, par telle maniere que les eaues puissent venir continuelment aux lieux publiques dessus diz en tele habondance, se faire se peut, comme elle souloit faire, si que les lieux d'environ yceulx puissent estré plus pueplés et habitez, et que le pueple qui y habitera en puist avoir à souffisant habondance, et que tous autres conduis et tuyaux faiz pour divertir lesdites eaues ou les apeticier comment que ce soit, soient du tout rompus et cassez, si que par ce ne puist plus venir empeschement aux principaulx conduis par lesquelz lesdictes eaues vont aux lieux publiques dessus declerez; et de nostre dicte science, et par l'avis et conseil de noz diz oncles et frere et autres de nostre sanc, avons rapellé, cassé, anullé et revoquié, rappellons, cassons, anullons et revoquions du tout tous previlleges, toutes graces, licences, dons, octroys, permissions, souffrances et usagez obtenus et obtenues par l'auctorité de noz diz prédécesseurs et de nous, ou autrement par quelques personnes que ce ait esté ou soit, de quelque auctorité que ilz usent ou aient usé; excepté en tant comme touche nous et noz diz oncles et frere de Berry, de Bourgogne, d'Orléans et de Bourbon, pour noz hostelz et les leur assis en nostre dicte ville de Paris; et toutes lettres sur ce faictes soubz quelque fourme de paroles ne pour quelconques causes et considéracions que elles aient esté et seront faictes, excepté celles que ont obtenues noz diz oncles et frere, ou leurs prédécesseurs qui paravant eulx ont tenus leurs diz hostelz, avons ordené, voulons et declarons estre de nul effect, comme empétrées et obtenues par importunité, et contre le bien publique de nostre dicte ville de Paris;

Et se il avenoit que ou temps avenir nous donnissions licence, chartres ou lettres quelconques à aucunes personnes, de avoir aucuns conduis ou tuiaux, ou aucune partie de l'eaue des fontaines dessus dictes, ainsy comme noz diz prédécesseurs et nous avons fait ou temps passé, nous consideré que telz dons sont très-préjudiciables et contraires au bien et utilité de la chose publique de nostre dicte ville, voulons, ordenons et declarons dès maintenant pour lors, que à ladicte licence ne à noz lettres que sur ce octroyeriens, ne soit aucunement obey; et pour ce que nous desirons moult noz présente volenté et ordenance estre mises à exécucion, nous mandons et enjoingnons si expressément que plus povons, et commettons par ces présentes à nostre procureur général en nostre parlement, au prévost de Paris, et au commiz à gouverner l'office de la prevosté des marchands de nostre dicte ville, ou à leurs lieuxtenans présens et avenir, et à chascun d'eulx, que nos volenté et ordenance dessuz declarées mettent à exécution de fait présentement et le plustot que faire se pourra, sans aucune faveur ou délay, et sans recevoir aucuns à opposition, ne déferer à appellacion ou appellacions que quelconques personnes de quelque estat ou auctorité que elle soit, face ou vuille faire pour occasion des choses dessus dictes; et icelles noz volenté et ordenance tiennent et gardent ou facent tenir et garder à tousjours, par telle maniere que nostre dit pueple n'ait jamais cause de pour ce faire aucune clameur pardevers nous : mandons aussi à tous nos justiciers, officiers et subgiez, que auxdiz commiz et à leurs députez ez choses dessus dictes et ès deppendances, obéissent et entendent diligemment, etc.

N°. 167. — Arrêt *du parlement, prononcé par le Roi* (1), *au Louvre, avec l'assistance des ducs de Berry, de Bourgogne, d'Orléans et de Bourbon, de Pierre de Navarre, Henry de Bar, du chancelier, de Pierre de Giac, de l'archevêque de Lyon; des évêques de Langres, Bayeux, Paris, Noyon, Arras; du président Frison, d'Amaury d'Orgemont, Odart de Moulins, Christan du Bos, de* 13 *conseillers; du comte de Sancerre, du vicomte de Melun, du maréchal de Sancerre; du cardinal de France, du seigneur de Châtillon, et des autres conseillers, dans la cause au sujet du comté d'Eu.*

Château du Louvre, 6 novembre 1392. (Registre du parlement, vol. IX, mss. de la cour de cassation, in-f°., p. 133.)

---

(1) Cela prouve que les Rois rendaient toujours la justice en personne, et composaient leur conseil à leur gré. Il y en a beaucoup d'autres exemples de ce règne et des précédens; on les trouve presque à chaque page du registre du parlement. Les parlemens alors n'étaient pas perpétuels; ils siégeaient par sessions, et le chancelier en faisait toujours l'ouverture. (Isambert.)

N° 168. — LETTRES *portant confirmation de l'ordonnance de 1374, qui fixe la majorité des Rois à quatorze ans commencés* (1).

Paris, novembre 1392. (C. L. VII, 517.)

N°. 169. — LETTRES *portant qu'en cas d'appel au parlement, par le procureur du Roi, d'une sentence interlocutoire ou définitive, le juge des lieux sera tenu de faire les ajournemens requis sans ordres de la Cour* (2).

Paris, 10 décembre 1392. (C. L. VII, 523.)

KAROLUS, etc. Cum procurator noster senescalliæ vestræ, pro juris nostri conservatione, habeat quandoque ad nos seu nostram parlamenti curiam, à sententiis contra ipsum nomine nostro latis, appellare, dictusque procurator noster qualibet vice non possit absque magnis sumptibus et expensis nostris, de tam longinquis ad villam Parisius venire seu mittere pro suis impetrandis adjornamentis supra singulis appellationibus prosequendis; et accidit plerumque quòd modicum tempus existit inter tempus appellationis interjecte, et dies ordinarios infra quos adjornamentum appellationis revelare tenetur, et propter hoc contingit interdum jus nostrum vel quasi periturum aut plus debito prothelari :

Nos super hoc sine prejudicio ejusque remediare volentes, vobis et vestrum cuilibet tenore presentium MANDAMUS, committendo, si fuerit opus, quatenùs quotiescumque et quomodocumquè à diffinitiva, vel interlocutoria seu gravamine tali quod in diffinitiva reparatum non potest, ipsum procuratorem nostrum vel ejus substitutum pro nobis, à vobis contingerit appellare, sine alterius expectatione mandati, ad tunc futurum proximum parlamentum, vel ad presens tunc, nonobstante quòd sedeat,

---

(1) Voyez-en le texte ci-dessus, à sa date. Villaret dit, en parlant de cette ordonnance, et de celles du mois d'octobre ci-après, qu'elles furent publiées en lit de justice, les chambres assemblées, en présence du peuple, et que telle était la forme de publication des lois fondamentales, tom. XII, p. 142. (Isambert.)

(2) *V.* ci-dessus, l'ordon. du 10 septembre 1392, qui paraît la même que celle-ci. Il en a été envoyé des copies aux divers sénéchaux sous des dates différentes. (Isambert.)

illos contra quos taliter fuerit appellatum, adjornetis seu adjornari faciatis supra hujusmodi appellationis causa seu causis, si per ipsum procuratorem nostrum seu ejus substitutum, fueritis requisiti, processuros et ulteriùs facturos ut fuerit rationis, intimationes et inhibitiones in talibus necessarias fieri faciendo; vobisque et vestrum cuilibet tenore presentium inhibemus, ne talibus appellationibus pendentibus, aliquid in eorum seu nostri prejudicium, attemptetis vel attemptari permittatis, sed attemptata, si que fuerint, ad statum debitum reducatis seu reduci faciatis :

Nos enim predicta adjornamenta, et quodlibet ipsorum, tantum valere volumus et tantam habere efficaciam, ac si pro quolibet à nobis aut à nostra parlamenti curia adjornamentum super hoc obtinuissent singulare, dilectas et fideles gentes nostras quæ dictum tenebunt parlamentum, de hiis quæ facta fuerunt in premissis, debitè certificando; quibus mandamus quatenùs partes predicte super hec faciant exhibendum inter ipsas celeris justicie complementum : quod sic fieri volumus, et dicto procuratori nostro concessimus et concedimus de gracia speciali per presentes.

N°. 170. — LETTRES (1) *qui permettent à trois Lombards, moyennant finance, de demeurer pendant 15 ans dans Troyes, pour y faire le commerce et y prêter de l'argent.*

Paris, décembre 1392. (C. L. VII, 787.)

---

(1) Ces lettres sont adressées au parlement, aux conseillers sur le fait du domaine, aux trésoriers à Paris, à la garde des foires de Champagne et de Brie et aux baillis et receveurs de Troyes. De semblables lettres furent accordées à des Lombards pour demeurer dans les villes d'Amiens, de Lyon, d'Abbeville, de Meaux et Laon. Le 2 juin 1380, Charles V avait accordé, pour 15 ans, à une compagnie de Lombards, les mêmes priviléges dans la même ville. (Decrusy.)

RÉGENCE DU DUC D'ORLÉANS (1),

FRÈRE DU ROI.

GOUVERNEMENT DU DUC DE BOURGOGNE,

SAUF LES INTERVALLES LUCIDES,

De 1392 à 1398.

N°. 171. — ORDONNANCE *sur la régence du royaume, en cas de décès du Roi, avant la majorité de son fils* (2).

Paris, janvier 1392. (C. L. VII, 535.)

CHARLES, etc. A tous présens et avenir. L'office des Roys à cause de leurs dignitez royaulx, est de gouverner et administrer sagement toute la chose publique, non mie partie d'icelle mettre en ordennance, et l'autre laissier senz provision convenable; et ès faiz et besoignes dont plus grant peril puet venir, pourveoir plus hastivement, et y querir et mettre les remedes plus nécessaires et convenables, plus honnorables et proufitables qui y pevent estre mis, tant pour le temps de leur gouvernement, comme pour celui de leurs successeurs; et pour ce, nous eu regart et consideracion aux choses dessusdictes, et selon ce que pourveu avons à la tutele, garde et nourrissement de nos enfans, aprez nostre décez, en certaine maniere contenue en nos lettres

(1) Elle fut déférée de droit au duc d'Orléans, comme premier prince du sang, sans restriction et sans conseil de régence; par conséquent le duc de Bourgogne en fut démis; mais il paraît qu'il eut toujours la principale influence dans le conseil, et que le duc d'Orléans n'eut réellement le gouvernement des affaires qu'en 1398, époque où il atteignit sa 20 année, et où les rechutes du Roi étaient plus fréquentes. (Isambert.)

(2) *V.* l'ordon. d'octobre 1374, sur le même sujet. Quoiqu'il y ait entre l'ordon. de 1371 et celle-ci peu de différences notables, nous n'avons pas cru pouvoir nous dispenser de donner le texte de celle de Charles VI, vu l'importance du sujet. (Decrusy).

sur ce faictes; desirans de tout nostre cuer pour ycelui temps pourveoir au bon gouvernement de nostre royaume, confians à plain de nostre très-chier et très-amé frere Loys duc d'Orliens, conte de Valoys et de Beaumont, tant pour le grant bien, sens et vaillance de lui, comme pour la très-singuliere, parfaite, loyal et vraye amour qu'il a tousjours eu à nous et à noz enfans, et aura, si comme de ce nous tenons pour touz certains,

Voulons et ordennons par ces présentes, que ou cas que par le plaisir de Dieu, nous yriens de vie à trespassement avant que Charles ou autre nostre ainsné filz pour le temps, feust entrez ou quatorziesme an de son aage, nostredict frere d'Orliens ait le gouvernement, garde et défense de nostre royaumé, jusques à ce que nostredit ainsné filz soit entré oudit quatorziesme an de son aage, pour tout le temps précédant ycelui XIVe an de l'aage de nostredit ainsné fils, tant seulement; auquel nostredit frere nous dès maintenant pour lors, donnons auctorité et pleniere puissance de gouverner, garder et deffendre nostredit royaume pour le temps dessusdit; de créer officiers pour le fait de justice, et pour toutes choses touchans lesdictes gardes, deffense et gouvernement, touttesfois qu'il sera besoing et appartendra à faire selon raison; tout en la maniere qu'il a esté acoustumé de faire ou temps passé; donner et ottroyer lettres de justice, de présentations et collations de bénéfices à nous appartenans tant à cause de regale comme autrement, lettres de rémissions de crimes, déliz et malefices; faire cuillir, lever et recevoir toutes les rentes, revenues, proufiz et émolumens ordinaires et extraordinaires de nostredit royaume, et sur ycelles prendre ou faire prendre ce qu'il sera nécessaire pour la despense du gouvernement, garde et deffense d'icelui royaume; saufs et exceptez par exprez, les lieux, terres et pays par nous ordennés pour l'estat et gouvernement de noz diz enfans, et de ceulx qui auront la garde et le gouvernement d'eulx, selon la fourme et teneur de noz dites autres lettres faictes sur ce; c'est assavoir, la ville et la viconté de Paris, la cité et le bailliage de Senliz, les chastel, ville et bailliage de Melun, avecques tous les chasteaux, et autres forteresces, villes, manoirs et autres lieux, justices et seignories haultes, moyennes et basses, ressors, fiefs, rerefiez, rachaz et quins deniers, cens et censives, forestz et autres boys, garennes, rivieres, estaings, viviers et autres pescheries, fours et moulins; et avecques ce, la duchié de Normandie, ensemble toutes les citez, bailliages et vicontez, chasteaux et autres forteresces, villes, manoirs et autres lieux où édifices, tant celles et ceulx qui à présent sont en nostre main, comme celles et ceulx qui y seront pour le temps de nostre décez, justices haultes, basses et moyennes, la court et connoissance de l'eschequier, de patronage, de briefs de lay, fié et aumosne, et toutes autres justices, noblesces et seignories quelconques elles soient, appartenans au duc de Normendie à cause des anciens droiz du duchié, ou autrement, fiefs, rerefiez, treizeisme, service de chevalier à cause de membre de haubert, gardes d'eglises vacans et de soubzaagiez, estaings, rivieres et autres eaues, hables et pors de mer, drois de weret et de poissons royaulx, boys, forest, reliez, dangiers, et quelconques autres rentes, revenues, prouffiz et émolumens ordinaires et extraordinaires, soient en grains, vins, deniers, pains, espices, oiseaux, ou quelconques autres choses; et généraulment et universaulment tous droiz, justices, noblesces et seignories quelconques elles soient, des dictes ville et viconté de Paris, bailliages de Senliz et de Meleun, et duchié de Normendie dessusdiz; tout en la fourme et maniere que nous les tenons à présent et tendrons ou temps de nostre trespassement; saufs et exceptez tant seulement nostre palais royal à Paris, la court de nostre parlement, les chambres des enquestes et des requestes du Palays, des comptes, du trésor, et autres ordennées généraulment pour le fait du royaume, et aussi le dernier ressort en toutes les terres cy-dessus déclairiées, qui ne sont assises oudit duchié de Normendie; esquelles choses nous voulons appartenir à nostre dit frere ou autre qui auroit lors ledit gouvernement du royaume; et ou cas que les rentes et revenues des terres cy-dessus ordennées et assignées pour l'estat et gouvernement de noz diz enfans, et de ceux qui en auront la garde, comme dit est, ne souffiroient pour supporter les fraiz, charges, et faire les despens d'iceulx, nous voulons et ordenons, ainsi que par nos autres lettres l'avons ordenné, que le demourant soit pris et le deffault supploié en autres terres et lieux de de nostredit royaume, les plus prouchaines et les plus proufitables pour noz diz enfans, au choix et opcion des dessusdiz qui en auront la garde et le gouvernement; et ne voulons que nostredit frere ait puissance aucunes sur ycelles, fors tant seulement ès cas touchans ledit derrenier ressort;

Et pour l'utilité publique de nostredit royaume, déclarons expressément par ces présentes, que nostre entente n'est point que nostredit frere, ou cas qu'il auroit ledit gouvernement, ou autre qui l'auroit oudit cas, puisse vendre, engagier, donner, ceder, transporter ou aliener par quelconque tiltre d'alienacion que ce soit, quelconques lieux, terres, ou autres biens non meubles qui soient lors du demaine du royaume, ou que nous tenissiens comme nostres propres, ou temps de nostre décez;

Et pour faire plus plainement nostre deu quant audit gouvernement du royaume, lequel ou cas dessus dit nous desirons souverainement estre bon, honnorable et proufitable à tous noz bons subgiez, nous voulons et ordenons que en nostre vivant, nostredit frere d'Orliens face serement en nostre présence sur les sainctes reliques et les saintes Éuangiles de Dieu, de gouverner oudit cas le royaume bien et loyaulment à tout son povoir, au bien, honneur et proufit de nostredit ainsné filz nostre heritier et successeur, et de tout le bien publique du royaume, selon la fourme et teneur contenue cy-après; et s'il n'avoit fait ledit serement nous estans en bonne vie, nous voulons et ordenons que il le face selon ladicte fourme, en la présence de nostre très-chiere et très-amée compaigne la royne, et de nos très-chiers et très-amez oncles Jehan duc de Berry, Philippe duc de Bourgoigne, Loys duc de Bourbonn. et de nostre très-chier et très-amé frere et cousin Loys duc de Baviere, frere de nostre dicte compaigne, ou de celui ou ceulx qui aura ou auront la garde et gouvernement de noz diz enfans, selon nostre ordennence faicte sur ce, et contenue plus à plain en noz autres lettres dont cy-dessus est faicte mencion;

Et s'il avenoit que nostredit frere d'Orliens alast de vie à trespassement, ou ne voulsist ou peust entendre audit gouvernement de nostre royaume, se nous mourriens paravant que nostredit ainsné filz feust entrez oudit XIVe an de son aage, voulons nous et ordenons que celuy qui auroit ycelui gouvernement, soit tenuz de faire et face ledit serement en la fourme et maniere que nostredit frere d'Orleans le devroit faire par nostre ordennance, s'il avoit ycelui gouvernement, etc.

N°. 172. — Ordonnance *sur la tutelle des enfans de France, en cas de décès du Roi avant la majorité de son fils* (1).

Paris, janvier 1392. (C. L. VII, 530.) Publiée en séance du parlement, en présence du Roi, dans un lit de justice (2).

Charles etc. Savoir faisons à tous présens et avenir, que comme nostre très-chier seigneur et pere dont dieux ait l'ame, lequel estoit aournez de très-grans et convenables senz et prudence, et garniz de très-bon et moult notable conseil, par grant advis et meure délibération eue avec plusieurs sages, ait ja pieça par ses lettres en las de soye et cire vert, et pour les causes et considéracions contenues en ycelles, fait certaine ordennance de et sur la tutele, garde et gouvernement de nous lors daulphin de Vienn. et de tous ses autres enfans, filz et filles, pour lors nez et à naistre : nous voulans nous conformer à ses bonnes, honnorables et proufitables œuvres, et ycelles et ses loables traces ensuir de nostre povoir;

Considérans ainsi que à plain est contenu esdictes lettres, que jasoit ce que la mort soit à un chacun certaine et inévitable, toutevoies les jour et heure d'icelle sont incertains; et pourtant les roys qui par leurs senz, honneste vie et bon gouvernement, doivent donner à leurs subgiez fourme et exemple de vivre, sont astrains et doivent estre meuz de pourveoir selon leurs possibilitez, à toutes choses qui pevent toucher le bien, la paix, la seurté et tranquillité de leurs royaumes, pour le temps avenir, et que leurs enfans mendres d'aage, lesquelx ils doivent amer naturelment comme eulx-mêmes, et ceulx par qui leur mémoire

---

(1) *V.* l'ord. d'octobre 1374, sur le même sujet, et Dupuy, Traité de la majorité des Rois de France. (Decrusy.)

La rédaction n'est pas absolument la même que dans l'ordon. précitée p. 431, c'est pourquoi nous en donnons le texte, à l'exception de la formule des sermens. Le Roi était accompagné du Roi d'Arminie, des princes oncles et frère, des évêques pairs, du chancelier, des gens du conseil. Toutes les chambres étaient assemblées. Une multitude de peuple assistait à la publication; il s'agissait d'une loi fondamentale. (Isambert.)

(2) Telle est l'expression que nous trouvons dans le registre X du parlement, et qui prouve que les lits de justice sont plus anciens que ne le pense le président *Henrion de Pansey* (Autorité judiciaire).

« Ce jour-là, la cour cessa de plaidoyer, pour ce que le Roi tint en sa » personne, le parlement, en sa main France, et fait le LIT en sa chambre ». (Isambert.)

doit estre perpétuée, soient nourriz et enseigniez, gardez et defenduz diligemment et curieusement, au bien et proufit de leurs royaumes, et par gens qui très-parfaitement les aiment, et soient telz que on n'y puisse ou doye avoir presumpcion ou souspeçon d'aucun peril ou dommage, pour et ès personnes ou biens de leurs diz enfans; aïans considéracion à ces choses lesquelles desirons de tout nostre cuer mettre à exécucion deue, et que selon raison escrite et naturelle, la mere a greigneur et plus tendre amour à ses enfans, et a le cœur plus doulz et plus soigneux de les garder et nourrir amoureusement, que quelconque autre personne, tant leur soit prochaine de linage, et quant à ce doit estre preferée à tous autres, et aussi que de raison et honneste, dames doivent estre acompaignées et conseilliées des plus prochains parens d'elles et de leurs enfans, qui soient saiges et puissans, et les ayment de bonne vraye et loyal amour; voulans oster toute occasion et matiere de doubte, division ou discencion, et obvier aux perilz, esclandres, dommaiges et inconvéniens, qui en deffault de ce pourroient survenir, pour le bien, proufit ou seurté évidens de nos enfans et royaume,

Euz sur ce très-bon et grant avis, délibéracion et conseil, avec plusieurs de nostre sanc et linage, et autres notables et sages personnes, avons, estans, la mercy nostre seigneur, en très-bonne santé et disposition de corps (1), ORDENNÉ et ordenons par ces présentes, de nostre certaine science, auctorité royal et plaine puissance,

Que se par le plaisir de Dieu, il avenoit que nous alessiens de vie à trespassement par avant que Charles nostre ainsné filz et Daulpin de Viennois feust entrez ou quatorziesme an de son aage, et aussi il mouroit, nous vivans, que ja n'avieigne, avant que autre pour lors nostre ainsné fils, se aucun en aviens, feust entrez oudit quatorziesme an, nostre très-chiere et très-amée compaigne la royne, mere de nos ditz enfans, ait et à elle appartieigne principaument la tutele, garde et gouvernement de nostre ainsné fils, et de touz noz autres enfans, filz et filles, nez et à naistre, et que avecques elle et en sa compaignie, nos très-chiers et très-amez oncles Jehan duc de Berry, Philippe duc de Bourguigne, Loys duc de Bourbon, et nostre très-chier et bien amé

(1) Il était dans un intervalle lucide de sa frénésie. (Isambert.)

frère et cousin Loys duc de Baviere, frere de nostre dicte compaigne, soient tuteurs et gouverneurs de noz diz enfans; et dès maintenant pour lors donnons et octroions à nostre compaigne et à noz oncles, frere et cousin dessus diz, auctorité et plain povoir de faire tout ce à qui tuteurs appartient de raison et coustume, quant à la garde et gouvernement des personnes de noz diz enfans, et des terres cy-après déclairiées, et pour leur estat tenir par nous ordenné, comme cy-dessoubz est exprimé :

Et ou cas que nostre dicte compaigne mourroit avant nous, ou durant le temps de ladicte tutele, ou se remarieroit, ou auroit empeschement de maledie ou autre, tel que elle ne peust ou deust vaquier et entendre au gouvernement de nos diz enfans; nous voulons et ordenons que nos diz oncles de Berry et de Bourgoigne, aient lesdites garde, gouvernement et tutele, ainsi que avoit nostre dicte compaigne, comme premiers et principaux tuteurs, et noz diz oncles de Bourbon et frere de Baviere, en leur compaignie; et se l'un de noz diz oncles de Berry et de Bourgoigne, trespassoit, ou par aucune maniere venoit ou lui appartenoit le gouvernement du royaume, ou avoit empeschement de maledie, ou autre raisonnable en sa personne, que le survivant d'eulx deux ait lesdictes tutele, garde et gouvernement, comme premier et principal tuteur, et noz diz oncle de Bourbon et frere de Baviere en sa compaignie; et se yceulx noz deux oncles de Berry et de Bourgoigne, mouroient, ou estoient empeschiez, comme dit est, que le gouvernement demeure à nostre dicte compaigne, et à noz diz oncle de Bourbon et frere de Baviere, en sa compaignie; et aussi se yceulx noz oncle de Bourbon et frere de Baviere, aloient de vie à trespas, ou estoient empeschiez en la fourme et maniere dessus déclairiées, il nous plest et voulons que le gouvernement demeure tousjours à nostre dicte compaigne, comme principal, et en sa compaignie, à noz diz oncles de Berry et de Bourgoigne, se ilz vivoient, ou à celui d'eulx qui lors vivroit; et par ainsi est nostre entente, que se un des cinq mouroit ou estoit empeschié, que le gouvernement demeure aux quatre, par la fourme et maniere, et selon l'ordre dessus exprimez; et semblablement, se l'un des quatre mouroit ou estoit empeschiez, qu'il demeure aux troiz; et se l'un des troiz trespassoit ou estoit empeschiez aux deux; et se l'un des deux aloit de vie à trespassement, à celui tout seul qui survivroit, par la fourme et maniere, et selon l'ordre devant déclairiez, pourvu toutevoies, que aucun d'eulx auroit empeschement, que cessant yceltui, il retournast audit gouvernement ou lieu, et selon l'ordre à lui donné par nostre présente ordonnance.

Et pour ce que pour nourrir noz diz enfans, et pour l'estat et gouvernement d'iceulx, de nostre dicte compaigne et yceulx nos oncles et frere de Baviere dessus diz, convendroit nécessairement supporter et avoir grans charges et faire grans fraiz et despens, nous voulons et ordenons que nostre dicte compaigne et yceulx noz oncles et frere, ou celui ou ceulx qui auroit ou auroient la tutele, garde et gouvernement de noz enfans dessus diz, ait et tieigne, ou aient et tieignent en leur main, et preigne ou preignent ou facent prendre réaument et de fait, dès le jour de nostre trespassement, jusques à tant que nostre ainsné fils qui à présent est ou pour le temps sera, soit entrez ou quatorziesme an de son aage, comme dit est, la ville et viconté de Paris, la cité et le bailiage de Senliz, le chastel, ville et bailliage de Meleun, avecques tous les chasteaux et autres forteresses, villes, manoirs et autres lieux, justices et seignories haultes, moyennes et basses, ressors, fiez, arrierefiez, rachaz et quins deniers, cens, censives, forez et autres bois, garennes, rivieres, estans, viviers et autres pescheries, fours et moulins; et avecques ce, la duchié de Normendie, ensemble toutes les citez, bailiages et vicontés, chasteaux et autres forteresces, villes, manoirs et autres lieux ou édifices, tant celles et ceux qui à présent sont en nostre main, comme celles et ceulx qui y seront au temps de nostre décez, justices haultes, moyennes et basses, la court et congnoissance de l'eschequier, de patronnages, de briefs de lay, fié et aumosne, et toutes autres justices, noblesces et seignories quelconques elles soient, appartenans au duc de Normendie, à cause des anciens droiz du duchié, ou autrement, fiez, arrierefiez, tresiémes, services de chevaliers à cause de membre de haubert, gardes d'églises vacans et de soubzaagiez, estans, rivieres et autres eaues, bables et pors de mer, droiz de weret et de poissons royaulx, boys, forestz, reliez, dangiers, et quelconques autres rentes et revenues, proufiz et émolumens ordinaires et extraordinaires, soient en grains, vins, deniers, pains, espices, oisiaux, ou quelconques autres choses; et généraument et universaument, touz droiz, justices, noblesces et seignories quelconques elles soient, desdictes villes et viconté de Paris, bailiages de Senliz, et de Meleun, et du duchié de Normendie dessus diz, tout en la fourme et maniere que nous les tenons à présent et tendrons au tems de nostre trespassement; saufs et exceptez tant seulement nostre palays royal à Paris, la court de nostre parlement, les chambres des enquestes et des requestes du Palais, des comptes, du trésor, et autres ordonnées généraument pour le fait du royaume; et aussi le derrenier ressort en toutes les terres cy-dessus déclairiées, qui ne sont assises oudit duchié de Normendie; lesquelles choses nous voulons appartenir à celui qui aura lors le gouvernement du royaume, selon ce que nous l'avons ordenné par noz autres lettres; et ou cas que les rentes et revenues desdictes terres ordennées et assignées pour l'estat et gouvernement de nostre dicte compaigne et de noz enfans, oncles et frere de Baviere dessus diz ne souffiroient pour supporter les fraiz et charges, et faire les despens d'iceulx, nous voulons et ordonnons que le demourant soit pris, et le deffault supploié en autres terres et lieux de nostre dit royaume, plus prochaines et plus proufitables pour noz diz enfans, au choix et opcion de nostre dicte compaigne et de noz diz oncles et frere, ou de celui ou ceulx qui auroit ou auroient ledit gouvernement;

Et afin que touz noz bons subjez aient plus grant amour à noz diz enfans, leur soient plus loyaulx, et les aient en greigneur honneur et reverence, voulons et ordennons que tous les prelaz de nostre royaume, qui seront tenuz ou temps de nostre décez à nous faire serement de féaulté, et aussi noz oncles et frere le duc d'Orliens, qui n'auroit mie ledit gouvernement et touz noz autres vassaux, facent et soient tenus de faire à Charles nostredit ainsné fils, ou autre qui pour le temps seroit nostre ainsné fils, en la présence de nostre dicte compaigne, et de celui ou ceulx qui auront le gouvernement de noz diz enfans, ledit serement de féaulté, selon la fourme ci-dessoubz escripte; et semblablement, les successeurs des diz prelaz, et les hoirs ou successeurs de noz diz vassaux qui mourroient ou seroient translatez, muez ou changiez durant le temps de la tutele, garde et gouvernement devant diz, seront tenuz de faire à nostredit ainsné filz, serement de féaulté selon la fourme et maniere cy-dessoubz déclairiées; et sitost comme nostredit ainsné fils entrera ou quatorziesme an de son aage, nous voulons et ordenons que touz noz oncles, frere, et vassaux, soiens tenuz de lui faire hommage senz contredit ou dilacion aucune, selon que plus à plain est contenu en la loy et constitucion faictes par nostredict seigneur et pere, et par nous approuvées, touchant l'estat et aagement des ainsnez fils de lui, de nous et de noz successeurs roys de France.

Et considéré que de tant comme les grans faiz et les grosses besoignes sont faictes par conseil de plusieurs sages hommes, de tant sont-elles plus seures et certaines, et aussi que nous et noz prédécesseurs, nous sommes tousjours gouvernez et gouvernons en touz noz faiz, par conseil de grant nombre de sages hommes, clers et lays, voulons et ordenons que ou cas devant dit, douze; c'est assavoir, troiz prelaz, six nobles et trois clercs, des plus souffisans et notables de nostre royaume, soient esleuz et priz par nostre compaigne et noz oncles et frere de Baviere dessuz diz, et par l'ordennance et advis d'eulx, ou de celui ou ceulx qui lors aura ou auront le gouvernement de noz diz enfans; lesquelx prelaz, nobles et clers, soient et demeurent continuellement en la compaignie et service de noz compaigne, enfans, oncles et frere de Baviere dessus diz, pour estre ès consaulx des faiz et besoignes touchant l'estat et gouvernement d'iceulx; et se aucun ou aucuns de ceulx qui ainsi esleuz et pris seroient, mouroit ou mourroient, ou estoit ou estoient empechiez de maladie ou autre empeschement raisonnable, que ou lieu de celui ou ceulx, noz diz compaigne, oncles et frere de Baviere, ou celui ou ceulx qui auroit ou auroient ledit gouvernement, preignent, eslisent et ordennent autres de semblables estaz, qui à ce leur sembleront souffisans et ydoines :

Et combien que nous soyens certains que nostre dicte compaigne aime noz diz enfans et siens, si tendrement et parfaittement comme pere puet et doit aimer les siens, et que noz diz oncles et frere de Baviere, les aiment aussi très-chierement, encores pour estre plus affermez et asseurez en nostre propos et entencion, voulons nous et ordennons que nostre dicte compaigne et noz diz oncles et frere de Baviere, facent en nostre présence serement de tenir et garder nostre présente ordennance, selon la fourme exprimée cy-dessoubz. Et s'il avenoit qu'il n'eussent fait ledit serement en nostre vivant, nous voulons que tantost après nostre décez, ils le facent; c'est assavoir, nostre dicte compaigne, en la presence de nos diz oncles et frere de Baviere, et yceulx noz oncles et frere, en la présence de nostre dicte compaigne et desditz douze conseillers, ou de ceulx d'eux qui présens seroient : voulons aussi et ordennons que ceulx douze conseillers sitost que esleuz et ordennez seront, facent en la présence de noz diz compaigne, oncles et frere de Baviere, ou de celui ou ceulx qui auroit ou auroient le gouvernement, de et pour tenir et garder à tout leur povoir nostre présente ordennance, serement, par la maniere et ainsi que cy-dessoubz est contenu.

Par le Roy en son conseil, où mess. les ducs de Berry, de Bourgongne, d'Orléans, et de Bourbon. Vous, les evesques de Baieux, de Noyon, d'Aucerre et d'Arras, le vicomte de Melun, mess. Guillaume des Bordes, mess. Philippe de Savoisy, maistre Odart de Moulins, l'aumosnier, et maistre Jehan Crete, estiez.

N°. 173. — ORDONNANCE *concernant les élus, contrôleurs, receveurs, greneticrs, et autres officiers des aides, et portant entre autres choses, que se aucun officier bon et souffisant est osté ou débouté de son office par importunité de requérans ou autrement, sans juste cause que icelui soit reçeuz à opposition, et sur ce lui soit faite raison de justice* (1).

Paris, 4 janvier 1392. (C. L. VII, 791.)

N° 174. — LETTRES *contenant instruction sur le fait des aides.*

Paris, 4 janvier 1392. (C. L. VII, 524.)

N°. 175. — LETTRES *portant que ceux qui auront acheté, à Paris, de la marée et du bétail de pied-fourché, ne pourront faire cession de bien à l'égard des vendeurs.*

Paris, dernier janvier 1392. (C. L. VII, 527.)

N°. 176. — LETTRES *portant que les recettes du domaine seront employées avant tout, à l'acquis des charges ordinaires, sans égard aux dons et mandemens du Roi.*

Paris, 1er février 1392. (C. L. VII, 548.)

---

(1) Le même principe existe encore aujourd'hui, à l'égard des ordonnances de propre mouvement, sur la révocation des offices ministériels; mais il est bien rare que le ministre qui a contresigné l'ordonnance, veuille présenter un rapport contraire. Cette opposition ne serait efficace qu'autant que l'affaire pourrait être portée au contentieux du conseil d'Etat. (Isambert.)

N°. 177. — ORDONNANCE *portant confirmation de celle de janvier 1324 (1), qui ordonne que les dépens seront supportés par la partie qui succombera.*

Paris, au parlement, 12 février 1392. (C. L. VII, 551.)

N°. 178. — ARRÊT *du parlement, qui condamne, par contumace, le connétable Olivier de Clisson comme faux, mauvais, traître et déloyal envers la couronne, et le condamne à la destitution et à une amende de* 100,000 *marcs d'argent* (2).

1392. (Villaret, Hist. de France, XII, p. 239.)

N°. 179. — TESTAMENT *du Roi.*

1392. (Trésor des Chart., Layet. Testament reg. 269) (3).

N°. 180. — JUGEMENT *rendu par le Roi, qui absout Juvénal des Ursins (4), prevôt de Paris, de l'accusation de prévarication.*

Vincennes, 1392. (Juvénal des Ursins.)

---

(1) Tom. III, pag. 314.

(2) Villaret prétend que sa dignité le rendait inviolable. *Fournel* ne parle pas de ce procès, bien plus fameux que celui du sire de Craon, qui, après tout, était un assassin, tandis que le connétable était victime de la faction de Bourgogne triomphante. (Isambert.)

(3) On n'y trouve rien de remarquable, qu'une fondation pour prier Dieu pour l'âme du connétable du Guesclin. — *Ibid*, p. 144.

(4) Haï du duc de Bourgogne, on suborna 30 témoins, qui l'accusèrent de prévarications. Le procureur et l'avocat du Roi refusant de faire le rapport, un avocat s'en chargea. Les commissaires qui avaient dressé le procès-verbal des dépositions l'oublièrent dans un cabaret. On le porta à Juvénal des Ursins. Un huissier d'armes le cite au conseil du Roi. Il s'y rend, accompagné de 400 des principaux bourgeois de Paris; les accusateurs privés du procès verbal des dépositions se retirent, Juvénal plaide sa cause, le Roi l'absout. Tout cela se fait en vingt-quatre heures. S'il eût été condamné, il devait être reconduit en prison, et exécuté le lendemain. Voilà ce qu'on peut appeler une justice expéditive. (Decrusy.)

N°. 181. — ÉDIT *ou* ORDONNANCE *portant que les juifs qui se convertiront ne seront pas privés de leurs biens* (1).

Abbeville, 25 avril 1393. (C. L. VII, 792.) Publié en parlement le 25.

KAROLUS etc. Notum facimus universis præsentibus pariterque futuris, quòd cùm quadam consuetudine sive usu qui in regno nostro plerisque aliis mundi climatibus diutiùs inolevit, seu aliter à priscis dicatur temporibus hactenùs observatum, quòd dum aliqui sectæ Judaicæ, abinde curant secedere, spiritu illuminati divino, ac erroris limitibus derelictis, evulsisque squammis perfidæ cæcitatis, inhærent fidei orthodoxæ, sacrique baptismatis recipiunt sacramentum, bonis quæ præhabeant nudantur omnino, et sic suis viduati rebus, efficiuntur et remanent pauperes et inopes : unde interdùm accidit quòd tales qui antea locupletes, se cernunt egenos, et quosdam ex eis vitam quasi quærere mendicatum, in pristina devia relabuntur, ad vomitum damnabiliter remeando, in suarum, prò dolor! animarum perniciem, opprobriosumque scandalum legis nostræ ac totius populi christiani;

Nos ante habitâ deliberatione et consilio præmaturio, affectantes jam dictis dispendiis et inconvenientibus posse tenùs obviare, ac advertentes quanta sit in excelsis in perditæ ovis recuperatione jucunditas, certisque aliis considerationibus exitati, harum serie litterarum EDICIMUS, ORDINAMUS, CONSTITUIMUS, irrefragabiliterque sancimus, quòd deinceps cùm aliquos utriusque sexus Judeos regnum nostrum, tam in Galica quàm occitana proximè longius vel inposterùm incolentes, continget Sancti Spiritus infusione et gracia illustrari, ac sacri fontis undâ renatos, appertis luminibus cordium eorumdem, suum verum agnoscere Creatorem per hujusmodi operacionem tam salubrem et

(1) La coutume de confisquer tous les biens des juifs à leur conversion, coutume si bizarre, nous la savons par la loi qui l'abroge. C'est l'édit du Roi, donné à Busnel, le 4 avril 1393. (Lisez Abbeville, 25 avril.) La vraie raison de cette confiscation, que l'auteur de l'Esprit des lois a si bien développée, était une espèce de droit d'amortissement pour le prince ou pour les seigneurs, des taxes qu'ils levaient sur les juifs, comme serfs mainmortables. Or, ils étaient privés de ce bénéfice, lorsque les juifs embrassaient le christianisme. Nouv. Rép., V° Juif, p. 630.

On ne peut dire combien on a indignement traité cette nation d'un siècle à l'autre, en France et ailleurs. (Isambert.)

meritoriam adeoque laudandam, quæ singulis sic agentibus debet fore utilis, non nociva, nullis suis mundanis rebus aut debeant aliqualiter spoliari, etiam nec quovis modo priventur, quantorumcumque existant precii et valoris; quin pociùs easdem res et bona habere, tenere et explectare, de ipsisque plenè et liberè ad suum disponere libitum valeant, sibique sit licitum et permissum, perinde ac si post præmissum actum bona et res acquisivissent predictas, aut ad eos justis ex titulis pervenissent; prætacta consuetudine sive usu, nec non constitutionibus, ordinationibus et statutis generalibus aut localibus regni nostri jam dicti, ac defensionibus et mandatis contrariis, nullimodo obstantibus in hac parte.

N°. 182. — Ordonnance *qui accorde aux propriétaires de maisons grevées de rentes, le droit de les retirer des mains des cessionnaires, pour le prix de la cession, frais et loyaux coûts, dans le délai de six mois* (1).

Abbeville, au mois d'avril, après Pasques, 1393. (C. L. VIII, 637.)

Charles, etc. Savoir faisons à tous présens et avenir, à nous avoir esté exposé de la partie de noz bien amez les majeur et eschevins de nostre bonne ville d'Amiens, pour eulx et pour toute la communauté de ladicte ville et de la banlieue d'icelle, que en ladicte ville et banlieue d'icelle sont assis et situez grant quantité de édifices, maisons et autres héritaiges appartenans à plusieurs propriétaires d'iceulx lieux, qui sont chargez de très-grans cens ou rentes envers plusieurs et diverses personnes, desquelx cens ou rentes les seigneurs propriétaires desdictes maisons, édifices ou héritaiges, deschargeroient voulentiers par rachetant yceulx cens ou rentes par juste pris : car par ce lesdictes maisons et héritaiges demouroient entiers et sans ruine, et ja soit ce que il aviengne de jour en jour, ou au moins bien souvent, que plusieurs de ceulx ausquelx lesdis cens ou rentes sont deus sur lesdictes maisons et héritaiges, vendent lesdis cens ou rentes à autres personnes que aux propriétaires d'iceulx héritaiges et maisons, pour certains pris, et que iceulx propriétaires, pour descharger leurs dictes maisons d'iceulx cens, les voulsissent bien ravoir et rache-

(1) *V.* l'art. 1699 du Code civil, et l'ordon. de 1351, p. 662, tom. 4.

ter ou reprendre pour le pris que ilz sont vendus, et que ce ne feust point grief ou dommaige aux vendeurs, néantmoins yceulx propriétaires n'en pevent finer, et par ce demeurent leurs dictes maisons chargées d'iceulx cens ou rentes, parquoi est advenu et advient souvent que lesdis propriétaires laissent leurs dictes maisons tourner à ruine sans ycelles retenir ne réparer, et puis quant elles sont toutes détruites ou si diminuées que elles sont inutilles et de pou ou neant de valeur, yceulx propriétaires renoncent et déguerpissent auxdictes maisons et héritaiges, au proufit des censiers, parquoy nostre dicte ville en plusieurs lieux et parties est et encores sera ou temps avenir difformée de très-grans ruines, se par nous n'y est gracieusement pourveu, si comme il dient :

Nous ces choses considérées, et pour le bien, proufit et utilité de ladicte ville et de toute la chose publique, avons ORDENÉ et ORDENONS, et auxdis exposans octroyons par ces présentes de grace especial et par délibéracion de nostre conseil,

Que touttefoiz que désormais aucun qui auroit ou prendroit, a ou prent cens ou rente sur aucune des maisons ou héritaiges de ladicte ville, venderont ou vendera sesdis cens ou rentes à quelque personne et pour quelque pris que ce soit, à autres que aux propriétaires du lieu sur lequel lesdis cens ou rentes sont et seront deus, que ycellui propriétaire puist avoir et reprendre y cens ou rentes pour le pris que il auront esté vendus, dedens demi-an ensuiant, et que en ce cas les acheteurs d'iceux cens ou rentes, seront tenus de les rendre, bailler et délivrer auxdiz propriétaires par prenant et retenant d'eulx le droit pris de ladicte vente, et par eulx remboursant de tous leurs frais raisonnables.

Si donnons en mandement par ces présentes au bailli d'Amiens, qui à présent est et sera pour le temps à venir, ou à son lieutenant, en commettant, se mestier est, que nostre dicte ordenance il tiengne et garde et face tenir et garder perpétuelment et à tousjours sans enfraindre en aucune maniere, et les dis exposans en face, seuffre et laisse joïr et user paisiblement, en contraignant à ce toutesfois que le cas y escherra, tous ceux qui à contraindre feront, par toutes voies et manières deues.

Et que ce soit ferme chose et estable à tousjours, nous avons fait mettre nostre séel à ces présentes : sauf en autres choses nostre droit, et l'autruy en toutes.

N°. 183. — MANDEMENT *portant défense d'injurier les juifs, lesquels sont placés sous la sauvegarde du Roi* (1).

Paris, 3 juillet 1393. (C. L. XII, 182.)

CHARLES, etc. Au prevôt de Paris, et à tous senechaulx, baillifs et autres nos juges, et au conservateur des juifs et juifves de nostre royaume, ou à leur lieutenant; salut.

Oye l'humble supplication desdits juifs et juifves de nostredit royaume, contenant que come de nostre grace especial nous leur ayons octroyé licence et provision de demourer en nostredit royaume paisiblement, et sy les ayons prins et mis, prenons et mettons en nostre protection et sauvegarde especial, ensemble toute leur famille et biens quelsconques, et par ce moyen eulx et leur famille et biens soient en nostreditte protection et sauvegarde, qui depuis a esté deument signiffiée et publiée; neantmoins plusieurs personnes leurs debteurs et autres leurs malveillans, leur font de jour en jour, et s'efforcent de faire de parole et de fait, plusieurs opprobres, injures et vilenies, come de mettre la main à eulx, et de les arrester de fait, et leur oster leurs chappeaulx et barettes, les battre et ferir (2), tant de cousteaulx come de bastons, et autrement attempter contre leurs persones et biens, en contempnant nostreditte sauvegarde, et en enfraignant icelle follement et contre raison, si comme ils dient, requerans que ces choses considerées, et aussy que combien que nostreditte salvegarde ait esté criée et publiée en pluseurs lieux et auditoires de vous, ne se sont point lesdites personnes deportés, et perseverent à leur faire lesdittes injures et vilenies, nous sur ce leur vueillions pourveoir de remede :

Nous, attendu toutes ces choses, vous mandons et à chacun de vous, si comme à luy appartiendra, que tantost et sans delay ces lettres veues, vous faciés crier et publier solennelement par tous les lieux accoustumés à faire cris en vos juridictions,

Que doresnavant aucunes personnes ne soit sy hardi de mesfaire ne mesdire auxdits suppliants, sur certaines et grosses peines à appliquer à nous; afin que aucun ne puist ignorer nostredite salvegarde en laquelle yceulx suppliant sont, come dessus est

(1) Ces lettres indiquent l'état politique des juifs à cette époque. (Isambert.)
(2) Ceci arrive encore dans certaines villes d'Allemagne. (*Idem.*)

dit; laquelle salvegarde signifiés ou faites signifier deument et de rechef aux personnes dont de la partie desdits supplians ou d'aucun d'eulx, serés requis; et des cris, publications et significations dessusdiz, donnés et octroyés vous lettres à yceulx suppliants touttefois et quantes que requis en serés, pour leur valoir en temps et en lieu ce que valoir leur devra par raison :

¶ Quar ainsy nous plaist il estre fait, et ausdits suppliants l'avons octroyé et octroyons de grace special par ces présentes, nonobstant quelconques lettres subreptices empetrées ou à empetrer à ce contraires.

N°. 184. — Lettres *qui créent une commission pour s'enquérir des exactions des officiers royaux, notaires et autres, avec pouvoir de les punir à discrétion, et de modérer les frais* (1).

Paris, 12 juillet 1393. (C. L. VII, 567.)

Charles etc. A nos amés et féaulx conseillers Mes Labrelle et Lebire, ordonnés sur la général réformation de nos païs de Languedoc : salut et dilection.

Comme il soit de nouvel venu à nostre cognoissance, tant par la complainte de plusieurs nos subgés et habitans ou nostre dit païs, comme par la relation d'aucuns nos conseilliers, ausquelx nous adjoustons foy, que plusieurs justiciers, juges, bailes, viguiers, clavaires, procureurs, receveurs, sergens, commissaires, notaires, et autres officiers, tant nostres comme autres, oudit païs de Languedoc, ont fais et font souventes fois, et de jour en jour en l'exercice de leurs dis offices et commissions, soubs umbre et puissance d'iceulx et du service en quoy ils font, pluseurs griefs, dommages, extortions, rapines et oppressions à nos subgés des dis païs, en prenant trop excessis salaires, et autrement déliquent en moult de diverses manieres; qui nous est en grant desplaisance :

Nous qui telles choses de mauvais exemple, dampnables et rapineuses, ne voulons tolerer ne demourer impunies, mais en voulons nos diz subgés à nostre povoir relever; mesmement qu'ils ont eu et ont à supporter de grans charges pour le fait de

---

(1) La Charte de 1814 prohibe le rétablissement de ces commissions. *V.* aussi l'art. 17, tit. 2, loi 24 août 1790, art. 98 de l'ordon. de Blois. Il y a encore des commissions judiciaires dans les colonies françaises. *V.* notes sur l'ordon. du 22 octobre 1823. (Isambert.)

nos guerres, et autrement en moult de manieres, confians à plain de vos sens, loyaultés et discretions, vous avons commis, ordennés et establis, commettons, ORDONNONS et establissons par ces présentes, de oyr toutes manieres de plaintes, querelles et clameurs, qui pour nos dis subgés ou aucuns d'eulx, vous seront faites oudit pais, de quelconques officiers et commissaires ou serviteurs de nous et d'autres, oudit païs, tant sur lesdittes oppressions, extortions, exactions, comme autrement, et aussy de vous informer d'office de justice, par vous et vos députtés, secrettement et autrement, desdittes extortions, opressions, exactions, griefs et dommages, et quelconques autres maléfices commis et perpétrés par quelsconques justiciers, procureurs (1), notaires, sergens et autres officiers, tant nostres comme autres, et appellés ceulx qui seront à appeller;

De punir tous ceulx que par lesdittes informations et autrement vous trouverés coulpables, par suspension de leurs offices et privation d'iceulx, se le cas le requiert, et autrement, de telles amendes que vous verrés au cas appartenir, et faire sur tout accomplissement de justice (2).

Et avecques ce, de modérer et mettre modification et prix compétant aux salaires de quelconques nos officiers, justiciers, procureurs, notaires, juges, viguiers, bailes, sergens, commissaires, et autres quelconques, tels et en telle maniere, et sur telles peines que vous verrés et adviserés qu'il sera expédient et convenable pour le bien et relevement de nosdis subgés et de la chose publique; lesquelles modifications soyent faites par maniere de ordenance publiés et tenues dores en avant ez dis païs, sans enfreindre; et les transgresseurs d'icelles, punis selon l'exigence des cas, tant par privation d'office ou suspension, comme autrement, ainsy que lesdittes ordennances contendront, et qu'il sera à faire de raison, et par telle maniere que ce soit, exemple à tous autres.

Si vous mandons que ez choses dessus dittes, circumstances et dépendances d'icelles, vous vacquiés si diligemment par vous et vos députtés, que vous en doyés estre envers nous recomman-

(1) Une enquête semblable a eu lieu en 1823, dans l'affaire des avoués de Tarascon, enquête qui a amené leur révocation. (Isambert.)

(2) En matière de discipline, comme en toute autre, celui qui n'a pas été entendu ne peut être condamné. La Cour d'Amiens a décidé le contraire contre M. *Pothier*, en 1823, et le garde des sceaux a confirmé la décision. (*Idem.*)

dés : de faire ez choses dessus dittes et chaounne d'icelles, leurs circomstances et deppendances, tout ce que vous adviserés estre expédiant et convenable, vous donnons povoir, authorité et mandement espécial, par la tenur de ces présentes : mandons et commandons à tous nos seneschaux, viguiers, juges, bailes, clavaires, et autres justiciers et officiers dudit païs, que à vous et à vos députtés en ce faisant, obeissent et entendent diligemment, et vous prestent et donnent conseil, confort, ayde et prisons, se mestier est, et requis en sont.

Par le Roy, à la relation de son grant conseil, ouquel estoient vous (le chancelier), les évesques de Lengres et de Baieux, Me Odart de Molins, et autres.

N°. 185. — Lettres *portant que les états du Dauphiné seront assemblés, pour leur demander une aide* (1).

Vincennes, 27 août 1393. (C. L. VII, 574.)

Charles, par la grace de Dieu, Roy de France et dauphin de Viennois. A nos amés et féaux Jaques de Montmaur, chevallier, notre chambellan et conseiller, et gouverneur de notre Dauphiné, et à nos autres conseilliers dalphinaux : salut et dilection.

Comme l'année derrenierement passée et cette présente, nous ayons soustenus plusieurs grans fais et missions, et par especial pour cause du traitié de la paix et accord qui a été fait entre notre saint pere le pape, et Reymond de Tourenne (2), chevallier, pour cause duquel traittié nous avons envoyé par plusieurs et diverses fois pardevers nostredit saint pere et ledit Reymond, aucuns de nos officiers, par espécial avons été à ce meus pour contemplation de notredit pays du Dauphiné, afin que pour la guerre qui étoit entre les dessusdits, icelui pays ne fut grevé ne opprimé, et tellement y a été pourveu, que par le bon moyen

---

(1) Tout ce qui touche la composition des États-généraux est important en législation ; on voit dans ces lettres que le clergé, la noblesse et les communes étaient convoquées. (Isambert.)

(2) Il s'agit ici de Raymond VIII, vicomte de Turenne, qui fit la guerre en Italie, à Louis d'Anjou II du nom, Roy de Naples, et qui, pour cette raison, fut excommunié par Clément VII. Le 5 de mai 1392, il y eut, par l'entremise des commissaires de Charles VI, entre lesquels était Jacques de Montmaur, gouverneur du Dauphiné, un traité de paix entre Clément VII et Raymond de Turenne. (Secousse.)

et avis de nosdits conseilliers, bon accord a esté mis entre lesdites parties; lequel, à l'aide de Dieu, nous entendons à faire continuer et maintenir; et semblablement ayons grandement frayés et dépendu ou voyage que fait avons en votre pays de Picardie, pour cause du traittié de la paix d'entre nous et notre adversaire d'Angleterre; et aussi ayons envoyé par plusieurs fois de nos chevaliers et autres nos conseilliers ez parties de Guienne, et en autres diverses parties de nostre royaume, pour faire tenir les treuves d'entre nous et nostre adversaire, avec plusieurs grands charges, fais et missions que avons supporté et soutenons chacun jour, lesquieulx ne pourrons bonnement soutenir, mais vous seroient ainsy importables, se n'étoit l'aide des gens d'eglise, nobles, et autres nos bons sujets, qui nous ont toûjours liberaulment aidé et secouru en nos nécessités;

Nous confians à plain de vos sens, loyautés et bonnes diligences, vous mandons et commettons, et à chacun de vous, que vous vous transportiés en notredit Dauphiné, et où vous semblera plus convenable, faites en icelui notre Dauphiné assembler les prelats, clergié, nobles et communes d'iceluy Dauphiné, et leur signifiés les choses dessus dictes et aucunes autres dont nous vous avons chargié; et comment il a plû à Dieu de sa grace nous donner un biau fils qui est leur seigneur et dauphin de Viennois, en leur requerant de par nous par toutes les meilleurs voyes et manieres que vous pourrés, que pour cause des dessus dites choses, et pour contemplation de notredit fils leur seigneur naturel, ils nous fassent et accordent autel et semblable aide comme ils firent quand nous fumes ez parties de Languedoc, et que de ce en notre necessité ils ne nous veuillent faillir.

De ce faire vous donnons mandement, autorité et pouvoir : mandons et commandons à tous nos justiciers, officiers et sujets, et requerons tous autres, que à vous en ce faisent, obeissent et entendent diligemment.

Donné à la Conciergerie du bois de Vincennes, le 27e jour d'aoust, etc.

Par le Roy, à la relacion de son grand conseil, où messieurs les ducs d'Orlians et de Bourbon, vous (le chancelier), les evesques de Lengres, de Noyon, et autres, étiés.

N°. 186. — Lettres *qui portent qu'on ne pourra chasser aux bêtes fauves dans les forêts royales, en vertu des lettres du Roi, à moins qu'elles ne soient signées du duc de Bourgogne, nommé surintendant général de toutes les chasses du royaume, avec un pouvoir illimité* (1).

Beauté-sur-Marne, 7 septembre 1393. (C. L. VII, 579.) (2)

N°. 187. — Lettres *portant que les juifs regnicoles seront obligés de prendre au grand sceau des lettres de commission, pour se faire payer de leurs dettes, et des lettres de permission de plaider par procureurs.*

Paris, 25 septembre 1393. (C. L. VII, 580.)

N°. 188. — Réglement *du Châtelet, pour les oppositions faites aux criées, et autres styles du Châtelet* (3).

Paris, 30 septembre 1393. (C. L. VII, 283.)

A tous ceulx qui ces lettres verront. Jehan seigneur de Folleville, chevalier, conseillier du Roy nostre S. et garde de la prevosté de Paris : salut.

Savoir faisons que pour ce que en la court du Chastellet de Paris, souloit avoir stille sur les opposicions faictes tant sur les excécucions requises comme aux criées d'éritages, par lequel stille les opposans povoient avoir trois délais avant la déclaracion des causes de leurs opposicions; c'est assavoir, jour de procéder, jour d'avis, et jour de dire les causes de leurs opposicions, qui estoit une grant confusion et délais frustratoires, ou grant

---

(1) Toutes les permissions de chasser dans les forêts du Roi, précédemment accordées, furent révoquées indéfiniment, sans même en excepter les princes du sang. Le duc seul eut le droit d'en donner de nouvelles, ce qui prouve qu'il disposait alors du gouvernement.

La charge de grand veneur fut érigée quelques temps après, en faveur de Guillaume de Gamaches. Le Roi, mécontent de lui, le remplaça, ce qui occasionna un procès au parlement, en 1414. Gamaches, premier titulaire, obtint en dédommagement la charge de grand-maître réformateur des eaux et forêts de France. Avant la création de l'office de grand-veneur, l'inspection appartenait au maître de la vénerie ou maître-veneur, qui était en même temps l'un des six maîtres des eaux et forêts, choisi par la chambre des comptes. — Villaret, XII, 181. — (Decrusy.)

(2) Voyez ci-dessous, l'ordon. du 29 juin 1396, p. 770.

(3) *V.* ci-dessus, l'ordon. du 3 juin 1339, à laquelle celle-ci sert d'annexe. (Isambert.)

retardement desdictes excécucions et préjudice des parties; nous pour obvier à telz délais frustratoires, et pour l'abbréviacion des causes, mesmement en telz cas et matieres qui desirent célérité, et que aucun ne se doie opposer qui ne soit acertené des causes de son opposicion.

1. Avons ordené par la délibération du conseil et oppinion des assistans à la court, et de leur assentement, que d'ores-enavant telz délais ne seront point donnez, et que incontinant que aucun sera adjourné en ladicte court pour dire la cause de son opposicion par lui faicte à aucune exécution, au jour qu'il sera adjourné et appellé, s'il compere ou procureur pour lui, et s'est le principal oblígié, jour lui sera donné à procéder pour veoir les exploix de l'excécucion sur lui requise, pour iceulx véoir et débatre se mestier est, et aprez, jour à dire la cause de son opposicion; et s'il est deffaillant ou miz en deffault, par vertu du deffault contre lui obtenu et empetré, soit sur adjournement ou assignacion, il décherra et est décheu de son opposicion, et pourra l'en procéder à la perfeccion de l'excécucion sur lui requise; et se c'estoit un tiers opposant, s'il comparoit, il n'aura point jour de procéder, pour ce qu'il ne seroit mie partie habile à débattre les exploiz; mais seulement aura jour à dire les causes de leurs oppositions; et s'il est deffaillant et miz en deffault, le deffault contre lui obtenu, se c'est sur adjournement, n'emportera prouffit que de despens seulement; se c'est sur appointement ou assignacion de dire les causes de son opposicion, il emportera tel prouffit que ledit tiers oposant sera décheu de sadicte opposition.

(2) *Item.* Et oultre, avons ordené que se l'opposition d'aucun opposant est fondée sur lettres, ou qu'il en y ait aucunes, qu'il sera tenu de les monstrer, exiber et apporter en jugement, pour veoir à partie.

(3) *Item.* Et oultre, que se appointement est donné aux diz opposans de baillier par escript par déclaration devers la court ou à partie, les causes de leur opposition dedens certain jour, se dedens icelui jour ilz ne servent l'appointement, ou facent diligence souffisant, ilz seront tenuz de paier les despens pour la retardacion du procès; et néantmoins de rechief leur sera assigné jour à l'arbitre du juge, à les baillier, sur peine d'en décheoir; mais se au jour et appointement de la cause, l'opposant est deffaillant et miz en deffault, le deffault emportera tel prouffilt comme dit est cy-dessuz et decleré.

(4) *Item.* Se à aucun tiers opposant, jour est assigné à dire les causes de son opposition par lui faicte contre aucune excécucion, et il requiert à voir les exploiz d'icelle, il sera enjoint au créancier que dedens certain jour il mette ses exploiz à court, pour iceulx veoir seulement, et non mie pour débattre, comme dit est.

(5) *Item.* Et avec ce, pour ce que en ladicte court souloit avoir pluseurs autres stilles par lesquelz estoient donnez pluseurs autres délais frustratoires, comme de prouver premiere et seconde foiz, et de faire foy des tesmoings qui apparroient avoir esté adjournez aux diz jours, et pluseurs autres délais; nous pour les causes que dessuz, avons ordené et ordenons que d'oresenavant telz délais ne seront plus donnez; mais après l'appointement de baillier, et les véritez dictes aux articles selon l'appointement d'aler avant sur les véritez, les parties auront jour de publier tant de tesmoings aveo tant de lettres; sauf les contrediz.

(6) *Item.* Et oultre, pour ce que en ladicte court et en la prevosté, on avoit et a acoustumé de bailler escriptures à deux foiz; c'est assavoir, escriptures principaux et repplicacions, qui estoit une grant confusion et multiplicacion de despens; nous avons ordené et ordenons que d'oresenavant on ne baillera que une foiz et unes escriptures seulement, selon ce qu'il est acoustumé en la court de parlement.

(7) *Item.* Que les escriptures baillées, les parties prendront jour d'aler-avant sur les véritez, se le pledoié est à fin de principal seulement, ou d'oïr droit où il chiet; et se leurdit pledoié est à pluseurs fins, elles prendront jour à oïr droit sur leur pledoié qu'elles baudront par maniere de mémoire, où elles prendront jour à rapporter l'enqueste qui sur les fais par eulx pledoiez sera faicte, aux fins à quoy elles auront tendu, selon les matieres et leur pledoié, et à la discrecion du juge.

(8) *Item.* Et pour ce que en ladicte court souloit avoir un stille que touteffoiz que aucun estoit poursuy en action ypotheque ou personele et hypotheque; que supposé que ce feust de et pour son fait, il povoit avoir jour de garant, qui estoit et est contre raison et une corruptelle; nous avons ordené par la délibéracion que dessus, que d'oresenavant s'aucun est poursuy en action personele et ypotheque, puisque la poursuite sera de et pour son fait, il n'aura point de garant.

En tesmoing de ce, nous avons fait mettre à ces lettres le séel de la prevosté de Paris, le mercredy xxx. et derrenier jour de septembre, l'an mil ccc. IIII.[xx] et XIII.

N°. 189. — LETTRES *portant que, lorsqu'on aura commencé des procédures contre un malfaiteur, l'appel n'empêchera pas son arrestation ou sa maintenue en prison, jusqu'à ce qu'il soit jugé.*

Paris, 1er octobre 1393. (C. L. VII, 581.)

CHARLES etc. Au sénéchal de Beaucaire, etc. Nostre procureur en la seneschaucie de Beaucaire et de Nismes nous a fait exposer que plusieurs crimes, maléfices et délis sont souventes fois comis et perpetrés par plusieurs et diverses personnnes ez termes de vostre seneschaucie; et pour en savoir la vérité, avés esté plusieurs fois en vostre personne, ez lieux où les cas sont advenus, ou de par vous et par vos lettres, avez commis certaines personnes pour faire les informations sur ce, comme en tel cas appartient, en mendant aux dis commis que s'il leur apparoit deuement iceulx crimes et malefices avoir esté perpetrés, ils preissent ou feissent prendre les malfaiteurs, et les mettre en nos prisons plus prouchaines des lieux où ils seroient prins, pour recevoir sur ce punition deue, selon l'exigence des cas; et ja soit ce que par verteu de vos lettres sur ce faites, lesdis commis ayent fait lesdittes informations, par lesquelles ils ayent trouvé clerement plusieurs malfaicteurs coupables ou vehementement souspeçonnés de plusieurs et divers cas, pour lesquels vous et vosdis commis vous estes esforciés de prendre et les pour ce punir deuement;

Neantmoins tant pour considération de ce que en vostre seneschaucie l'en ne paye aucune amande pour appellations, comme pour retarder le fait et bien de justice, iceulx malfaicteurs ont appellé et appellent chascun jour de vous ou de vos commis, et sur ce ont obteneu et obtiennent de nous ou de nostre court, adjournemens en cause d'appel, par lesquelles leur est deffendeu que l'en ne face ou attempte aucune chose ou prejudice desdis appellans ne de leurs causes d'appel, sous umbre desquelles choses vous ou vosdis commis, pour doubte de attempter, n'osés plus avant proceder, ne prendre ou aprehender lesdis malfaicteurs, qui moult souvant avant que les jours soyent venus auxquels ils ont relevé leurs dittes appellations, et sans icelles poursuir aucunnement, s'en vont, départent et absentent du pays, et pour ce demeurent lesdis malefices et delis impunis, en grant esclande et lesion de justice, et ou grand domaige et prejudice de nous et de la chose publicque; dont fortement nous desplait, s'il est ainsy :

Pourquoy, nous ces choses considerées, que ne voulons pour tels frivoles appellations, le bien de justice estre retardé ou empeschié, vous MANDONS que ou cas dessusdit, vous procedés et faites procéder à la prinse et détention de corps d'iceulx malfaicteurs, sans les eslargir aucunnement, jusques à ce que leurs dittes causes d'appel soient déterminées, ou que autrement en soit ordonné par nous ou nostre ditte court : car ainsy nous plaist-il estre fait, nonobstans lesdittes telles appellations et quelsconques lettres subreptices empetrées ou à empetrer au contraire.

Par le Roy, à la relation de son grant conseil des lays, estans en la chambre des comptes, où vous (le chancelier), et les trésoriers, estiés.

N°. 190. — LETTRES *portant que les officiers qui n'exerceront pas leurs charges en personne* (sinécures), *ne seront pas payés.*

Paris, 11 octobre 1393. (C. L. VII, 582.)

CHARLES etc. Au receveur de la seneschaucie de Beaucaire et de Nymes, et à tous les receveurs et clavaires particuliers, ordinaires et extraordinaires de laditte seneschaucie, ou à leurs lieuxtenans : salut.

Nostre procureur en icelle seneschaucie, nous a fait exposer que jasoit ce que pour garder nos drois et domaines royaulx, et pour le fait et exécution de justice et autrement, soient ordonnés et establis de par nous en icelle seneschaucie, pluseurs officiers ordinaires et extraordinaires, et que pour raison des gaiges, salaires et autres drois que ils prennent à cause de leursdis offices, chacun desdis officiers soit teneus et costrains de servir et faire residence en personne sur le lieu et en l'office à lui commis, sans ce que il le puisse faire deservir par autres quelconques, se toutes voyes il n'a sur ce nos lettres d'octroy de le faire deservir par personne souffisante et en ses perils;

Néantmoins, pluseurs de nosdis officiers en laditte seneschaucie, sans avoir de nous sur ce aucunne licence, s'en sont allés et vont chacun jour demorer hors des termes de leurs offices, et les ont fait et font desservir par lieux ou comis main souffisant, qu'ils y ordennent de leur simple auctorité; et soubs umbre de ce, ont esté et sont paiés des gaiges, salaires et drois, à cause desdis offices que ils n'ont point deservis ne desservent;

En quoy nous avons soustenu grant domaige pour le temps passé, et encore le soustendrions gregneur pour le temps avenir, se porveu n'y estoit, si comme il dit.

Pourquoy, nous ces choses considerés, desirans estre sur ce deument remedié, vous mandons et estroitement enjoingnons, et à chascun de vous, si comme à lui appartendra, que à tous nos officiers qui en leurs propres personnes ne desservent et desserviront leurs offices, ou qui n'ont ou auront sur ce lettres de grace et d'octroy de nous, comme dit est, vous cessez du tout de leur paier lesdis gaiges et autres drois qui leur devroyent appartenir à cause de leurs offices, se ils desservoient duement en leurs personnes, et en recevés pardevers vous les deniers, dont vous ferés expresse mention sur vous prouchains comptes, affin que sur ce soit faitte telle provision comme il appartendra: car ainsy nous plaist-il estre fait; nonobstant quelconques lettres subreptices empetrees ou à empetrer au contraire.

N°. 191. — Lettres *portant que les nobles et officiers du Roi seront reçus à enchérir les fermes des impôts, si, après un certain temps, il ne se présente pas d'autres enchérisseurs* (1).

Paris, 11 octobre 1393. (C. L. VII, 583.)

Charles etc. Au seneschal et receveur de Beaucaire et de Nismes, ou à leurs lieuxtenans : salut.

De la partie de nostre procureur en ladítte seneschaussée, nous a esté exposé que comme pour ce que ou temps passé, quant aucuns nobles ou de nos officiers mettoient à prix une ou pluseurs de nos fermes, aucuns autres ne s'aparoient ou venoient qui volcissent ou osassent enchérir sur eulx lesdittes fermes; en quoy

---

(1) C'était vouloir écarter les enchérisseurs, que de leur donner de tels concurrens. (Decrusy.)

nous avions soustenu pluseurs grans domages, pour obvier à telles fraudes, certaines instructions eussent esté faittes sur la maniere de bailler icelles fermes, esquelles entre les autres choses, est expressément contenu, que aucuns nobles ou nos officiers ne soient receus à mettre à prix lesdites fermes; pluseurs desquelles sont délaissées à rencherir, parce que pour leurs estas et offices, l'en n'ose riens mettre sur eulx, en retournant à la premiere erreur pour laquelle lesdittes instructions feurent faites et ordennées, et à vous baillées; laquelle chose est en nostre grant domaige et préjudice, et dont fortement nous desplaist, s'il est ainsy.

Pour ce est-il, que nous voulans à ce estre remedié, vous mandons et estroitement enjoignons, et à chascun de vous, si comme à luy appartiendra, que selon lesdittes instructions, vous dores en avant ne recevés aucuns nobles ou officiers, à mettre à prix aucunnes de nosdittes fermes, ne à icelles rencherir, par quelque maniere que ce soit, se il n'estoit ainsy que après un très-long délay eu sur ce, vous ne peussiés trouver aucuns autres qui mettre les voulsissent à prix, ouquel cas et non autrement, vous y recevés lesdis nobles et nos officiers; en prenant toutes voyes d'eulx sur ce, si bonne et suffisant caution, que vous ne vous puissiés excuser de faute de payement.

Ce faites chascun de vous endroit soy, par telle maniere que nous n'en sousteingnons plus domage : car il seroit recouvré sur celuy de vous par qui deffaut ce seroit. Par le conseil estant en la chambre des comptes, ouquel les trésoriers estoient.

N°. 192. — LETTRES *portant que le nombre des procureurs au Châtelet ne sera plus limité, et que toute personne pourra l'être, si trois avocats de la Cour certifient au prévôt de Paris sa capacité.*

Paris, 19 novembre 1393 (1). (C. L. VII, 584.) Publiées au Châtelet le 24.

CHARLES etc. Sçavoir faisons à tous présens et advenir, que

---

(1) A peu près vers ce temps, les procureurs exigèrent de *leurs maîtres* (c'est ainsi qu'on nommait leurs cliens), la valeur en argent des épices, qu'on ne leur donnait auparavant qu'en nature, et volontairement. Le parlement défendit ces abus, sous peine de privation d'offices, et ne permit aux pro-

ja pieça l'an 1378 (1) certaine ordenance eust et ait esté faicte par feu nostre très-chier seigneur et pere que dieux absoille, sur la restrincion du nombre des procureurs repairans et frequantans en nostre court du Chastellet de Paris, et exerçans le fait de procuracion en ycelle; et par ladicte ordennance le nombre linité et ordené jusques à quarante seulement, et non plus; et que nul autre qui ne seroit dudit nombre, ne pourroit exercer le fait de procuracion en ycelle, laquelle ordenance depuis ledit temps a esté gardée jusques à présent,

Que par nostre prevost de Paris qui à présent est, et nostre procureur en ladicte court, nous a esté exposé que ladicte ordenance avoit esté et estoit moult préjudiciable à nostre commun peuple, et dommagable contre le bien et utilité de la chose publique, l'abréviacion et expédicion des causes affluans en ycelle, et que pluseurs inconveniens s'en estoient ensuiz et pourroient de jour en jour ensuir en grant esclande et lesion de justice, contre l'onneur et décoration de nostre dicte court, se sur ce n'estoit pourveu; et que à la requeste de nostredit procureur, pour les grans complaintes qui en estoient venues et venoient de jour en jour et les inconvéniens, nostredit prevost avoit fait le conseil de nostre dicte court assembler; c'est assavoir, les advocas, auditeurs et examinateurs, pour avoir leur advis et opinion sur ce, par la délibéracion desquelz il avoit trouvé que ladicte ordenance faicte sur ladicte restrincion, ne se povoit ne ne devoit par raison bonnement soustenir, et que elle estoit contre droit commun selon lequel il loist à un chascun estre pourveu et exercer fait de procuracion tant en court laye comme en court d'eglise, puisqu'il est ydoine et souffisant pour ce faire, et aussy loist à chascun de charger de sa cause tel procureur comme il lui plaist; et que nostre dicte court de Chastellet avoit et a accoustumé de elle tousjours gouverner et regler le plus prez que elle peut, selon l'ordenance et instruccion de nostre court de parlement qui est la court capital et souveraine de nostre royaume et exemple des autres, en laquele court n'a aucune restrinccion ne nombre limité de procureur (2); mais y

---

cureurs de recevoir des gratifications de leurs cliens que sur une permission des juges, et en présence du greffier de la Cour. — Villaret. — (Decrusy.)

V. Nouv. Rép., V° *Procureur ad lites.* (Isambert.)

(1) *V.* ci-dessus, p. 487, et les notes. (*Idem.*)

(2) C'est en effet une question fort délicate, que celle de savoir s'il convient

est un chascun receu puisqu'il est tesmoigné et reputé souffisant à ce; et que attendu l'affluence et multitude des causes qui de jour en jour venoient et estoient dévolues en nostre dicte court et ès siéges et auditoires d'icelle, haut et bas, ladicte ordenance estoit comme dit est, contre le bien et utilité de la chose publique, et en grand perturbacion et retardacion de la délivrance et abréviacion desdites causes, lesqueles pour cause de ladite restrincion, et pour la grant charge que avoient et ont ceulx dudit nombre, ne povoient aler devant ne estre déterminées ne expédiées convenablement comme il appartient; mais par pluseurs fois grandement retardées et délayées par leurs continuacions et autrement contre raison, ou grant esclande et lésion de justice; et que paravant ladicte ordenance, les auditoires de nostre dicte cour du Chastellet, estoient mieulx gouvernées, et les causes en yceulx dévolues, mieulx et plus brief expédiées qu'elles n'ont été depuis ne ne sont de présent; et qui plus estoit, pour cause de ladicte ordenance, ledit office de procuracion estoit accoustumé d'estre exposé en vente, et que par tiltre d'achat aucuns y avoient esté et estoient pourveuz, qui avoit esté et estoit fait de mauvais exemple, et pluseurs autres inconvéniens ensuis, qui avoient esté et estoient au grant préjudice et dommage de la chose publique, et ou grant esclande et lésion de justice comme dit est, se sur ce n'estoit pourveu de remede, en nous requerant instamment ycellui :

Aprez lesquelles choses ainsy à nous exposées par noz diz prevost et procureur, eussions et aïons pardevant nous et nostre grant conseil, mandé noz conseillers de nostre dicte court, et la plus grant et saine partie des advocas d'icelle, avec le clerc civil, par lequel en leur présence a esté monstré par escript leur adviz et opinion, et des autres conseillers de nostre dicte court, advocas, auditeurs et examinateurs, par lui redigez par escript, par l'ordenance de nostredit prevost, et pluseurs autres causes et raisons touchées sur ce;

Nous voulans et desirans de tout nostre cuer le bien de justice, l'onneur et décoracion de nostre dicte court, estre gardez et ob-

---

de limiter le nombre des officiers ministériels, et si ce n'est pas créer un privilége ou monopole, au lieu de laisser la liberté absolue des possessions, comme pour les avocats. Cette question a aussi été traitée quant aux agens de change, la liberté existant en Angleterre. Statut parlementaire de 1734, Moniteur du 30 septembre 1823. (Isambert.)

servez, le prouffit et utilité de nostre commun peuple, l'abréviacion et expédicion des causes, et aux incovéniens à nostre povoir obvier, par la délibération de nostre dit grant conseil, pour les causes dessus dictes, et pluseurs autres qui à ce nous ont meu et meuvent;

Avons ORDENÉ et par ces présentes ordenons, que d'oresenavant un chascun qui vouldra estre procureur et exercer fait de procuration en nostre dicte court du Chastellet, se il est tesmoigné et relaté à nostre prevost qui à présent est ou à ses successeurs, ydoine et souffisant pour ce faire, par trois ou quatre advocas notables de nostre dicte cour, y soit receu et oudit office institué, en faisant le serement acoustumé.

Sy donnons en mandement à nostre dit prevost, et à ceulx qui ou temps advenir seront, que ceste présente ordenance ilz tiennent et facent tenir, garder et observer sans enfraindre : car ainsy nous plaist-il estre faict, nonobstant ladicte premiere ordenance faicte sur ladicte restrincion, laquelle nous avons aboli et abolissons et mettons du tout au néant par ces présentes, et quelconques autres ordenances, mandemens et lettres subreptices à ce contraires. Et pour que ce soit ferme chose et estable à tousjours, nous avons fait mettre nostre séel à ces présentes.

Par le Roy, à la relacion du grant conseil, ouquel vous (le chancelier), les evesques de Noyon et de Meaulx, et maistre Oudart de Moulins, estiez.

N°. 193. — LETTRES *portant que les contraintes par corps auxquelles les chrétiens se seront soumis, en contractant avec les juifs, ne seront pas mises à exécution, et défenses aux notaires de recevoir de pareilles stipulations au profit des juifs dans leurs actes* (1).

Paris, 4 février 1393. (C. L. VII, 589.)

CHARLES etc. Aux seneschaux de Thoulouse, Beaucaire et Carcassonne, aux conservateurs des privileges des juifs en nostre pays de Languedoc, et à tous nos autres justiciers et officiers : salut.

Comme ja pieça par nos autres lettres données le 9e jour de

(1) Elles sont aujourd'hui interdites à l'égard de tout le monde, Code civil, art. 2063. (Isambert.)

juillet 1389 (1), et pour les causes contenues en icelles, nous eussions voulu et ordenné que nul juif ne peust faire emprisonner ne détenir la personne d'aucun chrestian, pour obligation qu'il lui eust faitte, et aussy que nul tabellion ou notaire ne receust aucunnes lettres obligatoires pour lesdis juifs, esquelles il obligeast les corps des chrestiens envers iceulx juifs; et depuis par certaines nos autres lettres données ou mois d'aoust derrier passé, empétrées de nous ou de nostre court, par les dis juifs, leur ait esté octroyé, et vous ayons mandé que nonobstant icelles nos lettres devant dittes, tous chrestiens qui dès lors en avant se vouldroient obligier en corps et en biens euvers les dis juifs, ou cas que par les dittes obligations ils renonceront ou aront renoncié expressément au conteneu des dittes lettres, de non estre tenus prisonniers ne en arrest, comme dit est, vous déteniés et faciés tenir prisonniers, selon ce et par la maniere que obligiés y seront, si comme en nos dittes autres lettres est plus à plain conteneu :

Sçavoir faisons que pour aucunnes causes et considérations qui à ce nous ont meu ou meuvent, nous VOLONS et vous MANDONS expressément et à chascun de vous, sy comme à luy appartiendra, que pour quelconques obligations que aucuns chrestiens facent ou passent pour les dis juifs, supposé que leurs corps y soient obligiés, et que expressément ils renoncent à nos dittes premieres autres lettres, à ces présentes et à toutes autres, empétrées ou à empétrer, vous ne souffrés le corps d'aucuns chrestiens détenus prisonniers pour quelconque debte qu'ils doyent aux dis juifs.

Et ce faites crier et publier solempnelment par-tout où mestier sera; et aussy faites chascun de vous ez termes de sa seneschaucie ou jurisdiction, défence expresse aux tabellions et notaires, que nulle obligation ne reçoivent de chrestien quelconque, pour aucuns juifs, en laquelle la personne dudit chrestian leur soit obligée à tenir prinson; et en ces termes, gardés nos dittes autres lettres et ces présentes, sans enfreindre : car ainsy le voulons nous estre fait, nonobstant lesdittes lettres par eulx empétrées, et autres quelconques à ce contraires.

Autrefois ainsy signées. Par le Roy, à la relation de mons. le duc de Berry, et du grant conseil, vous (le chancelier), l'evesque du Puy, l'evesque de Giac, et autres, présens. Et multepliées de vostre commandement.

---

(1) On n'a pas conservé cette ordonnance, qui consacrait un beau principe, admis aujourd'hui par le Code civil, que la liberté est inaliénable. La contrainte par corps n'est légitime, que quand il y a dol ou escroquerie. (Isambert.)

N°. 194. — Lettres *portant que, dans le Languedoc, les actes judiciaires devront être scellés des sceaux publics, et non des sceaux particuliers des officiers de justice.*

Paris, 20 février 1393 (1). (C. L. VII, 591.)

N°. 195. — Lettres *contenant confirmation des priviléges de la ville de Monchauvette, et portant* (art. 10), *qu'en cas de guerre entre le Roi et le seigneur de cette ville, les bourgeois seront neutres.*

Paris, mars, 1393. (C. L. VII, 595.)

N°. 196. — Lettres *portant que les gens des comptes et les trésoriers n'enregistreront ni n'expédieront les lettres de don sur les amortissemens, encore qu'elles soient signées par le Roi.*

Paris, 2 mai 1394. (C. L. VII, 616.)

N°. 197. — Lettres *qui confirment les marchands et voituriers de marée, pour la provision de Paris, dans le droit de nommer leur procureur, et de lui assigner telle pension qu'ils jugeront convenable.*

Paris, juin 1394. (C. L. VII, 619.)

N°. 198. — Lettres *de rémission aux juifs de la Languedoil, moyennant finance, de tous leurs délits, et qui annulent les lettres de répit accordées à leurs débiteurs, afin qu'ils puissent payer le Roi* (2).

Paris, 15 juillet 1394. (C. L. VII, 643.)

Charles etc. Savoir faisons à tous présens et avenir, que comme nostre procureur en la générale réformacion du royaume, eust

---

(1) Le Roi, vers cette époque, retombe en démence, et n'est plus, jusqu'à sa mort, qu'un simulacre de souverain, dont les grands se disputent la possession, pour en faire l'instrument de leur fortune et de l'oppression du peuple. (Decrusy.)

(2) On lit, à la page 249 de l'Histoire de Charles VI, par le moine de Saint-Denis, traduite et publiée par Le Laboureur, qu'en 1393, il y eut une ordonnance qui portait, que tous les juifs sortiraient du royaume, et que Charles VI en modéra la rigueur en faveur de ceux qui se firent baptiser. On peut conclure

entencion de poursuir en ycelle réformacion, les juifs et juives demourans en nostre royaume en toute la Langue doyl, pour plusieurs griefs et extorcions par iceulx juifs et juives commiz et perpétrez sur nos subgiez et habitans de nostredit royaume, si comme commune renommée le portoit, en faisant et prenant usures d'usures, et délinquans ou fait de leur prest, et autrement en pluseurs manieres, en excédant les termes et la teneur de leurs privileges par noz prédécesseurs et nous à eulx octroiez le temps passé; tendant à fin nostredit procureur, que pour raison des offences devant dictes, les corps d'iceulx juifs et juisves feussent diz et jugiez estre forfaiz envers nous, pour estre puniz criminelment, ou à nostre voulenté et ordenance, et tous leurs biens à nous confisquez et acquiz; et soubz umbre et couleur de ces choses, pluseurs des plus notables d'iceulx juifs, aient esté prins et déteñuz prisonniers en la Consiergerie de nostre Palais à Paris, en laquelle ils ont demouré par lonc-temps et sont encores; et pour ce, iceulx juifs et juives nous aient fait humblement supplier que nous voulsissions avoir d'eulx pitié et compassion, mesmement qu'ilz se dient purs et innocens des cas devant diz, et que ilz ont touzjours payé ce en quoy ils estoient tenus à nous, et plus assez, selon la teneur de leurs diz privileges à eulx octroyez, comme dit est; et pour estre hors de tous procès envers nostre dit procureur de la générale réformacion, nos généraux réformateurs et autres, sans fors seulement de nostre prevost de Paris qui est et sera pour le temps avenir, et des baillifs ou juges ordinaires des lieux où ils demeurent en nostre royaume en Langue doil, en telle maniere qu'ilz n'aient doresenavant aucun conservateur, et que nul n'ait congnoissance sur eulx, fors seulement les diz prevost de Paris, baillifs et autres juges ordinaires, par quoy ils puissent vivre doresenavant soubz nous en paix, selon la teneur de leurs diz privileges, et sans estre ainsi durement traictiez, et souffrir les grans povretés et miseres qu'ilz ont longuement souffert et par maintefois, nous veillons prandre d'eulx telle somme d'argent comme bon nous semblera, et qu'ilz pourront bonnement supporter et paier.

---

de ces lettres de 1394, que cette ordonnance ne fut pas exécutée à l'égard même de ceux qui persistèrent dans leur religion. (Secousse.)

Ils furent chassés quand ils eurent payé. (Isambert.)

Pourquoy nous, en considéracion aus choses dessus dictes, et pour aucunes causes qui à ce nous meuvent, parmi ce que iceulx juifs et juives paieront tout ce que tout le temps passé ils devoient au college de nostre chappelle du bois de Vincennes, et tout ce qu'ilz leur devront de ceste présente année; et aussi tout ce qu'ilz doivent à nos fauconniers et veneurs, sanz préjudice d'un certain appel que les diz juifs ont fait en nostre court de parlement, et sans ce que pour cause dudit appel, on les puisse traire ores ou pour le temps avenir, à aucune amende; et aussi nous paieront la somme de six mile frans; les dessus diz juifs et juisves demourans en nostre royaume en Langue doyl, tous les griefs et extorsions desquelz nostredit procureur avoit entencion de les approchier devant yceulx reformateurs; c'est assavoir, d'avoir fait usures d'usures, et prins montes de montes et excédé les termes de leurs privileges, jusques à la journée d'uy,

Avons quictié, remis et pardonné, et par la teneur de ces présentes, quittons, REMETTONS et pardonnons de grace espécial, pleine puissance et auctorité royal, avec toute peine, offense et amende corporele, criminele et civile, en quoy ils peuvent estre encouruz envers nous et justice, pour cause et occasion des choses dessus dictes; et leur restituons leurs corps et leurs biens quelconques pour ce et arrestés, et les mettons à pleine délivrance et hors du tout ladite réformacion, et imposons sur ce silence perpétuel à nostredit procureur et à noz diz réformateurs par ces présentes;

Et avec ce, leur avons octroyé et octroyons de grace especial, que doresenavant ilz n'aient aucun conservateur, excepté que ceulx qui sont et seront demourans en nostre ville de Paris, auront le prevost de Paris, qui est et sera pour le temps avenir; et ceulx qui demourront ès autres villes de nostre dit royaume, auront noz juges ordinaires d'icelles villes; et celui qui étoit ordené leur conservateur, ostons et déboutons du tout dudit office; et ses lettres sur ce obtenues, adnullons et mettons du tout à néant; et lui défendons toute cognoissance d'eulx et de leurs fraiz, par la teneur de ces présentes.

Item. Leur avons octroyé et octroyons, que quelconques lettres de grace, de respit, dilacion ou quinquenelle, obtenues ou à obtenir de nous ou de nostre court, par les debteurs d'iceulx juifs et juifves, soient de nulle valeur et effet, et mises du tout au néant, de tout le temps passé et doresenavant, jusques à ce qu'ilz aient receu et cueilly de leurs diz debteurs, ladicte somme de six mille frans.

Item. Leur avons octroyé et octroyons comme dessus, que toutes manieres de juifs demourans en nostre royaume en la Langue doyl, de quelque estat ou condicion qu'ilz soient, contribuent et paient leur porcion des choses dessus dictes; nonobstans quelconques lettres qu'ilz ayent empétrées ou à empétrer au contraire;

Et en oultre, leur avons octroyé et octroyons d'abondant grace, que au *vidimus* de ces présentes, fait soubz le séel de nostre Chastellet de Paris, pleine foy soit adjoustée comme à l'original.

Si donnons en mandement, etc.

N°. 199. — Établissement *ou* Constitution *portant bannissement des juifs à perpétuité* (1).

Paris, 17 septembre 1394. (C. L. VII, 675.) Publié au Châtelet le 28 octobre.

Charles etc. Comme ja pieça feu nostre très-chier seigneur et pere le Roy Charles que Dieux absoille, ait permis et consentu en son vivant, que pluseurs juifs soient venuz demourer en cest royaume, parmi certaines modifications et limitacions plus à plain contenues en lettres sur ce faictes et aux diz juifs octroïées; et aussi semblablement quant nous receusmes premierement après le trespas de feu nostredit seigueur et pere, la dignité royal de nostre royaume, avons confirmé lesdictes lettres à eulx octroïées par nostredit feu seigneur et pere; et aussi leur aïons octroïées les nostres esquelles sont plus à plain contenus certains privileges et ordonnances sur la maniere de leur demourance; et aussy sur leur maniere de prester; moïennant et selon la teneur desquelles noz autres lettres, ilz ont demouré jusques à ores en nostredit royaume, tant en Languedoc comme en Languedoyl; et cuidions et esperions que selon la teneur de noz dictes lettres, ilz deussent vivre et eulx regler et gouverner

---

(1) Ils furent dépouillés de leurs biens, ressource honteuse et usitée de la mauvaise administration des finances. — Hen. Abr. chr. — (Decrusy.)

Ils n'ont pas été rappelés depuis, mais simplement tolérés jusqu'en 1789, où on leur a rendu les droits civils et politiques, qui appartiennent naturellement à tous les hommes vivant en société. Le bannissement fut renouvelé en 1615. Il n'existait plus qu'à Avignon et à Metz, parce que ces pays n'appartenaient pas à la France, et qu'ils n'y ont été réunis que bien tard. (Isambert.)

quant aux conversations et affaires qu'ilz auroient avec les christiens, et non venir en aucune maniere encontre, ainsi que promiz l'avoient; et nous aïons esté de longtemps et par pluseurs foiz informez par personnes dignes de foy, et aussi noz procureurs et officiers, de plusieurs grans plaintes et clameurs qui leur venoient chascun jour des excès et déliz que les diz juifs faisoient et font chascun jour sur les christians; et pour ce noz diz procureurs et officiers aïent faictes pluseurs informacions par lesquelles il appert manifestement iceulx juifs et juifves avoir commis et perpetré pluseurs crimes, excès et deliz, et en maintes manieres avoir délinqué, espécialmant contre nostre foy, et aussi contre le contenu en noz dictes lettres à eulx octroyées :

Savoir faisons que nous ces choses considerées, et pour aucunes autres causes ou considéracions qui à ce nous meuvent et doivent mouvoir, nous par saine et meure délibéracion de pluseurs de nostre sanc et autres de nostre grant conseil, avons déliberé, voulu, conclu et déterminé, et par ces présentes déliberons, voulons, concluons et déterminons par maniere d'ÉTABLISSEMENT OU CONSTITUTION irrévocable,

Que doresenavant nul juif ou juifve ne habitent, demeurent ou conversent en nostredit royaume ne en aucune partie d'icelluy, tant en Languedoyl comme en Languedoc; et pour ce avons ordonné noz autres lettres esquelles est contenu la maniere de l'exécucion des choses dessus dictes.

Si donnons en mandement au prevost de Paris (1), et à tous noz autres justiciers et officiers, présens et avenir, ou à leurs lieuxtenans, et à chascun d'eulx, si comme à lui appartendra, que nostre présente déterminacion, vouloir, conclusion et ordonnance, ilz exécutent chascun en droit soy de point en point selon leur contenu, en procédant diligemment à l'entérinement d'icelles, et à faire widier iceulx juifs et juifves de nostredit royaume, selon la fourme et teneur de noz dictes autres lettres, en tele maniere que nul n'en puisse ou doye estre re-

(1) Un magistrat avait condamné sept des principaux juifs au feu, après les avoir fait mettre à la question. Mandé au parlement, pour se justifier de cette barbarie, il répondit que la violence faite à l'esprit, devait être puni plus sévèrement que celle exercée sur le corps; que le ravisseur des biens de l'église était proscrit comme sacrilége; qu'ainsi, on ne pouvait trop sévir contre les juifs qui attentaient sur nos âmes. Le parlement n'en infirma pas moins sa sentence. (Isambert.)

prins d'erreur ou de négligence : car ainsi le voulons nous estre fait nonobstant quelconques lettres de priviléges ou autres à eulx octroïées par feu nostredit Seigneur et pere et par nous, soubz quelconques fourmes de paroles quelles que elles soient ou ayent été faictes, lesquelles et tout leur effect et vertu, nous revocquons et rappellons, et les abolissons et mettons du tout au néant par la teneur de ces présentes.

En tesmoing de ce, nous avons fait mettre nostre séel à ces présentes.

Donné à Paris, le XVIIe. jour de septembre, l'an de grace 1394, et de nostre regne le XVe.

Par le Roy en son conseil, mess.^rs^ les ducs de Berry, d'Orléans et de Bourbonnois, vous (le chancelier), le vicomte de Meleun, et pluseurs autres, présens.

N°. 200. — LETTRES *portant que ceux qui n'auront pas relevé, dans le délai de trois mois, l'appel des sentences des juges subalternes du Languedoc, seront tenus de les exécuter.*

Paris, 14 octobre 1394. (C. L. VII, 679.)

KAROLUS etc. Famâ publicâ referente, et nonnullorum officiariorum nostrorum relatione fide dignâ, ad nostrum pervenit auditum, quòd retroactis temporibus quam nobis quàm subditis nostris senescalliarum Tholosæ, Carcassonnæ et Bellicadri, acciderunt et possunt cotidiè consequi multa damna ex eo quod à senescallis, vicariis, judicibus majoribus appellationum, et ordinariis bajulis, clavariis, et aliis officiariis dictarum senescalliarum, suisque Locatenentibus, per habitantes et subditos nostros dictarum partium, et alios coram ipsis litigantes, seu contra quos officiarii nostri supradicti executiones vel alia explecta judiciaria, more debito faciunt seu facere volunt, sunt cepissimè causa diffugii ad nos et nostram parlamenti curiam appellationes interjectæ, occasione quarum jura nostra et subditorum nostrorum multotiens differuntur et leduntur, quamvis ipsi tales quales appellantes hujusmodi suas appellationes prosequi non curant, eo pretextu quòd in patria juris scripti quo regitur terra illa, nullæ propter hujusmodi appellationes levantur emendæ, prout verisimiliter est presumendum; et nihilominùs prefati senescalli, judices et officiarii nostri, sententias suas executioni debite demandari, et in causis seu explectis suis à quibus est appellatum, ulteriùs procedere formidant, ne videantur contra nos et appellationes predictas attemptare; in quibus jura nostra et subditorum nostrorum multipliciter impediuntur, et ulteriùs nisi super hoc per nos provideretur, ledi possent.

Notum igitur facimus, quòd nos talibus inconvenientibus providere volentes, maturâ consilii nostri deliberatione super hoc prehabitâ, voluimus et ORDINAVIMUS, volumusque et ordinamus per presentes,

Quòd prefati senescalli, vicarii, judices, bajuli, clavarii, et alii officiarii nostri jurisdictiones habentes et eorum quilibet, ac locatenentes ipsorum, à quibus seu eorum sententiis et explectis fuerit per aliquos cujuscumque conditionis existant, ad nos et nostram parlamenti curiam appellatum, cum eisdem innotuerit, aut ad eorum notitiam debitè pervenerit, vocatis procuratore nostro cum partibus, et ceteris evocandis, quòd dicti appellantes hujusmodi suas appellationes infra trium mensium spacium relevare, et easdem prosequi neglexerint aut distulerint, seu diligentiam prosequendi et relevandi dictis tribus mensibus durantibus non fecerint, ut tenentur, dictas sententias suas et explecta à quibus extiterit appellatum, ut prefertur, faciant illicò et facere possint executioni debite demandari, et quòd in dictis explectis procedant et valeant procedere absque dilatione vel alterius expectatione mandati, si super hoc fuerint requisiti, nisi aliquis in contrarium se opponat; quo casu, dicti senescalli, vicarii, judices et officiarii, et eorum quilibet, prout ad eum pertinuerit, partibus certam et competentem diem ordinariam, vel extraordinariam in nostra parlamenti curia assignent vel assignari faciant, super hoc processuri inter se, et cum procuratore nostro, si casus exigat, prout fuerit rationis; eandem curiam nostram debitè certificando; et ne forsan aliquis presentium ordinationum nostrarum, quas per senescallos, vicarios et officiarios nostros dictarum senescalliarum, et eorum quemlibet, prout ad eum pertinuerit, et eorum locatenentes, presentes et futuros, executioni demari volumus et mandamus, ignorantiam valeat pretendere, presentes nostras litteras in qualibet senescallia et judicatura dictarum partium, ubi et prout expedierit, publicari volumus et jubemus.

In cujus rei testimonium, etc.

N°. 201. — LETTRES *portant que les baillis, sénéchaux et gouverneurs seront tenus de résider dans les lieux de leurs juridictions.*

Paris, 28 octobre 1394. (C. L. VII, 1581.) Enregistrées au parlement, et Publiées au Châtelet le 16 novembre.

CHARLES etc. Savoir faisons que pour ce qu'il est venu à nostre cognoissance que noz seneschaulz, baillis et gouverneurs de noz officiers, tant de Languedoyl comme de Languedoc, ont esté et sont négligens de servir et estre en leurs personnes ès païs dont ilz ont la garde, administracion et gouvernement, comme souverains sans moyen (1), après nous et nostre court de parlement; maiz sont absens, et y laissent tant seulement un leur lieutenant; pourquoy plusieurs entreprises se font de jour en jour contre nous et nostre peuple, dont nostre demaine en pourroit forment décheoir et amenrir, et en sont et seroient moins deuement gardez noz drois royaulz, et autres pluseurs grans inconvéniens s'en pourroient ensuir, se par nous n'estoit sur ce pourveu de remede convenable;

Nous voulans obvier à telz perilz et inconvéniens, et noz dis païs estre bien et deuement gardez et gouvernez, par meure et grant délibéracion avons ORDENÉ et ordonnons par ces présentes,

Que d'oresnavant lesdis seneschaulz, bailliz, gouverneurs, et ceulz qui ont la garde des païs pour nous et auront pour le temps avenir, comme souverains sans moyen, après nous et nostre dicte court de parlement, soient d'oresnavant résidens en leurs personnes ès lieux, termes et païs à eulz commis à garder et gouverner; et que de leurs gaiges ilz soient tant seulement païez pour le terme qu'ilz affermeront par leurs seremens, avoir servi en leurs personnes, et que noz procureurs et receveurs, tous deux ensemble, commis esdis païs, le tesmoigneront; lesquelz en ce cas nous ordenons par ces présentes contrerouleurs contre eulz, et que ceste présente ordonnance, lesdiz seneschaulz, baillifs et gouverneurs, promettront par leurs seremens tenir et enteriner, avec les autres seremens qu'ilz ont acoustumé à faire; et ou cas que dedens un moys après la publicacion de ces présentes, ilz ne seroient en leurs juridicions en leurs personnes, en continuant et enterinant le contenu en ces présentes, nous les cassons et

(1) C'est-à-dire, qu'ils n'ont au-dessus d'eux d'autres supérieurs que le Roi et le parlement. (Secousse.)

deschargons dès maintenant pour lors de leurs dlz offices, et y pourverrons d'autres par bonne eleccion; nonobstans quelzconques lettres de dispensacions, povoir, congié et licence qu'ilz aïent eu ou temps passé ou pourroient avoir ou temps avenir sur les fais dessusdis, se esdictes lectres n'est faicte mencion de ces présentes; voulons aussi que chascun de noz procureurs ès païs où ilz seront commis, prengnent un *vidimus* de ces présentes, lequel nous voulons valoir comme l'original, et le facent publier en chascune des assises qui seront ou devront estre tenues par nosdis officiers.

Si donnons en mandement par cesdictes présentes, à noz amez et féaulz gens de noz comptes et trésoriers à Paris, et à chascun d'eulz, si comme à lui appartendra, que nostre présente ordenance ilz facent enregistrer avec noz autres ordonnances en nostre dicte chambre, et icelle enterinent et facent enteriner et publier en nostre parlement à Paris, et par-tout où il appartendra, ainsi et par la maniere que dessus est dit.

Mandons aussi à nostre procureur général qui est à présent et qui sera pour le temps avenir, qu'il face bonne diligence que cesdictes noz lectres soient bien exécutées et entérinées selon leur fourme et teneur; et se defaute y a en aucuns de noz dessusdits officiers, qu'il nous en certific sans délay, afin de y mettre telle provision comme il appartendra.

En tesmoing de ce, nous avons fait mettre nostre séel à ces présentes lettres.

Donné à Paris, le XXVIIIe. jour d'octobre, l'an de grace 1394, et le XVe. de nostre regne.

Par le Roy en son grant conseil, ouquel messeig. les ducs d'Orleans et de Bourbon, vous (le chancelier), le patriarche d'Alexandrie, l'evesque de Lengres; et le maistre des arbalestriers, messire Almaury d'Orgemont, Jehan d'Estouteville, maistre Jehan Auchier, Moutagu, et plusieurs autres, estiez.

N°. 202. — ORDONNANCE *sur le témoignage des femmes en matière civile et criminelle* (1).

Novembre 1394. (C. L. XII, 185. — Néron et Girard, I, 16. — Fontanon, I, 618. — Guenois, IV, 588. — Joly, I 20.)

CAROLUS, etc. Ad perpetuam rei memoriam. Jugis nos regie

---

(1) Cette ordonnance a été faite en parlement, lequel prenait encore une

majestatis suscepta cura sollicitat, circa ea per que unusquisque subditorum nostrorum in justitia confovetur, suumque jus unicuique tribuitur, et improbè litigantium effrenata cupiditas rerum veritate comperta refrenatur, diligenter intendere : in his enim autor ipse pacis colitur, firmumque regni nostri fundamentum solidatur, et ab illicitis arcentur reprobi, qui dierum crescente malitia in deteriora continuò prolabuntur. Nonullorum itaque relatione, jamdudum percepimus in quibusdam regni nostri partibus, et presertim in *Baillivia Viromandensi*, ac prepositurarum forancarum *Laudunensis* civitatis sedibus, ab olim quibusdam fuisse usu seu consuetudine introductum, ac diutiùs observatum, mulieres quacumque refulgerent honestate, ad testimonium ferendum in causis civilibus admitti non debere; quod quàm perniciosum existat, nullus sane mentis presumitur ignorare; per hoc enim malis, ubi virorum abest presentia, falsos inire contractus, fraudes committere, simplices decipiendi, et exquisitis viis aliena occupandi audacia hujusmodi, immò se ipsos in precipitium detrahendi, dum alios sepe provocandi facultatem, sibi per licentiam injuste defensionis, occultata veritate sentiunt impertitam, via paratur, et in suis nutriuntur erroribus et delictis; et hoc etiam sepissimè contingit innocentes opprimi, et qui justas movere poterant querelas, vel contra ipsos motas defendere, judicii, propter sibi sublatam probationum copiam, subire discrimen.

Premissis inconvenientibus et aliis innumerabilibus obviare, subditorumque nostrorum dispendiis providere, ac ut in judiciis veritas non sub modio ponatur, sed super candelabrum elucescat, prout injuncti nobis regiminis debitum expostulat, efficere cupientes, probationum etiam facultatem ampliare potiùs quàm restringere volentes; supradictos usum et consuetudinem, quos nos potiùs corruptelam et abusum reputamus, et auctoritate regia atque nostra certa scientia, tanquàm omni juri, rationi et equitati dissonos ABOLEMUS omninò per presentes, eadem etiam autoritate statuentes

Ut de cetero in dictis bailliviatus et prepositurarum predicta-

---

part directe aux travaux législatifs de cette époque. On ne voit pas pourquoi le témoignage d'une femme n'aurait pas autant de poids que celui d'un individu de l'autre sexe. Cette dégradation était repoussée par le droit naturel, la justice et la saine raison. (Isambert.)

rum sedibus, et in quibuslibet aliis judiciis regni nostri, mulieres in quibuscumque causis civilibus, sive civiliter sive criminaliter intentatis, ad ferendum testimonium admittantur; salvis tamen partibus contra quas fuerint producte in testes, aliis legitimis reprobationibus earundem, seu contradictionibus de jure, usu, vel consuetudine, in nostra parlamenti curia et aliis regni nostri curiis admitti et observari consuetis, ipsasque producentibus suis etiam salvationibus ex adverso, à quibus per presentem nostram constitutionem nostre non est intentionis partes ipsas excludi : decernentes insuper quicquid in contrarium factum attentatumve fuerit, nullius penitùs esse valoris.

Quod ut firmum et stabile perpetuò perseveret, nostri sigilli fecimus appensione muniri.

Datum Parisiis, in parlamento nostro, anno domini 1394, et regni nostri xve., mense novembris.

N°. 203. — LETTRES *portant que l'on continuera de fournir tous les ans aux généraux conseillers, sur le fait des aides, au receveur général et au contrôleur desdits aides, et aux notaires et secrétaires de cette juridiction, des gants, des chapeaux, des couteaux et des écritoires, ainsi qu'on en fournit aux gens des comptes.*

Paris, 16 décembre 1394. (C. L. VII, 796.)

N°. 204. — LETTRES (1) *portant que les sentences rendues par le prevôt de Paris, contre Colin Noble, seront exécutées, nonobstant defenses contraires de la part des chambellans du Roi, prétendant jurisdiction sur Colin, à cause de sa qualité de valet de chambre du Roi.*

Paris, 17 février 1394. (C. L. XII, 696.)

N°. 205. — LETTRES *portant que les comptes du domaine et des aides pourront être jugés et clos, sans qu'un trésorier ou un des conseillers généraux sur le fait des aides y soit présent, mais que les états des débets de ces comptes leur seront communiqués lorsqu'ils le demanderont.*

Paris, 20 mai 1395. (C. L. VIII, 3.)

---

(1) On voit, dans ces lettres, un procureur de la cour des chambellans. (Decrusy.)

N°. 206. — Lettres *portant institution de trois généraux des finances, et réglemens sur leurs fonctions, pouvoir et autorité.*

Paris, 28 août 1395. (C. L. VIII, 9.)

N°. 207. — Ordonnance *du prévôt de Paris, qui défend de rien dire, représenter ou chanter dans les places publiques, qui puisse causer du scandale, à peine d'amende arbitraire, et de tenir prison au pain et à l'eau.*

14 septembre 1395. (Liv. rouge, ancien du Châtelet, f°. 123. — Delamarre, Traité de la police, liv. 3, tit. 3, ch. 2.)

N°. 208. — Lettres (1) *portant confirmation d'un acte concernant l'élection des consuls de la ville d'Agde.*

Paris, décembre 1395. (C. L. VIII, 27.)

N°. 209. — Lettres *qui ordonnent aux sénéchaux du Languedoc de faire payer aux juifs qui y demeurent ce qui leur est dû, avant leur sortie du royaume* (2).

Paris, 15 janvier 1395. (C. L. VIII, 33.)

(1) L'acte concernant la ville d'Agde, confirmé par Charles VI, est très-curieux, mais il n'est point de nature à trouver place dans ce recueil. Les consuls d'Agde y représentent au maître des eaux et forêts, que le lit de la rivière de l'*Eraud* ou de l'*Errault*, qui baigne les murs de cette ville, est très-incommode pour la navigation, et que l'embouchure de cette rivière dans la mer est dangereuse pour les bâtimens à qui l'on veut faire remonter l'Eraud. Ils lui demandent permission de faire changer le lit de cette rivière, et de faire travailler à l'embouchure, pour la rendre plus commode. Le maître des eaux et forêts leur accorde leur requête.

Au commencement de cet acte est transcrit celui de l'élection des consuls qui y sont parties. Cette élection avait donné lieu à des contestations qui y sont expliquées au long, et qui apprennent de quelle manière on procédait à l'élection des consuls d'Agde. C'est la raison qui a déterminé à faire imprimer la première partie de l'acte passé entre le maître des eaux et forêts et les consuls, et à en supprimer la suite, parce qu'elle est purement historique. (Secousse.)

(2) En requérant l'enregistrement, le procureur du Roi a dit : *hosti servanda fides.* Extrait des registres du parlement. (Isambert.)

N°. 210. — Lettres *portant que les habitans de Montfaucon pourront faire étudier* (1) *leurs enfans et les marier à qui et où ils le jugeront à propos.*

Paris, janvier 1395. (C. L. VIII, 50.)

N°. 211. — Lettres *portant que tous les contrats des juifs du Dauphiné devront être reçus par le notaire* Nicoleti, *ou par les notaires qu'il commettra à cet effet.*

Paris, 25 février 1395. (C. L. VIII, 57.)

N°. 212. — Lettres *qui défendent aux baillis et sénéchaux de rien recevoir, à titre de composition, ou autrement, des prévôts, fermiers, et autres juges et officiers du Roi.*

Paris, 9 mars 1395. (C. L. XII, 167.)

N°. 213. — Lettres *portant ratification du traité de mariage conclu par les plénipotentiaires de France et d'Angleterre, entre le Roi Richard, et Ysabelle fille aînée du Roi de France, âgée de moins de* 12 *ans, avec faculté de se désister de ce mariage, tant que la princesse n'aura pas atteint l'âge de* 12 *ans, moyennant* 800 *mille francs d'or* (2).

Paris, 11 mars 1395. (Dumont, Corps diplom., p. 241.)

N°. 214. — Ordonnance *portant réduction de divers impôts, à l'occasion du mariage de la fille du Roi avec le Roi d'Angleterre, et néanmoins, levée de l'aide pour sa dot avec des dispositions sur la chasse aux loups, la résidence des officiers, le guet des places fortes les réunions armées, les dettes dues aux juifs, et le droit de prise.*

Paris, 28 mars 1395. (C. L. VIII, 61.)

Charles, etc. Entre les cures et solicitudes que continuelment avons pour le gouvernement de nostre royaume, nostre affec-

(1) De nos jours, on a infligé comme une peine, d'être privé de l'instruction. Ordon. du 5 juillet 1820, 2 avril 1821, 21 novembre 1822. (Isambert.)

(2) Il y eut un accord des princes du sang royal de France et d'Angleterre à ce sujet, pour garantie de l'exécution du traité, à Windsor, le 1er mai suivant. *Ibid.*, p. 245. La princesse fut renvoyée en France en 1400, par Henri IV, par

cion principal est et ce avons en mémoire de jour et de nuit, que nostre peuple de nostredit royaume puist vivre en paix et transquilité soubz nous, qu'il soit gardé et gouverné en bonne justice, et préservé et défendu de toutes violences, et que en tant que bonnement povons, il soit relevé des charges, oppressions et dommages que pour occasion des guerres il a souffert et soustenu ou temps passé; et pour cette considéracion ayons eu depuis grant temps ença plusieurs traictiez avec le Roy d'Angleterre, pour trouver voïes et manieres de paix entre nous et lui; et tant y a esté procédé que moyennant la grace de notre seigneur duquel tous biens viennent, traictié de mariage a esté parlé, fait, conclus et accordé entre ledit Roy d'Angleterre et nostre très-chiere et très-amée fille ainsnée Ysabel de France; moyennant lequel mariage nous esperons en Dieu que les guerres qui tant ont duré entre noz prédécesseurs et nous et ledit Roy d'Angleterre et les siens, et nostre royaume et le sien, cesseront, et que bonne paix final s'en doïe ensuir; pour espérance de laquelle, et pour venir à ladicte conclusion de paix, desja aïent esté prinses, fermées et accordées entre nous et ledit Roy d'Angleterre, treves jusques à trente ans à venir; pendant lequel terme et plus briefment au plaisir de Dieu, ladicte conclusion de paix pourra entrevenir; et pour ce nous considérans lesdictes treves prinses et accordées comme dit est, qui sont grant signifiance de ladicte paix, et que nostredit peuple peut bien estre relevé de partie d'aucunes des charges qu'il a soustenu et soustient, savoir faisons que par grant et meure délibéracion et advis de noz très-chiers et trés-amez oncles et freres les ducs de Berry, de Bourgogne, d'Orléans et de Bourbon, de pluseurs de nostre sanc estans devers nous, et de nostre grant conseil, au bien et relevement de nostredit peuple, avons ORDONNÉ et ordonnons par ces présentes les choses qui s'ensuient.

(1) *Premierement.* Que le tiers et prouffit que nous prenons et avons accoustumé prendre du sel vendu en gabelle en nostre royaume ou païz de Languedoyl, soit rabbatu et dès maintenant le rabatons.

---

suite de l'assassinat de Richard, en 1399, le mariage n'ayant pas été consommé. (Isambert.)

On conclut une trève de 28 ans, dont une des principales conditions fut le rachat de Cherbourg et de Brost. Les Anglais ne le pardonnèrent pas à leur Roi. (Decrusy.)

(2) *Secondement.* Que le quatriesme du vin et des autres bruvaiges vendus à détail en nostre royaume, soit ramené et le ramenons au VIIIe et commencera ladicte reduccion en Languedoyl, le premier jour de février; et en Languedoc, le premier jour de septembre prouchainement venans, auxquelz termes les fermes des aides pour la guerre se baillent esditz païs; et de présent commençast (1), maiz lesdictes fermes sont ja baillées jusques auxdiz termes, pourquoy bonnement ne se peut de présent autrement faire.

(3) *Tiercement.* Que l'imposicion foraine des denrées et marchandises qui auront une foiz esté venduës en nostredit royaume, et dont l'imposition commune (2) aura une foiz esté païée, cessè du tout, sitost que les termes auxquelz les fermes de ladicte imposicion foraine ont esté baillées, faudront; et dèz maintenant pour lors le ostons; toutes voïes ladicte imposicion foraine se païera en la maniere accoustumée des denrées et marchandises qui seront menées hors de nostredit royaume, dont ladicte imposicion commune ne aura esté une foiz païée.

(4) *Quartement.* Que toutes commissions données par nous à quelques personnes que ce soit, pour prendre loups (3) en nostredit royaume, cessent; et voulons que ceulx qui les ont, n'en usent plus d'oresenavant, ne ne prennent aucun prouffit à cause ne soubz umbre d'icelles, lesquelles nous révocons par ces présentes.

(5) Après, que tous seneschaulx, baillifs et autres noz officiers facent continuele residence sur leurs offices; et se ilz ne le font, nous y pourverrons d'autres; et que ilz ne prennent ne ne leur soïent païez aucuns gaiges pour tant de temps qu'ilz seront dehors de leurs diz offices; et defendons à tous ceulx qui leur seront tenuz païer leurs diz gaiges, que autrement ne les païent, sur paine de recouvrer sur eulx ce qu'ilz leur auroient païé contre nostre présente ordonnance (4).

---

(1) Il paraît qu'il manque là quelques mots. Le Roi y disait, sans doute, qu'il aurait souhaité que cette diminution commençât dès à présent. (Secousse.)

(2) C.-à-d., à ce que je crois, les droits d'aide qui se levaient sur les denrées qui se vendaient, et qui étaient différens de l'imposition foraine, qui se payait lorsque ces denrées sortaient du royaume, ou qu'elles étaient transportées de certaines provinces dans d'autres. (Secousse.)

(3) *V.* ci-après, p. 772, l'ordonnance sur la chasse à la grosse bête. (Isambert.)

(4) Il y a une ordonnance spéciale du 28 octobre 1394. (*Idem.*)

(6) En oultre, que tous gués cessent par-tout nostredit royaume, exepté ès forteresces qui sont ès frontieres d'icellui nostre royaume, et près des forteresces que tiennent noz ennemis, et droictement sur la mer et pors de mer; esquelles nous ferons faire tele modéracion que nostredit peuple n'en sera mie excessivement grevé (1).

(7) Aussi, que tous gaiges de capitaines des bonnes villes, églises fortes, et autres forteresces de nostredit royaume, qui ne sont assiz en frontiere ou sur la mer; lesquelz gaiges les habitans desdictes bonnes villes et des autres villes où lesdictes églises et forteresces sont assises, ont acoustumé de païer, cessent du tout; exepté toutes voïes des bonnes et notables villes qui sont chiefs de païs, et assises sur passages de rivieres; les gaiges des capitaines desquelles nous ramenons dès maintenant à cent livres pour chascune des grosses villes dessus dictes.

(8) En oultre, que toutes gens d'armes, archiers et arbalestriers, par quelque mandement qu'ilz soïent assemblez en nostredit royaume, soit de par nous ou de par autre, ou autrement, ne prengnent sur notredit peuple vivres ne autres choses quelconques, se non en païant promptement le pris raisonnable de ce que ilz y prendront, ne ne facent aucun grief, dommage ne oppression à nostre peuple dessusdit.

(9) Et aussi defendons à tous nos subgiez de quelque auctorité qu'ilz soïent, sur paine d'encourir nostre indignacion, qu'ils ne facent assemblée de gens d'armes, archiers ne arbalestriers en nostredit royaume, sans avoir expresse licence de nous; et se lesdictes gens d'armes, archiers ou arbalestriers prennent vivres sans païer, et font telz dommages à nostredit peuple comme ilz ont acoustumé, nous voulons qu'il y soit resisté par voïe de fait, tant comme l'en pourra, ainsi comme autresfoiz l'avons ordonné; et mandons aux seneschaulx et baillifs de nostre royaume, à qui autresfoiz en avons envoïé noz lettres, que icelles exécutent diligemment toutefois que le cas escherra; et oultre mandons et commettons à tous les seneschaulx, baillifs et prevostz dessus diz, et à tous noz autres justiciers, que se aucunes desdictes gens d'armes, archiers ou arbalestriers sont aucunement contre nostre présente ordonnance, que chascun de noz diz jus-

(1) Il y a une ordonnance spéciale du 22 octobre 1399. (Isambert.)

ticiers se informent quels biens meubles, terres et possessions et héritages ceulx qui trespasseront nostre ordonnance dessus dicte, tiennent ou tendront en nostredit royaume, et chascun d'iceulx justiciers en sa juridicion, les mettent incontinent en nostre main réalment et de fait, et par icelles les facent gouverner et exploictier jusques à ce que punicion soit faicte de ceulx à qui seront les biens meubles, terres, possessions et héritages dessus diz; et aussi que satiffacion soit faicte des dommages qu'ilz auront fais.

(10) Avecques ce, que noz sergens qui sont en toutes les seneschauciez, bailliages, prevostez, et autres juridicions de nostredit royaume, soïent réduis et ramenez au nombre ancien, ès lieux où il en a certain nombre d'ancienneté; et ailleurs, à nombre compétent, sans charge ou grevance du peuple; et dès maintenant les y réduisons et ramenons par ces présentes; et voulons que noz séneschaulx et baillis chascun en sa juridicion, eslise les plus souffisans des ditz sergens, pour demourer esdiz offices par la manière que dit est, et aux autres interdisent toute exercicion des offices dessus diz, auxquelz aussi dès maintenant pour lors nous le interdisons.

(11) Après, que toutes debtes deuës à Juifs, tant de sort comme de usures, soïent quictiées aux debteurs, et dès maintenant les leur quictons; et avons ordonné et ordonnons que toutes exécucions faictes ou encommenciées à faire pour quelconques debtes duës aux diz Juifs par noz subgiez de nostredit royaume, soubz quelconque obligacion que ce soit, et tous procès fais contre iceulx debteurs pour occasion d'icelles debtes et des obligacions sur ce faictes, cessent du tout, et que tous emprisonnez pour occasion des debtes dessus dictes, soïent délivrez incontinent; et mandons et enjoingnons estroictement à tous noz autres justiciers et officiers de nostre royaume, et à tous commissaires sur ce députez, de quelque auctorité qu'ilz usent, que ainsi le facent sans aucun délay ou contradicion.

(12) Semblablement, que tous veneurs et fauconniers à qui que ilz soïent et de qui qu'ilz se advoënt, soit de nous ou d'autres, ne se logent d'oresenavant en aucun lieu ou plat païs ne ailleurs, fors ès herbegeries où l'en a acoutumé herberger pour l'argent; et que ilz ne prenguent aucune chose quele que elle soit pour le vivre d'eulx, de leurs varlès, chevaux, chiens et oiseaux ne autrement, sanz païer promptement ce qu'ilz prendront; et se ilz font le contraire, nous voulons et mandons à

tous les justiciers et officiers de nostre royaume soubz quele juridicion ilz seront trouvez, que ilz les contraignent à païer ce qu'ilz auront ainsi prins, et les punissent telement que ce soit exemple aux autres.

(13) Et quant aux prinses qui se font chascun jour en nostre royaume pour les provisions des hostelz de nous, de nostre très-chiere et très-amée compaigne la Royne, et de noz oncles et freres dessusdis, et d'autres; et aussi quant aux autres prevostez et autres offices où il a exercice de justice, que l'en a acoustumé bailler à ferme, pour ce que nostredit peuple en est moult grevé, nous y entendons pourveoir bien briefment de tel remede au relevement de nostre peuple dessusdit, qu'il devera souffire.

(14) Et pour ce que comme chascun peut considérer, pour ledit traictié de mariage d'entre ledit roy d'Angleterre et nostre fille dessus dicte, a convenu et convient faire très-grant despense, tant pour païer audit Roy d'Angleterre le dot de nostre dicte fille, qui est de grant somme de deniers; mesmement que nous ne lui avons voulu bailler aucunes terres, villes ne chasteaulx, comme pour pluseurs autres très-grant frais, missions et despens, que tant pour demener ledit traictié, comme pour plusieurs autres grans besongnes touchans ce fait, nous a convenu et convient faire neccessairement, lesquelles choses se montent et monteront à moult grant finance; à laquelle charge supporter il appartient, et est de droit et de raison, et ainsi a esté acoustumé autrefoiz en tel cas ou temps de noz prédécesseurs, que nostredit peuple nous aide, auquel tel prouffit comme bien de paix, peut venir par ledit traictié de mariage; nous par la délibéracion et advis de noz oncle et frère et autres dessus diz, avons ordonné et ordonnons un aide (1) par maniere de

(1) Il y a dans le chapitre 136 du premier livre du *Songe du Vergier*, ouvrage composé sous le règne de Charles V (édition gothique, in-4°, Paris, Jean Petit, sans année et sans chiffre), un passage très-remarquable sur les aides, nommées *aux quatre cas*, qui se lèvent par les seigneurs.

« Et devons savoir qu'il y a plusieurs causes pour lesquelles ung Roy peut demander nouvelles aides de ses subjectz. Premierement, pour la juste deffense du pays, comme il est escript. Secondement, se le Roy veult aler contre les Hérétiques, les Sarrasins ou autres ennemis de la foy; et s'il n'a de quoy il y peust aler de ses revenues ordinaires. Tiercement, quant le Roy est prins en juste guerre, quant à soy n'a de quoy il se puisse rachater ne paier sa rançon. Quartement, quant le Roy fait son filz chevalier, *ou quant il marie sa fille*, ou

taille, la mendre toutes voïes que bonnement porrons, consideré la qualite dudit fait, et les grans charges que pour ce avons à soustenir, estre sus, levé et cueilli pour une foiz en nostredit royaume, et que icellui aide soit cueilli et levé à deux termes; c'est assavoir, présentement les deux pars, si que les deniers desdictes deux pars puissent estre cueilliz, levez, receuz et apportez pardevers le receveur général par nous à ce commiz, dedens la feste de mi-aoust prouchainement venant; et le residu, dedens la fin de novembre prouchainement après ensuivant; à laquele taille nous voulons et ordonnons que toutes les personnes de quelque estat qu'ilz soient, contribuent, soïent noz diz officiers et noz dis oncles et frere, et des autres de nostre sang ou autres; exeptez nobles extrais de noble lignée, non marchandans ne tenans fermes et marchiez, mais fréquentans les armes, ou qui les ont fréquentées ou temps passé, et de présent sont en tel estat par bleceures, maladies ou grant aage, que plus ne les pevent frequenter; et aussi exeptez gens d'eglise, bénéficiez et povres mendians; et voulons que tout le prouffit et émolument dudit aide ou de ladicte taille, soit converti ou païement dudit mariage, et des frais, missions et despens à ce nécessaires, et non ailleurs, par l'ordonnance de certains preudommes que à ce avons ordonnez, sans ce que aucuns dons, graces ou rémissions en soïent fais ou faictes par nous ne par autres, à quelque personne que ce soit, et de quelque auctorité que elle soit; et ou cas que par importunité de requerans ou autrement, aucuns noz officiers ou autres, auroient sur ce obtenues de nous aucunes lettres de graces ou dons, nous voulons qu'il n'y soit obéi en aucune maniere; lequel aide ou taille sera miz sus par les esleux sur le fait des aides ès citez, diocèses et païs de nostredit royaume, qui par noz autres lettres sont commis à ce faire; c'est assavoir, en chascune recepte des diz aides, sur tous les habitans ès mettes d'icelle, selon l'ordonnance dessus dicte, le plus égalment que faire se pourra selon les facultez d'un chascun, le fort portant le feible, et au moins de grief de chascun que faire se pourra; et sera cüeillie et levée par

---

quant il achate nouvelle terre : car toutes ces choses si regardent le prouffit de ses subjectz : car le seigneur en devient plus puissaut ou plus riche, ou pourra ou temps avenir plus supporter et aider ses subjectz; lesquelles chose doivent estre entendues, quant il a ainsy esté de long-temps acoustumé. » (Secousse.)

les receveurs particuliers des diz aides à ce députez et commis de par nous; et afin que ladicte finance soit plus prestement levée, et que aucun débat ou empeschement n'y soit miz, consideré qu'il nous est très-nécessaire pour le bien du fait, et pour la promesse que sur ce avons faicte, que tost les païemens en soïent faiz, nous voulons et ordonnons que chascun qui refusera païer ce à quoy il aura esté imposé pour ledit aide ou taille, soit contraint à le païer comme pour noz propres debtes, sans ce qu'il soit receu pour ce à opposicion ou appellacion aucunes.

Si donnons en mandement par ces présentes à noz amez et féaulx les gens tenans et qui tendront nostre parlement à Paris, et les généraulx-conseillers sur le fait des aides ordonnez pour la guerre, tant à Paris, comme en nostredit païs de Languedoc, aux ezleux sur ledit fait par tout nostredit royaume, à tous noz seneschaulx, bailliz et prevosts, et à tous noz autres justiciers, et à chascun d'eulx, que ceste présente ordonnance et les descharges dessus dictes, facent publier par-tout où il appartendra, et les tiennent et facent tenir et garder sans enfraindre en aucune maniere, En tesmoing de ce, nous avons fait mettre à ces lettres nostre séel.

Donné à Paris, le XXVIIIe jour de mars, l'an de grace 1395, et le XVIe de notre regne.

N°. 215. — LETTRES *portant nomination de deux commissaires, avec pouvoir d'assembler les trois États du Dauphiné, et de leur demander une aide, à cause du mariage de la fille du Roi* (1).

Paris, 28 mars 1395. (C. L. VIII, 67.)

N°. 216. — LETTRES *portant injonction aux officiers* (*de Montpellier*) *de donner, une fois l'an, à la faculté de médecine, le cadavre d'un condamné au dernier supplice, pour faire des démonstrations d'anatomie* (2).

Paris, mai 1396. (C. L. VIII, 73.)

KAROLUS, etc. Nobis pro parte dilectorum nostrorum cancellarii, magistrorum, licenciatorum, bacallariorum et scolarium

---

(1) Cette forme de convocation est la même que celle du 27 août 1393. (Isambert.)

(2) Cet usage existe encore, mais beaucoup plus étendu, à l'égard des corps

in studio generali medicine ville nostre Montispessulani studencium, expositum extitit, cum gubernator, bajulus aut alii officiarii nostri dicte ville Montispessulani, aut ejus baronie vel rectorie, seu locumtenentes, eorum, consueverunt ab antiquo, singulis annis, unam personam condempnatam ad mortem vel ultimum supplicium, cujuscumque sexûs aut legis (1) existat, suspensam seu submersam, (2) aut aliter, precedente judicio seu senenciâ, interfectam, eisdem exponentibus, pro anothomia facienda, tradere et deliberare, si et dum super hoc fuerint requisiti; predictique officiarii nostri, seu eorum aliqui, quandoque se hactenùs ad hoc faciendum, reddiderint et reddant difficiles, fuit pro parte dictorum exponencium nobis humiliter supplicatum, quòd, attento quod dicta anothomia habet fieri et est necessaria pro salute humani generis, et ut dicta sciencia medicine efficaciùs experimentetur, sibi super hoc velimus providere de remedio oportuno.

Nos igitur, habità consideracione ad premissa, attentoque quòd pre ceteris aliis studiis universi orbis, in dicta ville Montispessulani fons originalis sciencie medicine reputatur, nos et predecessores nostri ac alii principes, pro salute humana, à dicto studio, propter experienciam que potissimè in facto medicinali res est magistra, magistros ad se trahunt; eisdem supplicantibus CONCESSIMUS, et de gracia speciali CONCEDIMUS per presentes,

Ut gubernator vel bajulus, aut alii officiarii nostri dictarum ville, baronie aut rectorie Montispessulani, seu eorum locatenentes, singulis annis semel tantùm teneantur tradere unam personam condempnatam ad mortem, cujuscumque sexûs aut legis existat, suspensam seu submersam, vel aliter, precedente senenciâ seu judicio, interfectam, ipsis supplicantibus pro anothomia hujusmodi facienda, ad simplicem requisicionem predictorum cancellarii, magistrorum, licenciatorum, aut procuratorum

---

des suppliciés dont les familles ne font pas la réclamation, aux termes de l'art. 14 du Code d'instruction criminelle. (Isambert.)

(1) Je crois qu'il faut entendre par ce mot, les religions chrétienne ou juive, ou peut-être les deux jurisdictions qui partageaient la ville. (Secousse.)

(2) A cette époque, et même quelque temps depuis, on noyait quelquefois les criminels. (*Idem.*)

Quand on n'osait faire les exécutions publiquement, comme à l'époque des troubles de 1381 (ci-dessus, note 2, p. 560), à l'époque des massacres de la Saint-Barthelemy, en 1572; à l'époque de l'entrée de Henri IV dans Paris, et à Nantes, en 1793, sous le proconsulat de Carrier. (Isambert.)

seu sindicorum suorum, vel eorum locatenencium, aut ipsorum alterius et illicito, postquam talis persona requisita, suspensa vel submersa, aut aliter interfecta fuerit, prefati nostri officiarii à patibulo, vel alio loco ubi posita fuerit, removeri faciant, et eis realiter tradere et deliberare, eorum tamen sumptibus et expensis :

Mandantes gubernatori, bajulo et judicibus baronie et rectorie Montispessulani, predictis, ceterisque justiciariis officiariis nostris, presentibus et futuris, et eorum locatenentibus, ac eorumdem cuilibet, prout ad hos pertinuerit, quatenùs dictos supplicantes nostrá presenti concessione et graciá uti et gaudere faciant et permittant pacificè et quietè; ceterisque eorum privilegiis, si que circa hec habeant, in suo robore valituris.

Quod ut firmum et stabile perpetuò perseveret, nostrum presentibus litteris fecimus apponi sigillum : salvo in aliis jure nostro, et omnibus quolibet alieno.

In requestis per vos (le chancelier) ex precepto regis expeditis, ubi episcopi Bajocensis et Noviomensis, magister Odardus de Molendinis, et plures alli, erant presentes.

N°. 217. — Lettres *contenant concession de privilèges à la ville de Gordon, et portant* (*art.* 10), *lorsqu'un habitant de cette ville aura acheté sans fraude, publiquement ou dans la rue, une chose qui a été volée ou enlevée par force, il ne sera pas obligé de la rendre à celui qui la réclamera comme lui appartenant, si celui-ci ne lui rend pas le prix qu'il aura payé* (1).

Paris, mai 1396. (C. L. VIII, 74.)

N°. 218. — Lettres *faisant défenses aux gens des comptes d'expédier ou passer en compte aucunes lettres de dons faits ou à faire sur son trésor et domaine.*

Paris, 6 juin 1396. (C. L. XII, 188.)

---

(1) *V.* les art. 2279 et 2280 du Code civil. Le principe consacré dans l'art. 10 des lettres ci-dessus, se retrouve fréquemment dans les ordonnances de ce siècle. *V.* C. L. VIII, 162 et *passim.* (Decrusy.)

N° 219. — LETTRES *portant que les maîtres, régens, écoliers et officiers de l'Université de Paris, seront exempts de la taille imposée à cause du mariage de la fille du Roi.*

Paris, 9 juin 1396. (C. L. VIII, 77.)

N°. 220. — LETTRES *portant que, dans les exécutions faites pour dettes du Roi, on n'admettra plus, pour surseoir, d'autres voies que celles de la requête, de l'opposition ou supplication.*

Paris, 10 juin 1396. (C. L. XII, 189.)

CHARLES, etc. A nos amez et feaulx gens de nos comptes et tresoriers à Paris : salut et dilection.

Nous avons entendu que communement plusieurs personnes qui nous sont tenues, tant pour cause de rentes et devoirs de nostre demaine, comme pour autres bonnes et justes causes, lesquelles sont executoires, et mandez estre contraints les debteurs, si comme il appartient, si tost comme les executeurs, sergens ou commissaires, veullent proceder en icelles contraintes et executions, aucunes fois avant le commencement de l'exploit, autres fois quant l'execution est commencée et avant que l'en puisse rien parfaire, malicieusement et frivollement, sans venir par voye d'opposition ne de pourchaz à nous ne à vous à qui il appartient, et affin de empêchier et retarder nostre payement, se sont efforciez et efforcent de jour en jour d'appeler desdits executeurs, sergens et commissaires, faisans et gardans les termes de leur commission, ou impetrent sur ce deleances pour tousjours demourer saisis; et combien que l'on ne doie de par executeur qui n'excède les termes de son mandement ou commission, appeller ou soy doloir, touttes-voies iceulx executeurs dessors pour doubte d'estre repris et d'atempter contre nous, en qui prejudice teles frivolles appellations ou deleances sont faites et impetrez, et ou retardement du payement des nosdites debtes, n'osent plus avant proceder ezdittes contraintes et executions, et ainsy par cette voie nouvellement par malice et grant cautelle trouvée, pouroient nosdites debtes et demaines deperir, ou tant estre delayez que il s'en ensuiroit ou pouroit ensuir moult de inconveniens irreparables, domages et prejudice à nous et à la chose publique, se remede n'y estoit mis :

Pour quoy nous desirans obvier ausdites malices et inconveniens, et pourveoir à l'expedition et briefve conclusion desdites executions que il convient souvent faire pour nous, et pour ce qui nous est deu à cause de nostre demaine et autrement, comme dit est, avons ORDENÉ, voulons et ordenons par deliberation de nostre conseil,

Qu'à telles frivolles appellations ou deleances ne soit defferé, ne pour ce les exploits et executions de nos debtes estre retardez en aucune maniere, mais puissent les debteurs, se ils veullent et ils voient estre à tort et indeuement grevez, contraints ou executez, venir par voye de requeste, opposition ou supplication (1), par-devers vous, en la chambre de nosdits comptes, ausquels vous pourvéez sur ce sommierement et de plain, de bonne et brieve droiteure, et expedition competent et deue, si comme au cas appartendra :

Si vous mandons que nostre presente ordenance vous faites publier, tenez et gardez, faites tenir et garder sans enfraindre : car ainsy nous plaist-il estre fait, nonobstant lesdittes frivolles appellations ou doleances et lettres subreptices impetrées et à impetrer au contraire

Donné à Paris, etc.

N°. 221. — ORDONNANCE *sur le fait de la chasse dans les forêts royales* (2).

Compiègne, 29 juin 1396. (Mss. de Troyes, fol. 19 et 20.)

CHARLES etc. Aux maistres et enquesteurs de nos eaues et forests ès païs de Champaigne et de Brie, à notre gruyer de Champaigne ou à leurs lieutenans, et à tous sergens forestiers et gardes de nos forests et garennes èsdits païs : salut.

Nous avons entendu que plusieurs personnes, sous ombre de ce qu'elles sont ou se dient estre de notre lignage, ou soubs ombre de certaines nos lettres qu'ils se dient avoir obtenuës de nous à leurs vies à notre voulenté ou à certain temps de povoir chacier en nos

---

(1) Aujourd'hui on peut se pourvoir en référé devant le tribunal, quand les poursuites sont judiciaires, ou on peut demander le sursis, si les poursuites se font administrativement. (Isambert.)

(2) *V.* ci-dessus, l'ordon. du 7 septembre 1393. (*Idem.*)

forests et garennes ou en aucunes d'icelles, y ont chacié ou temps passé, et chacent si souvent et par telle maniere qu'elles en sont très-grandement dommaigez, et tellement que si nous voulions aler chacier ou faire chacier en aucunes d'icelles, nous n'y trouverions point de déduit, dont très-fortement nous desplaist et non sans cause.

Car nulz n'a loy ne puissance de chacier en nosdites forests et garennes, tant soit prouchain de notre lignaige, si ce n'est notre aisné fils.

Et pour ce voulans pourvoir à ce, avons ORDONÉ par grant et meurre délibération de notre conseil,

Que doresenavant aucuns soient de notre lignage ou autres de quelque auctorité qu'ilz soient, soubz ombre de notre lignage et pour quelques lettres qu'ils aient de nous ou d'autres personnes quelconques, données par avant la datte de ces présentes, ne chacent ne facent chacier en nosdites forestz ne en aucune d'icelles, se ilz n'ont nouvel mandement de nous par noz lettres signées du signet de notre très-chier et amé oncle le duc de Bourgogne, et vériffiées par notre très-chier et amé cousin le vicomte de Meleun, souverain maistre et général refformateur de nos eaues et forests partout notre royaume; par laquelle nostre ordonnance nous avons révoqué et encore révoquons toutes lettres et toutes licences par nous données par avant à quelque personne que ce soit.

Pourquoy nous vous mandons et enjoignons si estroittement que plus povons, et en tant que vous doubtez nous courroucier, et sur peine d'estre privez de vos bons offices, que notredite ordonnance vous faites tenir et garder chacun de vous en droit soy, ez mettes du povoir et gardes à vous commises de par nous sans souffrir aucun chacier en nosdites forests et garennes contre la teneur de notredite ordonnance, saichans que se vous faites le contraire, vous en serez puniz si griefvement que ce sera exemple à tous autres, et aussi par ces mêmes lettres deffendons à tous qu'ilz ne soient si hardis de faire aucunement le contraire d'icelle notre ordonnance.

Donné à Compiégne le XXIXe jour de juing mil trois cens quatre-vingt et seize, et de notre regne le XVIe.

N°. 222. — LETTRES *portant révocation des commissaires sur le fait des amortissemens et des francs-fiefs, et déclaration qu'il y sera procédé dans la suite par les receveurs et procureurs du Roi* (1).

Paris, 2 septembre 1396. (C. L. VIII, 112.)

N° 223. — LETTRES *portant ratification du traité par lequel le duc et les officiers municipaux de Gênes, se donnent* (2) *au Roi de France.*

Paris, 11 décembre 1396. (Dumont, Corps diplom., p. 255.)

N°. 224. — ORDONNANCE *qui interdit la chasse aux non nobles autres que les ecclésiastiques, bourgeois, etc., et qui, néanmoins, permet aux laboureurs de chasser les bêtes de leurs récoltes* (3).

Paris, 10 janvier 1396. (C. L. VIII, 117.) Publiées au parlement le 5 février, et au Châtelet le 6.

CHARLES etc. Il est venu à nostre congnoissance par le rapport de plusieurs personnes dignes de foy, tant de nostre conseil comme autres, que plusieurs personnes non nobles, laboureurs et autres, sans ce que ils soïent à ce privilégiés, ne que ilz aïent adveu de personnes nobles ou autres aïans garennes ou privi-

---

(1) Voici un mode de publicité qu'indiquent ces lettres :

Et ycelles (instructions) voulons estre escriptes de grosse lettre, et mises en tableaux en chascun siege et audience de noz bailliages et seneschauciées, à ce que aucun n'en puisse avoir ignorance. (Decrusy.)

(2) Jamais, dit *Daniel*, Hist. de Franc., tom. 6, p. 342, il n'y eut de droit mieux acquis sur un État. En effet, si le concours unanime et entièrement libre des hommes avait seul la faculté d'instituer une autorité légitime, il serait difficile d'imaginer un droit plus solide; jamais pourtant possession ne fut plus incertaine. C'est ainsi qu'Avignon s'est donné à la France, en 1790, vœu sanctionné le 14 septembre 1791. Cependant, le Pape a fait des réserves dans le concordat de 1817. (Isambert.)

(3) Voici la première loi générale sur la chasse. Celle du mois de juin 1321 n'est qu'une charte particulière. Celle de 1393, et juin 1396, était spéciales. Les Établissemens de Saint-Louis interdisent la chasse dans les garennes des seigneurs; mais cette ordonnance est la première qui interdise la chasse sur son terrain. Gontran, Roi de Bourgogne, fit lapider son chambellan, pour avoir tué un buffle dans une de ses forêts; mais c'était une chasse gardée, ainsi que Charle-

léges, ont et tiennent devers eulx chiens, fuirons, cordes, laz, fillès, et autres engins à prendre grosses bêtes rouges et noires, connins, lievres, perdrix, faisans et autres bêtes et oyseaux, dont la chasse ne leur appartient ne doit appartenir; par quoy il est avenu et avient chascun jour que lesdits non nobles en faisant ce que dit est, délaissent à faire leurs labourages ou marchandises, et commettent plusieurs larrecins de grosses bestes et de connins, de perdris et de faisans, et d'autres bestes et oyseaulx, tant en noz garennes comme en celles des nobles et autres noz subgiez; dont il est avenu moult de foys que quant nous et les nobles de nostredit royaume, avons voulu aler en déduit, l'en a trouvé en plusieurs lieux peu ou néant de bestes ou oyseaux, et par ce le déduit de nous et desdits nobles a esté et est souventefois empeschié, par quoy se remede n'y estoit mis, plusieurs discencions, débas et descors se pourroient sourdre et mouvoir entre nos subgiés nobles et non nobles, et s'en ensuivroient plusieurs autres inconvéniens; mesmement que lesdis non nobles en persévérant en ce, sont souvent emprisonnez, et pour ce trais à grans amendes; et par les oiseuses qui sievent (1) en ce faisant, deviennent larrons, murtriers, espieurs de chemins, et mainnent mauvaise vie, dont par ce est avenu et advient souvent que ils ont finé et finnent leurs vies par mort dure et honteuse; qui est en grant confusion de nostre peuple, ou détriment de la chose publique de nostre royaume, et ou grant dommage de nous et de nos subgiez.

Pourquoy nous voulans à ce estre remédié, savoir faisons que euë sur ce grant et meure délibération en nostre grant conseil où estoient noz très-amés oncles et frère les ducs de Bourgogne, d'Orléans et de Bourbon, et plusieurs autres no-

---

magne le faisait; *V.* aussi capitulaires de Charles-le-Chauve; la loi de Charles VI fut renouvelée en 1515, 1533, 1578, 1601, 1607, et par le tit. 30 de l'ordon. des eaux et forêts d'août 1669. *V.* l'art. 715 du Code civil. Les décrets du 4 août 1789 ont aboli le droit privilégié de chasse, et ils ont déclaré le droit qu'a tout propriétaire de détruire sur ses possessions toutes espèces de gibier, en se conformant aux loix de police. Aujourd'hui, le droit de chasse est devenu un impôt, à cause de la taxe du port d'armes.

V. note sur l'ordon. inédite du 20 août 1814, Recueil complet des lois et des ordonnances, année 1822, p. 551, où l'on analyse les atroces pénalités des délits de chasse, sous François Ier et Henri IV. (Isambert.)

(1) Je ne sais ce que ces mots signifient; peut-être sont-ils corrompus. Le sens pourrait être que *ces braconniers passant leur vie à la chasse, et n'étant plus accoutumés au travail, deviennent voleurs*, etc. (Secousse.)

tables personnes de nostredit conseil, nous avons ORDENÉ et ORDENONS par ces présentes,

Que d'oresénavant aucune personne non noble de nostredit royaume, se il n'est à ce privilégié, ou se il n'a adveu ou expresse commission à ce de par personne qui la lui puist ou doïe donner, ou s'il n'est personne d'église (1) à qui toutesvoïes par raison de lignage ou autrement deuement se doïe competter, ou s'il n'est bourgois vivant de ses possesions (2) et rentes, ne se enhardisse de chassier ne tendre à bestes grosses ou menues ne à oyseaux, en garenne ne dehors, ne de avoir et tenir pour ce faire chiens, fuirons, cordes, laz, fillès ne autres harnois;

Et ou cas que aucun desdis non nobles autres que ceuls dessus décleriez, sera treuvé aïant en sa maison chiens, fuirons, cordes, las, fillès ou autres engins, ou tendant aux bestes et oyseaux dessus divisez, nous voulons et mandons que le noble ou la justice soubz qui il sera demourant ou soubz qui il chassera, les lui puisse oster de fait sans aucune répréhencion.

Toutesvoies ou temps que les pores ou autres bêtes sauvages vont aus champs pour mengier les blés, il nous plaist bien que les laboureurs puissent tenir chiens pour garder leurs diz blés et chacier les bestes d'iceulx (3), sans ce que pour ce ilz doïent perdre iceulx chiens ne païer amende; mais se en ce faisant, ilz prenoient aucune beste, ilz seront tenus la porter au seigneur ou la justice à qui il appartendra; ou se ce non, ilz rétabliront ladicte beste, et payeront l'amende.

Sy donnons en mandement, et commettons se mestier est, à nostre amé et féal cousin et conseillier Guillaume visconte de Meleun, souverain maistre et général réformateur des eaues et forests par-tout nostredit royaume, et à tous autres maistres et enquesteurs de noz eaues et forests dessus dictes, ou à leurs lieuxtenans et à chascun d'eulx, si comme à lui appartendra, que nostre présente ordenance facent publier solennelment par tous lieux notables où ils verront qu'il sera expédient, et ycelle tenir et garder sans enfraindre en aucune maniere; et se ilz treuvent au-

---

(1) Le concile de Tours, en 813, défend aux ecclésiastiques la chasse, comme le bal et la comédie. (Isambert.)

(2) Cela comprend presque tous les propriétaires. (*Idem.*)

(3) Ils ne peuvent donc les tuer. Les lois du 4 août 1789 leur ont rendu cette liberté, qui leur est enlevée par la loi qui exige un port d'armes. (*Idem.*)

cuns faisans le contraire ou contredisans à ce, ilz les contraignent à la tenir par amendes, et par toutes voyes et manieres deues et raisonnables, ainsi comme ilz verront que de raison sera à faire.

En tesmoing de ce, nous avons fait mettre à ces lettres nostre seel.

Donné à Paris, le xe jour de janvier, l'an de grace mil ccc IIII[xx] et seize, et le XVIIe de nostre regne.

N°. 225. — LOI ou CONSTITUTION *portant que les condamnés pourront être confessés avant l'exécution* (1).

Paris, 12 février 1396. (C. L. VIII, 122. — Fontanon, 1, 660.)

CHARLES etc. Savoir faisons à tous présens et avenir, que comme pour ce que en aucunes parties de nostre royaume, où l'en use et qui sont gouvernées par coustumes, il a esté observé de si long temps qu'il n'est mémoire du contraire, que à ceulz qui ont esté condempnez pour leurs démérites à mourir, ne a point esté baillié ni administré le sacrement de confession ainçois qu'ilz aïent esté exécutez; et que comme il semble à pluseurs, selon nostre foy crestienne et la constitucion et ordonnance de nostre mere Sainte Eglise, ledit sacrement de confession ne doit estre dénié ne empeschié à aucun qui le vueille requerir; et après ce que nos très-chiers et très-amez oncles et frere, les ducs de Berry, de Bourgongne, d'Orléans et de Bourbon, pluseurs autres de nostre sang, et aussi pluseurs grans clers et saiges hommes, tant de nostre grant conseil comme autres, nous ont par plusieurs foiz moult instaument supplié (2), admonesté et requis, que nous voulsissions abolir ladicte observance, et ordener que

---

(1) Les premiers qui obtinrent la grâce d'être confessés avant leur exécution, furent des moines et des prêtres, condamnés à mort pour avoir accusé faussement le duc d'Orléans d'avoir jeté un sort sur Charles VI.

Le connétable de Saint-Paul ne put, sous Louis XI, obtenir la permission de communier avant d'aller à l'échafaud. (Decrusy.)

On lui permit seulement d'assister à la messe. Avant cette ordonnance, qui est aujourd'hui en pleine vigueur, les condamnés étaient traînés à la mort accompagnés de l'exécuteur. Plusieurs conciles avaient condamné cet usage rigoureux, et même avaient décidé qu'on pourrait leur donner l'eucharistie. *V.* l'ordon. de 1670, qui confirme celle de Charles VI. (Isambert.)

(2) On dit que le sire de Craon fut celui qui insista le plus; il avait été condamné par contumace pour tentative d'assassinat, et il n'avait pu obtenir des lettres d'abolition. *V.* ci-dessus, p. 709. (*Idem.*)

d'oresénavant lesdis condempnez eussent ledit sacrement de confession avant leur mort;

Nous pour procéder plus meurement sur ces choses, aïons fait assembler en nostre présence, noz oncles, frere, et autres de nostre sang dessus diz, les gens de nostre grant conseil, et pluseurs noz conseillers de noz cours de parlement, de Chastelet, et autres, et après ce que ladite matere leur a esté ouverte, aïons fait demander à chascun son advis sur l'abolicion desdictes coustume et observance; et pour ce que par la plus grant et plus saine oppinion de tous, nous a esté conseillé faire l'abolicion dessus dicte, nous eue considéracion à ce, par la délibéracion de noz oncles et frere dessusdis, et de tout nostredit conseil, en abolissant et anullant du tout et à tousjours les coustume et observance dessus dictes, avons décerné et ORDENÉ, décernons et ORDENONS par ces présentes, pour loy et constitucion à durer perpétuelment en nostredit royaume,

Que d'oresénavant à toutes personnes qui pour leurs démérites seront condempnées à mourir, soit offert par les ministres de la justice par laquelle ilz seront détenus et condempnez, et leur soit baillié et administré le sacrement de confession, selon l'ordenance de nostre dicte mere Sainte Église, après ce qu'ilz auront été condempnez et examinez sur tous les cas dont ladicte justice les vouldra examiner, et ainçois qu'ilz se partent du lieu où ilz seront détenuz, pour estre menez au lieu où ilz devront estre exécutez, et que à eulz confesser à prestres, soïent induiz (1) par lesdis ministres de la justice, ou cas qu'ilz seroient si esmeuz ou surprins de tritresce, qu'ilz ne auroient congnoissance de la vouloir ou demander.

Si donnons en mandement par ces présentes, à nos amez et féaulz conseillers les gens tenans et qui tendront nostre parlement à Paris, au prevost de Paris, et à tous noz autres justiciers et de nostre royaume, présens et avenir, et à chascun d'eulz en droit soy, que noz présente loy, constitucion et ordenance, tiengnent et facent tenir et garder sans enfraindre, et les facent enregistrer ès registres de leurs cours, et publier solennellement par tous les lieux notables de leurs juridiccions, espécialment où ladicte coustume a eu lieu ou temps passé.

---

(1) On faisait faire aux condamnés deux poses en chemin : à la dernière, ils baisaient le crucifix, recevaient l'aspersion, mangeaient 3 morceaux de pain, et buvaient un verre de vin. — Sauval, Antiq. de Paris. — (Decrusy.)

N°. 226. — LETTRES *portant que le droit de rive qui se lève sur les marchandises transportées hors du royaume, ne sera pas payé dans le lieu où elles seront chargées, mais dans celui par lequel elles sortiront du royaume.*

Paris, 26 février 1396. (C. L. VIII, 123.)

N°. 227. — LETTRES *qui portent défenses d'acheter l'or et l'argent à un prix plus haut que celui de la monnaie, et enjoignent d'y porter tout ce qui ne sera pas nécessaire à l'usage des églises, du Roi et de sa famille.*

Paris, 20 mars 1396. (C. L. VIII, 124.)

N°. 228. — ORDONNANCE *portant des peines contre les blasphémateurs.*

Paris, 7 mai 1397. (C. L. VIII, 130.) Publiée en parlement le 17.

CHARLES, etc. Il est venu à nostre cognoissance que combien que par noz prédécesseurs Roys de France, ou aucuns d'eulx (1), ait ja piéça esté ordonné que tous ceulx qui meuz de mauvais courage et voulenté, et comme mescognoissans nostre et leur créateur et ses œvres, diroient paroles injurieuses et blasphemes, de lui, de la glorieuse Vierge Marie sa benoite mere, et de ses sains et saintes, et qui jureroient ou feroient le vilain serement (2), feuzsent mis pour la premiere foiz qu'il leur avendroit, ou pilory où ilz demourassent dès heure de prime jusques à heure de nonne, et que l'en leur peust getter à eulx boë ou autres ordures, fors pierres ou choses qui les peussent blecier, et après ce demourassent un mois entier en prison au pain et à

(1) *V.* l'ordon. de Saint-Louis, 1268, p. 341, vol. 1er, et celle de Philippe-de-Valois, 12 mars 1329, avec la note p. 367. *V.* les ordon. de Louis XII, 9 mars 1510, et les ordon. de 1570, 1572, 1581, 1617, 1647; 7 septembre 1651, 30 juillet 1266, 20 mai 1681, art. 3; l'ordon. 1er juillet 1727. Toute la France se souvient encore de l'arrêt rendu le 4 juin 1666, en la grand chambre, contre des jeunes gens d'Abbeville, et du sieur Delabarre, qui a expié le blasphème par une mort cruelle : mémoire réhabilitée par une loi du 25 brumaire an 2. (Isambert.)

(2) *Secousse* dit qu'il l'a trouvé dans plusieurs lettres de rémission, mais qu'il se fait scrupule de le rapporter, tant il était horrible. Il paraît qu'on était moins scrupuleux du temps de Saint-Louis. (Isambert.)

l'eaue; à la seconde foiz, se par aventure il leur avenoit, que à eulx mis ou pilory à jour de marchié ou solennel, l'en fendist la la levre dessus à un fer chaut, par maniere que les dens leur parussent; et à la tierce foiz, la levre dessoubz; et à la quarte foiz, tout le baulevre; et se par male eschéance il leur avenoit la quinte foiz, l'en leur coupast la lengue tout outre, si que dès lors en avant il ne peussent procéder à teles choses dire (1); et en oultre, que se aucuns auoient dire ces mauvaises paroles, et ilz ne les venoient annoncer incontinent à justice, que l'en peust lever et prendre de et sur eulx, amende jusques à la somme de soixante livres; et s'ilz ne la povoient païer pécuniaire, qu'ilz demourassent en prison au pain et à l'eaue, jusques à tant que en ladicte prison ilz eussent souffert pénitence équipollent à la dicte amende; néantmoins nonobstant ce, pluseurs de nostre royaume et autres conversans et habitans en icellui, non ayans Dieu devant leurs yeulx, mais de leur salut po curans, ou non mémoratis, dient les paroles et blasphemes dessus touchez et autres, despitent, renient, maugreent, et font pluseurs grans et abhominables seremens, en grant irrévérence de Dieu, de la benoite vierge Marie, et des sains et saintes, en grant peril de leur salut, et d'encourir le dampnement de leurs; lesquelles choses sont et doivent estre à nous et à tous bons et vrays catholiques, très-desplaisans et détestables; et pour tant nous desirans de tout nostre cuer y estre pourveu, et à nostre povoir les fere cesser, voulons, constituons et ORDONNONS par la teneur de ces présentes, et par meure délibéracion,

Que l'ordennance cy-dessus exprimée, soit d'oresénavant par tout nostredit royaume tenue, gardé, entérinée et acomplie vigueureusement et sans déport, de point en point, et par la forme et maniere que dessus est declairé; et aussi que tous ceulx qui desormais despiteront, renieront, maugreeront nostre sauveur, sa très-digne mere, et les sains et saintes devant diz, autrement que dessus est touché, ou d'eulx ou d'aucuns d'iceulx feront seremens indeuz et non loisibles (2), autres que le vilain serement dessus

(1) Le Pape Clément IV blâmait ces barbaries; il ne voulait pas qu'il y eût mutilation. (Isambert.)

(2) Il paraît, par une note marginale du Trésor des chartes, que, dès 1411, les petits sermens restaient sans punition. Aujourd'hui, le Code pénal de 1791 ne contient plus de peine à ce sujet, et par conséquent l'abolit. Il n'y a plus de

exprimé, soïent corrigez et puniz par détencion de leurs personnes en prison fermée, par tel et si long espace de temps comme les juges en qui la jurisdicion ce avenra, discerneront et verront estre expédient et à fere selon l'exigence du cas et la qualité des personnes (5), et que à ces paines et punicions soïent tous ceulx à qui ce touchera et pourra toucher, contrains vigueureusement et sans déport, par toutes voyes et manieres expédiens et convenables, et le contenu en ces présentes exéquté et acompli si bien si et diligemment, qu'il n'y puist intervenir delay ou defaut.

Si donnons en mandement à noz amez et féaulx les gens tenans nostre présent parlement à Paris, et qui tendront ceulx avenir, au prevost de Paris, et à tous noz autres justiciers ou à leurs lieuxtenans, qui sont à présent et seront pour le tems avenir, et à chacun d'eulx, que nostre présente constitucion et ordennance tiengnent, gardent, entérinent et acomplissent, et facent tenir, garder, entériner et acomplir de point en point sans enfraindre, et toutes faveurs et dépors cessans, en la mettant et faisant mettre si dilligemment et convenablement à exécucion et effect, que en leur coulpe ou négligence n'y ait dilacion ou faute; car nous nous en prendrions à eulx.

Et afin que par tout nostredit royaume ce soit notoire, etc.

Publicate fuerunt presentes littere in camera parlamenti, magistris sedentibus pro tribunali, die XVIIe maii A. D. 1397.

N°. 229. — LETTRES *défendant de prêcher et d'écrire au sujet du schisme de l'Église.*

Paris, 12 septembre 1397. (C. L. VIII, 155.)

CHARLES, ect. Nous avons entendeu que jasoit ce que pour mettre paix et union en nostre mere sainte eglise, céder et oster le très doloreux scisme qui si longuement a duré et dure en icelle, et par très-grant et meure deliberation de conseil que nous avons eu avec nos très-chiers et très-amés oncles et freres les ducs de Berri, de Bourgogne, d'Orliens et de Bourbonnois, et

---

peine que contre ceux qui insultent publiquement les objets du culte, loi du 22 juillet 1791, tit. 2, art. 11; Code pénal 1810, art. 262. (Isambert.)

(1) Les peines ont été *arbitraires* jusqu'à la révolution. (*Idem.*)

plusieurs autres de nostre sang et lignage, et de nostre grant conseil, et aussy avecques les prélats, et plusieurs autres grands, notables et souffisans clercs de nostre royaume, lesquelx pour cette cause avons fait venir et assembler en nostre ville de Paris (1), nous ayons esleu la voye de cession des deux parties, comme la meilleur, plus convenable et propice de toutes autres voyes, et la plus apaisant les cuers et consciences de touts vrais et bons chrestiens, et que ad ce se accordent avec nous touts les cardinaulx du saint colliege de court de Rome, estans en Avignon, un ou deux exceptés, nostre très-chier et très-amé fils le Roy d'Angleterre, nostre très-chier et très-amé frère le Roy de Castille, nostre très-chier et trés-amé cousin le Roy de Navarre, et plusieurs autres Roys, princes et peuples chrestiens; néanmoins aucuns se sont esforciés et esforcent de jour en jour de preschier, docmatisier, faire epitres et autres scripteures contraires à laditte voye de cession ainsy par nous, comme dit est, avisée et esleue, et pour empeschier icelle, et la maniere et moyens de procéder en icelle; lesquelles choses povoient estre un très-grant retardement et empeschement desdittes paix et union de nostre ditte mere sainte eglise, alongement ou perpétuation dudit scisme, et aussy cause et occasion d'engendrer une division ou scisme nouvel, que Dieu ne veuille, entre nos subgiets, dedens nostre dit royaume, se par nous n'estoit sur ce pourveu de remede convenable;

Pourquoy nous qui de tout nostre cuer desirons l'abregement de laditte cédation dudit scisme, et paix et union estre mise en nostre ditte mere sainte eglise, vous MANDONS, commandons et enjoignons expressément, que ces lettres veues, ez cités, villes et lieux notables de vostre séneschaussie, et ailleurs où besoin sera et vous verrés estre expédient, vous faites publier, crier et deffendre de par nous, solempnelment, et sur grandes et grosses peines à appliquer à nous,

Que nulle personne de quelque estat ou condition qu'elle soit,

(1) Il y a eu un concile à Paris, tenu le jour de la Purification, en 1394. Il était composé des patriarches d'Alexandrie et de Jérusalem, de 7 archevêques, 40 évêques, 4 conseillers du parlement, de trois avocats, et d'une multitude d'abbés et docteurs, qui arrêtèrent la voie de cession par les deux partis, comme seul moyen de faire cesser le schisme. Les cardinaux d'Avignon adhérèrent à cette voie, mais le Pape déclara, par une bulle, qu'il s'y refusait. (Isambert.)

si osée ne soit ne si hardie, occultement (1) ne en appert (2), directement ne indirectement, de fait ne le dit, de preschier, docmatiser, faire, ne scripre epitres ne autres quelconques escripteures, ou choses que puissent donner, faire et porter aucun préjudice ne empeschement à laditte voye de cession, ne à la maniere et moyens de procéder ou pratiquer icelle :

Et se aucun ou aucuns est ou sont trouvé ou trouvés faisant ou faisans le contraire, punissiés-les par telle maniere que autres y preingnent exemple ; et nous envoyés féablement encloses sous vostre séel, toutes manieres d'escriptures que vous porrés trouver estre faittes au contraire de laditte voye de cession et de sa pratique ;

Mandons et commandons à touts nos justiciers, officiers et subgiés, que à vous et à vos commis et députtés, ez choses dessus dittes, circunstans et dépendens d'icelles, obéissent et entendent diligemment.

N°. 230. — Lettres *portant que les gens d'église ne paieront point, même par rapport à leurs biens de patrimoine, l'aide établie à l'occasion du mariage de la fille du Roi.*

Paris, 6 octobre 1397. (C. L. VIII, 154.)

N°. 231. — Lettres *portant que, dans la ville de Nismes, nul ne pourra exercer la médecine, s'il n'est gradué dans cette faculté ou approuvé par gens experts.*

Paris, 13 octobre 1397. (C. L. VIII, 155.)

N°. 232. — Lettres *défendant aux sénéchaux, baillis et autres officiers, de connaître des causes attribuées aux maîtres des ports et passages du royaume.*

Paris, 20 novembre 1397. (C. L. XII, 191.)

---

(1) C'était ôter la liberté de conscience. (Isambert.)

(2) Alors la religion était dans l'État, et le législateur se croyait permis de prohiber la controverse. On ne connaissait ni la liberté de penser, ni la liberté d'écrire. (*Idem.*)

N°. 233. — LETTRES *d'abolition en faveur du duc de Lorraine, au sujet de meurtres commis par ses gens sur ceux du Roi, après toutefois qu'il aura satisfait à la partie.*

Paris, décembre 1397. (Corps diplomatique, p. 264.)

N°. 234. — LETTRES *par lesquelles (art. 20) le Roi, dauphin de Viennois, se réserve, à Beauvoir, tous les nids des oiseaux nobles* (1). (Avium nobilium.)

Paris, décembre 1397. (C. L. VIII, 162.)

N°. 235. — ORDONNANCE *du prévôt de Paris, qui défend le jeu de cartes* (2), *la paume, la boule, les dés et les quilles, dans les cabarets.*

22 janvier 1397, (Liv. rouge ancien du Châtelet, f°. 155. — Delamarre, Traité de la police, III, p. 456.)

N°. 236. — LETTRES *qui portent que toutes les obligations, pour cause de prêt, souscrites par des chrétiens au profit des juifs, seront retirées, déchirées et brûlées* (3).

Paris, penultième de janvier 1397. (C. L. VIII, 181.)

---

(1) Ce sont apparemment des oiseaux de proie dressés pour la chasse. (Secousse.)

V. ci-dessus, p. 770, l'ordon. sur la prohibition de chasse, en 1396. (Isambert.)

(2) Il avait été inventé pour délasser Charles VI pendant ses momens lucides. *V.* l'ord. de Charles VIII, octobre 1485. (*Idem.*)

(3) Cette banqueroute est une conséquence du bannissement des juifs, du 17 septembre 1394, et elle l'explique. Avant d'en venir là, le prévôt de Paris avait condamné au feu sept des principaux juifs, après les avoir mis à la question. Mandé au parlement pour rendre compte de ces rigueurs, ce fanatique magistrat allégua que la violence faite à l'esprit devait être plus sévèrement punie que celle exercée sur le corps; qu'un ravisseur des biens de l'église était proscrit comme sacrilège, et qu'ainsi, tous les juifs étaient dignes de mort. Le parlement ne fut pas convaincu, et cassa la sentence; mais bientôt le bannissement fut prononcé, et depuis, les juifs n'ont pu obtenir la révocation avant la révolution de 1789. S'il y en avait à Avignon et à Metz, c'est que ces pays ne furent réunis à la France que depuis le bannissement général, renouvelé en 1615. (*Idem.*)

N°. 237. — LETTRES *de naturalisation en faveur d'un Génois* (1).

Paris, janvier 1397. (C. L. VIII, 182.)

KAROLUS, etc. Notum facimus universis presentibus et futuris, quòd nos regnum nostrum bonis et probis incolis ac mercatoribus qui in illo manere, mercari et negociari valeant sine fraude, cupientes pro bono rei publice populari, auditoque laudabili testimonio quod de dilecto nostro Johanne Picamilli à civitate Januense, pro nunc in nostris obediencia et subjectione et dominio existente, oriundo, publico mercatore, de et super commendandis fidelitate, legalitate, probitate, honestisque conversacione ac vita, à pluribus fide dignis perhibetur, atque continua residencia per ipsum facta in villa nostra Paris. per quindecim annos et ultra (2), mercaturas licitas faciendo, gratuitisque serviciis per ipsum nobis acthenùs impensis, preattentis, dignum et congruum arbitramur, ut cum eisdem ipse Johannes, congruis favoribus privilegiis et libertatibus conformetur, etc.

N°. 238. — ORDONNANCE *qui prescrit la levée d'une taxe extraordinaire pour secourir l'Orient contre les Turcs* (3).

1397. (Villaret, Hist. de France, XII, p. 286.)

N°. 239. — LETTRES *portant confirmation des nouveaux statuts de l'Université d'Angers* (4).

Paris, juin 1398. (C. L. VIII, 217.)

SOMMAIRES.

(1) *Le collége, composé des docteurs régens et des procureurs des nations, élit le recteur, qui ne peut être choisi*

---

(1) Voici le premier acte de ce genre que nous ayons jusqu'à présent rencontré; il ne s'éloigne guères de la formule actuelle. Nous en donnons le préambule. Nous n'avons pu trouver l'ordon. de 1386, visée dans celle du 4 juin 1814, contemporaine de la Charte, qui déclarait les étrangers incapables de posséder des offices ou bénéfices, ni même de remplir aucune fonction publique en France. (Isambert.)

(2) *V.* la loi du 14 octobre 1814, et les notes au Recueil complet. (*Idem.*)

(3) Villaret dit avoir eu entre les mains l'original de cette ordonnance, qui n'est pas dans la Collection du Louvre. (*Idem.*)

(4) Ils ne sont pas dans le Recueil des réglemens de l'Université, imprimé en 1814. Le premier acte de ce Recueil se compose de statuts réformés sous Henri IV. (*Idem.*)

qu'entre les docteurs régens, et à tour de rôle, suivant l'ordre de réception.

(2) *Le recteur élu sera obligé de remplir cette charge, à moins qu'il n'ait quelqu'excuse légitime.*

(3) *Le nouveau recteur prêtera le serment prescrit.*

Statuts pour les docteurs régens.

(4) *Tous les docteurs pourront faire des leçons. Les seuls docteurs pourront être régens*

(5) *Les docteurs qui voudront régenter commenceront leurs leçons le lendemain de la Saint-Denis.*

(6) *Fixation des vacances.*

(7) *Les étrangers ne pourront professer qu'après avoir été examinés par le recteur et par les docteurs.*

(8) *Les docteurs régens ne pourront se faire remplacer sans cause légitime, plus de deux mois dans l'année.*

(9) *Les docteurs régens en Droit civil, feront des leçons la première année, sur une partie du vieux* Digeste, *et l'année suivante, sur une partie du Code.*

(10) *Serment des docteurs régens.*

(11) *Les régens ne pourront exiger de leurs écoliers que vingt sols par an; ils recevront des nobles ou prélats ce que ceux-ci leur présenteront volontairement.*

(12) *Chaque régent pourra avoir son bedeau.*

(13) *Les régens ne pourront faire de* répétitions *ni disputes publiques sur une loi, décrétale ou canon, sur lesquels un autre docteur en aurait fait la même année.*

(14) *Les régens ne pourront s'emparer des classes occupées par leurs confrères.*

(15) *Nul que les docteurs régens ne pourra assister aux examens de licence, à moins qu'il n'y soit appelé par le collége.*

(16) *Les docteurs régens entreront en classe au son de la cloche, après le dernier coup de matines, pourvu qu'il soit jour.*

(17) *Les docteurs en* décret *ne commenceront leurs leçons que lorsque ceux qui en feront sur le Droit civil auront fini.*

(18) *Les docteurs régens seront vêtus, en faisant leurs leçons, d'une épitoge, d'une cape, ou autre habit décent.*

(19) *Les docteurs régens seront obligés de faire des* répétitions *deux ou trois fois l'année. Nul ne sera tenu de faire de leçons après qu'elles seront finies.*

(20) *On célébrera une messe au décès de chaque docteur régent.*

(21) *Le recteur et les docteurs ne présenteront des écoliers* indignes, *pour être reçus bacheliers, et des bacheliers* indignes, *pour être reçus licenciés.*

Statuts pour les licenciés.

(22) *Il se fera, tous les deux ans, examens de licence. Le maître-école donnera la permission et indiquera le lieu.*

(23) *Le recteur et les docteurs assigneront jour aux ba-*

cheliers pour recevoir la loi et le canon sur lesquels ils doivent être examinés. Les bacheliers se présenteront en capes, et prêteront serment qu'ils ont commencé leurs leçons sur le 5e volume, *qu'ils ont expliqué les gloses, et ont rempli exactement le temps d'étude, forme de l'examen.*

(24) *Le maître-école aura le droit d'y assister.*

(25) *Les bacheliers qui auront subi l'examen de* licence *seront présentés au maître-école, qui sera obligé de les recevoir, en leur donnant la* licence *et sa bénédiction. Il pourra différer jusqu'à dix jours, pour s'informer des mœurs.*

(26) *Les bacheliers, avant d'être admis à la* licence, *paieront* 50 *sols pour les lettres.*

(27) *Les licenciés jureront de ne se point faire passer docteurs ailleurs, si ce n'est avec la permission de l'Université.*

(28) *On ne pourra être reçu docteur que dans l'église Saint-Pierre, si ce n'est avec dispense.*

(29) *Les licenciés en Droit civil, qui veulent étudier en Droit canon, ne prendront de leçons que pendant* 16 *mois. Les licenciés en Droit canon qui voudront étudier en Droit civil, auront le même avantage.*

(30) *Celui qui sera reçu docteur le sera sous son docteur. L'étranger sera assisté par le maître-école, ou par un des docteurs, pourvu qu'il soit actuellement régent.*

Statuts pour les bacheliers.

(31) *Les bacheliers en Droit civil sont obligés de faire des leçons pendant* 40 *mois, et de les pousser jusqu'au* 5e volume. *Les licenciés en Droit civil, qui voudront l'être en Droit canon, ne seront obligés de faire des leçons que pendant* 12 *mois, et de ne les pousser que jusqu'au* 3e volume.

(32) *Les bacheliers seront obligés d'expliquer dans leurs leçons le texte et les gloses.*

(33) *Les bacheliers qui auront fait des leçons ailleurs qu'à Angers, seront obligés d'en faire encore pendant trois ou quatre mois.*

(34) *Les bacheliers en droit civil ne pourront expliquer en leurs leçons le livre qui sera l'objet de celles des docteurs régens.*

(35) *Les bacheliers dans l'un et l'autre Droit, ne pourront être admis à la* licence, *qu'ils n'aient pris du recteur et des docteurs, des certificats du temps pendant lequel ils auront fait des leçons.*

(36) *Nul ne pourra être bachelier, qu'il ne jure qu'il a un corps de droit civil, ou un corps de droit canon.*

(37) *On ne sera réputé bachelier qu'après avoir fait un acte public à la fin de la leçon de son docteur.*

(38) *Ces actes publics n'empêcheront point que les autres bacheliers ne fassent leurs leçons.*

(39) *Nul ne sera admis à faire des leçons, ni à prendre part aux affaires de l'Univer-*

sité, qu'il n'ait prêté serment entre les mains du recteur et du procureur de sa nation.

Statuts pour les écoliers.

(40) *Nul ne sera écolier de l'Université s'il n'assiste trois fois la semaine aux leçons d'un docteur actuellement régent, et s'il n'a un docteur* propre, *dont il entende ordinairement les leçons.*

(41) *Les écoliers pris dans le premier mois de leur arrivée, prêteront serment, entre les mains du procureur de leur nation, d'observer les statuts.*

(42) *Les écoliers choisiront librement le docteur regent, le licencié ou le bachelier, dont ils voudront prendre les leçons.*

(43 et 44) *Les écoliers, avant de parvenir au degré de bachelier, prendront des leçons pendant* 40 *mois, et commenceront le* 5e *volume.*

(45) *Ceux qui voudront être reçus bacheliers, présenteront leurs certificats d'étude. Le recteur et les régens leur feront subir examen.*

Statuts concernant en général les docteurs, les licenciés, les bacheliers et les écoliers.

(46) *Les docteurs prêteront le serment prescrit.*

(47) *Les membres de l'Université assisteront à tous les offices des fêtes de leur nation, sans se livrer à des repas, danses, etc.*

(48) *Les licenciés et bacheliers ne feront point de leçons les vigiles des fêtes, lorsqu'il y aura jeûne, ni les jours auxquels les docteurs feront des* répétitions, *et les licenciés soutiendront des actes.*

(49) *On ne prendra point de congé lorsqu'on fera un acte public ou quelques autres cérémonies, si ce n'est lorsqu'on recevra un docteur, ou lorsqu'une nation célébrera la fête d'un saint.*

(50) *Pendant les vacances les licenciés et bacheliers pourront avec la permission du recteur, faire des* répétitions, *sous la présidence d'un docteur ou d'un religieux.*

(51) *Pendant les* répétitions *et actes publics, on ne pourra siffler, ni troubler l'ordre.*

(52) *Tous les membres de l'Université assisteront aux assemblées et autres cérémonies publiques.*

(53) *Les docteurs, licenciés, bacheliers, et même les écoliers, feront par le bedeau principal, les semonces pour leurs* répétitions, *et leurs actes publics.*

(54) *Les docteurs, licenciés et bacheliers ne pourront donner conseil aux parties adverses de leurs confrères, si ce n'est par permission du juge, ou dans les affaires qui les regarderont eux-mêmes ou leurs parents. Les membres de l'Université ne diront point de paroles injurieuses.*

(55) *Les bacheliers auront des capes. Ceux qui contreviendront aux statuts seront privés du droit de faire des leçons publiques.*

(56) *Ceux qui feront des leçons publiques n'attaqueront*

point la réputation des autres.

(57) *Les bacheliers ni les licenciés ne feront point de leçons sur les parties des volumes qui seront expliquées dans le même temps par les professeurs.*

(58) *Ceux qui feront des leçons, les interrompront lorsque les bedeaux entreront dans les classes pour y faire des semonces.*

(59) *Les bacheliers et licenciés qui feront des leçons, ne les commenceront que huit jours après les docteurs régens.*

(60) *On ne comptera aux licenciés et aux bacheliers qui sont obligés de faire des leçons pendant un certain temps, que celui qu'ils auront fait réellement.*

Statuts pour l'université en général.

(61) *Les conclusions se prendront à la pluralité des voix des nations.*

(62) *L'Université ne doit prendre parti pour aucun de ses membres en particulier, si ce n'est lorsqu'il s'agit de son intérêt général.*

(63) *Nul ne pourra être admis à faire des leçons, qu'on ne lui ait communiqué ces statuts, et qu'il n'ait fait serment de les observer.*

(64) *S'il s'émeut querelle entre des membres, le collége tâchera de les appaiser. Ceux qui ne voudront pas se concilier seront privés de l'avantage de faire des leçons, s'ils sont docteurs ou bacheliers, ou ne pourront parvenir à aucun degré dans l'Université, s'ils sont écoliers, et ils seront exclus de l'Université.*

(65) *On ne commettra point de fraude dans la confection du rôle dressé pour obtenir des bénéfices du pape.*

(66 et 67) *Le collége élira un bachelier ou licencié pour être recteur de l'Université, qui sera pris à tour de rôle dans les différentes nations. S'il n'est pas solvable, il donnera une caution. Il rendra ses comptes deux fois l'année.*

(68) *Chaque nation aura son procureur élu par elle.*

(69) *Il y aura six nations dans l'Université.*

(70 et 71) *Chaque nation aura son bedeau qui exécutera les ordres du procureur. Ce bedeau sera élu par chaque nation.*

(72) *Nul bedeau ne pourra faire de semonces dans les classes, en présence du bedeau principal, si ce n'est par sa permission.*

(73) *Celui qui sera reçu docteur, donnera une robe complète au bedeau principal, aux bedeaux particuliers des docteurs régens, et à celui de sa nation.*

(74) *Tous les bedeaux se trouveront aux assemblées de l'Université.*

(75) *Le bedeau attaché à un docteur régent, se rendra chez lui tous les jours, et il l'accompagnera lorsqu'il ira faire sa leçon. Les bedeaux seront présents aux disputes publiques. Ils seront obligés d'obéir au recteur.*

(76) *Confirmation des anciens statuts.*

(77) *Lorsqu'on ouvrira la licence, tous les bedeaux se trouveront au palais de l'évêque pour préparer les places. Le plus jeune gardera la porte du palais.*

(78) *Le portier du palais fournit les tables et les bancs pour le repas; et pour ses peines, chaque récipiendaire lui paie cinq sols.*

(79) *Lorsqu'il s'agit de recevoir un docteur, tous les bedeaux doivent assembler les suppôts pour accompagner le récipiendaire lorsqu'il ira inviter l'évêque, l'official, les dignités et les chanoines de la cathédrale Ce cortége ira faire la même invitation dans les églises, abbayes et couvens.*

Les bedeaux auront des gants et des coëffes de tous ceux qui commencent des leçons publiques.

(80) *Tous les bedeaux accompagneront le principal bedeau lorsqu'il ira dans les classes.*

(81) *Chaque écolier doit payer douze deniers au principal bedeau.*

(82) *Celui qui sera reçu bachelier doit payer cinq sous au bedeau principal, et deux sous six deniers aux bedeaux de chaque docteur et au bedeau de sa nation seulement.*

(83) *Il y aura un coffre commun, dans lequel on enfermera les statuts et le sceau de l'Université, et l'argent qui lui appartient.*

Statuts concernant les priviléges accordés par les papes.

(84) *On n'accordera point de citation devant le juge de l'Université qu'aux écoliers. La citation contiendra la cause. Le recteur y mettra son signet.*

(85) *Nul ne pourra obtenir de citation par rapport à une cession à lui faite, si elle ne l'a été par son père, ou par une personne telle qu'elle ne pourrait être soupçonnée de l'avoir faite par fraude.*

(86) *Ceux qui abuseront des priviléges de l'Université, seront privés de tous ses honneurs.*

(87) *Les émolumens provenans des priviléges de l'Université, seront mis entre les mains du receveur qui paiera sur ce fonds le juge.*

(88) *Les nouveaux écoliers paieront vingt sous pour leur joyeux avénement. Les nobles, prélats et ceux qui auront soixante livres de revenu en bénéfices, paieront 40 sous.*

(89) *Ce droit de joyeux avénement sera employé en dépenses pieuses ou honnêtes.*

(90) *Pendant le reste de l'année présente, jusqu'aux vacances, on pourra commencer de nouvelles leçons; mais après la fête de saint Denis prochainement venant, on ne pourra plus les commencer que le lendemain de cette fête.*

En procédant, par vertu de notre puissance et commission, afin de donner bon régime et gouvernement aud. estude d'Angiers, avons veuz et visitez les status pieça faiz et introduiz en ycelluy, avecques les status de l'estude d'Orliens, que nous avons mandé pour ceste cause : avons aussi veuz les statuz de l'estude de Montpellier; sur tous lesquelx status, et plusieurs usaiges introduiz oudit estude d'Angiers, avons eu conseil et délibéracion avec les plus notables personnes dudit estude d'Angiers, desquelx les noms sont cy-après escrips; et tant procédé, que plusieurs status dudit estude d'Angiers, avons corrigiez et amendez, en faisant addicions nouvelles, et ostées choses superflues, et aucuns faiz de nouvel, et tout rédigié par escript en latin, afin que ceux qui n'entendent la langue françoise (1), les puissent mieulx entendre, par la forme et manière qui s'ensuit.

[*Sequuntur statuta studii Andegavensis.*] (2)

(1) *In primis,* Quòd rector ejusdem Studii, debet esse doctor regens in eodem studio, nec de alio quàm de doctore regente, debet fieri rector, et quater in anno eligetur; videlicet, ultimâ die legibili ante nativitatem Johannis Baptiste, die crastinâ festi Dionisii, ultimâ die legibili ante nativitatem Domini, et ultimâ die legibili ante Annunciacionem beate Marie Virginis, de collegio doctorum regencium, per circulum; videlicet, de primo antiquiore doctore in doctoràtu, et deinceps de secundo, et sic de singulis, per terminos supradictos eligetur per collegium ipsorum doctorum regencium et procuratorum nacionum.

(2) *Item.* Quòd dictus doctor in rectorem sic electus, cessante legitimo impedimento, subire et exercere tenebitur officium rectorie, sub pena parjurii et privacionis regencie. Quòd si talis doctor excusationem legitimam pretenderit, quam rectori et collegio, medio juramento, affirmare tenebitur esse veram, doctor antiquior inde sequens, ad rectoris officium assumetur.

(3) *Item.* Quilibet rector in sua electione tenebitur facere juramentum quod sequitur. Ego juro quòd officium rectorie, fideliter exercebo, et deliberata in congregacione exequar juxta posse, et quòd per me memini faciam graciam, nisi secundùm quod per

(1) Ainsi donc la langue latine était alors la langue la plus connue des hommes instruits, qui ne parlaient pas le français. L'usage de parler latin dans les colléges n'a cessé que bien tard. (Secousse.)

(2) Ainsi, nous avons ici une idée exacte de l'organisation universitaire à cette époque. (Isambert.)

congregacionem doctorum et procuratorum fuerit ordinatum, et quòd tempore rectorie mee, procurabo pro posse, utilitatem et commodum studii Andegavensis, et privilegia, statuta et libertates Andegavensis universitatis servabo.

[*Sequuntur statuta, doctores actu regentes singulariter tangencia.*]

(4) In primis, statuimus et ordinamus quòd quilibet doctor de gremio hujusmodi studii existens, possit et valeat regere et legere in dicto studio Andegavense, hora ordinaria, in jure canonico vel civili, secundùm scienciam in qua recepit insignia doctoratûs, dum tamen inceperit legere cum aliis, à tempore infra declarato, et non admittatur aliquis ad regenciam, nisi sit doctor; et de mane legat, exceptis doctoribus qui decreta legere voluerint, de cujus hora infra dicetur.

(5) *Item.* Quòd doctores tam in jure canonico quàm civili, qui volent actu regere, ut prefertur, lecturam suam aggredi teneantur crastina die non feriata, post festum beati Dyonisii; et non admittantur ad lecturam ordinariam in jure canonico vel civili, nisi inceperit in crastina antedicta.

(6) *Item.* Et tenentur dicti doctores actu regentes, continuare lecturam suam, usque ad diem precedentem vigiliam Nativitatis Domini, inclusivè; et in crastino post Circumcisionem Domini, suas resumere lecciones, et legere usque ad diem Sabbati ante Sacros Cineres, et in crastino Sacrorum Cinerum, non feriato, suas resumere lecciones; et legere usque ad diem Veneris ante Ramos Palmarum, inclusivè, et die non feriatâ post Quasimodo, suas resumere lecciones, et legere usque ad festum Assumpcionis beate Marie Virginis, diebus non feriatis.

(7) *Item.* Quia ad dictum Andegavense studium, professores, quique veniunt eciam ex longinquis partibus, volentes aggredi lecturam, statuimus quòd antequam legere incipiant, per rectorem et doctores examinantur diligenter, et si repetant solempniter, alia examinacione non indigent. Incipere autem non possunt ut reputentur actu regentes, nisi inceperint die crastinâ beati Dyonisii supra declaratâ.

(8) *Item.* Quòd nullus doctor actu regens, possit legere per substitutum, nisi per duos menses duntaxat, in anno; et adhuc requiritur quòd sit causa probabilis et necessaria, quam affir-

mare tenebitur per juramentum suum, in presencia rectoris et collegii.

(9) *Item.* Quòd de cetero omnes doctores actu regentes in jure civili, legant alternis annis codicem et ff^m. vetus; videlicet, in crastino beati Dyonisii proximè venturo legent ff.^m vetus, in qua parte quilibet voluerit; et in crastina die festi Dyonisii, anni subsequentis, legent librum codicis, in qua parte quilibet voluerit : deinde, alio anno sequenti ff.^m vetus; et sic deinceps.

(10) *Item.* Jurabunt dicti doctores volentes actu regere, in qualibet crastina festi beati Dyonisii, per modum qui sequitur. Ego juro quòd rectori universitatis Andegavensis obediam in licitis et honestis, et quòd privilegia, statuta et libertates Andegavensis universitatis servabo. *Item.* Juro quòd per me vel alium, directè vel indirectè, scolares ut à me vel ab alio audiant, non requiram nec rogabo, nec scolarem aliquem visitabo, antequam scolas meas seu alterius doctoris, sit ingressus, nisi in aliquo gradu generis michi attingas, vel nisi scolaris mandaverit pro me, sine fraude.

(11) *Item.* Quòd nullus doctor actu regens, possit aut valeat exire à scolaribus suis, directè vel per obliquum, pro collecta sua, seu nomine ipsius, ultra summam xx. solidorum Turonensium, pro quolibet anno; et contrarium facientes incidant in penam parjurii et infamie; exceptis nobilibus et prelatis, à quibus recipiant prout ipsi nobiles sponte eisdem tradere voluerunt.

(12) *Item.* Quòd quilibet doctor actu regens, potest habere bedellum proprium, si voluerit, cum moderamine et prerogativis in tractatu bedellorum infra descriptis.

(13) *Item.* Quòd nullus doctor ordinariè regens, legem, decretalem vel canonem repetat, vel questionem eandem disputet, quam alter professor repetierit vel disputaverit eo anno.

(14) *Item.* Quòd nullus doctor ordinariè regens, alteri subtrahat scolas suas, vel alterius occupet scolas, nisi de ejus consensu constiterit evidenter.

(15) *Item.* Quòd nullus doctor admittatur ad examen licenciandorum, nisi sit actu regens, seu pro parte rectoris et collegii, ex certis et justis causis esset evocatus.

(16) *Item.* Quòd doctores actu regentes, debent incipere leccionem suam post pulsacionem campane studii, que communiter debet pulsari statim post classum matutinorum; proviso

per pulsantem, quòd sit dies; et de hoc habebit preceptum collegii, non facere fraudem, et debent continuare usque ad pulsacionem campane prime.

(17) *Item.* Quòd doctores legentes decretum, suam horam habeant in exitu Dominorum actu regencium; ita quod nullus legens decretales possit concurrere dicta hora.

(18) *Item.* Doctores actu regentes in jure canonico vel civili, teneantur legere in epytogio, capa, aut alio habitu bene honesto.

(19) Quòd nullus doctor repetat, nisy in vigiliis festorum, vel in diebus sabbatinis; et teneantur doctores actu regentes, repetere quilibet bis aut ter in anno, sine deffectu quocumque; videlicet, semel, inter festum beati Dyonisii et carnis previum, et alia vice, inter carnis previum et festum beati Johannis, sub pena amissionis regencie; postquam repeticionem, nullus illa die legere tenetur.

(20) *Item.* Quod si aliqui doctores ordinariè regentes, moriantur, habeant unam missam, et VI. libras cere, pro luminario suo; pro quibus receptor universitatis solvere tenebitur expensam in hiis convenientem, et non legetur ultra leccionem ordinariam, illâ die quâ fient obsequie illius doctoris defuncti.

(21) *Item.* Quòd per rectorem et doctores, non presententur indigni scolares ad gradum bachalarii obtinendum, nec indigni bachalarii ad licenciam obtinendum, scienter, magistro scolastico, sub pena parjurii, si contrarium fecerint; de quorum presentacione et de modo faciendi, inferiùs dicetur.

[*Sequuntur statuta singularia licenciatos tangencia.*]

(22) *Item.* Quòd in universitate Andegavense, fiat bis in anno examen pro licenciandis in utroque jure; videlicet, circa festum Purificacionis beate Marie, et circa festum Penthecoustes; et antequam licenciandi intrent, examen ipsi debebunt requirere à rectore et doctoribus actu regentibus, quatinùs requirant scolasticum ut aperiat examen, et concedat eis locum ydoneum pro examine faciendo, quod sic requisitus facere tenebitur.

(23) *Item.* Quòd dicto examine aperto, rector et collegium doctorum debet licenciandis predictis assignare diem pro lege et canone recipiendis; quâ die assignatâ, licenciandi debent venire cum capis, et jurare in presencia omnium doctorum, quilibet singulariter, in manu rectoris, per formam que sequitur; vide-

licet, quòd sunt in quinto volumine legendi jura canonica vel civilià, et quòd legerunt cum apparatu; id est, cum glosis ordinariis, et quòd tenuerunt horam, et sine fraude processerunt in modo lecture sue; quo facto, traditur eis lex canon, et post modum die secundâ sequenti, ipsis existentibus in camera examinis, presentibus rectore et aliis doctoribus, primus in ordine secundùm quòd fuerit primo graduatus vel nobilis, faciet harenguem, et postmodum prestabitur juramentum ibidem à quolibet licenciato, quòd de secreto examinis, quod tangeret statum seu insufficienciam alicujus, nulli habebunt quovismodo revelare; deinde lege recitatâ, traduntur argumenta super quibus examinantur secundùm discretionem doctorum.

(24) *Item.* Quòd in dicto examine, magister scolasticus poterit interesse, si voluerit, et denunciabitur sibi lex vel decretalis tradicte licenciandi per principalem bedellum.

(25) *Item.* Omnibus sic examinatis, fit approbacio per doctores cum magistro scolastico, si voluerit interesse; et approbacione factâ, in crastinum aut sequenti die, dum dicetur magna missa in ecclesia sancti Mauricii, ibi presentabuntur licenciandi approbati per rectorem et doctores, scolàstico, qui tenebitur eos sic presentatos recipere, et eis licenciam et benedictionem honesto modo in palacio, tempore Penthecostes, et alio tempore, alibi in loco solempni, impartiri, nisi super moribus sibi presentatorum velit deliberare, super quibus habebit decem dies, et si velit, in tantum licienciam differre.

(26) *Item.* Quòd quilibet licenciandus, antequam ad licenciam admittatur, solvere tenebitur receptori Universitatis XXV. solidos Turonenses, et magistro scolastico, totidem, pro littera sue licencie sibi danda.

(27) *Item.* Quòd quilibet licenciatus in isto studio Andegavense, juret alibi se non facere doctorari, nisi habitâ licenciâ à tota universitate.

(28) *Item,* Et quòd nullius doctoretur in hoc studio, nisi publicè et solemniter in ecclesia sancti Petri, ubi consuetum est ab antiquo, nisi à tota universitate dispensetur.

(29) *Item.* Si licenciati in legibus voluerint jura canonica audire, sufficit quòd audiant ea per sexdecim menses antequam ad lecturam admittantur, et quòd legant per xii^cim. menses antequam ad licenciam admittantur. Idem in canonistis licenciatis se transferentibus ad jura civilia.

(30) *Item.* Si aliquem in legibus vel decretis doctorari contingerit in futurum, sub doctore suo sub quo meruit licenciam obtinere, doctoretur, dum tamen ejus copiam habere possit in presenti, aut saltim infra mensem. Sin autem copiam habere non possit, tali modo tunc doctorem actu regentem capiat quem voluerit, aut magistrum scolasticum, si doctor fuerit : à foris autem venientes eligant scolasticum, vel quemcumque doctorem, actu tamen regentem in dicto studio; et antequam doctorentur, viginti quinque solidos monete currentis rectorie dicti studii compellentur.

[*Statuta bachalariorum per se.*]

(31) *Primò.* Quòd bachalarii in jure civili, teneantur legere in dicto studio vel alio solempni, per quadraginta menses completos, prout computantur in kalendario duodecim menses pro anno, et debent facere quòd sint in quinto volumine legendi : licenciatis autem sufficit quòd per duodecim menses legerint, et quòd sint in tercio volumine, ad adipiscendum licenciam in jure canonico.

(32) *Item.* Statuimus et ordinamus quòd bachalarii legentes in jure canonico vel civili, legant testus suos cum glosis ordinariis; aliter, si obmittant glosas, non acquirant tempus pro licencia obtinenda.

(33) *Item.* Et licèt alibi legerint dicti bachalarii per tempus predictum, tenentur tamen in isto sudio legere per tres vel quatuor menses.

(34) *Item.* Quòd bachalarii in jure civili, non debent legere librum qui legatur à doctoribus eodem anno.

(35) *Ita.* Statuitur quòd bachalarii legentes de cetero, tam in jure canonico quàm civili, habeant quolibet anno in fine lecture sue, cedulas continentes tempus ipsorum lecture, sigillatas sigillo doctoris sui et rectoris; aliter ad licenciam non admittantur; pro quibus cedulis nichil solvere tenebuntur.

(36) *Item.* Quod nullus admittatur ad gradum bachalariatûs, nisi priùs prestiterit juramentum se corpus juris civilis aut canonici habere.

(37) *Item.* Quòd nullus reputetur bachalarius in jure canonico vel civili, nisi fecerit in scolis publicè propositum suum in exitu leccionis doctoris sui actu regentis; videlicet, mediâ horâ ordinarii sui, vel quasi; rejectis quibuscumque commessacionibus

et potacionibus, sub pena parjurii et carencie temporis lecture sue, submotâ quâcumque dispensacione.

(38) *Item.* Quòd tale propositum faciendum, ut prefertur, non impedict lecciones aliorum bachalariorum : contrarium facientes simili penâ puniendi.

(39) *Item.* Quòd nullus admittatur ad lecturam, nec ad aliquos actus communes Universitatis, vel alicujus nacionis, nisi primò rectori et procuratori sue nacionis sit juratus; et jurabit rectori, quòd obediet in licitis et honestis, et quòd privilegia, statuta, et libertates universitatis Andegavensis servabit, et ejus commodum procurabit, ad quemcumque statum ipsum devenire contingerit in futurum.

[*Statuta scolarium per se.*]

(40) *Item.* Quòd nullus reputabitur scolaris, ut gaudeat privilegiis universitatis, nisi ter in hebdomada à doctore Andegavense actu regente, audiverit ad minùs, et nisi eciam habeat proprium doctorem à quo audiat ordinariè leccionem completam, et sine fraude.

(41) *Item.* Quòd scolares infra mensem à tempore ipsius primi adventûs, teneantur jurare statuta dicti studii observare, procuratori sue nacionis; qui procurator habebit scribere nomen suum in libro pro suâ nacione ordinato.

(42) *Item.* Quòd quilibet scolaris poterit adire et audire quemcumque doctorem, licenciatum aut bachalarium quèm voluerit, liberè, absque hoc quod debeat in aliquo compelli directè vel per oblicum; et qui contra fecerit, incidet in penam parjurii et infamie, ipso facto.

(43) *Item.* Quòd quilibet scolaris teneatur in jure civili audire per XL. menses, computando XII^cim. menses pro anno, sicut sunt in kalendario, antequam admittatur ad gradum bachalariatûs; et una cum hoc, oportet quòd sit in quinto volumine, et debet audire à doctore ordinariè actu regente, verè, non fictè vel interpretativè, ut prefertur.

(44) *Item.* Et idem est de scolaribus in jure canonico quòd tenentur audire per XL. menses supra declaratos, et esse in quinto volumine antequam ad gradum bachalariatûs accedant, nisi sit licenciatus in jure civili, cui sufficit audire per sexdecim menses, et esse in tercio volumine, ut supra declaratum est.

(45) *Item.* Quòd illi qui voluerint de cetero venire ad gradum

bachalariatûs, debent se presentare coram collegio doctorum et procuratorum, et ibidem presentare cedulas suas supra declaratas, ad testificandum quòd debitè audierit, et hoc facto, rector et doctores actu regentes in collegio existentes, secundùm discrecionem eorumdem, ipsum examinabunt, et demùm solutis primitùs viginti solidis Turonensibus receptori universitatis, et constiterit per cedulam receptoris, presentabuntur scolastico per doctorem suum; quibus sic presentatis, absque alia examinacione tenebitur eis conferre gradum bachalariatûs; et pro littera sua bachalariatûs habebit viginti solidos Turonenses, et tenebitur solvere receptori studii.

[*Statuta communiter tangencia doctores, bachalarios, licenciatos et scolares.*]

(46) Statuitur quòd doctores, nisi aliter juraverint, licenciati, bachalarii et scolares jurare teneantur quòd secreta que fient in congregacionibus studii predicti in quibus intererunt, nullathenùs revelare.

(47) *Item.* Quòd in festis solempnibus cujuslibet nacionis, cum solempniter celebrabuntur, in primis vesperis et in missa de die, et in secundis intererunt vesperis, absque potacionibus, coreis, robis ac mimis, quas tollimus et removemus, inhibentes ne fiant per modum nacionis.

(48) *Item.* Quòd licenciati et bachalarii horâ nonâ et complectorii legentes, à lectura hujusmodi cessabunt diebus repetibilibus, nec non vigiliis festorum quibus indicitur jejunium, et aliis diebus quibus doctores repetent, seu licenciati respondebunt horâ nonâ.

(49) *Item.* Quia retroactis temporibus, propter crastinas et vacaciones que fiebant in studio supradicto, multa mala et scandala obvenerunt, statuimus quòd nulla fiet crastina in dicto studio in futurum; hoc tamen excepto, si quem in legibus vel decretis doctorari contingerit solempniter professorem, vel eciam si ab aliqua nacione in honorem alicujus sancti festum solempniter celebretur, et tunc fiat sola et unica crastina.

(50) *Item.* Quòd in diebus non legibilibus ordinariè, putà, existentibus circa natalè, carnis previum, Penthecostes, aut aliis, licenciati et bachalarii, si velint, habeant respondere sub aliquo doctore, aut sub aliquo religioso; aut repetere in scolis publicè, secundùm ordinacionem rectoris, de tali questione quam voluerit eligere.

(51) *Item.* Quòd omnes à sibillacionibus repetitionibus, aut aliis factis solempnibus, in contemptum rectoris vel alterius doctoris, aut alterius honeste persone, vel ab impedimentis actûs, obstineant sub pena carencie unius mensis temporis sui, in audicione vel lectura.

(52) *Item.* Quòd quilibet doctor vel alius actu regens, licenciati, bachalarii et scolares, veniant ad sermones et congregaciones, et ad alia facta solempnia, dum eis fuerit intimatum, nisi fuerint legitimè impediti.

(53) *Item.* Quòd nullus doctor, licenciatus vel bachalarius, aut eciam scolaris, ad repeticionem, disputacionem vel ad quemcumque actum solempnem, aut ad propositum suum dicendum, proclamari se faciat nisi per bedellum principalem.

(54) *Item.* Quòd nullus doctor contra doctorem, bachalarius contra bachalarium, licenciatus sive bachalarius contra professorem, aut è contra, consilium, auxilium seu patrocinium prestet in quacumque causa; causis suis et parentum duntaxat exceptis, et nisi per distribucionem consilii (1), vel auctoritatem judicis; et quòd in disputacionibus et repeticionibus, unus contra alium ad verba contumeliosa non prorompat, se ad invicem audiant se pacificè et beguinè.

(55) *Item.* Quòd bachalarii legentes in jure canonico vel civili, capas defferant potissimè legendo, à tempore quo legere inceperint in principio dicti studii, usque festum Penthecostes. Si quis verò bachalarius hujusmodi statutorum transgressor fuerit, et aliquam fraude ibi commiserit, lectura hujusmodi sit denudatus et privatus, lecturaque predicta ipso facto sit irrita, et pro cassa et irrita nunciata.

(56) *Item.* Quòd nullus ordinariè vel extraordinariè legens, alterius fame detrahat quovismodo.

(57) *Item.* Quòd nullus bachalarius vel licenciatus intret vel legat ad legem voluminis, que legetur à professoribus eo anno.

(58) *Item.* Quòd doctores et alii legentes, à lecturis suis cessare debent, donec bedelli scolas intrantes, de hiis que preconizare habuerint, fuerint expediti.

(59) *Item.* Quòd omnes licenciati et bachallarii qui legere

(1) Ces mots signifient peut-être, si ce n'est après avoir pris *conseil* d'avocats. (Secousse.)

voluerint, incipient lecciones infra octo dies ligibiles post leccionem doctorum, que incipit crastina die beati Dionisii, ut prefertur, et eciam imponent finem leccionibus suis per unam diem antequam doctores finem imponent.

(60) *Item.* Est advertandum per bachalarios tam in jure canonico quàm civili, eciam et per licenciatos legentes in jure canonico, quòd non computabitur eis tempus, nisi à tempore quo inceperint legere et quandiu legerint.

[*Statuta tangentia collegium vel Universitatem in generali.*]

(61) *Item.* Statuitur quòd in universitate Andegavensi, semper concludi debet à majori parte nacionum, et illud quod major pars deliberat, pro universitate reputatur : facientes contrarium, per privacionem puniuntur.

(62) *Item.* Quòd Universitas non debet prosequi factum singularis persone, nisi manifestè tangat universitatem.

(63) *Item.* Quòd nullus de cetero admittatur ad lecturam, nisi viderit copiam horum statutorum, et juret coram procuratore nacionis sue, quòd ipsa observabit, ad quamcumque statum ipsum devenire contingerit ; et fiet sic, quòd quilibet procurator capiet per manum rectoris, copiam predictorum statutorum, et illi de nacione videbunt et studebunt.

(64) *Item.* Quia non nisi pacis tempore benè collitur pacis actor, propter dissenciones et rixas que inter bachallarios et scolares sepius oriuntur, ex quibus consueverunt dampna, obprobria et pericula eminere, ad cedendum hujusmodi discordias, ordinavimus et statuimus quòd si contingat brigam vel rixam inter professores, bachallarios et scolares, aut alteros eorumdem, oriri, quòd rector et collegium doctorum, et si opus sit, procuratores incontinenti provideant, et procurent pro posse, ut concordia inter ipsos habeatur, secundùm eorum discrecionem, quibus teneantur obedire omnes qui dictam rixam aut brigam commiserint, et eorum adherentes, et caveant ne ad arma prorumppent contra prohibicionem aut defensionem dictorum rectoris et collegii. Si verò contingat, quod absit, aliquos esse contradictores aut rebelles, si doctores sint aut bachallarii, privati omni commodo lecture se noverint, ipso facto : si autem scolares sint, ad honorem aliquem in studio Andegavense, de cetero nullatenùs admittantur, reatum parjurii incurrent, et nichilominus denunciantur conservatori regis, et aliis judicibus Andegavensibus in juris sub-

sidium, et per modum invocacionis brachii secularis, ut provideant manu militari; qui si manum talem opposuerint, non requirentur ex parte universitatis quomodocumque; et habeantur pro derelicto (1), ac si numquam fuissent de ista universitate.

(65). *Item.* Si contingat per deliberacionem universitatis, debere fieri rotulum pro beneficiis obtinendis, quòd fiat sine fraude, ponendo in eodem qui erunt ponendi, virtute dicte deliberacionis, et non aliis, post modum legatur et signetur dictus rotulus, cum deliberacione rectoris et collegii doctorum et procuratorum in collegio; nec ingerant se aliqui ad deferandum dictum rotulum, nisi fuerint electi per universitatem, et quòd per collegium predictum sit eis traddilus rotulus ex toto perfectus et ordinatus.

(66) *Item.* Statuimus et ordinamus quòd in studio predicto, sit unus receptor pro commodis et emolumentis provenientibus ad universitatem, recipiendis, qui sit licenciatus vel bachallarius non exemptus; et sit talis qui de se sit solvendo, vel det pignora vel fidejussores ydoneos sufficientes; et eligantur per rectorem et collegium doctorum et procuratorum de qualibet nacione, de anno in annum, per circulum, sicut de rectore inter doctores dictum est; qui tenebitur reddere raciones seu compota sua bis in anno, semel post licenciam Purificacionis, et alia vice post licenciam Penthecostes.

(67) *Item.* Quòd anno finito, et compotis suis redditis, eligetur novus de nacione subsequenti; ut prefertur, à doctoribus et procuratoribus qui tunc erunt in reddicione dictorum compotorum, vel a majori parte eorum presencium, per modum supradictum; et prestabit juramentum corporaliter de officio suo fideliter exequendo in omni facto suo, et quòd nulli peccuniam nomine universitatis receptam, mutuabit nec in alium quoquomodo transferet, nisi de mandato rectoris, habito consensu collegii doctorum et procuratorum, vel majoris partis eorumdem; et habebit dictus receptor pro suis stipendiis, sex denarios pro libra.

(68) *Item.* Quelibet nacio debet habere suum procuratorem, qui eligetur per suam nacionem, et per eam presentabitur rectori et collegio, et ibidem faciet juramentum supra declaratum.

(69) *Item.* Et sunt in dicta Universitate sex naciones, que sic ordinantur et constituuntur, sicut per nos, informacione prece-

(1) Cet endroit doit s'entendre de ceux qui ont excité des troubles dans l'Université. (Secousse.)

denti, reperte sunt, et debitè ordinari potuerunt; videlicet, nacio Andegavensis, prima, in qua dioceses Andegavensis et Turonensis continentur, et cetere provincie que inter alias naciones non denominantur neque conprehendi consueverunt: nacio Britannie, secunda, prout ipsa se habet; nacio Cenomanensis, tercia, prout diocesis Cenomanensis se habet; et consequenter nacio Normanie, quarta: nacio Acquitanie, quinta, in qua continentur quinque provincie Bitturicensis, Burdegalensis, Nerbonensis, Tholozana et Auxitanensis; et sexta erit nacio Francie, que de novo certis de causis, virtute commissionis nostre, per nos constituta est, que habebit sub se provincias Lugdunensem, Senonensem et Remensem.

(70) *Item.* Ordinamus quòd quelibet nacio habeat suum bedellum, qui exequatur mandata procuratoris cujuslibet nacionis, et faciat congregaciones ad mandatum procuratoris nacionis sue, et juret ut sequitur. Ego juro obedire rectori in licitis et honestis, servare statuta jurari consueta, honorem et libertates studii Andegavensis, et secreta dicte Universitatis et nacionis cui servio, nemini revelabo.

(71) *Item.* Quòd bedellus cujuslibet nacionis, eligetur per nacionem suam, et postmodum per nacionem presentabitur rectori et collegio; quiquidem rector faciet eum jurare per modum supradictum.

(72) *Item.* Quòd nullus bedellus ante bedellum principalem, in scolis vel alibi aliquid preconizet, nisi à Bedello principali licenciam habuerit.

(73) *Item.* Statuimus quòd bedellus principalis, ac Bedelli doctorum actu regencium in jure canonico vel civili, habeant à quolibet doctorando, robam integram; videlicet, tunicam et capucium, ac eciam Bedellus illius nacionis de qua erit doctorandus.

(74) *Item.* Quòd omnes bedelli ad omnes congregaciones, et loca ibi contingerit rectorem et doctores congregari, personaliter accedant, eisdem reverenciam faciendo.

(75) *Item.* Quilibet bedellus dominum suum quâlibet die visitet, et cum ipso vadat, dum tamen sibi placuerit, et in introitu lecoionum suarum die quâlibet, et regressu: repeticionibus et disputacionibus accedere non obmittant. Quiquidem bedelli omnes et singuli, rectori obedire, et statuta dicti studii, ipsaque concernencia jurare et observare specialiter tenebuntur.

(76) *Item.* Quòd quinque clausule sequentes continentur in statutis antiquis, quas hîc inseri per ordinem volumus, ut valeant, nec aliquid in eis innovamus vel corrigimus, quarum tenor sequitur.

(77) *Item.* In licenciis faciendis, omnes bedelli in palacio Andegavense congregare se debent, ut ordinent qualiter domini sedeant ordinatim. Dum in dicto palacio fuerint aliqui licenciandi, junior bedellus in ordine bedellorum, debet custodire ne canes intrent palacium et tumultum faciant in eodem; et dum alii Bedelli biberint, ibidem remaneat totus solus, et postea ibit potum; et junior bedellus post ipsum, serviet ad predicta; nec debent dicti bedelli à dicto palacio recedere, quousque tota licencia sit totaliter adimpleta : quiquidem bedelli, illâ die, durante tempore licencie, debent ad unam comestionem recipi in parva aula dicti palacii; et quisquis sit claviger seu custos, debet eis de bonis episcopi Andegavensis pro tempore, ministrare panem, vinum, et alia cibaria eisdem necessaria : Que predicta, bone memorie dominus Ulgerius, quondam Andegavensis episcopus, eisdem contulit et donavit, et predicta fieri voluit perpetuò, et precepit.

(78) *Item.* Dictus claviger, in dictis licenciis faciendis, debet administrare in dicto palacio fromulas atque mensas; pro quibus omnibus premissis, commessacionibus et aliis faciendis, debet idem claviger consequi et habere à quolibet licenciato ibidem, quinque solidos monete currentis, ut predicta faciat et preparet diligenter.

(79) *Item.* Si contingat fieri aliquem doctorem in jure canonico vel civili, debent omnes bedelli, omnes doctores et magistros, ac alios studentes et legentes in studio sepedicto, apud sanctum Mauricium, horâ none vigilie dicti festi (1), congregari pro doctorandum associando, et invitando dominum episcopum Andegavensem, si sit presens in dicto palacio vel in villa, nec non officialem ejusdem, et personas et canonicos eglesie Andegavensis; et postea dicti doctores, magistri atqua legentes et studentes cum dicto doctorando et bedellis, debent ire penes fratres predicatores, apud abbaciam sancti Nicholai, apud fratres sancti Augustini, apud abbaciam sanctorum Sergii et Bachi, apud fratres minores, apud sanctum Petrum, apud abbaciam sancti Albini,

(1) Je crois que par ce mot il faut entendre ici la cérémonie de la réception d'un docteur. *Du Cange*, V° *Festum.* (Secousse.)

apud abbaciam Omnium Sanctorum, et apud prioratum de Aquaria, pro invitando abbates et religiosos, et quoslibet alios cujuslibet loci, ut veniant in crastino, apud ecclesiam sancti Petri, eidem doctorando comitivam faciendo : quiquidem doctores, magistri, legentes ac studentes, et alii ipsos associantes, die dicti festi, in locis infrascriptis, debent et possunt potare; videlicet, apud sanctum Nicolaum, apud monasterium sanctorum Sergii et Bachi, apud sanctum Albinum, et monasterium Omnium Sanctorum, et eciam apud prioratum de Aquaria supradictum; et illâ die dicti festi supradicti, debent facere circuitum in locis supradictis, et ibidem potare, si voluerint; ad quam potacionem ministrandam, tenentur dicti religiosi in locis supradictis; et junior bedellorum studii supradicti, una cum quodam alio, excepto bedello principali, debent ante dictos doctores et magistros, bachallarios, scolares, et alios, ad predicta loca accedere, dictorum doctorum et aliorum adventum et accessum nunciare; et debent omnes bedelli habere cirothegas et cucufas à quolibet incipiente, eciam doctore actu regente, et eciam licenciando in studio prelibato; et debent illâ die quâ incipitur, discurrere (1) cucufati.

(80) *Item.* Bedelli hujusmodi debent ire per scolas cum principali bedello, eidem principali bedello comitivam faciendo.

(81) *Item.* Principalis bedellus debet facere et potest suam collectam per omnes scolas ordinarias, et quilibet scolaris debet sibi unum grossum vel duodecim denarios Turonenses, semel in anno persolvendum.

(82) *Item.* Bedellus principalis habebit de quolibet bachallario novo in jure canonico vel civili, quinque solidos turonenses; et quilibet bedellus doctorum actu regencium, duos solidos cum dimidio Turonenses, et bedellus sue nacionis duntaxat : propterea eciam tenetur habere cirothecos et cucuffam albam ad associandum bachallarium, cum tempus est.

(83) *Item.* Statuimus omni securitate et pace inter omnes quorum potest interesse, quòd sit una archa que dicatur archa Universitatis, in qua reponantur privilegia, statuta, peccunie et sigillum dicte Universitatis, et omnia alia que requiruntur esse

(1) Je ne sais s'il faut entendre ce mot des courses qui se faisaient ordinairement les jours de réjouissance, et desquelles il est fait mention ci-dessous, art. 88. (*Idem.*)

sub secreto et securo; et in illa archa, pro causis antedictis, sint septem claves cum serruris; quarum clavium unam habeat rector penes se, et sex procuratores dictarum nacionum, quilibet suam, adeo quod cum ex deliberacione Universitatis vel collegii doctorum et procuratorum, fuerit ordinatum, quòd aperiatur illa archa pro pecuniis reponendis in ea, aut capiendis de illa, aut pro negociis aliis, teneantur predicti venire et facere omnes insimul apperturam illius arche, ac expedicionem negociorum ex dicta archa agendorum. Si autem contingerit rectorem se absentare, dimittat clavem suam alteri doctori antiquiori actu regenti, et cum similiter procurator alicujus nacionis, dimittat clavem suam alicui probo viro de sua nacione.

[*Sequuntur statuta circa privilegia papalia.*]

(84) *Item.* Primò. Nulli concedatur citatio virtute privilegiorum, nisi juret in collegio doctorum et procuratorum, quòd est scolaris sine fraude, et quòd credit habere bonam causam contra illos quos vult facere citari, et tunc prestito hujusmodi juramento, conceditur citatio que fieri debebit cum cause expressione, et in margina illius citationis, ponatur signetum rectoris, et tunc sigilletur per executorem privilegiorum.

(85) *Item.* Quòd nullus faciat aliquem citari virtute cessionum quorumcumque, nisi cessio esset de patre in filium vel matre, vel tali persona de qua constaret evidenter non esse cessionem fraudis.

(86) *Item.* Quòd dictis privilegiis quoquomodò abutantes sint omni honore studii denudati et privati.

(87) *Item.* Quòd omnia emolumenta que debitè provenient ad causam dictorum privilegiorum, vel eorum occasione, tradentur receptori Universitatis, de qua fit infra mencio, qui ex eis solvet judicem, et alia necessaria, de quibus computabit cum aliis emolumentis Universitatis; et si sit residuum reponetur in archa.

(88) *Item.* Quòd scolares de novo venientes, non teneantur pro jocondo adventu suo aut bejannio, solvere ultra viginti solidos Turonenses, nec ab eis possit exigi ultra istam summam, directè vel per obliquum : nobilis verò prelatus aut prior notabilis, vel notabiliter beneficiatus; videlicet, sexaginta librarum Parisiensium, in portatis, solvat quadraginta solidos Turonenses,

neque ab eis quomodocumque plus exigatur. Prohibemus autem capciones librorum aut aliorum quorumcumque bonorum dictorum de novo veniencium, in scolis, vel alibi fieri occasione jocundi adventûs sui sivé bejannii. Inhibemus eciam discursus et scandala que solita sunt fieri in dicto studio propter dicta bejannia, sub pena privacionis studii contra illos qui contra fecerint, et resecacioné tocius honoris et statûs Universitatis. Per exhortacionem verò seu monicionem procuratoris nacionis cujuslibet scolaris de novo venientis, predicte summe requiri et exigi à dictis scolaribus de novo venientibus poterunt; qui si distulerint post talem monicionem, coram rectore poterunt conveniri, et exigi ab eis dicte summe.

(89) *Item.* Quòd exacciones talium bejannorum, convertantur ad pias causas; putà, festis nacionum supra declaratis, aut pro aliis negociis honestis sue nacionis, non aliter.

(90) *Item.* Sciendum est quòd statura seu ordinaciones quas fecimus supra respectu doctorum qui non reputantur actu regencium, nisi incipiant legere et regere in crastina beati Dyonisii, non intelliguntur, propter illos qui velint (1) legere et regere infra dictum festum in dicto studio, quia omnibus permitti volumus legere et regere infra dictum festum, ad augmentacionem dicti studii; et tunc dicto festo Dyonisii seu crastina veniente, valebit statutum predictum, et sic deinceps.

N°. 240. — ORDONNANCE *du prévôt de Paris, enjoignant de fermer les théâtres établis à Saint-Maur-des-Fossés, où l'on jouait la passion de Jésus-Christ* (2).

Paris, 3 juin 1398. (Liv. rouge vieux du Châtelet, f°. 267. — Delamarre, Traité de la police, liv. 3, tit. 3, ch. 5.)

N°. 241. — LETTRES *portant injonction aux possesseurs de forteresses* (3) *de les faire mettre en état de défense, et de les faire bien garder, attendu la rupture de la trève.*

Paris, 12 juillet 1398. (C. L. VIII, 258.)

---

(1) L'art. 5 porte qu'on ne pourra commencer des leçons que le lendemain de la Saint-Denis. Je crois que cet art. 90 signifie qu'à l'égard du reste de l'année présente, jusqu'aux vacances, on pourra commencer des leçons; mais qu'après la fête de Saint-Denys, on observera l'art. 5. (Secousse.)

(2) *V.* ci-après, lettres du 4 décembre 1402. (Isambert.)

(3) Aujourd'hui, toutes les places fortes appartiennent à l'État. (*Idem.*)

N°. 842. — Lettres (1) *qui soustraient le Roi, l'église et le peuple de France à l'obédience du Pape.*

Paris, 27 juillet 1398. (C. L. VIII, 258.) Publiées et enregistrées au parlement le 9 avril.

Karolus, etc. Universis Christi fidelibus salutem in domino ac integrationem S. Matris Ecclesie totis mentibus anhelare.

Rex serenus pia miseracione, semper sitiens animarum salutem, quosque adoptionis filios in sui corporis caritate connectens, ecclesiam ipsam supra firmam petram statuit, ac à semitis querencium ambicioso cultu preciosam substanciam, pro vitandis hostis antiqui laqueis, pedes docuit prohibendos, ut quererentur non materiales sed spirituales quidem nummi, et in eisdem filiis inconcisa caritas ac perpetuò in ipsa ecclesia indissutilis (2) unitas foverentur, in qua non hec, sed abhominacionem desolacionis videntes, compellit nos sincera fides, consciencia urget, et ipsa pulsat ecclesia ut accingentes nos operi, regum et principum aliorum fulti auxiliis ad integrandam causam Domini, ipsà abhominacione fugatâ, totis conatibus intendamus.

Sanè jam novit ferè populus universus erumpnas graves omnibus deflendas christicolis, lamentabilemque scissuram, quibus post obitum felicis recordacionis pape Gregorii undecimi, ipsa ecclesia Dei premitur ob nimiam ambicionem retinendi ipsius principatum : duobus enim super eo ambiciosè certantibus, orti sunt errores mortiferi, et dissidencia corda inter eos quos in vera fide Christi caritas propagavit : insurrexere eciam inter plures principes, magnates et populos, fremitus guerrarum ingentes, rancores et odia quos solet ecclesia ipsa sopire : secute sunt non solum exheredaciones, ymò et strages multorum, ac per ipsos errores, prout credentum summeque dolendum est, perdiciones quamplurimùm animarum, at si multe, proh dolor, simili subsunt periculo, contendencium ipsorum execranda ambicio satis pandit, quorumquisque sue ambicioni intentus, et dum integrè habere non potest, contentus, ut facta probant, principatu partis

---

(1) Cette pièce nous a paru trop importante, sous le rapport historique comme sous celui des libertés de l'église gallicane, pour n'être pas donnée en son entier. (Decrusy.)

(2) Cette unité n'a jamais existé ; dans tous les siècles, il y a eu des hérésies, des schismes, etc. (Isambert.)

obediencie sue, ac retrò ponens quòd ex quo, propter longevam et induratam opinionem partis sibi adversantis, apud illam non potest proficere, pro tanto scandalo, videlicet perdicionis animarum, vitando, tenetur à suo regimine declinare, nedum ad abolendam hujusmodi perdicionis causam, ecclesie videlicet unitatem procurandam, non vacat, ymò illis modis omnibus obstare studet, ac hujusmodi scissure seu scismati, eciam hunc et illum promissis et muneribus corrumpendo, perpetuum ministrare fomentum.

O crudelis inhumanitas (1)! o crudelitas inhumana! pro contegendo veste molli, altoque statu et delicatis ediis uno fovendo cadavere, nullus eorum curat plurium interitum animarum. Et ubi caritas! ubi pietas! ubi cure postoralis professio! Violatur certè perperam per eos facta professio in assumpcione cujuslibet, dum ipsius ecclesie non queritur realiter unitas; sed è contra scismatis durabilitas hiis ambiciosis ymò criminosis et dampnatis actibus procuratur : quam ob causam quantis malis ecclesia ipsa sit obsita, quot subjaceat discriminibus, hic texere longum esset : sed ut multa brevitas ipsa prestringat, videtur circa eandem ecclesiam cum Jeremia plangendum : « Quòd sederit sola civitas plena populo, et quasi vidua domina gencium princeps provinciarum facta sit sub tributo, ploransque ploraverit jam dudum, nec fuerit diu qui consolaretur eam ex omnibus curis ejus. » Hac eciam ex re fidens improba paganorum progenies, jam pridem in Christi plebem infremuit, jam patratis christicolarum plurium, quippe diversarum nacionum, stragibus, limites sibi vicinos invasit, ubi deleto divino cultu et honore nominis christiani, lia! pessundat et conterit ecclesiam antedictam, usque adeò quod adjunctis premissis, verè columpna dei viventis pene videtur nutare, et summi piscatoris sagena cogitur procellis intumescentibus in naufragii profundo demergi, nisi reges atque principes Christiani, ut debitam reddant racionem de imperio

(1) Je ne puis m'empêcher de remarquer que ces lettres ont été fort mal dressées, quant au style; dans une affaire aussi importante, il aurait dû être grave, majestueux et concis, et il est ampoulé et déclamatoire. La plupart des phrases sont embarrassées, parce qu'elles sont très-longues et coupées par des parenthèses, et elles pèchent quelquefois contre les règles de la grammaire. Enfin, quelques expressions sont impropres et peu justes; il y a même quelques endroits qui sembleraient avoir besoin de corrections. (Secousse et *Dupuy*, Libertés gallicanes.)

suo, Deo, commoveantur juxta debitum, contra ipsius dissipatores ecclesie unde spiritualiter nati sunt, quam et si ad reges ipsos et principes, ut sacris canonum docemur eloquiis, debito Christiane religionis, spectat videre temporibus suis paccatam.

Nos qui inter ceteros orthodoxos reges, vinculo speciali astringimur, velut devotus ipsius ecclesie filius, more progenitorum nostrorum, maternis erumpnis, gemitibus compassi, continuantes quoque actus recolende memorie Domini genitoris nostri, qui multa per tempora, apud ceteros christicolas reges, per solemnes ambaxiatas crebris repetitas vicibus, ut vellent ad ecclesie unitatem intendere, summoperè laboravit, ad eosdem reges, postquam idem Dominus genitor noster spiritum reddidit almo patri, ob ipsas easdem causas misimus ambaxiatas frequentes, ac demùm non quidem, ut singulares, sed cum ipsorum regum ac principum auxiliis, consiliis et favoribus, ecclesie lacerate, tantisque, proh dolor! agitate turbinibus, integracionem corde sincero procurare volentes, requisiti maximè super hoc tam per omnes felicis recordacionis Clémenti, (Clement VII) quam per certos ejus adversario obedientes reges et principes, quàm eciam per adversarium ipsum spondentem inter cetera, quòd quamprimùm nos ad id disponi sentiret, adhiberet et ipse omnimodam diligenciam, nichil de contingentibus omittendo, preterea, et per regni nostri prelatos ac predilectam filiam nostram universitatem parisiensem pluries incitati, sumpsimus fidei micantem loricam, et accincti gladio divine legis, peltum consciencie carpsimus ad conterendum, talium comitati auxiliis, que malignatus est inimicus in sancta.

Itaque tunc, ne tantum obessemus silencio et desidia, quantum verbo et solercia poteramus prodesse, exitavimus Clementem jam dictum ad sevam hujusmodi scismatis elidendam pestem, et super hoc penes ipsum, quantum fuit possible, adhibuimus operam diligentem successivè, sede apostolicâ per obitum dicti Clementis vacante, langorum ipsius ecclesie et gemituum non obliti, scripsimus sacro collegio cardinalium, ut differrent futuram eleccionem pontificis, quathemùs per hoc, cessione adversarii leviùs procuratâ, prefati scismatis evulsio faciliùs sequi posset.

Verùm, cardinales ipsi, priùsquam nostre super hoc eis directe littere ad ipsorum possent pervenire noticiam, intraverant conclave, ubi de futuri pastoris electione, deque ecclesie unitate quàm meliùs poterant, et tenebantur, tractantes singulariter singuli, ad sancta Dei euvangelia, ut inde nobis debitè patuit, promiserunt et juraverunt pro Dei servicio, unitate ecclesie sue sancte, ac salute animarum omnium fidelium, quòd absque dolo, fraude et machinacione quibuslibet, ad unionem ecclesie, et finem imponendum scismati, quantum in eis esset, quantumque pertineret ad eos, laborarent fideliter et eciam diligenter, nec ad eam differendam darent consilium vel favorem directè vel indirectè, publicè vel occultè, quinymò quilibet eorum, eciam si ad apostolatum assumptus esset, servaret sanè et veraciter hec omnia sine machinacione, excusacione, vel dilacione quibuslibet, eciam usque ad cessionem inclusivè per ipsum de papatu faciendam, si cardinalibus qui tunc erant vel essent in futurum de tunc existentibus, aut majori parti eorumdem, id expedire videretur pro bono ecclesie et unitatis predicte, prout hec latiùs per cedulam (1) factam in ipso conclavi, subscriptamque propriis manibus ipsorum cardinalium, clarè patent : inde factâ et subscriptâ per singulos eosdem cardinales hujusmodi cedula, elegerunt de ipsorum gremio existentem cum eis in eodem conclavi, petrum tunc cardinalem vulgariter dictum de Luna, post ejus assumpcionem hujusmodi nuncupatum nomine Benedictum; quo ad regendam Petri naviculam sic assumpto, iteravit solemniter, prout verò nobis nunciatum est, hujusmodi juramentum (2) : subsequenter assumpcione suâ nobis illicò nunciatâ, exultavit cor meum in Domino, et gracias innumeras egimus, sperantes quòd per ipsius medium, attulerat nobis Deus circa prefatam integracionem ecclesie, desideria cordis nostri : postmodùm verò, ipse parte suâ, per ejus ambaxiatores solemnes binâ vice nobis exponi fecit quod magnum zelum gerebat ad extirpacionem scismatis et ecclesie unionem, quodque in hoc nichil facere volebat sine consensu, direccione et voluntate nostris, exhortans nos et deprecans ut in hoc negocio vellemus sine intermissione intendere, siquidem et ad ipsum destinare notabiles et fideles viros, veram et cordialem affeccionem ad

(1) Singulière manière d'obtenir la réunion de l'église sous un même pasteur, de commencer par créer un rival à l'antipape, et de lui donner la consécration. Si cette consécration est divine, elle est irrévocable; si elle ne l'est pas, ce n'est qu'une vaine cérémonie. (Isambert.)

(2) Si le fait est vrai, on ne conçoit pas comment un Pape a pu soutenir que sa parole n'était pas obligatoire, à moins qu'il n'ait dit, qu'il était l'élu de Dieu. (*Idem*).

ecclesie unitatem gerentes, plenè de viis et modis utilibus et accommodis per nos in hac materia deliberatis, instructos, fulcitosque protestate opportunâ, quâ, ulterius non recurrendo ad nos, deliberata possent execucioni mandare, quibus et ipse nudare posset integrè intrinseca sue mentis, ubi nichil apud eos de conceptu ipsius occultare, nichil volebat incognitum remanere, subjungens se advisasse unam viam optimam atque brevem, quâ faciliter unio sequi posset, seque illam aperturam ambaxiatoribus mittendis per nos, dum tamen tante auctoritatis essent quòd omnia eis revelare posset ut nobis, ac nichilominùs nos certificans quòd non recusaret quamcumque viam sibi possibilem tendentem ad ecclesie unitatem, ymò deliberatus erat consentire illi, et consideratâ cordiali affeccione nostrâ, illam prosequi toto posse :

Nos quoque qui hanc unitatem, teste Deo, menti gerimus pre ceteris desideriis cordis nostri, considerantes hec et ponderantes premaxime, recolentesque requisiciones iteratas per reges, principesque et adversariorum predictos, convocavimus consilium prelatorum, capitulorum, nobilium, universitatum, plurium sacre pagine et utriusque juris doctorum, religiosorumque devotorum, et aliorum procerum regni nostri, intra quos, visis diligenter fideque discussis ac digestis maturè plerisque viis, tandem per opinionem ipsius convocati consilii, comperimus assumendam tanquam meliorem, certiorem, honestiorem, breviorem et meliùs consciencias Christi fidelium serenantem, ymò solam plenarie scismatis extirpativam, viam cessionis amborum contendencium (1), per modum qui sequitur practicandam ; quòd videlicet contendentes predicti, habitâ priùs plenâ et sufficienti securitate, in certo loco securo et congruo ab eis eligendo, convenirent personaliter cum suis collegiis, et aliis personis de quibus expediens videretur, sub proteccione et potestate illorum principum et dominorum de quibus ducerent confidendum, ubi cassatis et anullatis processibus, senteneiis atque penis spiritualibus et temporalibus latis et promulgatis hinc inde quomodolibet, per utrumque contendencium et predecessorum suorum, assumptis ad cardinalatum omnibus et singulis utrobique, in ipsa dignitate sistentibus, confirmatis; eciam ratificatis et canonizatis ex certa sciencia dispensacionibus, et promocionibus omnium hinc inde

(1) *V.* ci-dessus, l'ordon. sur la voie de cession, en 1395. (Isambert.)

ad prelaturas, dignitates, officia et beneficia quecumque ecclesiastica promotorum, ita quòd non habentes competitores, simpliciter in prelaturis et beneficiis hujusmodi remanerent, habentes verò, qui civitatem, aut beneficium seu locum principalem beneficii possiderent, episcopatus seu beneficia hujusmodi integrè remanerent eisdem, et aliis partem diocesis vel beneficii possidentibus, provideretur de pensione annua usque ad valorem eorum que ante confirmacionem et canonizacionem hujusmodi possidebant, donec essent alibi per sedem apostolicam collocati : nichil possidentes autem, si expectarent sedis provisionem jam dicte : insuper, et provisio utrique hujusmodi contendencium, de bono et sufficienti statu, quo post renunciacionem congruè sustentari posset; proviso eciam contra conspiraciones, divisiones, turbaciones, dubia et perplexitates, que post cessionem utriusque, sede vacante contingere possent, quantum humanitus esset possibile, ultra (1) constitucionem Gregorii decimi éditam in consilio lugdunensi; demùm omissâ juris parcium discussione et diffinicione quâcumque, ambo contendentes jam dicti, in forma debita, sine mora et dilacione cederent seu renunciarent juri quod habent seu habere in papatu pretendunt, inde hujusmodi renunciacione factâ, cardinales hinc inde creati, qui per assumpcionem pretactam facerent unum verum et indubitatum collegium, intrarent conclave, secundùm juris disposicionem procederent ad futuri electionem pastoris, qui debitè premissa omnia et singula ratificaret, aprobaret et laudaret ad abundantem cautelam; quam siquidem viam, nisi nobis melior vel eque bona per ipsum Benedictum vel alium aperiretur pro unione hujusmodi assequenda, velut meliorem, ac magis, ut pretangitur, accommodam, pleniùsque consciencarum omnium serenativam delegimus, ipsi Benedicto consulendam, persuadendamque suppliciter primò, et post, per nos, racionabilibus mediis, cum aliorum quidem christianorum regum et principum auxilio, consilio et favore, donec habita sit unio, prosequendam.

Perinde, consideratis premissis, ut prefertur, nobis expositis parte suâ, legatos ad eum quàm plus potuimus sue predicte nobis misse intencioni aptos et consonos, illustres videlicet regalis prosapie duces Johannem Biturie, Philippum Burgundie, pa-

(1) Le second concile de Lyon se tint en 1274. Grégoire X y fit une constitution sur l'élection des souverains Pontifes. (Secousse.)

truos, et Ludovicum Aurelianensem fratrem nostros, hujus quidem unitatis ac pacis ferventissimos zelatores, cum certorum prelatorum, multorumque litteratorum virorum notabili comitivâ, direximus, qui juxta mandatum nostrum, apertâ sibi priùs eorum adventus causâ, inde petitâ et obtentâ, licet difficulter, exhiberi cedula conclavis supratacta, antequam viam aliquam aperirent sibi humiliter supplicarunt ut dignaretur viam quam nobis se advisasse scripserat, aperire, offerentes parte nostrâ, si via ipsa bona et conveniens foret, nec inveniretur melior, auxilium, consilium et favorem ad prosecucionem illius : ipse verò per diversa temporum intervalla in effectu viam compromissi aperuit, sub hiis verbis : *Factâ et datâ securitate sufficienti, convenient Dominus noster cum suo collegio, et intrusus cum suis anticardinalibus, qui ire possent seu vellent, aliàs consentirent, vel darent potestatem conscenciendi infrascriptis et aliis de quibus eis et eorum cuilibet videbitur expedire, seu eciam placebit, in loco de quo fuerit concordatum; premissisque appunctatis et ordinatis, Dominus noster parte sua, in certo numero, et alter totidem pro parte sua, eligent personas timentes Deum, et bonum zelum ad ecclesie unionem habentes, que simul convenientes, ac eciam priùs prestito per eas juramento super sancta Dei euvangelia, et coram eis duobus et aliis de quibus videbitur, de benè, diligenter et fideliter procedendo in negocio hujusmodi, ad solum Deum et ecclesiam habentes respectum, amore, odio et timore cessantibus quibuscumque, auditis et examinatis facti et juris utriusque partis racionibus, eisque rectâ intencione discussis prout qualitas negocii patitur et requirit, declarent quis istorum duorum jus habeat seu eciam remanere debeat in papatu, cum certa et sufficienti summissione de tenendo et observando quicquid per dictas personas, ut prefertur, electas, vel duas partes earum, declaratum fuerit seu eciam diffinitum, eciam adhibitis hinc inde provisionibus in premissis necessariis et utilibus seu eciam oportunis.*

Perinde post certi temporis tractum, idem *Benedictus* ipse vie fecit addiciones sequentes : *Item ut optata unio in Dei ecclesia possit haberi, et non valeat per aliquam occasionem differri, si ambiguitas, difficultas seu eciam diversitas aliqua oriretur seu occurreret, predicti electi vel major pars, provideant ad cautelam ecclesie romane, de altero istorum duorum, per viam provisionis, etc. quoad serenandas consciencias, tollendas versucias et occasiones hominum perversorum, quoad illum contra quem pronunciatum fuerit seu eciam per viam provisionis ordinatum, hec pronunciacio seu ordinacio habeat vim renunciacionis spontanee legitimè facte, et perinde quoad eum, censeatur sedes apostolica vacare, ac insuper ad cautelam renunciabit ibidem, et illi de quo declaraverint, seu eciam per viam provisionis ordinaverint, quod debeat remanere in papatu, ut suprà premittitur, jus plenum eciam de novo ad cautelam acquiratur per declaracionem seu ordinacionem vel provisionem hujusmodi, ac si aliàs sede apostolicâ verè vacante, canonicè electus fuisset in papam, et eciam ad cautelam ibidem, et incontinenti per eos ad quos aliàs electio pertineret, ac per dictos deputatos ad pronunciacionem seu provisionem hujusmodi, eligatur in papam, et de hiis fient ordinaciones apostolice, eciam de consensu eorum ad quos pertinet, in forma que sufficiet secundùm consilium peritorum, et addi posset pro majori securitate premissorum, consensus eorum qui pro prelatis et principibus utriusque obediencie, haberent ad hoc potestatem, ut sic eciam quasi vim consilii generalis habere videretur.* Que si quidem via quam callidè, quam versutè inventa, quantisque sit in ejus aggressu, progressu, et egressu, difficultatibus et erroribus circumsepta, aliàs per certos ambaxiatores nostros eidem Benedicto tale fuit apertum. Insuper et frater noster carissimus rex Castelle, qui hanc velut inutilem et perniciosam, multis racionibus eciam in scriptis solèmniter refutans, improbavit : pridem in responsione per eum consanguineo nostro carissimo regi Arragonum elegantissimè factâ, liquidò demonstravit; at nos, si pleniùs ennarrare vellemus, profectò traheremus materiam valdè longam : verùm, ut constet quòd non omnis qui dicit *pax vobis*, quasi columba audiendus est, propterea exprimendo ipsius vie inutilitatem, iniquitatemque, pauca de plurimis hîc duximus non tacenda.

Est enim in ejus aggressu ex eo difficilis, quòd uterque contendencium, locum in quo simul convenire habebunt, nedum optabit, ymò contendet eligi sub obediencie sue, ac principum sibi favencium et adherencium potestate qui alteri parti procul dubiò suspècti erunt; verùm, et cum ipsius loci assignacio ex principum utriusque obediencie consensu dependeat, dificilimum erit in hac via que per discussionem fieret, ipsorum habere assensum. Preterea, cum secundùm viam hujusmodi ejusque pratIcam, in ipso loco debeat principum et prelatorum utriusque obediencie fieri convocacio, quis in convocando, veniendo, moram trahendo, finemque negocii, quippe dispositi ad prolixitatem grandem, expectando, ac etiam sumptus nedum premaximos ymò importabiles ministrando, immensas quis difficultates non videat! reverà tot essent et tante, totque inconveniencia inde emergerent, quòd est quodammodo indicibile, usque adeò quòd nec amoveri nec evitari possent. In ejus vero progressu seu prosecucione, quantis sit onusta dispendiis, quot periculis animarum et corporum, ac rerum dampnis irreparabilibus, brevia hîc de amplissimis tangimus, et pauca de multis. Sunt enim ipsi contendentes, nulli dubium, in facto contrarii; quamobrem certissimè credendum est quòd ipsorum quilibet eliget personas sibi fidas, conjunctas, propicias, adherentes, affectatas, et in sua opinione consonas atque fixas, et consequenter alteri parti, eo quòd non attendent raciones et jura, sed pociùs ipsorum affectum, suspectas. Itaque tales utrinque electas, circa hujusmodi contrarietatem facti usquam concordare quis credat! erunt pociùs discordes continuò intencionibus atque votis; sicque causam Dei et ecclesie, per contrarietates, difficultates et dilaciones protrahent dispendiosa per tempora; ymò, quod absit, hoc gemebundum et lugubre scisma perpetuò radicabunt, tum maximè, quia discutere habent raciones, facta et jura parcium, prout qualitas negocii patitur et requirit; et hec quidem discussio varia incidencia emergenciaque, interlocutorias productiones testium et instrumentorum, probaciones et reprobaciones multimodas, alios eciam plerosque articulos interminabiliter continet et includit, tum eciam quia, sicut ex practica hujusmodi vie patet, compromissarii ex utraque parte sunt totidem eligendi, ex quo juxta legem civilem presumimus *quòd res sine exitu ferè futura est;* potissimùm, quia ad hoc una pars pauciores quam alia non eligeret, ut inde prodiret imparitas numeri in compromissariis, juxta ipsius legis consilium oportuna; tum demùm quia sicut habet practica vie hujusmodi, ante agressum execucionis ipsius vie, revocandi sunt processus et sentencie fulminati hinc inde per contendentes eosdem, assumendi in cardinales omnes qui ad hujusmodi titulum seu statum per utrinque contendencium, sunt assumpti, canonizandi tituli et promociones in utraque obediencia; quibus hujusmodi via ex eo nequam et inepta constat. Quod si dicti compromissarii non darent bonum exitum, sicut nec presumimus ex predictis, inconveniens esset valde quòd ille qui jus in papatu non habet, ac sibi adherentes, quorum maliciâ forsam compromissariis, notariis, testibusque et aliis subornatis, via ipsa non sortiretur exitum, essent quoad tunc facta, pares verò pape et adherentibus sibi. Ceterum, si dicti compromissarii, quod verisimiliter non est credendum, in uno ex ipsis contendentibus concordarent, certè non propterea res finem haberet effectus necessarii productivum : non enim per hoc quietarentur consciencie plurimorum, qui non immeritò dicerent quod propter artatam potestatem, prout ex addicionibus ipsius vie patet, eligendi alterum de duobus, neuter debuit ymò nec potuit eligi : non obicerentur eciam scrupuli; quin plerumque diceretur à multis, presertim adherentibus ei contra quem ipsi compromissarii declararent, compromissarios ipsos vel testes aut alia et forsam omnia, intervenientibus corrupcionibus aut aliis que humanum pervertere solent judicium, perperam processisse, sicque declaratum seu sentenciatum injustè, quo ipsi adherentes in hujusmodi adherencie opinione tenaciter per longua temporum curricula radicati, se scandalizatos et in consciencia non claros perpetuò reputarent : hoc nempè scisma qualitatem habet mirabilem, et aliàs inauditam radicacionem, scilicet ab sui origine seu introduccione fortissimam, que sicut diebus sic crevit et robore: Etenim uterque predecessorum principaliter contendencium, ab eisdem cardinalibus eodemque collegio, quamquam diversis modo et vicibus electus pretenditur, uterque contendencium eorumdem opinione firmatâ, se asserit verum papam : utraque parcium grandem obedienciam, magnam adherenciam usque nunc habuit atque fixam : sunt et utrinque opiniones et allegaciones solemnes confecte per prudentes et litteratissimos viros, eciam super casu per cardinales antiquos in exordio scismatis posito ac in scriptis redacto, quo eciam supposito, adeò sunt solemnium virorum opiniones contrarie, et nusquam per compromissarios possent ad concordiam plenam reduci. Preterea per ipsas allegaciones et opiniones, quilibet hujusmodi contendencium, multis habundat sequacibus; et sunt pleures neutri obedientes.

Fuit insuper hujusmodi scismatis, et est, proh dolor! longeva in dies protraccio, quâ sepe vetera recentibus obruuntur, sicque rerum gestarum oblivione inductâ, latet aut abducitur veritas, seu in contrarios terminos exhibetur; quo fit, ut cum propter obitum eorum qui factum noverant, viderant et palparent, rei veritas haberi nequeat, ei adherentes prefato adversario, viventium cardinalium antiquorum testimonium respuant, dicti compromissarii declarando seu senteneiando, eligendo vel assumendo, errare possent in facto, ne dicamus in jure. Ex iis itaque clare colligitur quòd sicut medicina frustra fit, quâ sanitas non confertur, sic prescripta via, eo quod plenè scisma non tolleret, conscienciasve pacaret, inutiliter et sine exitu salubri, in plurium animarum perniciem temptaretur. Ad tollendum autem hoc scisma mortiferum, talis requiritur de necessitate provisio que radicitùs ipsum evellat, dubietatum et scrupulorum abstergat rubiginem cunctorum fidelium plena serenacione quietet: Adque, cum via hujusmodi ejusque addiciones et practica, premissis et aliis quas hîc substitemus, racionibus, plene constent inutiles, iidem legati viam compromissi predictam improbantes, refutarunt; nosque perinde, et frater noster rex Castelle, viam eandem cum addicionibus et practica repulimus ex deliberato consilio peritorum; et postmodum parte nostrâ, dicti legati aperientes prenominato Benedicto viam cessionis predictam, requisierunt eum suppliciter ut ipsam acceptaret benignè offerentes eidem, habito super hoc ipsius consensu, tractare cum eo et collegio, de modis exequendis et practitandi ipsam viam, prout meliùs fieri posset; sperantes fiamiter quòd per eandem practicam feliciter et faciliter sequi posset unio supratacta. Preterea, electa et approbata via cessionis hujusmodi per omnes et singulos cardinales, solo Pampilonensi excepto, tam videlicet ante ipsorum legatorum adventum, quam post, iidem legati frequenter pluribus intervallatis diebus, quandoque sine ipsis cardinalibus, et plerumque cum eis, suppliciter et cum humilitate premaxima eandem requisicionem fecerunt, quam eciam per se cardinales ipsi, ante adventum legatorum predictorum; et post, prout veraciter sensimus, compassi calamitatibus ipsius ecclesie, et aliqui eorum vocibus lacrimosis, pluries iterarunt suppliciter et obnixè; et cum idem Benedictus continuò totus ambicioni intentus, viam ipsam admittere recusarit, asserens contra sanxiones canonicas eam exemplo perniciosam, Dei offensivam, non juridicam, nec aliàs practicatam, sepedicti legati videntes eum in sua ambicione non modicum induratum, et cupientes unionem predictam eo posse commodiùs procurari, quo circa eam ipsam cauciùs ageretur, requisierunt cardinales eosdem, ut in quadam cedula per nostrum consilium advisata, continente dictam viam, electam fuisse per eos, quodque consulebant supplices ipsi Benedicto ut acceptaret illam, propriis manibus se subscriberent: cardinales ipsi id grato animo facere voluerunt; sed hoc ad noticiam ejusdem Benedicti perducto mox per certas ejus litteras monuit, requisivit et oratus est cardinales predictos in virtute sancte obediencie ac fidelitatis, ut sibi in prosecucione vie sue assisterent, inhibens ei nichilominùs in virtute hujusmodi obediencie, ne in dicta cedula se subscriberent, nec eciam consentirent, protestans contra eos, si contrarium fieret per eosdem, eciam quòd si per eum aliud fieret seu diceretur, id et ea, et quicquid ex eis sequeretur, vel ob ea, reputabat et volebat non valere, et haberi penitùs pro infectis; quasquidem monicionem, inhibicionem et protestacionem, requisitus suppliciter per ipsos legatos, eciam renuit revocare. Post verò requisiciones alias tam simul quàm particulariter factas, duces et cardinales predicti credentes ejusdem Benedicti duriciam per supplicaciones humiles sepiùs iteratas frangere, omnes simul flexis genibus, et eorum aliqui lachrimando, supplicarunt quatinùs perdicioni ecclesie compaciens et periculo animarum, viam predictam, sicut tenebatur, acceptare dignaretur; ipse verò forciùs induratus quàm antè, eam ridigiùs solito acceptare negavit. Postremò, quia idem Benedictus requisicionem predictam de acceptanda premissa via cessionis, iteratam per ipsos legatos suppliciter, fixus in suo ambicioso proposito, nullatenùs admittere voluit, sepedicti legati videntes luce clariùs quanto ambitu satagebat retinere papatum, animarum saluti providere non curans, seque propterea non posse de cetero circa premissa proficere apud eum, iter arripuerunt ad nos, eorum relacionem facturi; quam postquam apulerunt hanc villam, nobis fecerunt solemniter et extensè. Successivè idem Benedictus ad suam ambicionem hujusmodi palliandam, quosdam per diversa mundi climata mandavit falsidicos, qui non erubuerunt contra veritatem seminare quòd iidem illustres duces legati solùm et adeò aperuerant viam cessionis simplicis parte nostrâ, ut illicò cederet, et unus Gallicus eligeretur in papam, quòd falsissimum probare possunt quamplures in facta tunc requisicione presentes: docti namque per apostolum, Christi vestigiis inheremus, apud quem, sicut non fuit Judei aut Greci distinccio, sic nos in sede apostolica nullius nacionis hominem preponderari seu anteponi cupimus: bonum enim et gratum habemus quemcumque, sive Affrum, sive Arabem, sive Indum, dum tamen verè orthodoxus rectè inhereat fidei, nec cecus cujusquam rei cupidine, illam maculet, seu trahat quomodolibet in errores: misit eciam ad ejus adversarium, episcopum Tirasonensem, ignorantibus cardinalibus super quo licet sine ipsorum consilio et assensu, ut sacris canonibus institutum est, nil tam arduum facere debeat : quid verò fecerit, ignoratur : sed tam idem Benedictus contra adversarium suum predictum, quàm ipse adversarius contra eum, post ejus Tirasonensis missionem, ab inchoatis et continuatis olim processibus ferè per biennium destiterunt ; ex quo collusio inter eos nimirum vehementer presumitur, et hinc dampnabilis utriusque ambicio.

Nos autem cepta feliciter prosequi cupientes, habito per opinionem iterum convocati consilii ecclesie regni nostri, quòd prefatus Benedictus, ex quo post dictorum legatorum adventum, aliud non fecerat quo optata unio sequi posset, parte nostrâ, iterum sed ultimò, ac adversarius antedictus, prout remanseramus olim cum carissimo filio nostro Rege Anglorum serenissimo, requirendi erant ut acceptarent viam cessionis prescriptam, nostros una cum Castelle et Anglie Regum predictorum nunciis, tam ad prefatum Benedictum, quàm ad eundem suum adversarium, misimus ambaxiatores solemnes, qui mandato nostro simul cum regum jam dictorum nunciis, eundem Benedictum requisierunt humiliter et obnixè, ut pro Dei reverencia, proque tam mortifera fugandaque peste, supradictam viam cessionis acceptare, ac sic egroto gregi Domini mederi misericorditer dignaretur : tandem, via ipsa in presencia ejus de sui mandato multis subterfugiis improbata, ambaxiatores et nuncii predicti reverenter summarunt seu requisierunt eundem, illa vice pro omnibus, ut infra certum terminum jam elapsum, ipse et adversarius ejus taliter agere deberent, agerentque et facerent, quòd in ecclesia sancta Dei esset unicus verus et indubitatus papa, intimantes nostro et regum predictorum nomine, significantesque sibi ac toti christianitati, ex tunc quod casu quo sic actum et ad effectum deductum non foret, nostra et aliorum predictorum regum firma erat intentio, pro ipso scismate sopiendo effectualiter providere, querere et procurare omnes vias et modos quos sine ampliori dispendio ipsa ecclesia uniretur : procuraremus insuper toto posse, quòd cessarent omnia quibus et per que presuponebatur et poterat verisimiliter presuponi induracionem ipisus pestilentis scismatis usque tunc fuisse protensam : ipse verò in sua duricia perseverans, respondit quòd nonobtantibus omnibus dictis et allegatis per ambaxiatores ipsos, non erat sibi adeo satisfactum, quòd pro tunc posset acceptare viam cessionis predictam, sed ampliùs deliberaret cum fratribus suis, et aliis, inde regibus suum significaret intentum ; sicque iidem ambaxiatores et nuncii iter ad adversarium prefatum continuantes, tandem attigerunt urbem ubi nuncii predicti regis Anglie, apertâ per eos predictâ viâ cessionis, jam dicto adversario supplicarunt, nostrique et Regis Castelle; rogaverunt ut predictam viam cessionis acceptaret, pro assequenda ecclesie unitate, ad quod ipse, quasi una lingua cum dicto Benedicto, respondens, dixit quòd in tam brevi tempore non poterat super tam gravi deliberasse materia, haberet tamen quamprimùm posset, deliberacionem cum fratribus suis, et aliquibus tam presentibus quàm absentibus, inde intencionem suam Regibus nunciaret : verum quamquam uterque contendencium ipsorum, ut prescriptum est, dixerit se facturum, ambo tamen suis improbis cupiditatibus irretiti, ad id nedum non curarunt intendere, quynimò, sicut experiencia monstrat, facere contempserunt, quamvis idem adversarius ex parte electorum imperii et aliorum plurium principum sue obediencie, de acceptando viam pacis, fuisset eciam solenniter requisitus. Successivè Rex Castelle predictus cupiens magnopere totus ipse catholicus et devotus filius ecclesie, hujusmodi unitatem, direxit ad nos litteras ejus, et nuncios per quos predictam viam compromissi nobis significans improbasse, tandem subtraccionem totalis obediencie, pro exequenda premissa via cessionis, et hinc unione assequenda, sublatâ morâ, dicto Benedicto fieri multis racionibus persuasit; cujus persuasione, necnon in premissis aliis non mediocriter ponderatis, verum et signanter in memoriam revocatis requisicionibus incitacionibusque regum et principum predictorum, cupientes rem usque tunc diligenter ductam, auxiliante Domino, ad finem votivum perduci, iterato vocavimus modo premisso consilium ecclesie regni nostri, deliberaturum nobiscum de modis aptis et congruis ad executionem vie cessionis predicte; in quo quidem consilio, ex ordinacione nostra premisso recitato pro[illegible], et causâ convocacionis apertâ, concludendo quod quisque deliberaret, et nobis confidenter consuleret an pro execucione vie cessionis predicte, totalis an particularis obediencie denegacio aut quis modus alius expediret, nos volentes coram convocatis materiam aperiri, ut ipsâ apertâ, quisque nobis salubriùs consulere, et inde conclusio melior sequi posset, certos partem affirmativam, quò videlicet negenda erat obediencia, et alios negativam, ordinavimus seu deputavimus defensuros.

Itaque alternatis diebus in consilio nostro, modo et formâ quibus audiencie in curia nostra dantur, presentibus quidem illustribus prefatis necnon Borbonii et Barrensis ducibus, ac Johannis Nivernensis et Amedeo Sabaudie comitibus, consanguineis nostris, eciam prelatis, et aliis, ut premittitur, convocatis, personaliter presentibus, eciam procuratoribus nonnullorum ex eisdem vocatis, qui impediti legitimè tunc fuerunt absentes, auditis et perceptis plenè omnibus racionibus et motivis per ipsos deputatos apertis, et eis plenè in consilio predicto discussis, ac tandem per opinionem ejusdem consilii, comperto inter cetera, quòd excellentes in ecclesia, sicut asserit Augustinus, paci debent vigilanter intendere, ne propter suos honores superbè agendo, scismata faciant, unitatis compage dirupta, subditi verò ita ipsis obedire, ut semper eis Christum anteponant, ne eorum vanâ auctoritate seducti, se à Christi unitate dirumpant; quòdque illi verè scismata faciunt, qui contra canonicas constitutiones aliquid protervè agunt, per id ecclesiam dividentes, ymò et qui alicujus temporalis commodi, maxime glorie et principatûs sui gracia, falsas ac novas opiniones vel gignunt vel secuntur, veri heretici sunt, et qui scindunt ecclesiam, eâdem racione scismatici; quòd insuper pape eciam unico et indubitato, precipienti, et multo magis notoriè facienti aliquid quo ecclesie universalis turbacio, subversio vel destruccio sequi verisimiliter timeretur, sub pena seu periculo peccati mortalis, obediendum non est, cum mala futura precaveri debeant, non juvari; cum eciam Petro et ejus successoribus, ad ediffiicacionem, non ad destruccionem sit collata potestas; comperto preterea, quòd quia duo contendentes predicti pluries requisiti supliciter, et juxta euvangelicam doctrinam sufficienter moniti, refutarunt et refutant pertinaciter acceptare viam quâ ad ipsius unitatem ecclesie perveniri possit faciliùs et commodiùs, ymò et suis ambicionibus intenti, versique in laqueum tortuosum, et ubique ponentes scandalum, ipsam dampnabiliter fugiunt integrare, satagentes quisque videlicet in sua obediencia retinere cathedram, que, ut verbis Augustini utamur, eò foret uterque fructuosior, quò gregrem, deposita, magis colligeret, quàm retenta dispergat, cum pro pace Christi episcopi esse debeant vel non esse, cumque non propter eos episcopi sint, sed propter populum cui sacramenta ministrant; quia eciam contendentes predicti ad obviandum hujusmodi unitati proventus ecclesiasticos, sicut premissum est, dissipando, et ad id reddendo christicolas suis corrupcionibus indispositos, perperam et notoriè scisma faciunt sive fovent, ac quantum in eis est, causam perpetuacionis prebent, crimen scismatis incurrentes; quia eciam ex ipsorum obstinacione tam grave et notorium subsistit scandalum, quòd ipsi et eorum quilibet ad hoc obligati pre ceteris, usque nunc tollere non curavit nec curat, ymò id procurantes habet odio, et quando potest, flagellat, sibique faventes promovet, ac scissuram pro posse nutrit, ex quibus subversio et destruccio ecclesie vehementissimè sequi timetur. Si multi clerici à communione Anastasii, pro longe minori causa, eciam sine sentencia et declaracione, canonicè se abegerunt; si eciam Guido archiepiscopus Viennensis postmodum factus Calixtus secundus, unà cum prelatis tunc in consilio Vienne assistentibus, à Paschalis secundi obediencia recedere tunc decrevit, multò magis, pro vitandis videlicet notorietate scandali, fautoria scismatis, subversionis ecclesie, et animarum periculo, ambicioneque et cupidine contendencium eorumdem, jubemur à Domino per Moysem, ab hujusmodi perversissimorum hominum consorcio separari, ne simul pereamus in peccatis eorum, cum juxta sacrum eloquium, sacrificium eorum fit panis luctus omnes ex eo comedentes contaminans, et digni sunt morte, non solum qui faciunt, sed et qui facientibus quocumque consenciunt. Preterea, ne de cetero habeant unde hujusmodi dolendo scismati fomenta ministrant, cum presertim illi non debeant aliquid nomine ecclesie possidere, qui nolunt in pace colere pacis actorem, ymò utiliùs esurienti panis tollitur, si de cibo securus justitiam negligat, quam frangitur, ut injustitie deditus acquiescat, totalis obediencia est eis et eorum cuilibet deneganda; nec nos et ceteros principes catholicos debent hominum vaniloquia, prout ait Pelagius, in aliquo retardare, dicencium quòd papam persequimur : erant certè hujusmodi fabulatores rumoris : non enim persequitur nisi qui ad malum cogit : Ille verò qui ea que male aguntur reprimit, et animarum salutem requirit, non persequitur; sed quia malum est scisma esse, per nos et reges ceteros hujusmodi opprimi debere homines, et canonice scripture auctoritas, et paternarum nos regularum veritas docet :

Nos itaque qui ut reges ceteri, à domino per prophetam nunc precipuè intelligere jubemur, quando fidei murum sic ubique aries lacerat inimici, premissis omnibus et singulis ac aliis in hac parte considerandis, signanter violacione juramenti in introitu conclavis, ut prefertur, prestiti, quod Deus qui consciencie testis est, sic recipit, sicut cardinalium cetus cui est prestitum, intellexit, habendo pre occulis solum Deum, debità cum maturitate digestis, non valentes tam enormia quibus ecclesia Dei sic graviter scandalizatur, sine Dei offensa occulis conniventibus pertransire, sed claris progenitorum nostrorum inherendo vestigiis, cupientes ipsius ecclesie integrari scissuram, totis insuper conatibus, omnibusque modis post hec ad quê peragenda sacre sanxiones nos instruunt, procurare cum regum et principum aliorumque fidelinm consilio, auxilio et favore, ac prosequi cum effectu hujusmodi unitatem pro qua habenda hec agimus (1).

In nomine sancte et individue trinitatis, patris et filii et spiritûs sancti, ex quo dicti contendentes ob ambiciosam pertinaciam premissorum, ab eorum obediencia repellunt cunctum populum christianum, et nos quidem premuniti triumphali vexillo venerabilis sancte crucis, assistentibus ad hoc nobis prîncipibus prosapie nostre, ac pluribus principibus aliis, eciam ecclesia regni nostri et Dalphinatûs, dicentes cum Mathathia, propicius sit nobis Deus, ab obediencia totali ipsius Benedicti de cujus adversario hic mencionem non facimus, cum nusquam sibi obediverimus sicut nec obedire volumus nec debemus.

Nos ecclesia, clerus et populus regni nostri (2) ac Dalphinatûs, de predictorum vocatorum consilio et assensu, recedimus, nunciamusque auctoritate presencium recessisse, volentes inter cetera, quòd ab inde in antea ipsi Benedicto, suisque collectoribus et aliis officiariis quibuscumque suis, eciam complicibus, fautoribus et sequacibus, ac procuratoribus eorumdem, nullus cujuscumque condicionis fuerit, de redditibus, proventibus et emolumentis ecclesiasticis quomodocumque et ex quacumque causa, solvere et respondere presumat : quod eciam occurrentibus vacacionum casibus, assumatur qui ad prelaturas, dignitates et alia beneficia electiva, per eleccionem, ceteris eciam beneficiis provideatur per collacionem eorum ad quos hujusmodi

(1) On voit, par la longueur de ce préambule, et par les protestations dont il est accompagné, combien était hardie et insolite cette soustraction d'obédience. Si Charles VI avait eu quelque fermeté, et si la nation eût été représentée alors, il est vraisemblable que la France aurait, pour toujours, rompu avec la cour de Rome, et que l'église gallicane n'eût eu d'autre chef que le Roi, pour le temporel; et pour le spirituel, que les conciles nationaux. Mais un prince en démence pouvait-il faire comme Henri VIII ? (Isambert.)

(2) Cette formule est très-remarquable. Le Roi ne parle plus en vertu de sa pleine puissance et autorité royale. (*Idem.*)

eleccio et collacio spectant quomodolibet seu eciam spectabunt, adhibitis ad hoc solemnitatibus et aliis solitis ac eciam opportunis.

De beneficiis verò complicium, fautorum et sequacium predictorum, per ordinarios provideatur debitè, vel aliàs ea concedantur in commendam personis ydoneis, alienacione bonorum immobilium et preciosorum mobilium eis singulis interdicta, regenda scilicet et administranda donec aliàs canonicè sit provisum :

Districtiùs inhibentes universis et singulis subditis nostris ac incolis regni et Dalphinatûs predictorum, tam ecclesiasticis quàm secularibus, quacumque, eciam pontificali dignitate vel quovis alio titulo seu nomine censeantur, ne prefato Benedicto, ejusque sequacibus ac officiariis et auditoribus seu justiciariis quibuslibet obedire quomodolibet, aut contra tenorem presencium aliquid attemptare presumant, si penas graves nostrâ et ecclesie eis auctoritate infligendas cupiunt non subire;

Et insuper mandamus earumdem presencium auctoritate, universis et singulis justiciariis et officialibus nostris infra limites predictos constitutis, ac eorum cuilibet, quatinùs servato tenore presencium, prout ad eorum quemlibet pertinebit quecumque hiis deprehenderint ac noverint aliquatenùs contra ire, taliter puniant quod cedat ceteris in exemplum.

Datum Parisius, sub nostri sigilli testimonio hiis appensi, die 27e mensis julii, anno domini MCCCLXXXXVIII°; regnî verò nostri, XVIII°.

Per Regem, presentibus dominis Biturie, Burgundie ac Borbonii ducibus, domino Petro de Navarra, Constabulario, vobisque (le chancelier), Admiraldo, magistro Balisteriorum, aliisque nonnullis.

N°. 243. — LETTRES *par lesquelles il est ordonné à tous officiers de justice de faire exécuter l'ordonnance de soustraction de l'obédience de Benoît* XIII, *et de faire punir ceux qui lui seront attachés, par le sequestre de leurs bénéfices.*

Paris, 27 juillet 1398. (C. L. VIII, 269.)

N°. 244. — Lettres *portant que la soustraction à l'obédience n'ayant été faite que pour le bien de l'église, les revenus et les fruits des bénéfices ne pourront être appliqués au profit du Roi ni d'aucuns de ses sujets, et que les élections, postulations et collations de bénéfices devront être faites* librement (1).

Paris, 27 juillet 1398. (C. L. VIII, 270.)

N°. 245. — Lettres *portant défenses aux officiers de Benoît* XIII, *de faire aucun acte ni procédure dans les affaires qui regarderont les sujets du royaume, lesquels pourront se pourvoir devant les ordinaires* (2).

Paris, 27 juillet 1398. (C. L. VIII, 271.)

N°. 246. — Lettres *enjoignant au sénéchal de Beaucaire de faire mettre en prison les porteurs de bulles, ou autres lettres contraires à la soustraction d'obédience, d'en donner avis au Roi, et de faire arrêter les autres bulles et lettres qui n'auraient même aucun rapport à cette soustraction, mais sans faire mettre les porteurs en prison.*

Paris, 27 juillet 1398. (C. L. VIII, 272.)

N°. 247. — Lettres *ordonnant, pendant un an, la levée d'une aide payable par toutes personnes, même par les gens d'église* (3).

Paris, 2 août 1398. (C. L. VIII, 289.) Publiées au Châtelet le 12.

---

(1) C'est la doctrine de la primitive église de la première et de la seconde race. (Isambert.)

(2) Telle est la doctrine de l'église gallicane. (*Idem.*)

(1) De l'accord et consentement des prélats et autres gens d'église du royaume, assemblés à Paris, disent ces lettres. Voilà des assemblées particulières du clergé. Les élus pourront lever l'aide par forme de régie ou la donner à ferme. (Decrusy.)

N°. 248. — Lettres *portant que le consentement donné par le clergé de France, de payer pendant trois ans l'aide qui se levait, ne pourra porter préjudice aux franchises et libertés du clergé ni aux droits du Roi* (1).

Paris, 2 août 1398. (C. L. VIII, 290.)

Charles etc. Savoir faisons que comme nous aions fait exposer aux prélaz et gens d'église qui estoient assemblez pardevers nous, représentans l'église de nostre royaume, les grans charges, fraiz et missions qu'avons soustenu et avons à soustenir continuelment pour la défense et gouvernement de nostredit royaume, et pour l'expédicion des grosses besoignes qui souvent y surviennent, et autrement en plusieurs manieres, et que lesdictes charges, fraiz et missions ne pourrions supporter des revenues de nostre demaine, sanz l'aide de noz subgez, et que ou temps passé par congié et licence des papes (2) qui ont esté, les gens d'église de nostre royaume, en la plus grant partie d'icellui, ont contribué aux aydes qui ont eu cours en ycellui, quant aux imposicions, quatriesme et gabelles, et que à présent, attendu la déclaracion

(1) Le clergé exigea que les exécutions ne fussent faites que par les ecclésiastiques, sans l'entremise de la justice séculière. Le Roi y consentit, et leur donna des gages pour cet objet.

Jusqu'à cette époque, les ecclésiastiques n'avaient contribué que de concert avec les ordres assemblés pour représenter la nation, ou en conséquence de quelque bulle, par laquelle le Pape accordait au Roi une ou plusieurs décimes; mais pour se racheter des extorsions des traitans, et sauver ses immunités du naufrage général, dont les franchises du royaume entier étaient menacées, il sépara ses intérêts de ceux de la nation, traita en particulier avec le prince, au sujet du secours qu'il lui donnait. On lui permit, il est vrai, de dire qu'il donnait volontairement ce qu'il ne lui était par possible de refuser. Mais, quelle pouvait être désormais la force de cette clause, dont tout le monde connaissait l'abus? Dans les lettres patentes mêmes, où le Roi continuait à reconnaître les priviléges et les immunités ecclésiastiques, il parlait aussi de ses droits sur leur temporel.

En imposant arbitrairement la noblesse et le tiers-état, le gouvernement n'avait eu quelque condescendance pour le clergé que parce qu'il redoutait son pouvoir sur l'esprit du peuple, et surtout ses interdits et ses excommunications. Si les évêques avaient été assez éclairés pour se servir de leur autorité, ils auraient pu rendre à la nation sa liberté, ses franchises et ses États-Généraux... — Mably, Obs. sur l'Hist. de France, liv. 6. — (Decrusy.)

(2) La cour de Rome a prétendu que les biens de l'église ne pouvaient être aliénés sans sa permission; mais, à toutes les époques, l'État a disposé de ces biens. *V.* Préface. (Isambert.)

que nous et ladicte église de nostredit royaume, avons faicte naguerres de nous départir de l'obéissance totale de Benedic, auquel depuis sa promotion à la dignité du papat, avons obey comme à pape, nous ne devrions ne vouldrions avoir sur ce recours à lui, pourquoy avons prié et requis ausdiz prélaz et clergie, qu'ilz nous voulsissent consentir et accorder que jusques à trois ans prouchainement venans, eulx et les gens d'église des païs et lieux esquelz lesdiz aydes ont eu cours ou temps passé, y contribuassent, lesquelz prélaz et clergie communaument et comme représentans l'église de nostredit royaume, comme dit est, par grant et meure délibéracion pour les causes dessus dictes le nous aient consenti et accordé, pourveu que ce feust sanz préjudice des libertez et franchises des églises et des personnes ecclésiastiques (1), et que ce ne feust trait à conséquence ou temps avenir, et aussi que les exécucions qui se feroient pour le paiement d'iceulz aydes, sur les personnes d'église, fussent faictes de l'auctorité et par personnes d'église, cessant toute contrainte de justice laye, et ne feussent tenus de payer à nostre prouffit autres aydes lesdiz trois ans durans;

Nous considerées les choses dessus dictes, et que les provisions sur ce requises par lesdictes gens d'église, sont raisonnables, avons accepté et acceptons l'octroy et consentement desssus diz desdiz prélaz et clergie, par la forme et maniere qu'ilz le nous ont consenti et accordé, et leur avons octroyé et octroyons par ces présentes, que ce soit senz préjudice de leurs libertez et franchises, et aussi de nous et de nos droiz, et que ledit octroy ne leur puisse estre trait à conséquence ne à nous ou temps avenir;

Et aussi que les exécucions qui seront à faire pour lesdiz aydes lever sur lesdictes gens d'église, soient faictes de l'auctorité de l'église dessus dicte de nostre royaume, et par personnes d'église, qui à ce seront nommées par chacun prélat en sa diocèse, lesquelz ainsi nommez seront instituez par certains prélaz à ce deputez et ordonnez de par l'église de nostredit royaume, et prendront de nous telz gaiges qu'il est acoustumé, cessant toute contrainte de jurisdiccion temporelle, et que lesdiz trois ans durans, les-

(2) Tous les citoyens devant contribuer aux charges de l'Etat, l'exemption n'est pas une franchise, mais un privilége. (Isambert.)

dictes gens d'église ne seront tenus de paier autres aydes à nostre prouffit.

En tesmoing de ce, nous avons fait mectre nostre séel à ces lettres. Donné à Paris, le second jour du moys d'aoust, l'an de grace mil trois cens quatre-vins et dix-huit, et de nostre regne le XVIIIe.

Par le Roy, à la relacion de son grant conseil ouquel mess. les ducs de Berry, de Bourgogne et de Bourbon, vous (le chancelier), le sire de Giac, et autres, estiez.

N°. 249. — LETTRES *portant que celles de soustraction à l'obédience seront publiées par tous les juges dans leurs auditoires.*

Paris, 8 août 1398. (C. L. VIII, 291.)

N°. 250. — LETTRES *qui permettent au prévôt de Paris de remettre, sans le consentement des gens des comptes et des témoins, les amendes de dix livres et au-dessous, prononcées par lui en matières civiles, en faveur de ceux qui ont été mis en prison faute du paiement de ces amendes.*

Paris, septembre 1398. (C. L. VIII, 296.)

N°. 251. — ORDONNANCE *sur le régime des prisons à Paris.*

Paris, 24 décembre 1398. (C. L. VIII, 309.)

CHARLES etc. Savoir faisons que nous informez par la relacion de nostre amé et féal chevalier et conseillier, Jean Seigneur de Foleville, garde de par nous de la prévosté de Paris, et de nostre procureur ou chastellet de Paris, que pluseurs prises notables de larrons, murdriers, robeurs, resveurs de nuye, et autres malfaicteurs, sont délaissiéez, au moins ne pevent être faictes tant ès parties de oultre Petit Pont, comme de la Cité et autres lieux de nostre bonne ville de Paris, pour ce que noz sergens et officiers tant à cheval et du guet, comme de la Douzaine et à Verge, à Paris, ne pevent si promptement, si hastivement, ne si brief recouvrer de prisons, comme souvent en feust mestier pour bien de justice, tant pour les rebellions et requeusses qui leur ont esté faictes et sont souventesfoiz par pluseurs malfaicteurs gens de petit estat, et autres; et aussi est avenu et très-souvent advient que pluseurs crimes capitalx, déliz et autres cas criminelz, ne pevent être attains, parce que en nostredit Chastellet, tant pour la multitude des prisonniers et crimineulx qui y sont, dont souventesfoix l'en y met trois, quatre, cinq, six, huit ou dix, aucune foiz plus, l'autre foiz moins, pour un mesme cas criminel, n'a pas assez prisons secrettes où l'en puist mettre séparéement et diviséement les uns des autres, ou qu'ilz ne soient frigez (1) par les autres criminelz ou autres, estans paravant eulx esdictes prisons; dont pluseurs inconvéniens s'en sont ensuis, et mains mauvais cas demourez impugnis et non averez, et pourroient encores faire, se pourveu n'y estoit de nostre remède, si comme noz diz conseillier et procureur dient.

Nous voulans obvier aux inconvéniens dessus touchiez, qui par faulte de ce que dit est, se pourroient ensuir, considerans ce que dit est; et mesmement que nostre chastellet de Paris est souventesfoiz si plain et si garny de prisonniers, que l'en ne scet où les logier seurement ne secrettement, et espécialment les crimineulx; et que en nostre petit chastellet estant sur le Petit Pont à Paris, lequel fait division entre la Cité de Paris, et les manans et habitans oultre ledit Petit Pont, a pluseurs et diverses prisons, les unes fortes, convenables, seures et compétanment aëréez, où créature humaine sanz péril de mort ou mehaing, peut estre, et souffrir pénitence de prison; et trois chartres basses et non aërées, esquelles homme mortel par faulte d'aer, ne pourroit vivre longuement (2), si comme par noz maçons jurez et autres en ce expers, qui ledit lieu ont visité, a esté rapporté, et à nous tesmoigné par noz diz prévost et procureur; esquelles convenables et licites prisons, n'ont été ou temps passé, ne encores ne sont aucuns prisonniers amenez;

Avons voulu et ordonné, voulons et ordonnons par ces présentes, pour bien de justice, que tous malfaicteurs ou autres prisonniers, dont nostredit chastellet sera trop encombré, ou qui ne pourront être gardez secrettement pour la multitude des

(1) C'est-à-dire, embauchés.

(2) Il paraît qu'il entrait dans la politique de ce temps d'avoir des cachots pour faire mourir précipitamment ceux dont on voulait se défaire secrètement. (Isambert.)

autres prisonniers, ou qui de nuit ou de jour seront appréhendez par nostredit prévost de Paris, ses lieuxtenans, le chevalier du guet, ses lieuxtenans et autres noz sergens et officiers, présens et advenir, selon ce que le cas le requerra, et que nostredit prévost présent et advenir verra être expedient et bon à faire pour le bien et utilité de la chose publique, puissent être menez par noz dix officiers, et envoïez prisonniers en garde ès prisons de nostredit petit chastellet, par noz diz prévost et chevalier du guet ou leurs lieuxtenans, présens et advenir;

Et que en icellui petit chastellet, nostredit prévost où ses lieuxtenans, présens et advenir, puissent connoistre des cas desdiz prisonniers, ou yceulx envoïer querre par noz sergens et officiers, pour d'icellui petit chastellet este amenez pardevant lui oudit chastellet ancien, pour faire leurs procès, ou autrement en ordonner comme pour bien de justice il verra être expédient, par la délibéracion de nostre conseil estant en ycellui chastellet;

Et par ces mesmes présentes nous mandons, commandons et estroictement enjoingnons à la garde qui de par nous est ou sera par nostredit prévost préposée à la garde des prisons dudit petit chastellet, présent et advenir, que doresenavant à toutes heures il reçoive en garde en nos prisons illec toutes manieres de prisonniers qui illec seront menez, et leur administre vivres en prenant geolage accoustumé (1), et obéisse en tous cas touchant le fait desdiz prisonniers, à nostredit prévost présent et advenir, ses lieuxtenans et commis, sans contredit ou empeschemens aucuns, et tout en la fourme et maniere qu'il est acoustumé à faire en nostredit chastellet ancien.

En tesmoing de ce, etc.

Es requestes par vous (le chancelier) tenues du commandement du Roy, le patriarche d'Alexandrie, les évesques de Noyon, de Chartres et d'Arras, Mess. Almaury d'Orgemont, et plusieurs autres, présens.

---

(1) Droit qu'on payait aux geoliers pour l'entrée et la sortie des prisons, et pour les gîte et nourriture des prisonniers. (Secousse.)

Comment étaient traités ceux qui ne pouvaient payer? (Isambert.)

N°. 252. — LETTRES *portant que les fermes du domaine seront adjugées, lorsqu'elles seront considérables, dans les auditoires des baillis, sénéchaux ou vicomtes, en présence des procureurs du Roi ou de leurs substituts; qu'à l'égard de celles qui sont moins fortes, elles seront adjugées dans les lieux principaux des châtellenies, en présence du receveur ou vicomte, et du procureur du Roi, s'il y en a, et que l'estimation des redevances sera faite par personnes intelligentes, en présence des baillis et des sénéchaux.*

Paris, 2 janvier 1398. (C. L. VIII, 311.)

N°. 253. — LETTRES *portant défense aux trésoriers de payer les dons faits sur le domaine, avant qu'ils aient été réglés par le Roi en son conseil.*

Paris, 27 février 1398. (C. L. XII, 192.)

N°. 254. — LETTRES *qui mettent à la charge des propriétaires, même privilégiés, l'entretien du pavé* (1).

Paris, 5 avril 1399. (C. L. VIII, 319.)

CHARLES, etc. Au prévost de Paris, commissaire et général réformateur sur le fait de la police de nostre bonne ville et mestiers de Paris : Salut.

De la partie de nostre procureur général pour nous, nous a esté exposé en complaignant, que jà soit ce que de raison, par ordonnances royaulx, et autrement par usaige tres-ancien, un chacun manant et habitant et aïant maison en nostredicte ville de Paris, de quelconque estat que il soit, noble ou non noble, et tant personne d'église comme autre, soit tenu de tenir net et

---

(1) Cette ordonnance, qui a été renouvellée le 20 janvier 1402, et qui n'a rien de commun avec celle du 28 mai 1400 ci-après, est encore en vigueur. *V.* Code de la voirie, par Fleurigeon, l'avis du conseil d'Etat, du 25 mars 1807, et le décret du 7 août 1810. C'est une servitude publique dont on ne saurait bien justifier la légitimité; car le pavé ne sert pas qu'aux propriétaires, et d'après la loi du 4 frimaire an 7, il est bien une charge municipale. Mais les travaux, à Paris, sont adjugés administrativement; le préfet dresse les rôles et les rend exécutoires, nonobstant la loi du 25 mars 1790, quant au premier pavage; ensuite, la ville se charge de l'entretien. *V.* aussi l'ordon. de mai 1785. (Isambert.)

bon le pavement de devant son hostel, et avecques ce faire faire, soustenir et réparer à ses frais et despens, les chaussées et pavemens estans et acoutumez être devant son huis et mancion, excepté en l'ancienne croisée de Paris, en laquelle nous sommes tenus de faire faire icelles chaussées; néanmoins les religieux, prieur et couvent de Saint-Martin-des-Champs à Paris, soubz umbre de ce que il est débat en nostre court de parlement entre nostredit procureur d'une part, et eulx d'autre part, pour raison des chaussées que ilz sont tenus de faire faire et soustenir à leurs despens, audevant et selon les murs de leur hostel et église à Paris; mesmement ès lieux ou d'ancienneté a accoustumé d'avoir chaussée; ouquel procès les parties très-long temps a, ont esté et sont appointées en faiz contraires et en enquestes, sans ce que depuis ait été aucunement procédé en ycellui; prétendans yceulx religieux eulx estre francs, quictes et exemps de devoir faire ou faire faire ycelles chaussées; et aussi les religieux de l'ospital du temple, nos très-chiers et très-amez cousin et tante le Roy et la Royne de Cecile, et pluseurs gens d'église, escoliers et autres, tous soubz umbre d'aucunes justices qu'ils se dient avoir à Paris, comme autrement indeuement, sont aussi reffusans et plus que de raison delayans et en demeure de vouloir faire ou faire faire au long des murs et audevant de leurs hostelz, domicilles et églises, les chaussées d'ancienneté acoustumées y estre faictes (1), par faulte desquelx pavemens ainsy estre faiz, nostredicte ville demeure très orde par le moïen des ordures, fiens, boës, gravoys, infeccions, corrupcions et autres putrefaccions très préjudiciables au créautures humaines, qui tant des boucheries desdictes églises comme autrement, sont et demeurent conglutinées et assemblées pardevant et ou circuite des murs d'icelles églises, et au devant desditz hostelz, églises et maisons.

Pourquoy requise sur ce nostre provision, voulans obvier aux inconvéniens dessusditz, à la turpitude et dedécoracion qui par ce moïen se pourroient ensuir ou préjudice de la chose publique en nostredicte ville, vous MANDONS et commandons et estroicte-

---

(1) Après ces mots, *on lit dans la copie de 1402 :*

Et aussy sont plusieurs autres gens de petit estat et autres, refusans de faire paver, et contribuer qu'il esconvient au pavé nécessairement faire devant leurs hostelz et édifices, esquelz n'ot oncques pavement; et mesmement les manans et habitans près, au devant et autour de nostre consiergerie de Saint Pol, jusques à la Bastide et Chastel de Saint Antoine; par faute, etc. (Secousse.)

ment enjoingnons en commettant, que aux diz religieux tant de Saint Martin comme du temple et autres quelxconques, et aussi à noz diz cousin et tante, ou à leurs gens et procureurs, et à tous autres dont de par nostredit procureur vous serez requis, vous tantost et sanz délay, ces lettres veuës, faictes commandement de par nous a et sur certaines et grosses paines à appliquer à nous,

Que incontinent et sanz demeure ilz facent faire les chaussées et pavement de audevant et autour de leurs maisons, églises, murs et clostures (1), en les contraignant à ce par la prise et explectation de leur temporel, et autrement par toutes voïes deuës et raisonnables; et en cas de délay, refus, contredit ou opposition, lesdites chaussées et pavemens refaix et réparez par manière de provision, nonobstans lesdiz procès et appointemens, et autres procès qui pour ce estoient encommancées ou meuz, sanz préjudice toutes voïes d'iceulx en diffinitive, par nostre main comme souveraine, des deniers des fruis des temporelz d'iceulx opposans, refusans et délayans, se ilz sont gens d'église, escoliers ou autres personnes privillégiéez, et des autres deniers de leurs biens, lesquelx nous voulons pour ce estre pris, vendus et exploitez, donnez ou faictes donner et assigner jour certain et compettent pardevant vous ou Chastellet de nostredicte ville de Paris, pour dire les causes de leurs oppositions, reffus ou délay, respondre sur ce à nostredit procureur, et faire en oultre selon raison, en faisant aux parties bon et brief acomplissement de justice;

Et quant à noz diz cousin et tante, et autres s'aucuns en y avoit, qui fussent privillégiez de non plaider par devant vous, adjournez les ou faictes adjourner à certain et compettent jour en nostre présent parlement, nonobstant qu'il sciée, et que les parties ne soient du païs dont on plaidera lors, pour procéder et aler avant en leurs causes d'oppositions, reffus et délays, respondre à nostre procureur général, et faire en oultre selon raison; et néanmoins faictes cependant par nostre main comme souve-

---

(1) Après ces mots, *on lit dans la 2e copie:*

Et aussi les chaussées que vous veirés estre à faire de nouvel en nostre dicte ville de Paris, en quelque lieu que ce soit; supposé ores que oncques n'y ait eu chaucée; en les contraignant, etc. (Secousse.)

raine, par manière de provision, à leurs propres fraiz et despens, ce faire et tenir en estat et nettement lesdictes chaussées et pavemens, en les contraignant à ce par la manière dessus devisée, nonobstans leurs dictes oppositions, sans préjudice d'icelles en diffinitive, et quelconques appellacions et lettres subreptices, impétrées ou à impétrer au contraire, en certiffiant sur ce notre court de parlement souffisamment. etc.

N°. 255. — Lettres *portant homologation d'un acte du concile sur l'élection aux bénéfices, pendant la soustraction de l'obédience du Pape* (1).

Paris, 7 mai 1399. (C. L. VIII, 325.)

Karolus etc. Dilectis et fidelibus gentibus nostrum presens et que futura tenebunt Parisius parlamenta, ceterisque justiciariis nostris, aut eorum locatenentibus : salutem et dileccionem.

Pro parte archiepiscoporum, episcoporum et ceterorum prelatorum et capitulorum, ac aliorum virorum ecclesiasticorum nuper Parisius in concilio Ecclesie gallicane, per litteras nostras congregato, pro nonnullis arduis tangentibus sedacionem hujusmodi pestiferi scismatis nunc, proth dolor! In Ecclesia Dei vigentis, deliberandis et expediendis inter cetera fuit nobis expositum quòd cùm alias in alio ipsius Ecclesie gallicane concilio, eciam pro pace et unione Ecclesie procuranda, Parisius per nostras eciam litteras congregato, inter cetera deliberatum et ordinatum extitisset, quòd à die quâ conclusio denegacionis obediencie totalis Benedicto ultimò in Papam electo faciende, per nos, ecclesiam regni et Dalphinatûs nostrorum, recepta fuerat et publicata, in antea prelati et alii ad quos in regno et Dalphinatu nostris de jure vel consuetudine spectat beneficiorum vacancium collocacio, beneficia predicta, cùm casus vacacionum occurrerent, conferrent, quibuscumque graciis expectativis, precipuè per dictum Benedictum, quibuscumque personis factis, per quas tamen ante denegacionem obediencie non fuerat alicui jus quesitum in re, prout in litteris nostris super ordinacione

---

(1) Cette pièce est importante, parce qu'elle renferme le texte d'un concile national et sa composition, et parce qu'elle rétablissait le principe d'élection usité dans la primitive église, et érigé en loi incontestable pendant la première race. *V.* Préface. (Isambert.)

predicta, ad requestam et supplicacionem prelatorum predictorum confectis laciùs noscitur contineri, postquam in concilio predicto nuper et ultimo, ut predicitur, Parisius congregato, propter aliqua dubia in pluribus locis tam in regno quam in Dalphinatu predictis emergencia, certa fuerit facta declaracio, prout in instrumento publico super hoc confecto, cujus tenor sequitur in hec verba, asserunt contineri.

Déclaration du Concile.

In nomine Domini, amen. Per hoc presens publicum instrumentum, universis et singulis notum fiat quòd anno ejusdem Domini millesimo trecentesimo nonagesimo octavo, indiccione septimâ, more Gallicano, mensis marcii, die XIV, ab eleccione domini Benedicti ultimò in papam electi anno quinto, in nostrûm notariorum publicorum et testium infrascriptorum ad hoc vocatorum presencia, in concilio dominorum prelatorum, de mandato et ordinacione serenissimi et christianissimi principis domini nostri Francorum Regis (1), ad diem vicesimam mensis februarii ultimò preteriti, continuatam usque ad dictam mensis marcii diem XIV, pro unione sancte matris Ecclesie prosequenda, convocato,

In eoque convocatis et convenientibus dominis archiepiscopis, episcopis, abbatibus, necnon procuratoribus et nunciis nonnullorum prelatorum absencium et capitulorum, ecclesiarum, tam metropolitanarum quàm cathedralium ecclesiam representantibus Gallicanam, post nonnullas deliberaciones inter ipsos habitas in hiis super quibus convocati fuerant et accersiti, à nonnullis recitabatur quòd cùm aliàs in alio dictorum dominorum prelatorum cleri regni et Dalphinatûs concilio super prosecucione dicte unionis, mense julii, anno presenti, Parisius, celebrato, assereretur in litteris regiis subtraccionis totalis obediencie dicto domino Benedicto ultimò in papam electo facte, talis clausula contineri, videlicet, quòd eciam occurrentibus vacacionum casibus, assumantur qui ad prelaturas, dignitates et alia beneficia electiva, per eleccionem, ceteris eciam beneficiis provideatur per collacionem eorum per quos hujusmodi collacio et eleccio spectant quomodolibet seu eciam spectabunt; et inter cetera in dicto aliàs celebrato concilio, maturis super hoc deliberacionibus prehabitis, discussis et repetitis, fuisset deliberatum et conclusum quòd habentes gracias expectativas per quas nondum fuerat eis jus in re quesitum post conclusionem dicte denegacionis obediencie, per ecclesiam regni et Dalphinatûs, et per Regem acceptam, nec uterentur dictis graciis, nec eciam ipsorum executoribus obediretur à die videlicet predicte conclusionis Parisius

(1) Il paraît que le consentement du Roi était nécessaire pour la tenue des conciles nationaux. *V.* l'ordon. de Sigebert, de l'an 650, et le capitulaire de Karloman, de l'an 742. (Isambert.)

solemniter in Regis palacio per organum domini cancellarii Francie, ex parte dicti domini nostri Regis publicate, ymò quòd ordinatio et illi ad quos beneficiorum regni et Dalphinatûs spectabat collocacio, à die predicta in antea beneficia tunc vacancia vel vacatura liberè conferrent, occasione cujus multa insurrexerant dubia inter plures qui tunc gracias habebant expectativas à felici memorie domino Clemente Papa VII°. aut alio summo pontifice, in ecclesiis que adepti fuerant dignitates, personatus vel officia sub expectacione prebende, quas gracias volebant et dicebant eciam quoad dictarum assecucionem prebendarum, de jure suum debere sortiri effectum, asserentes quòd ne dicte gracie per dictum dominum Benedictum ultimò in papam electum, aliqualiter fuerant revocate, erantque nonnulli alii eciam à domino Clemente predicto gracias expectativas habentes, quas idem dominus Benedictus expressè per bullam suam reservaverat, ut dicebant; ordinarii verò et illi quibus beneficia tunc vacancia vel que post modum vacaverant, contulerant virtute ordinacionis ecclesie de qua supra est mencio facta, et que pleniùs in litteris regiis super hoc confectis continetur, gracias sepedictas nullius debere esse efficacie vel effectûs, ex adverso asserebant : hinc erat quòd quamplures pluribus in locis inter multos coram diversis judicibus erant lites mote, et verisimiliter moveri in futurum sperate inter plures, quòd erat in ordinariorum aliorumque ad quos beneficiorum collacio seu quevis eorum alia disposicio dignoscitur pertinere, et eciam illorum quibus per predictos ordinarios et collatores à tempore dicti recessûs ab obediencia totali, de beneficiis ecclesiasticis provisum extitit, disturbium, impedimentum ac magnum et grave prejudicium, quodque videbatur substractionis predicte conclusioni ac mandatis regiis et ordinacioni dicte ecclesie gallicane contraire : Hinc fuit quòd in dicto presenti consilio per quamplures supplicabatur quatenus per ipsum concilium quid super hiis fieri deberet, remedium apponendo opportunum, litium amfractus evitando et materiam dubietatis tollendo, declararetur : supplicacione verò sic facta per prius inter ipsos dominos prelatos et alios in dicto concilio existentes, matura super hoc deliberacione prehabitâ, oppinionibusque singulorum requisitis et recollectis,

Fuit per ipsum concilium dictum et DECLARATUM et de mente seu intencione alterius concilii fuisse, attentis impedimentis que per hujusmodi gracias expectativas ab olim summis pontificibus, et bone memorie domino Clemente predicto indifferenter concessas, qui longo tempore regimini Ecclesie, saltem Regni Francie, prefuerat, sicut omnibus satis erat notum, dicti prelati et alii collatores, in beneficiis conferendis, quorum aliàs de jure communi ad ipsos spectat collacio, hactenùs habuerant, precipuè sic quòd à vigenti annis citra quo tempore duravit istud lamentabile scisma, cui procul dubio tales gracie magnum dederunt fomentum, notabilibus clericis quamvis indigentibus, qui Ecclesie sciunt, volunt et possunt fructuosè servire, nullomodo potuerunt de beneficiis ecclesiasticis providere, et quòd in quantùm concernit illos qui dignitales, personatus vel officia obtinent in ecclesiis in quibus auctoritate ipsius domini Clementis, aut alterius cujuscumque, ut jam suprà tactum est, prebendas expectant, dominus Benedictus, licet forsan formaliter eorum gracias non revocasset, ipsos tamen suâ auctoritate expectantibus in assecucione dictarum prebendarum aut aliorum beneficiorum postposuit, quo obstante, si ordinacio predicta que generaliter de gracias expectativas habentibus loquitur, et que ad duos fines principaliter facta noscitur extitisse;

Videlicet, primò, ut ecclesia gallicana in libertate quam à sua fundacione secundùm sacros canones habere consuevit, ab illo tunc in futurum remaneret, et secundo, attentâ conclusione denegacionis obediencie, et quòd post recepcionem, executoribus saltem Benedicti obediri non poterat nec debebat, que conclusio, si facta non fuisset, gracie expectative dicti domini Clementis et aliorum predecessorum suorum, fuissent propter multitudinem expectancium auctoritate ipsius Benedicti, qui omnes ipsis preferebantur, inutiles et sine fructu, nec fuit ordinacio predicta facta ut per eam gracie predicte majoris essent efficacie quam ante erant, una cum racionibus multis tunc ibidem notabiliter allegatis, quòd à die dicte conclusionis denegacionis obediencie, auctoritate regiâ in aula palacii regii, ut predicitur, publicate, nulli tales expectantes, cujuscumque statûs, condicionis, dignitatis aut preeminencie existant sive prefulgeant, quâcumque auctoritate et formâ quâvis sive Clementis sive Benedicti vel alterius cujuscumque summi pontificis, hactenus regnantis, ad prebendas seu alia beneficia, virtute quarumcumque graciarum predictarum, assequendas in toto regno et Dalphinatu admitti debebant, nec imposterum admitterentur, ymo illi quibus archiepiscopi, episcopi, prelati, capitula et alii ad quos de jure vel consuetudine beneficiorum spectat collacio, jam beneficia contulerant post ordinacionem predictam, vel in futurum conferrent, expectantibus predictis, cujuscumque statûs, condicionis, gradûs, dignitatis aut preminencie existant, penitus et omninò exclusis, beneficia sic sibi per ordinarios aut alios, ut predicitur, collata aut conferenda haberent et retinerent ac pacificè possiderent, non obstante quâcumque litis pendenciâ seu contradicione aliquali de quibus omnibus et singulis, quamplurimi domini archiepiscopi, episcopi, abbates et alie plures notabiles persone, tam pro capitulis ecclesiarum, quam aliis, ad dictum concilium misse, à nobis notariis publicis infrascriptis, pro et nomine omnium et singulorum quorum interest aut in futurum poterit interresse, pecierunt unum vel plura instrumenta sibi per nos fieri, et tradi.

Acta fuerunt hec Parisius, in regali palacio; videlicet in aula posteriori super ortum ejusdem, anno, indiccione, mense, die, et ab eleccione predictis presentibus venerabilibus viris dominis et magistris Tristan de Bosco, J. de Boissoy, conciliariis et magistris requestarum hospicii domini nostri Regis; H. Lenvoisie, sacre theologie professore, decano Rothomagensi; G. de Pictavense, licenciato in legibus, et P. Nodet, decano Nivernense;

H. Nicolai, licenciato in utroque, Corosopitensis; P. de Chiassiaco, magistro in artibus, bachalario in theologia, et canonico Senonense; J. de Monsterolio, secretario domini nostri Regis, preposito sancti Petri insulensis, J. Valentis, et J. de Hersonval, magistris in artibus, Eduensis et Trecensis diocesum, cum pluribus aliis testibus ad premissa vocatis specialiter et rogatis.

Cumque ordinaciones alias per prelatos regni et Dalphinatûs, in conciliis pro unione Ecclesie ad nutum nostrum congregatos, factas, mandaverimus per nostras alias litteras, ad ipsorum prelatorum instanciam et requestam, in regno et Dalphinatu nostris predictis, sicut decuit, inviolabiliter observari; supplicarunt eciam prelati predicti, quòd declaracionem et ordinacionem supradictas, ubique in regno et Dalphinatu nostris eciam observari inviolabiliter mandaremus :

Nos igitur omnia supradicta racionabiliter attendentes, declaracionemque predictam, in quantum nos tangit, laudantes et approbantes, vobis et vestrûm cuilibet, prout ad eum spectaverit, districtè precipiendo mandamus, vobis justiciariis, si sit opus, committendo, quatenus omnibus viis et remediis racionabilibus predictam declaracionem et ordinacionem executioni demandetis et demandari faciatis; quoscumque contrafacientes, viros ecclesiasticos per capcionem temporalitatis et aliter debitè, ceteros verò, sicut meliùs videbitur expedire, ad observacionem declaracionis et ordinacionis predicte viriliter compellendo : quoniam sic fieri volumus, et predictis prelatis hoc cum instancia à nobis requirentibus, concessimus de gracia speciali, si sit opus; non obstantibus quibuscumque litteris, subrepticiis in contrarium impetratis sive impetrandis.

Datum Parisius, etc.

Per Regem, ad relacionem magni consilii, in quo domini duces Bituricensis, Aurelianensis, Borbonesii, vos (le chancelier) et quamplures, eratis.

N°. 256. — LETTRES *portant ordre au prévôt de Paris de régler les salaires des sergens à verge du Châtelet, et réglement en conséquence.*

17 mai 1399. (C. L. XII, 194.)

N°. 257. — Édit ou Ordonnance *sur les formalités à observer pour que les dons faits par le Roi aient leur effet* (1).

Paris, 1er juin 1399. (C. L. XII, 198.)

Charles etc. Savoir faisons, que nous ayans et adreçans principaument le regart de nostre pensée à l'onneur de nous et au bien publique de nostre royaume, et pour eschever les grans dommages et oppressions, griefs et inconveniens irreparables qui sont avenus et ensuivis de long-temps, et aviennent et ensuivent de jour en jour à nous et à nos royaumes et subjez, par la grant multitude et confusion des officiers que nous avons eu, et avons encore entour nous et ailleurs, en plusieurs lieux et offices, et par especial en l'office de nos secrettaires, par la jonesce et ignorance, et nombre excessif, desquels nous avons fait le temps passé, et faisons encore de jour en jour plusieurs dons excessifs à plusieurs personnes, tant hors de conseil et sans avoir regart à qui et quoy nous donnons, ne aux merites d'iceulx, aucune fois par maniere de descharges, sans nommer les personnes pour qui est fait le don, comme autrement en maintes autres manieres non deues ou accoustumées, par quoy on n'a peu ne peut savoir en quels usages ne à quelz personnes nosdittes finances ont esté employées ne distribuées, et par ce avons esté et sommes souventes fois si denués de nos finances, que les revenues de nostredit royaume, tant ordinaires comme extraordinaires, n'ont peu ne peuvent fournir, supporter ne souffire aux charges et à la despence qui nous sont seurvenues et seurviennent chascun jour, pour les causes dessusdittes, et pour ce a convenu et convient souventes fois que quant aucun affaire nous seurvient, que nous ayons recours à faire empruns sur nos officiers et subgez, ou mettre taille sur nostre pueple, laquelle chose nous vient à très-grant desplaisir, et non sans cause; mesmement que les revenus de nostredit royaume ont esté et sont encores, la grace nostre Seigneur, assez grans et souffisans habondamment, pour payer et soustenir tous les affaires, frais et despens que faire et soustenir nous a convenu et convient, se elles eussent esté raisonnablement despensées, si comme il appartinst de raison; et pour ce, nous volans en touttes manieres, et desirans de tout nostre cuer remedier et pourveoir aux choses dessusdittes et chascunes d'icelles, et mettre regle et ordonnance doresenavant en nos

(1) *V.* ci-après, l'ordon. de 1401. (Isambert.)

besoignes et affaires, et especialement à la garde de nos finances, en telle maniere que nostre pueple soit préservé et gardé de tels griefs et oppressions, et que nostre demaine et nos autres finances ne soient doresenavant ainsi mal despensées et gastées comme elles ont esté le temps passé, comme dessus est dit; mais puissions nostredit demaine faire mettre en bon estat, et le revenue d'icelluy et nos autres finances mettre à prouffit doresenavant, pour nous en aidier en nostre besoing quant mestier sera :

Nous, par grant et meure déliberation, et par le conseil et advisement de nos très-chiers et très-amez oncle et frere, les ducs de Berry et d'Orléans, et plusieurs autres de nostre sang et grand-conseil, avons presentement entre les autres remedes et provisions que nous entendons à faire aux choses dessusdittes, volu, ORDENÉ et deliberé, et par la teneur de ces présentes, voulons, ordenons et deliberons par maniere d'edit et ordenance irrévocable (1), ferme en nous, et jurée en nos mains, tant par nos dessusdits oncle et frere, et plusieurs autres de nostre sang, comme par nostre chancellier et plusieurs autres prelas et gens de nostre grant-conseil, de nostre parlement, et gens de nos comptes et trésoriers à Paris, et plusieurs nos chambellans et autres nos officiers estans en nostre présence, les choses qui ensuivent :

(1) *Premièrement.* Que doresenavant nul don quelconque nous ne ferons à quelque personne que ce soit, se ce n'est quant nous serons en conseil, en la présence de nos oncle et frère, de deux ou de l'un d'eulx, et d'aucuns autres de nostre grant-conseil.

(2) *Item.* Pour ce que grant partie de nos finances a esté despensée et est chascun jour, par l'argent que nous envoyons querir souventes fois devers nos generaulx, nos tresoriers, receveurs et autres nos officiers de finance, qui rien ne nous prouffite, et que on ne scet ce qu'il devient, ne à qui il est donné ne baillé, avons volu et ordené, et fait jurer comme dessus, que doresenavant nulle descharge de finance quelzconque ne se fera pour quelque personne que ce soit, par don ne autrement, sans nommer expressement en icelles descharges celui ou ceulx

(1) Cela n'empêcha pas qu'elle ne fût toujours violée, parce que les pouvoirs législatif et exécutif étaient confondus, et qu'il n'y avait pas responsabilité des ministres. (Isambert.)

pour et au prouffit de qui ladite descharge sera faite, à qui l'argent sera baillié, excepté touttesvoyes, les sommes ordinaires accoustumées et ordonées estre levées par descharges pour nos coffres chacun mois.

(3) *Item.* Avons volu et ordené, et fait jurer comme dessus, que doresenavant nul mandement quelconque de don, soit par descharge ou autrement, ne se fera, ne poura estre fait ne assigné, ne commandement reçu par aucun de nos secrétaires, excepté par quatre tant seulement; lesquels quatre et non autres, nous avons commis, ordenez et establis à faire lettres et mandemens quelconques touchant don de finances qui commandez leur seront en conseil et non autrement : touttes voyes nous ne voulons que ceste presente ordonnance nous lye en tele maniere que quand nous vouldrons aucune chose donner à nostre très-chiere et très-amée compagne la Royne, à nos enfans ou à nos oncle et frere les ducs de Berry, de Bourgogne, d'Orléans et de Bourbonnois, hors de conseil ou là où ils nous plaira, nous ne le puissions faire, pourvu que le commandement en soit fait à l'un des dessusdits quatre secrettaires, en la presence de l'un ou de deux d'iceulx nos oncles et frere, et de deux ou d'un de nostre grant-conseil (1)

(4) *Item.* Avons volu et ordené, et fait jurer comme dessus, que se par importunité de prieres, inadvertances ou autrement, nous voulions ou accordions d'y adjouster ou mettre aucun de nos autres secretaires pour signer lettres de don, que icelles lettres ne soient séellées en nostre chancellerie, ne les deniers payés en quelque maniere ne à quelque personne que ce soit, pour quelque mandement ou commandement que on face ou contraire; et s'aucuns en estoient payez, qu'ils ne soient allouez ès comptes de celluy qui payé les aura.

(5) *Item.* Avons volu et ordené, et fait jurer comme dessus, voulons et ordenons par ces presentes, que aucuns dons ne se facent sur nostre demaine;

Touttes lesquelles choses nous avons voulu et volons estre tenues, enterinées et accomplies de point en point selon leur fourme et teneur dessus escript, sans enfraindre en aucune maniere : et pour plus grant seurté de ce, les avons fait jurer,

(1) L'amendement détruit la loi. Il était si facile, dans ces temps de troubles et de factions, d'obtenir la signature des princes. (Isambert.)

comme dit est, et à nos dessusdits oncle et frere, et aux autres de nostre sang et lignage, et autres nos chambellans et conseilliers estant en nostre presence.

Si donnons en mandement à nostre amé et féal chancelier, que nulle lettre quelconque il ne séelle pour quelque mandement qu'il ait de nous au contraire des choses dessusdittes ou d'aucun d'icelles; à nos amez et féaux gens de nos comptes et trésoriers à Paris, à nos generaulx conseilliers, et à tous nos autres justiciers, officiers et chacun d'eulx, si comme à lui appartendra, que nostre presente ordenance ainsi jurée et ordonée comme dit est, ils gardent et tiennent chascun en droit soy, sans enfraindre, en aucune maniere. En tesmoings de ce, nous avons fait mettre nostre séel à ces lettres.

N°. 258. — Constitution *faite en parlement, sur la forme des appels en pays de droit écrit.*

Paris, 18 juin 1399. (C. L. VIII, 330; XII, 159.)

Karolus, etc. Ad perpetuam rei memoriam. Regie nos excitat sollicitudo majestatis, ut eorum versuciis per justicie regulas occurramus, qui solutis racionis habenis, jurgia suscitare, suisque maliciis sub juris velamine, simplices personas litibus involvere satagunt, quibus occulatâ fide cernimus plerumque subditorum nostrorum quamplurimos, quod molestè gerimus, ad mendicitatis inopiam devenere. Exposito siquidem nobis, quòd nonnulli subditi nostri appellacionis remedio, quod unicuique ad sui juris tutelam, et ut per id releventur opressi, noscitur institutum, abutentes, frequenter à nostris judicibus tam ordinariis quam commissariis, in patria que jure scripto regitur, appellant pro se suisque adherentibus et sibi volentibus adherere, adjornamentaque cum inhibicionibus assuetis à nobis seu curia nostra impetrant, adherencium aut sibi volencium adherere personas penitùs ignorantes; cumque factis adjornamentorum suorum impetracionibus, ad suas partes redierint, plures antea causarum appellacionis ignaros, ad sibi adherendum inducunt, qui tamen infra decem dies, quod est tempus introductum à jure, appellacionibus ipsis minimè adheserant, quamvis à nobis vel nostra cancellaria, appellantibus ipsis inhibitorie littere concedi non consueverint neque concedantur, donec de tali constet per instrumentum gravamine, quod legitimum, si probatum esset, deberet reputari, unde meritè sequitur, ut tales adherere volentes, nisi de ipsius eciam adhesionis causa legitima constaret, de appellacionis sic interjecte beneficio se tueri de jure et racione non possent nec deberent; ex quorum tamen adherere volencium admissis adhesionibus, locis in pluribus vise sunt inter subditos nostros dissensiones atque divisiones oriri quamplurime, diversis exquisite machinacionibus, majoresque verisimiliter, attenta temporum ad litigia pronitate, timeantur, nisi per nos super hoc de remedio celeriter provideatur oportuno.

Notum facimus universis presentibus pariter et futuris, quòd nos premissa debita cum meditacione recensentes, quieti subditorum nostrorum et fraudibus predictis, quantum nobis est possibile, providere, periculisque inde provenire valentibus occurrere cupientes, matura super hoc nostri consilii deliberacione prehabitâ, presentis nostre constitucionis paginâ STATUIMUS et ORDINAMUS,

Ut nullus subditorum nostrorum in patria jure scripto regi et gubernari solita, ad appellandum pro adherentibus aut adherere volentibus admittatur de cetero, nec ei per cancellariam nostram inhibitorie littere concedantur, nisi prius constiterit appellacioni sic interposite adherentes vel adherere volentes, infra decem dies adhesisse, et eciam de adherencium nominibus et de ipsius adhesionis causa legitima debite per instrumentum dicte cancellarie nostre, sicut in causa appellacionis consuetum est fieri, licuerit;

Volentes ut amodo contra formam predictam, adherentes seu volentes adherere, appellacionis facie seu litterarum nostrarum inhibitoriarum pretextu, appellacionis obtentarum presidio non gaudeant quovis modo, hujusmodi adhesiones contra tenorem presentis ordinacionis nostre factas, nullius esse momenti decernentes : Insuper ordinantes ut in facientes contrarium, appellacione pretensâ nonobstante, prout justicia suadebit taliter procedatur, quòd de cetero talia moliri non assuescant et ne quis ipsius valeat ignoranciam pretendere, cum in nostrâ parlamenti curiâ, et in aliis patrie prædictæ senescalliarum locis insignibus, jussimus publicari.

Datum et actum Parisius, in parlamento nostro etc.

Per Regem, ad relacionem consilii in curia parlamenti existentis.

N°. 259. — LETTRES *portant que le duc d'Orléans, la duchesse, et leurs enfans, tiendront en pairie, et comme apanage, les domaines par lui nouvellement acquis dans le royaume.*

Paris, 28 juin 1399. (C. L. VIII, 331.)

N°. 260. — ORDONNANCE *portant que les habitans des villes frontières seront contraints d'y faire le guet* (1), *et les capitaines d'y résider.*

Rouen, 22 octobre 1399. (C. L. VIII, 356.)

CHARLES etc. Savoir faisons que nous ayans nostre regard à la seurté de nostre royaume et de noz subgiez, et considérans que pour ladicte seureté est expédient et necessité que les villes, chasteaulx et autres forteresses assises ès frontières de nostredit royaume et près d'icelles, soient bien gardées de jour et de nuit, afin que par faulte de garde, aucun inconvénient ne s'en ensuïe;

Euë sur ce délibéracion et aviz en nostre conseil où estoient noz très-chiers et très-amez oncles et frere, et pluseurs autres de nostre sanc et de nostredit conseil, avons ORDONNÉ et ordonnons :

Que ez citez, villes, chasteaulx et forteresses qui sont assises oultre la rivière de Loire, et aussi en icelles qui sont assises sur la mer et à six lieues près, en nostre païs de Normandie, et semblablement en celles de nostre païs de Picardie oultre la rivière de Somme, et en toutes les autres qui sont en frontière de nostre royaume, en toutes les marches de l'empire, et pareillement ès villes et chasteaux où sont passages de grosses rivières, soïent faiz diligemment guet et garde de jour et de nuit, par les habitans des lieux qui autreffoiz les y ont acoustumé faire ou temps passé paravant les trieuves derrenièrement prises entre nous d'une part, et le Roy d'Angleterre, d'autre; ausquelx habitans nous mandons par ces présentes, qu'ilz les y facent sans aucun contredit, par la manière que dit est;

Et se ilz en sont refusans ou délayans, nous voulons et ordonnons qu'ilz y soïent contrains par les capitaines desdictes cités,

---

(1) C'est le service de la garde nationale. (Isambert.)

villes, chasteaulx et forteresses, ou leurs lieuxtenans, en la manière qu'ilz le estoient paravant lesdictes trieuves;

Ausquelx capitaines ou à leursdiz lieuxtenans, nous donnons povoir et auctorité par ces mesmes lettres, de les y contraindre par la manière dessusdicte, et à ce les commectons, se mestier est; et ausquelx capitaines semblablement nous mandons et enjoingnons très-expressément, que ilz facent continuelle résidence en leurs personnes sur les lieux à eulx commis; et ou cas qu'ilz ne la y feront, nous deffendons expressément à tous ceulx qui sont commis et ordonnés à paier leurs gaiges, qu'ilz ne leur en paient aucuns, sur paine d'estre recouvré sur eulx ce qu'ilz leur auroient paié contre nostre présente ordonnance.

Si mandons, et, se mestier est, commettons etc.

N°. 261. — MANDEMENT *qui permet aux généraux maîtres des monnayes, d'augmenter à leur gré le prix de l'argent.*

Paris, 15 novembre 1399. (C. L. VII, 557.)

N°. 262. — ORDONNANCE *portant défenses aux sujets du Roi d'aller en pélerinage à Rome* (1).

Paris, 27 février 1399. (C. L. VIII, 363.) Publiée au Châtelet le 28, et criée dans les carrefours.

CHARLES etc. Au prévost de Paris, ou à son lieutenant, salut.

Par grant advis et délibéracion euz en nostre conseil, ouquel ont esté noz très-chiers et très-amés oncles et frere les ducs de Berry, de Bourgogne, d'Orleans et de Bourbon, pluseurs autres de nostre sang et de nostredit conseil, nous avons ORDENÉ et ordenons pour certaines grans causes justes et raisonnables, touchant le grant bien et utilité publiques de nostre royaume et de noz subgiez d'icellui, et aussy le grant bien et avencement de l'union de nostre mere sainte église, que aucun de noz diz subgiez de quelque estat ou condicion qu'il soit, ne se parte de nostredit royaume pour aler en pélerinage à Romme; et pour ce

---

(1) Le Roi voulait empêcher la sortie de Paris de sommes considérables, que la piété des Français se préparait à porter à Rome, à l'occasion du grand jubilé. *V.* Bulle qui institue le jubilé, tom. III, p. 726. (Decrusy.)

défendons à tous noz diz subgiez quelz qu'ilz soyent, sur peine d'encourir nostre indignacion, qu'ilz ne aillent oudit voyage; mais ceulx qui sont meuz et en chemin pour y aler, s'en retournent incontinent, sceuë nostredicte ordonnance.

Si vous mandons et enjoingnons estroictement, etc.

N°. 263. — Lettres *portant défense de marcher le visage masqué* (1).

Paris, 9 mars 1399. (C. L. VIII, 364.) Publiées per le crieur le 9 mars.

Charles etc. Au prévost de Paris, ou à son lieutenant, salut.

Comme nous ayons entendu que plusieurs de noz subgez nobles et autres, aïent de nouvel prins à chevauchier les visages embrunchez (2) de leurs chapperons, tellement que l'en ne les peut congnoistre ne veoir leurs visaiges à descouvert, exceptez les yeulx seulement; et soubz umbre de ce, aucuns malfaicteurs ont entrepris à chevauchier en cette manière, par lesquelz ont esté et sont faiz plusieurs murdres et roberies, excès et maléfices, desquelz ne peut estre fait punicion, pour ce que l'en ne peut d'eulx avoir congnoissance pour l'estat couvert que ilz portent, qui sont faiz de mal exemple, en grant esclande et lésion de justice, et plus pourroit estre, se sur ce n'estoit par nous pourveu de remède.

Pourquoy nous ces choses considérées, voulans telz voyes malicieuses reffraindre, et noz subgez demourer en bonne paix et transquillité, vous mandons, et pour ce que autrefoiz (3) par noz ordenances royaulx, a esté deffendu que nul ne portast faux visages ne embrunchiez, et que interposeement, par personnes incongneuës, aucun ne batist ou injuriast, ne feist batre ne injurier autres personnes,

Commettons que diligenment et secrettement vous vous informés ou faictes informer des excès et maléfices ainsi faiz et perpétrez par gens portant l'estat dessusdit; et tous ceulx que vous en trouverés coulpables, punissiez les telement soit crimi-

---

(1) *V.* l'ordon. de mai 1539, lois des 30 avril et 14 septembre 1790. (Isambert.)

(2) C.-à-d., couverts de leurs chapperons, qui étaient un habillement de tête alors en usage. (Secousse.)

(3) Elles sont perdues. (Isambert.)

nelment ou autrement, comme vous verrez en vostre conscience au cas appartenir, et que ce soit exemple à tous autres;

Et avecques ce, pour fuir et éviter telz inconvéniens, faites crier et publier par tous les lieux de vostre prévosté accoustumez à ce faire, que sur peine de grant amende, nul ne soit si hardy de chevauchier ne aler à pié d'oresénavant ainsy ambrunchiez ou couvert le visage, que chascun ne puist veoir ou congnoistre les personnes à qui l'en pourroit en tel cas avoir à besongnier; et tous ceulx que vous trouverés après le cry ainsy fait attempter au contraire, punissiez comme dessus, telement que ce soit exemple à tous autres; et vous gardez que en ces choses n'ait aucun deffault: car de ce faire vous donnons povoir et commission; mandons à tous à qui il appartendra, que à vous en ce faisant et à voz commis obéissent et entendent diligemment; et ce avons octroyé et octroyons par ces présentes, nonobstans quelzconques lettres à ce contraires.

Donné à Paris, etc. Par le Roy, à la relacion du conseil Lay.

N°. 264. — ORDONNANCE *sur l'emploi des deniers des chaussées à l'entretien du pavé de Paris, et de la banlieue* (1).

Paris, 28 mai 1400. (C. L. VIII, 381.)

N°. 265. — LETTRES *du Roi d'Angleterre (usurpateur Henri* IV), *permettant le renvoi en France de la reine Isabelle, épouse de Richard.*

15 juillet 1400. (Mss. de la Bibl., carton n° 105. — Rymer, VIII, 152.)

N°. 266. — LETTRES *portant qu'il ne sera plus fait de dons sur le trésor ni sur le domaine, et faisant défense au chancelier de sceller aucunes lettres à ce sujet* (2).

Paris, 15 octobre 1400. (C. L. XII, 200.)

---

(1) *V.* ci-dessus, l'ordon. de 1399. (Isambert.)

(2) *V.* l'ordon. plus générale de 1399. (*Idem.*)

N°. 267. — LETTRES *portant que les receveurs ne seront reçus dans leurs fonctions qu'après avoir donné caution.*

Paris, 23 octobre 1400. (C. L. VIII, 395.)

N°. 268. — LETTRES *portant défenses de plaider au parlement par procureur, sans lettres de chancellerie, et d'exécuter les arrêts du parlement avant qu'ils soient scellés du grand sceau.*

Paris, 3 novembre 1400. (C. L. VIII, 396.)

N°. 269. — ORDONNANCE *sur l'amirauté, la piraterie et les prises maritimes* (1).

Paris, 7 décembre 1400. (C. L. VIII, 640.)

CHARLES, etc. Pour ce qu'avons esté advertis par la griefve et piteuse complainte de plusieurs notables marchans tant de nostre

(1) Voici la première loi générale sur les prises maritimes. Elles est encore en vigueur, au moins en partie. *V.* Requisitoire du commissaire au conseil des prises, M. *Portalis*, 9 prairial an VIII; Sirey, I, 2, 193; Nouv. Rép. V° *Conseil des prises.* — *Secousse* n'a pu trouver la minute de cette loi, qu'il a empruntée au Recueil de *Fontanon*. Le texte est évidemment corrompu. Lebeau, dans son Code des prises, imprim. nationale, an 7, p. 1-4, donne cette pièce par extrait- *V.* les ordonn. postérieures de juillet 1517, 1543, 1584. La dignité d'amiral a été supprimée en 1627; mais voyez le réglement de 1669, sur son rétablissement, et les arrêts du conseil de 1672 et 1674, sur la procédure; ordon. de 1480, sauf-conduits, congés, certificats; 1485, lettres de représailles; 1634, sur la course; 1638, défense de vendre en France les prises faites sur les Français; 1650, jugement de prises; 1673, navigation des alliés et des neutres; 1674, caution à fournir par les armateurs; 1675, rôles des équipages et passeports; 1681, ordon. de la marine, titre des prises; 1684, prises faites par les vaisseaux de l'Etat; 1688, réglement sur les prises, un tiers aux armateurs; 1690, réclamation des prises, un dixième aux équipages; 1692, procédure; 1695 et 1696, instruction et jugement; 1702, échouemens; 1706, partage des prises; 1709 et 1710, pillage des prises; 1715, deniers provenant des prises; 1719, établissement du conseil des prises; 1728, compétence de l'amirauté; 1733, 1744, réglement, prises et navigation des neutres; 1745, équipage des vaisseaux marchands; 1748, droit de recousse; 1756, procédure; 1757, pertes; 1759, partage des prises; 1760, part des invalides; 1778, réglement et procédure; 1782, défense de rançonner. *V.* les lois des 15 et 22 août 1790, 7 janvier 1791, 14 et 21 février 1793, 1er et 8 octobre 1793, 23 messidor an 2, 12 frimaire et 9 messidor an 3, 3 brumaire et 8 floréal an 4,

royaume comme de noz alliez, que irréparables maux, meurdres et pilleries et cruels maléfices se font et sont faicts chacun jour sur la mer, tant et principalement par aucuns qui soubs ombre de nostre grace, ont mis et mettent sus navires de guerre, et les amplient et fournissent de gens de petite valeur, qui pour eux enrichir, sont la plus part d'iceux abandonnez à tout mal, et de leger enclins de commettre lesdits meurdres et larrecins sur nosdits subjects; et en ce faisant, sont soustenus et portez, ou au moins favorisez et receus par ceux qui ainsi les ont mis sus, pour le profit qu'ils y attendent, mesmement par aucuns legers lieutenans particuliers de nostre admiral de France, par faveurs et dons à eux faits par lesdits preneurs, et pour faire bon le dixiesme de nostre admiral;

Savoir faisons que nous qui de tout nostre cœur et affection désirons nosdicts subjects estre préservez de maux, oppression et dommages, et iceux estre gouvernez, maintenus et gardez en bonne paix et justice, pour pourvoir, mettre ordre et donner entendement vray à la seureté et conduite de nostredite guerre de la mer, à fin que les cas qui y adviendront puissent estre d'oresnavant traictez, et lesdits maux refraints et laissez, avons à cestes fins par grande et meure délibération euë sur ce avec les gens de nostre conseil de chefs d'offices de nostre guerre, et plusieurs sages et vaillans gens, aussi les opinions d'aucuns qui ont hanté ladite mer, pour ce faits venir devers nous, avons fait et estably les INSTITUTIONS et ORDONNANCES cy-après déclarées qui aujourd'huy ont esté leuës devant nous en nostre conseil, lesquelles nous voulons estre entretenuës et gardées sans enfraindre par la manière qui s'ensuit.

(1) *Et premierement.* Pour corriger la mauvaise volonté de ceux qui par dampnable convoitise désordonnée, par suggestion d'ennemy, pourroyent estre traittez de commettre seurte (1) contre nos sujets et ceux de nos alliez, meurdres et larrecins, ainsi que l'on dit que fait a esté par cy-devant, nostredit admiral et ses lieutenans en chacune contrée de nostre royaume, s'in-

---

12 ventose et 14 messidor an 5, 5 vendémiaire an 6; maintien des anciennes ordonnances, 26 et 27 nivose et 21 messidor an 6, 27 frimaire an 7, 26 ventose et 6 germinal an 8, 9 ventose et 4 floréal an 9, 19 vendémiaire et 2 prairial an 11, 9 septembre 1806, 14 janvier 1808, et 4 avril 1809. (Isambert.)

(1) Ce mot est corrompu, et paraît d'ailleurs inutile. (Secousse.)

formeroient diligemment des cas advenus, et les personnes qu'ils trouveront coulpables de tels meffais, les puniront et en feront justice sans aucun déport ou délay, telle qu'elle soit exemple à tous autres (1).

(2) *Item.* Et pour plus estroittement continuer la seureté advenir de nos marchands fréquentans la mer, par bonne justice, et garder que lesdits maléfices n'adviennent d'oresnavant, avant commis, quand aucune armée ou entreprinse se fera sur ladite mer par les gens qui sont ou seront à nos gages, nostre admiral fera jurer les chefs de chacun navire, qu'ils le gouverneront bien et à droit, sans porter dommage à nos sujets, amis et alliez, ou bien vueillans, et respondront pour ledit voyage des gens de leur charge; et ainsi jurera le maistre et patron, et ses quatre compagnons de quartier aussi semblablement, et respondront pareillement de leurs gens, attendu que les faits de la mer ne sont point semblables à ceux de la terre, et que quant aucun y meffait, ses compagnons le peuvent savoir; et après son meffait ne se peuvent absenter tant qu'il soit tourné à terre.

(3) *Item.* Se aucun de quelque estat qu'il soit, mettoit sus aucun naviré à ses propres despens, pour porter guerre à nos ennemis, ce sera par le congé et consentement de nostredit admiral ou son lieutenant (2), lequel a ou aura au droict de sondit office, la congnoissance, jurisdiction, correction et punition de tous les faits de ladite mer et des dépendances, criminellement et civilement (3), et regardera que ce soit navire suffisant et propre, et qu'il soit convenablement pourveu de gens de guerre, harnois et artillerie, et tout ce qui est nécessaire pour ladite guerre; et ce qui y défaudra, luy mettra ou fera mettre à prix raisonnable, à fin qu'incontinent n'en advienne ainsi que l'on dit que n'aguères est advenu de plusieurs navires qui honteusement ont esté prins, par ce qu'ils estoyent emplis de gens de néant, sans habillemens, et que sans chef et sans ordre s'estoyent

---

(1) C'est la piraterie; est pirate quiconque fait la course sans arborer un pavillon reconnu. On les punit à discrétion, n'y ayant pas de code pénal entre les nations. (Isambert.)

(2) Aujourd'hui, en vertu de lettres de marque du Roi, le droit de prises est une suite du droit de la guerre. Le souverain seul peut la déclarer. (*Idem.*)

(3) Cette juridiction, quant à la validité de la prise, appartient au gouvernement, et quant aux délits, à la jurisdiction pénale ordinaire. (*Idem.*)

mis esdits navires en intention de piller sur marchands, et non pas pour destruire le fait de guerre de nos ennemis, lesquelles choses sont à nostre grand préjudice et dommage (1), ou reboutement c'est l'ayde et descroissement de l'honneur de nostredite guerre, des nobles et vaillans qui en icelle, quand ils y sont, desirent et s'efforçent acquerir honneur et renommée; et quand nostre admiral trouvera que lesdits mariniers soyent en suffisant estat pour bien faire leur devoir, jurera le maistre et ses quatre compagnons de quartier, d'eux gouverner par la manière dessusdite, et leur chargera ainsi le faire, et leur déclarera qu'ils respondront de tous leurs gens, pour le voyage à faire; que s'ils meffont en la mer, lesdits maistres et quatre compagnons les puissent prendre à leur arrivement à terre, et les livrer à iceluy; ausquelles personnes il chargera d'obéyr audit maistre et quatre quarteniers, sur peine de griefve punition, lequel maistre aura des affaires de son voyage (2) ausdits quatre compagnons; et se par la désobéïssance d'aucun, advenoit aucun inconvénient ou perte, nostredit admiral ou son lieutenant fera punir les délinquans selon le cas, et restituer la partie jusques à son vaillant (3), se tant se monte icelle perte.

(4) *Item.* De toutes les prinses qui d'oresnavant se feront sur la mer, par quelques gens que ce soyent tenant nostre partie, ou soubz ombre et couleur de nos guerres, leurs prisonniers en seront amenez ou apportez à terre devers nostre admiral ou son lieutenant, lequel tantost et incontinent les examinera, avant que nulle chose se descende, pour sçavoir le pays dont il sont, et à qui appartiennent les biens, s'aucuns biens y avoit, pour garder justice, et faire restituer ceux qui sans cause auroyent esté dommagez, si le cas estoit trouvé tel (4).

(5) *Item.* Pource que les gens qui ont expérience au faict de la guerre, diront que souventesfois advient que les aucuns quand ils se verroyent les plus foibles, et ils ont loisir de ce faire, sauvent leurs corps dedans leur petit batel, et abandonnent leurs

(1) Cet endroit paraît corrompu. (Secousse.)

(2) Autre endroit qui paraît corrompu. (*Idem.*)

(3) C.-à-d. que tous les biens du délinquant, s'il est nécessaire, seront affectés aux dommages et intérêts qu'il sera condamné de payer. (*Idem.*)

(4) Cette forme existe encore, mais les officiers ont changé. (Isambert.)

navires et les biens d'iceux, et par ce moyen ne pourroyent estre amènez les prisonniers devers nostredit amiral, ainsi que l'avons ordonné par l'article précédent, et aussi en icelle partie, seroit ledit article pour déclaré (1), nous voulons et déclarons que tout ainsi peuvent faire marchands de nostre obéyssance ou des pays de nos alliez, abandonnant leurs navires pour eux sauver, tant pour doute que ce ne fussent ennemis, que pour la crainte des piteux et inhumains maux qui ont esté commis.

(6) *Item.* Que d'oresnavant s'aucune telle prinse se fait, ledit admiral ou son lieutenant s'informera deuëment et le plus véritablement que faire se pourra, aux preneurs et à chacun à part, de la manière de la prinse, du pays ou coste où elle aura esté faite, verra et fera veoir les marchandises et les nefs par les gens cognoissans à ce (2), et par bonne et meure délibération regardera par la conscience ou contention, les dispositions d'iceux preneurs ainsi faite en secret, ou par la veuë desdites prinses, s'il y a vraye apparence qu'elles fussent de nos ennemis, auquel cas icelles seront délivrées aux preneurs, en prenant leurs noms pour en avoir recouvre sur eux, s'aucune poursuite en estoit faite, avec inventaire des biens; et s'il y a mieux et plus évidente présumption par aucuns des moyens dessusdits, qu'il y eust quelque faute, et que lesdites prinses fussent des contrées de nostre royaume ou des pays de nos alliez (3), icelles prinses en ce cas seront par nostredit admiral mises en seure garde, aux despens de la chose, ou desdits preneurs, si le cas le requiert, jusques à temps compétent, dedans lequel sera fait diligence d'en sçavoir la vérité; et si lesdits preneurs estoient solvables, et qu'avec ce ils baillassent bonne et seure caution desdites prinses; icelles deuëment appréciées et inventoriées, se pourront bailler à iceux preneurs, s'il n'y a trop grande suspection.

(7) *Item.* Et si aucuns desdicts preneurs en leur voyage en espécial, avoient commis faute telle qu'ils fussent attaints d'avoir enfondré aucuns navires, ou noyez les corps des prisonniers, ou iceux prisonniers descendus à terre en aucune loing-

---

(1) Cet endroit paraît corrompu. (Secousse.)

(2) Aujourd'hui, on interroge l'équipage du capturé, et on examine les pièces de bord. (Isambert.)

(3) Il n'est pas question des autres. (*Idem.*)

taine coste, pour celer le larrecin et meffaict, voulons que sans quelque délay, faveur ou déport, nostredit admiral en face faire punition et justice selon le cas (1).

(8) *Item.* Lesdits preneurs empeschans aucuns marchans, navire ou manchandise, sans cause raisonnable, ou qu'ils ne soyent nos adversaires, nostredit admiral fera deuëment restituer le dommage, et ne permettra plus l'usage qu'ont à ce contre raison tenuë iceux preneurs, en quoy ils ont faict et donné de grands dommages à aucuns de nos alliez, par feinte ou fausse couleur qu'ils mettoyent de non cognoistre s'ils estoyent nos adversaires, ou non; qui est chose bien damnable, contre raison et justice, que homme soubs telle couleur deust porter dommage ou destourbier.

(9) *Item* Pource qu'il est voix et publique renommée que quant aucune prinse est maintenant faicte sur nos ennemis, les preneurs sont si accoustumez de faire et user de leurs volontez et à leur proffit, qu'ils ne gardent en rien l'usage que l'on dict anciennement en ce estre ordonné, mais sans traicté de justice, souvent inobédiens, pillent et rompent coffres, et prennent ce qu'ils peuvent, en quoy nostredit admiral et les seigneurs et gens d'autre estat, qui ont mis sus les navires à grands despens, sont excessivement fraudez; et si advient par faute de justice, souvent de grandes questions, noyses entre les preneurs, qui sans craincte, et par cy-devant, chacun de sa volonté, sans en estre punis, en ont ainsi usé.

(10) *Item.* Et quant une prinse estoit trouvée appartenir à nos subjects et estoit par justice restituée, on ne pouvoit trouver les biens ne sçavoir qui les avoit euz, nous avons ordonné que d'oresnavant l'usage ancien sera en ceste partie estroittement gardé sans enfraindre; c'est à sçavoir, que s'il y a aucun qui rompe coffre, balle ou pippe, ou autre marchandise, que nostredit admiral ne soit présent en sa personne, pour luy, il forfera sa part du butin, et si sera par iceluy admiral puni selon le meffaict.

(11) *Item.* Si nostredit admiral, ou aucuns de ses lieutenans n'estoient en personne aux entreprises qui se feront sur ladite mer, pour tenir ordre à justice entre ceux de ladite entreprise, les maistres, chefs, capitaines ou patrons, avant leur parte-

---

(1) Ce serait le cas d'une poursuite extraordinaire. (Isambert.)

ment, feront serment ainsi que dessus est dit, qu'à leur pouvoir ils défendront nos subjets, sans leur porter dommage; et toutes les prinses qu'ils feront, les ameneront à terre, et en donneront cognoissance certaine audit admiral, et luy délivreront ceux qui pour le voyage auront commis quelque meffait contre nosdites ordonnances, ou autrement (1).

(12) *Item*. De toutes les prinses qui se feront par la dite mer, les vendus butins et départemens en seront faits devant nostredit admiral ou son lieutenant, qui fera retenir par devers luy d'iceux biens, ject et compte, pour y avoir recours, pour ceux qui en auront besoin, et pouvoir cognoistre le fait et estat d'icelles prinses.

(13) *Item*. Pour ce que l'on dit souventesfois estre advenu que nostredit admiral a commis sous luy en aucuns ports, ou ès armées et entreprises qui se sont faites par ladite mer, gens de légère façon, qui pour complaire aux preneurs, par corruptions de dons, ou par la convoitise du dixiesme dudit admiral plus grand, ont aucunesfois déclaré les choses estre de prinse, qui ne l'estoient pas, et ne sçavoient les dommagez ou recourir, sinon pardevers nous, qui leur estoit grant dommage et inconvénient; lesquelles fautes n'eussent point advenu, se lesdits commis eussent esté gens notables, biens prudens et de bonne vie; d'oresnavant lesdits lieutenans dudit admiral seront par luy establis tels que dessus est dit, gens de bonne vie, sages et bien nommez, et jureront solemnellement qu'ils feront les jugemens sans faveur; et si pourra estre appellé de leurdit jugement ou sentence.

(14) *Item*. S'il advenoit matière de grand prix en aucuns lieux, où les lieutenans particuliers de nostredit admiral veissent qu'ils ne peussent pas bien estre obéys ou recouvrer du conseil pour faire leur jugement, pourront renvoyer icelles matières, s'ils voyent que bon soit, avec les parties adjournées devant nostredit admiral ou son lieutenant, à son siége à la table de marbre de nostre palais royal à Paris.

(15) *Item*. Pource que nostredit admiral prétend avoir plusieurs droicts, libertez et proffits à cause de sondit office, outre son dixiesme (2) et proffits communs de la guerre, tant à nos

(1) Tout produit de la course est une prise (arrêt du conseil, 19 décembre 1821; Recueil de *Macarel*, p. 535); toute prise doit être déclarée valable. (Isambert.)

(2) Aujourd'hui, la caisse des Invalides a cinq pour cent de la prise. (*Idem*.)

armées que autrement, qui semblent estre excessifs et peu fondez en raison, selon ce que les .... (1) par escript, et dont il a requis avoir la jouissance, nous avons ordonné et ordonnons que jusques à ce qu'autrement en sera ordonné, ledit admiral jouyra de sondit office, en prenant seulement ses dixiesmes de gages de guerres faites par la mer, et icelle avec cour, justice et jurisdiction, et les amendes de sadite cour; excepté celles qui seront employées à la table de marbre au siége de nostredit admiral, esquelles l'on dit qu'il y a la moitié, et l'autre moitié nous appartient.

(16) *Item.* A ce que nostredit admiral prétend avoir le reste des victuailles et artilleries de nos navires, de ceux de nos subjects, le voyage fait et l'entreprinse achevée, nous n'entendons qu'il se doive ainsi faire, et si fait avoit esté, il est vraysemblable à croire que ce auroit esté par entreprise et contre raison, et pour ce nous avons déclaré qu'il ne sera plus ainsi, et n'y prendra nostredit admiral aucun profit.

(17) *Item.* Au regard des victuailles, poudres, canons, pavois et autre artillerie qui seroient gaignez sur nos ennemis, que les navires qu'aucuns seigneurs, bourgeois, marchands, ou autres de nostre royaume auroient mis sus à leurs propres despens, n'entendons pas que nostredit admiral le doive avoir à son profit; mais seulement son dixiesme de valeur d'icelles; ou s'il en prenoit aucune partie qui luy fust nécessaire pour nostre guerre ou pour ses navires, les pourra prendre par prix en le payant, son dixiesme rabatu.

(18) *Item.* A ce que ledit admiral dit avoir droict sur les prisonniers prins sur la mer et par ladite mer, lesquels droicts leur adviendront souvent, qu'en demeurera (2) la part moindre ceux qui les auront prins, d'oresnavant nostredit admiral ne se pourra ayder de chose qui en ait esté usé, mais déclarons que sur lesdits prisonniers il ne pourra demander que son dixiesme avec le droict de son sauf-conduict, n'y avoir la garde d'iceulx, sinon entant que mouterait le faict et portion de son dixiesme, s'il n'estoit prisonnier de si grand prix, et les preneurs de si petite essence, qu'il ne fust pas bon les laisser en leurs mains; excepté que si aucun sans congé ou consentement dudit admiral en

(1) Cette lacune existe dans l'imprimé. (Secousse.)
(2) Endroit corrompu. (*Idem.*)

personne de par luy, mettoit quelques prisonniers à finance, il (par privilége de son office) pourra prendre lesdits prisonniers en sa main, en payant ladicte finance, et sur le prix rabatu son droict de dixiesme.

(19) *Item*. Que quant aux autres droicts et profits que nostredit admiral requeroit avoir et luy estre délivrez, dont il n'est pas apparu comme ils furent créez, et qu'il n'y a point apparence que oncques fussent ainsi accordez, mais est vray semblable à croire qu'ils ayent esté faits et escrits à poste par quelque personne, pour l'avantage audit admiral, nous avons déclaré qu'il n'en jouyra pas d'oresnavant, s'il n'en appert deuëment.

(20) *Item*. Et au regard des armées et entreprises qui se feront par ladicte mer, nostredit admiral demeurera en icelles armées chef, ainsi qu'il appartient à sondit office, et comme nostre lieutenant général ès choses touchantes et dépendantes du fait de ladite guerre par la mer, aura toute cognoissance et jurisdiction luy et ses lieutenans, et en sera obéy par tous les lieux, places et villes de nostre royaume, et en icelles pourra tenir et faire tenir toute sa jurisdiction, prendre prisons et faire justice, si besoin est, pour ce que nul autre n'en cognoist, ne doit cognoistre.

(21) *Item*. S'il advenoit aucun cas, armées ou entreprinses où nostre admiral ou son lieutenant seroient en personne, et il venoit à cognoissance avant leur retour à terre, en fera faire justice sans délayer selon le meffait, si le cas le requiert.

Toutes lesquelles choses et chascune d'icelles, voulons d'oresnavant estre tenuës et gardées sans enfraindre, et sans aller ne venir au contraire, et icelles estre publiées par-tout où il appartiendra.

En tesmoing de ce, nous avons fait mettre nostre séel à ces présentes.

Donné à Paris, le septiesme jour de décembre, l'an de grace mil quatre cens, et le xe (1) de nostre regne.

---

(1) Lisez xxie. (Isambert.)

N°. 270. — ORDONNANCE *concernant les fonctions et gages des officiers de justice et de finance* (1).

Paris, 7 janvier 1400. (C. L. VIII, 409.) Publiée au parlement le 11.

EXTRAIT.

CHARLES, etc. Savoir faisons que pour ce qu'il est venu à nostre congnoissance, que pour la multitude d'officiers qui par importunité des requerans ou autrement, ont esté de par nous ordonnez ou temps passé ès offices publiques de nostre royaume, tant sur le fait de noz finances sans lesquelles les grans faiz de nostredit royaume, qui chascun jour surviennent, ne pourroient estre conduiz ne soustenuz; lesquelles finances pour les grans gaiges desdiz officiers, et les dons et autres proufiz que ilz obtiennent souvent de nous soubz umbre de leurs offices, sont moult chargées; comme sur le fait de la justice de nostredit royaume, sans laquelle il ne puet estre gouverné ne soustenu; et mesmement que plusieurs desdiz officiers sont moins souffisans à gouverner les offices à eulx commis, plusieurs grans inconvéniens se sont ensuiz et ensuivent chascun jour à la grant charge de nous et de nostre peuple, ou grant détriment de ladicte justice, et aussi en grant diminucion de noz dictes finances, et plus encores s'en pourroient ensuir, se par nous ne estoit sur ce briefment remédié; nous qui de tout nostre cuer désirons en mieulx réformer les choses que nous congnoissons avoir esté moins deuement ordenées ou temps passé, afin que elles soïent réduictes à tele modéracion que d'orcsénavant les diz inconvéniens cessent, et que les faiz de la chose publique de nostredit royaume, soïent remis en bon estat au bien de nous, de nostre peuple et de la chose publique dessusdicte, avons fait pour ce assambler par plusieurs foiz nostre grant conseil, tant en nostre présence comme à part, où ont esté noz très chers et très amez oncles et freres les ducs de Berry, de Bourgoingne, d'Orléans et de Bourbon, plusieurs autres de nostre sang et lignage, et plusieurs notables personnes de nostredit conseil, par l'advis et délibéracion desquelx nous avons fait, délibéré et ORDONNÉ, faisons, délibérons et ordonnons ce qui s'ensuit.

(1) *premierement.* Que d'orcsénavant pour le gouvernement

(1) *V.* Nouv. Rép., V°. *Trésorier.* Villaret remarque, tom. XII, p. 3-9, que les pouvoirs confiés aux généraux des aides étaient exorbitans. (Isambert.)

de toutes les finances des aides de tout nostredit royaume, tant de Languedoil comme de Languedoc, seront ordenez trois généraulx tant seulement, qui seront esleuz sages, preudeshommes, diligens et expers en ce fait;

(2) *Item.* Pour tout le fait de la justice de noz pays de Languedoil, aura à Paris trois conseillers, sages hommes et expers en fait de justice, et non plus, oultre et avecques nostre amé et féal conseiller l'arcevesque de Besançon, lequel piéçà avons retenu de nostre grant conseil, et aussi président sur le fait de ladicte justice desdiz aides; et exerceront lesdiz trois conseillers ledit office en l'absence dudit archevesque, se il n'y est, lequel nous ne voulons estre astraint de y estre, fors quant il y pourra vacquer et à son plaisir, et lesquelx pour avoir conseil, se ilz en ont besoin pour aucuns grans cas, se ilz surviennent, pourront appeller avecqutes eulx de noz conseillers de nostre court de parlement;

(5) *Item.* Il n'aura à Paris sur le fait desdiz aides, que trois esleuz, et un sur le fait du clergié.

(6) *Item.* En chacune des autres bonnes villes de nostredit royaume, et autres lieux où il a acoustumé avoir siége de esleuz, ne aura d'oresénavant que deux esleuz au plus, avecques cellui du clergié, ès lieux où ledit esleu sur le clergié a acoustumé de estre, et encores moins, se faire se puet, selon l'advis desdiz trois généraulx, et un receveur seulement; lesquelx auront leurs gaiges acoustumez par chacun an, sans aucuns dons; et afin que le fait desdictes éleccions et receptes, soit mieulx et plus seurement gouverné, lesdiz esleuz et receveurs seront prins et faiz de bons bourgois, riches hommes et preudeshommes, des lieux où ilz seront faiz esleuz et receveurs, par l'ordonnance desdiz trois généraulx, et par le conseil de noz gens de nostredicte chambre des comptes; et samblablement sera fait des grenetiers et contrerouleurs; et seront tenuz lesdiz esleuz, receveurs, grenetiers et contrerouleurs, faire résidence continuele en leurs personnes sur leurs offices, sur peine d'en estre privez.

Et en oultre, pour ce que aucuns dient qu'il seroit expédient pour nous en ladicte chose publique de nostredit royaume, que les offices des clergies (1) des esleuz, et aussi les offices des greffes

(1) Ce mot signifie ordinairement un greffe. Il paraît, par cet article, que les élus avaient deux greffiers; l'un pour les affaires contentieuses dont ils

de leurs auditoires, feussent baillées à Ferme à nostre proufit, nous voulons que ceste chose soit debatue en nostredicte chambre des comptes, pour savoir se ce sera bon que ce soit fait ou non; et ce qui sera advisé, nous soit rapporté, et nous y pourverrons si comme il appartendra.

(7) *Item.* Avons ordonné et voulons et nous samble chose très proufitable, que lesdiz trois généraulx ne partent point les pays de nostre royaume, en en prenant chacun une contrée soubz son gouvernement, ainsi comme par leurs prédécesseurs oudit office, a esté fait ou temps passé, laquelle chose nous leur défendons très estroictement; et aussi leur défendons comme dessus, qu'ilz ne recevent aucune chose des receveurs tant général comme particuliers, par leurs lettres privées, sur peine de estre recouvré sur eulz ce qu'ilz en auroient receu; mais tous les deniers desdiz aides soïent apportez et baillez audit receveur général à Paris, pour les distribuer là où il appartendra par l'ordonnance desdiz trois généraulx; et défendons aussi très-estroictement auxdiz receveurs général et particuliers, qu'ilz ne baillent aucuns deniers de leursdictes receptes auxdiz généraulx soubz leursdictes lettres privées ne autrement, fors par la manière dessus divisée, sur peine d'estre pour ce griefment pugniz, se ilz font le contraire, et d'estre recouvré sur eulx ce que autrement en auroient baillé.

(9) *Item.* Avons ordonné et voulons que lesdiz trois généraulx, ne leurs quatre clers dessusdiz, ne preignent publiquement ne ocultement aucuns dons corrompables, ou pensions de quelque seigneur ou personne que ce soit, excepté de nous; et ce leur défendons très expressément sur le serement qu'ilz ont à nous, et sur les autres paines à ce acoustumées.

(12) *Item.* Avons ordonné et voulons, que d'oresénavant aucunes personnes quelles que elles soïent, ne nous facent aucunes requestes pour dons, pour graces ne autrement, à part, ne quant nous allons en nostre conseil; car pour cause desdictes requestes, nous avons esté souvent moult empeschiez ou temps passé, et sommes chascun jour, ès grans faiz et besongnes de nostre royaume, et ce défendons très-expressément à tous; mais afin que lesdictes requestes se puissent faire plus ordonnéement, et sans nous donner de si grant empeschement, nous avons ordonné que chascun jour de vendredi par chascune sepmaine, nous tendrons

---

ils étaient juges, et l'autre pour les opérations de finance dont ils étaient chargés. (Secousse.)

ou ferons tenir conseil pour oïr lesdictes requestes, et ceulx qui en vouldront aucunes faire ou bailler pour quelque cause que ce soit, les baillent par escript à noz amez et feaulx conseillers les maîtres des requestes de nostre hostel, qui les feront en nostredit conseil en audience de nous et de ceulx qui y seront, quant nous serons assis en nostre conseil dessusdit, et en l'absence de ceulx pour qui lesdictes requestes seront faictes; et de ce que la octroyerons, seront faictes noz lettres par noz secrétaires à ce ordonnez, qui seront présens oudit conseil ausquelx nous les commanderons; et défendons très-expressément à nostre amé et féal chancelier, que s'il avient que par importunité de requerans ou autrement, nous octroyons aucuns dons autrement que en la manière dessusdicte, il n'en séelle aucunes lettres; et aussi auxdiz généraulx, et à nozdiz trésoriers, qu'ilz n'en mettent aucunes à exécution.

(14) *Item.* Défendons très-expressément à nozdictes gens des comptes, et à nozdiz trésoriers, qu'ilz ne seuffrent ou facent païer sur nostredit trésor, ou sur les revenues appartenans à nostre demaine, aucuns dons à quelque personne que ce soit, pour quelques mandemens qu'ilz en aïent de nous; mais facent avant toute euvre, que nos chasteaulx, forteresses et autres édifices, soïent bien et deuement réparez; et voulons que toutes expédicions de choses nouvelles qui se feront par nostredit trésor, soïent faictes à plein burel en nostredicte chambre des comptes, présens à ce nozdiz conseillers de nostredicte chambre.

(18) *Item.* Que d'oresénavant quant les lieux de présidens et des autres gens de nostre parlement vacqueront, ceulx qui y seront mis, soïent prins et mis par éleccion (1), et que lors nostredit chancellier aille en sa personne en nostre court de nostredit parlement, en la présence duquel y soit faicte ladicte éleccion, et y soïent prinses bonnes personnes, sages, lettrées, expertes et notables selon les lieux où ilz seront mis, afin qu'il y soit pourveu de teles personnes comme il appartient à tel siége, et sans aucune faveur ou accepcion de personnes; et aussi que entre les autres,

(1) Par l'élection, le savoir et la probité obtenaient les dignités de la magistrature. Aussi les aspirans préféraient le suffrage des compagnies à des lettres de provision. Henri de Marles, pourvu par le Roi de la charge de premier président, abdiqua le choix du prince pour se soumettre à la délibération de la cour. On conçoit qu'alors les examens du récipiendaire, l'information de vie et mœurs étaient assez inutiles, aussi ne furent-ils introduits qu'au temps de la vénalité d charges; c'étaient alors des garanties très-nécessaires. (Decrusy.)

l'en y mette de nobles personnes qui seront à ce souffisans; et samblablement, que l'en y mette, se faire se puet, de tous les pays de nostre royaume, pour ce que les coustumes des lieux sont diverses, afin que de chascun pays ait gens en nostredicte court, qui cognoissent les coustumes des lieux, et y soïent expers.

(20) *Item.* Que quant les siéges des séneschaucies et bailliages de nostre royaume, vacqueront, il y soit pourveu de personnes notables, sages, expertes et congnoissans en fait de justice, selon les lieux et pays où ilz seront assis; lesquelles personnes soient prinses par bonne éleccion sans faveur ou accepcion de personnes, et qui veulent demourer et faire résidence sur leurs offices en leurs personnes; et se aucuns autres en y a de présent, il y soit tost peurveu par nostredit chancellier et nostredicte court de parlement, auxquelx nous en donnons plain povoir et auctorité par ces présentes; lesquelx séneschaux et baillifs soient contens de leurs gaiges ordinaires sans dons; et se il nous plaist aucune chose donner à aucuns d'eulz selon ce qu'ilz auront bien servi, ce sera au bout de l'an, et n'en seront point assignez sur leurs exploiz.

(21) *Item.* Quant à noz amez et féaulx les maistres des requestes de nostre hostel, nous voulons qu'ilz soient réduiz et ramenez au nombre ancien; c'est assavoir, de quatre clers et quatre lays, et que ceulx qui y sont dudit nombre ancien, y demeurent, et prennent les gaiges appartenans audit office, et le exercent, et non autres.

Et pour ce que ces ordonnances, lesquelles nous avons faictes par grant et meure délibéracion de nostredit conseil, pour le bien de nous, de nostredit royaume et de la chose publique d'icellui, comme dessus est dit, soient tenues et gardées selon leur fourme et teneur, nous qui les voulons tenir et tendrons sans enfraindre, avons fait jurer solennelment en noz mains, noz très-chers et très-amez oncles et frère, les ducs de Bourgoingne, d'Orléans et de Bourbon, les autres de nostre sang estans lors en nostredit conseil, noz amez et féaulx connestable, chancelier, admiral, grant maistre de nostre hostel, et autres gens de nostredit conseil lors présens, que en tant comme en eulx est et sera, ilz les tendront, ne ne nous feront aucunes requestes au contraire; ainçois se aucunes nous en sont faictes par autres, ils les empescheront entant comme ilz pourront licitement; et aussi avons ordonné et voulons que quant nostre très-chier et très-amé oncle le duc de Berry sera venu pardeça, il jure samblablement comme nozdiz oncle et frère;

Et voulons aussi et mandons que nozdictes gens de nostre parlement et des comptes, nosdiz trésoriers, et tous autres gens de nostredit conseil, qui ne ont fait ledit serement, le facent sitost qu'ilz en seront requis;

Et mandons et enjoignons très-estroictement à nostredit chancellier, que se par inadvertence, par importunité de requerans ou autrement, nous octroyons aucunes lettres qui aucunement déroguent à noz ordonnances dessusdictes, ou à aucunes des articles d'icelles, il ne les séelle point :

Mandons aussi et enjoignons très-expressément à noz amez et féaulx lesdictes gens de nostredit parlement et de nostredicte chambre des comptes, trésoriers à Paris, auxdiz généraulx conseillers, et à tous noz autres justiciers et officiers, présens et avenir, et à chascun d'eulx en droit soy, qu'ilz tiengnent et gardent de point en point noz presentes ordonnances, sans les enfraindre en quelque maniere que ce soit; lesquelles ordonnances nous voulons et mandons estre publiées par-tout où il appartendra, afin que chascun à qui il appartient, en puist avoir congnoissance.

N°. 270. — Lettres *qui donnent au dauphin* (1) *le duché de Guienne, à la charge de réunion à la couronne.*

Paris, 11 janvier 1400. (C. L. VIII, 410.) Publiées au parlement le 29 janvier 1404.

Charles, etc. Savoir faisons à touz présens et avenir, que nous qui selon raison et droit de nature, avons et devons avoir très singulière amour et dilection à nostre très-chier et très-amé ainsné filz Loys Dalphin de Viennois, considérans que après ce qu'il aura pleu à Dieu nous prendre de ce monde et mettre à sa part, il doit nous succéder ou royaume, et que au plaisir de nostre seigneur, il vendra tost en aage ouquel il aura et devra avoir et tenir estat, et lequel nous lui voulons ordonner tel comme à nostre filz ainsné appartient; à ycellui notre filz ainsné, de nostre certaine science, plaine puissance, auctorité royal et grace espécial, par grant et meure délibéracion de nostre conseil, avons donné, cédé, baillé, transporté et délaissé, donnons, cédons, baillons, transportons et délaissons dès maintenant,

---

(1) Il mourut dans le cours de l'année. Les Anglais se firent un grief du don du duché de Guienne. — Villaret, Hist. de France, tom. XII: p. 341. — (Isambert.)

Nostre duchié de Guienne, avecques toutes les citez, villes, chasteaulx, chastelleries, forteresses, maisons, fours, moulins, estangs, rivières, ports de mer, et autres pors se aucuns en y a, et généralment tous autres lieux, édifices, terres, vignes, prez, pasturages, champs, forestz, boys, garennes, et autres héritages et possessions, vassaulx, hommes, hommaiges, fiefs, arrière-fiefs, cens, rentes, revenues, servitudes, devoirs, émolumens et prouffiz, haultes, moyennes et basses justices; et jurisdictions mères, mixtes et imperes, collacions, présentacions et droits de patronnaiges de bénéfices d'églises, drois, usaiges, libertez, franchises, et autres appartenances et appendences quelxconques dudit duchié de Guienne, en quelxconques choses et lieux qu'ilz soient, et par quelque manière que ilz puissent estre dis et nommez, à les tenir, avoir et possider par nostredit ainsné filz en parrie et comme per de France, tant comme nous vivrons,

Et par ainsi que après nostre décès, ycelluy duchié et appartenances soient et demeurent, réauniz et remis au demaine de la couronne, ainsi et par la forme et manière qu'elle est à présent, sans ce que nostredit ainsné filz en puisse aucune chose aliéner en quelque manière; pourveu aussi que s'il avenoit que nous vivant, notredit ainsné filz eust enfans en mariage, et que nous le srvesquissions, incontinent après son décès, lesdis duchié de Guienne et ses appartenances quelxconques, nous revenissent et fussent réauniz et remis audit demaine et à la couronne de France;

Et saufs et réservez à nous les foy et hommage liges, les souverainetez et ressors, et autres droits royaux appartenans à nous et à nostredicte couronne oudit duchié et ès citez, villes, chasteaux et chastelleries, appartenances et appendances d'icellui, avecques les gardes des églises cathédraux et autres de fondacion royal, de pariage, et toutes autres quelxconques telement privilégiés, que elles ne puissent ou doivent estre séparées de nostredicte couronne.

N°. 271. — Lettres *portant convocation de l'archevêque de Vienne, pour la conférence qui doit avoir lieu, à Metz, avec les princes et prélats d'Allemagne, pour délibérer sur l'extinction du schisme de l'église.*

Paris, 2 avril 1400. (C. L. VIII, 431.)

TABLE ALPHABÉTIQUE
DES MATIÈRES.

(*Les premiers chiffres indiquent la page, ceux qui suivent l'A indiquent l'année.*)

A

B

C

D

E

F

G

H

I

J

L

M

N

O

P

Q

R

S

T

U

V

FIN DE LA TABLE ALPHABÉTIQUE.

www.ingramcontent.com/pod-product-compliance
Lightning Source LLC
Chambersburg PA
CBHW060135200326
41518CB00008B/1039

* 9 7 8 2 0 1 4 4 9 2 8 5 9 *